京台高速公路德州(鲁冀界)至齐河段改扩建工程论文集

山东高速股份有限公司
《中国公路》杂志社　编著

人民交通出版社
北　京

内容提要

本论文集收录的论文,为京台高速公路德州(鲁冀界)至齐河段改扩建工程项目规划、设计、建设管理、施工、监理、咨询、科研等领域参建人员,在项目实施标准化设计、工厂化预制、装配化施工、信息化管理及科技攻关实践过程中完成。全书论文按综合管理篇、桥梁工程篇、基础工程篇、道路工程篇、建筑工程篇五个篇章分类和整理,是京台高速公路德州(鲁冀界)至齐河段改扩建工程的建设经验梳理和总结,具有非常强的实用价值和参考价值。

图书在版编目(CIP)数据

京台高速公路德州(鲁冀界)至齐河段改扩建工程论文集/山东高速股份有限公司,《中国公路》杂志社编著. —北京:人民交通出版社股份有限公司,2024.9
ISBN 978-7-114-19396-5

Ⅰ.①京… Ⅱ.①山… ②中… Ⅲ.①高速公路—改建—道路工程—山东—文集②高速公路—扩建—道路工程—山东—文集 Ⅳ.①U418.8-53

中国国家版本馆CIP数据核字(2024)第012876号

Jing-Tai Gaosu Gonglu Dezhou(Lu-Ji Jie)zhi Qihe Duan Gai-Kuojian Gongcheng Lunwenji

书 名:	京台高速公路德州(鲁冀界)至齐河段改扩建工程论文集
著 作 者:	山东高速股份有限公司
	《中国公路》杂志社
责任编辑:	陈 鹏
责任校对:	赵媛媛 龙 雪
责任印制:	刘高彤
出版发行:	人民交通出版社
地 址:	(100011)北京市朝阳区安定门外外馆斜街3号
网 址:	http://www.ccpcl.com.cn
销售电话:	(010)85285857
总 经 销:	人民交通出版社发行部
经 销:	各地新华书店
印 刷:	北京建宏印刷有限公司
开 本:	787×1092 1/16
印 张:	23.5
字 数:	600千
版 次:	2024年9月 第1版
印 次:	2024年9月 第1次印刷
书 号:	ISBN 978-7-114-19396-5
定 价:	150.00元

(有印刷、装订质量问题的图书,由本社负责调换)

编审委员会名单

主　任：王　昊
副主任：郭建民　刘传雷
编　委：王　超　于建泉　杜　鹏　马祥辉　王　伟
　　　　高庆水　王胜辉　孙贻国　唐刚祥　郑　帅
　　　　周高军　王好明　姚里昂　刘书旺　刘铭磐
　　　　邵坤厚　高　扬
主　编：张　新　李　晋　李荣华
副主编：章清涛　姚　望　尚正强
编　辑：韩洪超　王晓然　王琳琳　邵文文　臧金浩　闫晓洲
　　　　李豪杰　徐霄宇　李秀亮　左　坤　董　旭　崔凤坤
　　　　于淼章

前言

G3京台高速公路是国家高速公路网首都放射线的重要组成部分,也是山东省第一条入京高速公路。其中德州(鲁冀界)至齐河段(以下简称"德齐段")是山东省"纵七"的重要组成路段,贯穿山东省南北的交通运输大动脉,于1997年11月2日建成通车。随着近年来不断增长的通行压力,原有的设计标准已难以满足实际需求,京台高速公路德齐段改扩建项目应运而生,成为国家"十三五"规划的重点工程,以及山东省重点工程项目。该项目的建设将大大提升京台高速公路通行能力和服务水平,对推动山东融入国家战略全局,加强与京津冀、长江经济带的联系,促进沿线区域旅游资源开发和旅游业发展,增强区域整体竞争力具有重要意义。

京台高速公路德齐段改扩建工程全长93.143km,设计采用"两侧拼宽为主,局部分离加宽为辅"的扩建方案,双向八车道高速公路标准,设计速度为120km/h,整体式路基宽度为42m。工程总投资约为119亿元,计划工期42个月。项目设特大桥1座、大桥3座、中小桥21座、小桥23座、涵洞145道、互通立交10座、分离式立交28座、服务区3处、收费站8处,其中新增设禹城东互通,齐河互通北移4km。

京台高速公路德齐段改扩建项目作为国家"十三五"规划的重点工程,2020年被山东省列为重点工程项目,项目秉承集团"高速高效、畅和笃行"发展理念,自建设伊始就以创新为引领,全面打造品质工程,推行标准化设计、工厂化预制、装配化施工、信息化管理,提升建设进度和质量,确保提前建成通车,将京台高速公路德齐段改扩建工程打造成为满意工程、精品工程。

为全面总结和宣传京台高速公路德齐段改扩建工程的创新技术成果和管理经验,山东高速股份有限公司联合《中国公路》杂志社、《中国交通信息化》杂志社、山东交通学院,特向京台高速公路建设者征集论文百余篇,经专家评审,精选其中60篇汇编成《京台高速公路德州(鲁冀界)至齐河段改扩建工程论文集》(以下简称"论文集")。论文集分为综合管理篇、桥梁工程篇、基础工程篇、道路工程篇和建筑工程篇五个篇章,收录论文均为京台高速公路德齐段改扩建工程参建者在科技攻关、施工管理实践过程中完成,具有很强的理论性、应用性和借鉴意义，希望能为推动我国高速公路改扩建高质量建设起到积极作用。

论文集在编写和出版过程中，得到了山东高速股份有限公司、山东高速工程项目管理有限公司、山东省交通规划设计院集团有限公司、中交路桥建设有限公司、山东省路桥集团有限公司、山东省公路桥梁建设集团有限公司、四川公路桥梁建设集团有限公司、中铁四局集团有限公司、南昌市华鑫道路设施工程有限公司、山东省交通科学研究院、山东交通学院等单位和各级领导的大力支持，他们长期驻守一线，以严谨的工作态度，坚守着朴实的科研之心，为我国交通事业的健康可持续发展作出了巨大的贡献，在此表示由衷的感谢。

由于编者水平有限，书中不当之处在所难免，敬请读者批评指正。

编 者

2023 年 10 月

目录

综合管理篇

高速公路交安护栏施工易出现的质量问题及应对措施 …………………………… 赵文龙(3)
京台高速公路德州(鲁冀界)至齐河段改扩建工程平陵河防洪与输水影响补救工程
　　施工技术 ……………………………………………………………………… 张云飞(6)
高速公路施工安全规范化管理措施浅析 ………………… 李　源　徐明明　姜雪凤(12)
高速公路改扩建工程路面品质提升浅析 …………………………………………… 姚　望(16)
品质工程、智慧高速建设及技术创新活动监理工作研究 ……………………… 李国中(22)
建筑工程施工质量管理的研究与实践 …………………… 马　磊　袁　军　高红磊(26)
高速公路改扩建钢箱梁施工质量控制与管理 …………………………………… 孙贻国(29)
高速公路改扩建提升桥梁伸缩缝质量品质的应用研究 ………… 孙贻国　孙宁宁(35)
优化监理程序　提升服务品质 ………………… 王胜辉　孙贻国　孙宁宁　吴会征(40)
公路桥梁施工中监理工作的开展方法 …………………………………………… 曾庆强(44)
京台高速公路德齐段改扩建项目监理工作论述 ………………………………… 王　蒙(47)
浅析道路与桥梁沥青混凝土路面平整度施工技术 ……………………………… 王志勇(51)
浅谈改扩建高速公路建设工程合同管理 ………………………… 崔　柯　郑宏伟(55)

桥梁工程篇

波形钢腹板组合梁桥异步与同步悬浇施工对比研究 …………………………… 唐刚祥(65)
公路桥梁施工中现浇箱梁的施工技术探讨 ……………………………………… 宁武超(70)
高速公路改扩建过水涵拼接基底处理技术研究 ………………………………… 刘书旺(74)
减河特大桥波形钢腹板施工应用与研究 ………………………………………… 刘峰峰(79)

高速公路改扩建跨线桥施工技术 ………………………………………………… 罗百林(90)
盘扣支架在现浇梁施工中的应用及优越性简述 ………………………………… 李　科(109)
不断流条件下枢纽互通改造中"路改桥"施工组织方案的优化
　　………………………………………………………… 王好明　邵　志　高　扬(114)
BIM技术在桥梁工程施工阶段的应用 …………………………………………… 李　勇(119)
浅谈改扩建高速公路抬高段桥梁工程保通措施的优化 … 邵　志　高　扬　刘亚江(123)
浅谈通行状态下无中墩上跨连续梁桥的快速拆除技术 … 王好明　高　扬　邵　志(133)
跨繁忙干线国道连续梁拆除技术方案的研究 …………… 石周斌　蔡成国　黄　波(148)
关于混凝土颜色差异的影响因素浅析 …………………………………………… 陶冠涛(153)
沥青中、上面层过桥摊铺施工质量控制要点及措施 …………………………… 陶冠涛(157)
桩端后注浆加固桥梁桩基施工技术 ……………………………………………… 段同军(161)
公路桥梁绿色施工及加固施工技术的应用要点 ………………………………… 刘铭磐(165)
基于计算机视觉的中小跨径混凝土梁桥的车流分析 …………… 章清涛　李广奇(169)
钻孔灌注桩施工工艺及技术管理研究 …………… 孙衍臣　史立强　刘洪喜　杨　勋(182)
钻孔灌注桩塌孔原因探析及处理应用研究 …………… 邵坤厚　曹波涛　兰超鹏　江士清(188)
波形钢腹板连续梁桥施工控制技术研究 ………………………………………… 刘　波(193)

基础工程篇

高速公路桩基施工技术研究 ……………………………………………………… 郭宗瞳(203)
预应力混凝土管桩的实际应用 …………………………………………………… 薛继源(206)
某深基坑施工难点与对策探讨 …………………………………………… 段同军　郑　帅(213)
管桩土塞效应影响因素及承载性能试验研究 …………………………………… 郑　帅(216)
湿陷性黄土对工程影响及措施 …………………… 周高军　赵玉蕊　张　雷　张景铨(224)
MJS工法在地下商场加固工程中的应用 ………… 姚里昂　林　强　敬　枭　丁何杰(229)
地下室挡土墙裂缝分析及防治措施 ……………… 孙朝阳　许恩宾　范基兴　岳　新(233)

道路工程篇

高速公路改扩建施工中保通方式分析探讨 ……………………………………… 公晓旭(241)
高速公路改扩建沥青路面全断面摊铺利弊分析 ………………………………… 孔令方(244)
高速公路改扩建沥青路面施工技术 ……………………………………………… 高瑞龙(250)
黄河冲积平原区静压管桩超静孔隙水压力时空效应试验研究 ………… 郑　帅　张　弛(257)
路基注浆试验与仿真分析 ………………………………… 李　强　林占胜　裴福才(264)
水泥混凝土路面大件运输车辆轴线荷载限值研究 ……… 段同军　郑　帅　裴福才(273)
掺橡胶颗粒透水混凝土性能研究 ………………………………… 裴福才　李　强(281)
浅析公路绿化生态恢复与绿化养护技术 ………………………………………… 苏本凯(288)

京台高速公路改扩建中大体积高强混凝土配合比设计方法 …………………… 郭永智(292)
基于柔性固化的黄河冲积粉土湿缩变形特性试验研究
　　………………………………………… 张　磊　韩洪超　孙兆云　户桂灵(298)
服役期沥青路面矿物集料的颗粒参数与演变规律 ………… 张　新　樊　亮　胡家波(303)
公路桥梁路基路面施工技术问题及应对措施 …………………………… 何坚强(309)
公路施工中路基加固技术施工要点 ……………………………………… 魏保同(312)
高速公路改扩建路基搭接施工方案及管理 ………… 周高军　李永生　赵全伟　孙　衡(315)
基于牛顿流体浆液桩侧注浆浆液上返高度模型
　　………………………………… 张　学　姚里昂　李兴刚　林　强　郭常乐(320)
浅谈改扩建高速公路路基沉降病害及施工控制技术 ……… 高　扬　黄智荣　刘亚江(326)
改扩建高速公路互通匝道拆除交通组织方案研究——以京台高速公路为例
　　……………………………………………………… 杜明鹤　黄智荣　黄　波(329)
稳定剂对SBS/REOB复合改性再生沥青存储稳定性的改善效果评价
　　………………………………………… 辛崇升　闫晓洲　黎德锋　严　钶　卢忠梅(333)
排水高黏改性沥青及其混合料性能评价
　　………………………………… 张　建　王金龙　吕　晨　王士辉　任运超(342)
基于加速加载试验的排水沥青混合料渗透性衰减机理研究
　　………………………………… 袁　凯　李　贺　左浩宇　李　东　蔡志远(350)

建筑工程篇

房建工程施工中建筑屋面防水技术 ……………………… 马　磊　袁　军　高红磊(363)

京台高速公路德州(鲁冀界)至齐河段改扩建工程项目主体工程参建单位一览表 ……(366)

综合管理篇

高速公路交安护栏施工易出现的质量问题及应对措施

赵文龙

(中交路桥华北工程有限公司,北京 101100)

摘　要:高速公路是我国经济发展的基础,在一项高速公路施工的过程中,所包含的内容有很多,交通安全设施(以下简称"交安设施")就是其中非常重要的一项内容。因此,在高速公路施工的过程中,应当将高速公路交安设施作为施工的重点,主要是因为高速公路在长期使用中具有较高的危险性,若是没有设置相对良好的交安设施,或者高速公路交安设施质量较差、不够明确等,就很容易造成安全事故。因此,在高速公路施工的过程中,一定要将高速公路交安设施作为重点,将各项交安设施进行全面的明确,从施工各个环节入手,并且对其施工管理各方面进行全面的创新,保证高速公路交安设施的质量,保证高速公路使用中的稳定、安全等性能。

关键词:交安设施　施工　质量问题　措施

1　引言

高速公路交安设施工程的建设质量与高速公路的整体建设质量有着密切的联系,而且更为重要的是交安设施的质量与人们出行的安全有着直接的联系,因此,相关建筑施工单位必须加强对高速公路交安设施施工的重视程度,并采取合理措施保障其建设质量符合相关标准要求。在目前高速公路交安设施中,护栏是最普遍、最重要的公路交安设施之一,其主要承担公路交通安全的"兜底"功能。目前,根据防撞性能可将公路防撞护栏分为 B 级、A 级、SB 级、SA 级和 SS 级,在护栏选取过程中,必须综合潜在事故危险等级、路侧安全性、路线、通行量及通行荷载等因素决定。作为基本的高速公路交安设施之一,其主要作用包括以下几方面:能够有效避免车辆越出路外,保障路外建筑物不会受到破坏;能够保障失去控制的车辆不会越过中央的分隔带进入对面的车道造成严重的交通事故问题;还能够引导驾驶员比较清晰地看到公路的轮廓以及前进方向的线形,保证行车的安全;等等。也就是说,高速公路中防撞护栏具有十分重要的作用,必须提高相关建设部门对其建设质量的重视程度。防撞护栏的质量主要取决于以下两个方面:一是所使用建设原材料的质量,二是在施工过程中质量的把控。

为进一步探讨如何在高速公路交安设施施工中提高防撞护栏建设的工作质量,本文在结合相关实践的基础上,有效分析了当前我国高速公路防撞护栏施工过程中容易出现的一系列质量问题,并在结合模拟实际情况的基础上,探讨了相关解决措施,希望能够有效提高高速公路防撞护栏建设工作的质量。

2 当前我国高速公路交安设施施工过程中容易出现的质量问题分析

以京台高速公路改扩建工程交安设施施工过程为例,结合施工的全过程,并从施工的技术以及相关工程质量管理角度出发,分析总结了当前我国高速公路交安设施施工过程中容易出现的相关质量问题。

2.1 护栏立柱埋深达不到标准要求

在高速公路波形钢护栏施工过程中,为有效保障波形护栏施工的质量,保障波形护栏施工后能够有效发挥所具有的重要作用,就必须保证在施工过程中使波形护栏的立柱埋深达到施工设计及规范的要求。但是在现场施工的过程中,有些现场人员对波形护栏立柱埋深的重视程度不够且缺乏对规范的认识,使波形钢护栏立柱埋深达不到标准要求,给后期运营留下了重大的安全隐患。

2.2 波形护栏板的平顺度达不到设计要求

评定标准对于波形护栏板的平顺度有明确规范要求,波形钢护栏的平顺度不仅影响高速公路交安设施的建设美观度,而且对驾驶员视线有很大的影响,对人们安全出行产生一定的隐患。但是在现场施工过程中,施工单位过于追求工程建设的经济效益,从而选择了不合格的波形护栏板,或者现场施工人员不能按照规范施工,导致波形护栏板的平顺度不足,降低了高速公路交安设施的整体质量。

2.3 施工过程中没有上全护栏拼接的螺栓

拼接螺栓与波形护栏能否安全使用有着直接关系,因此,必须在施工过程中上全并上紧所有的护栏拼接螺栓。但是在现场实际进行波形护栏施工的过程中,有些施工单位为了施工进度,没有能够上全、上紧所有的护栏拼接螺栓,给后续高速公路的运营留下了重大安全隐患。

2.4 螺栓没有上防盗螺母

为了有效避免社会人员破坏防撞栏杆及相应零件,我们采取相应的防盗措施,即在高速公路波形护栏施工的过程中采用安装防盗螺母的措施。但是在现场施工过程中,有些施工单位往往会因为过于追求施工速度而忽视了对波形护栏防盗螺母的安装,进而导致不能够有效避免波形护栏被破坏。

3 解决当前我国高速公路交安设施施工过程中易出现质量问题的相关措施

3.1 保证采购质量达标的施工原材料

为有效解决当前我国高速公路交安设施施工过程中易出现的质量问题,首要任务就是保证采购质量达标的施工原材料,从源头上做好质量保证工作。为此,相关施工单位必须提高对采购工作的重视程度,选择产品生产质量达标且具有良好经营信誉的厂家,并严格做好进入施工场地之前的产品验收工作,保证施工过程中所使用的原材料符合施工标准。

3.2 保证施工人员严格按照施工工艺标准进行操作

在进行高速公路交安设施防撞护栏施工的过程中,相关施工人员必须严格按照施工的工艺进行操作,主要施工顺序如下:首先是对施工现场进行全面且仔细的勘查;接下来是进行定点放线;然后是打入立柱并对立柱进行调整;接着是进行波形梁的安装并进一步调顺线形;最后则是上全、上紧所有的螺栓。除此之外,在实际操作的过程中,应该注意的重要内容有以下几点:

第一点,加强对立柱放样的重视程度,施工人员应该在正式施工之前以设计图纸作为主要依据进行立柱的放样工作,测距定位的控制点主要包括桥梁、涵洞、通道、立交、分隔带开口以及相应的入口处等。施工人员在完成放样工作后对每根立柱下的地基状况进行详细的调查,一旦遇到下述问题就要改变立柱固定的方式或者是对立柱的位置进行恰当的调整:一是地下管线埋深不够,二是泄水管埋深不够,三是涵洞顶部埋土深度不够,等等。对于涵洞以及通道等顶部的护栏立柱来说,应该预先处理好其基础,并在立柱放样的时候通过调整段适当调整间距,并使用分配的方法完成对间距大小的处理。

第二点,严格按照图纸的设计要求架设护栏构件,并保证其平顺度以及连接效果都符合施工要求,搭接的时候应该保证按照交通流的方向进行。螺栓的长度应该保证满足条件,要求穿出螺母外的长度在 6~25mm 范围内。

第三点,在施工的时候应该提前进行钢筋混凝土基础的施工,在其强度大于或等于设计要求强度的 70% 以后,再进行立柱以及护栏板的安装工作。

3.3 进一步强化对于波形梁钢护栏质量的检验力度

为有效保证防撞护栏的建设质量,在完工之后,必须进一步强化对于波形梁钢护栏质量的检验力度。相关工作人员在检验的时候应该严格对下述内容进行检验:第一,立柱的安装必须定位准确且满足埋深要求;第二,安装之后应该保证护栏线形与公路线形之间的协调一致,并满足平顺度要求;第三,对于波形梁钢护栏端头的处理必须满足相关设计要求;第四,在施工过程中应该使用质量符合设计要求的材料,且护栏构件的镀锌层必须保证表面的光滑均匀性,并保证镀锌量以及加工的工艺都符合相应的工程设计要求;第五,保证通过打入法施工的钢立柱顶部是正常的,不存在开裂等问题;第六,护栏板应该顺着车辆行驶的方向进行搭接。

4 结语

综上可知,在实际施工的过程中通过采购质量达标的施工原材料、施工人员严格按照施工工艺标准进行操作以及进一步强化对于波形梁钢护栏质量的检验力度等措施能够有效提高高速公路防撞护栏的施工质量,使人们在高速公路的行车安全更有保障。

参 考 文 献

[1] 刘浩.高速公路交通安全设施施工与质量管理探讨[J].建材与装饰,2019(10):260-261.
[2] 陈国龙,郑云壮.高速公路改扩建项目临时交通安全设施设置方案探讨[J].交通与运输,2019,35(2):54-57.
[3] 马艳,黄文静,李东虹,等.基于高速公路改扩建工程的交通安全设施再利用研究[J].公路,2023,68(11):317-325.

京台高速公路德州(鲁冀界)至齐河段改扩建工程平陵河防洪与输水影响补救工程施工技术

张云飞

(中交路桥华北工程有限公司,北京 101100)

摘　要：近年来,在"一带一路"倡议的引导下,我国交通基础设施建设规模逐步扩大,高速公路改扩建快速发展。其中部分跨河桥梁已严重影响河道灌溉,达不到防洪、防汛要求,在此基础上提出了防洪与输水影响补救方案及相应的补救措施。

关键词：河道工程　公路桥梁　施工

1　引言

京台高速公路连接了北京、天津、济南、合肥、福州、台北等城市,构成了北京向南辐射的快速主干通道。由于京台高速公路建设年代较早、技术标准低以及高速公路网完善后交通量增长迅速,京台高速公路山东段服务水平明显下降,与其承担的交通运输任务和在路网中的作用不相匹配,已不能适应经济社会和交通发展需求。为了提高京台高速公路的服务水平,适应和进一步促进经济社会的发展,山东高速股份有限公司委托山东省交通规划设计院编制了《京台高速公路德州(鲁冀界)至齐河段改扩建工程可行性研究报告》及《京台高速公路德州(鲁冀界)至齐河段改扩建工程工程初步设计》,并委托我院对其沿线跨河桥梁进行防洪评价。我院根据《河道管理范围内建设项目防洪评价报告编制导则(试行)》及相关法律、法规、规范、标准的要求对沿线跨河桥梁进行防洪评价,并根据跨河桥梁对涉水工程的影响采取补救措施并进行专项设计。

京台高速公路德州(鲁冀界)至齐河段改扩建工程共涉及 20 条河道,其中 18 条河道受高速公路改扩建影响,均需采取补救措施以减轻或消除不利影响。本次改扩建工程所涉及的防汛及管理道路设计及投资已纳入京台高速公路改扩建主体工程。

2　工程概况

2.1　桥梁工程概况

京台高速公路平陵河中桥在德州市丁庄镇许辛庄村东北跨越平陵河,跨越处桥梁中心里程 K324+947,京台高速公路南北向跨越该河道。跨越处桥址以上平陵河控制流域面积为 14.5 km²,桥梁轴线与水流方向交角为 130°,桥墩轴线方向与水流方向垂直。该桥为扩建桥梁,扩建方式为两侧拼宽,跨越平陵河处桥跨组合为3孔16m,桥梁上部结构采用预应力混凝土简支空心板,下部结构采用柱式墩,基础采用桩基础。河道内共设桥墩1个,桥墩编号为2号,桥墩采用柱式墩。

2.2 河道及流域概况

京台高速公路在德州市丁庄镇许辛庄村东北跨越平陵河,跨越处桥址以上平陵河控制流域面积为14.5km²,河道两岸为自然地面,无堤防。河底高程15.56m,河道上口宽19.8m,左地面高程18.55m,右地面高程17.19m。平陵河发源于马颊河右侧,全长7.72km,流域面积为17.7km²,与新隔津河同属引黄灌溉河流,于赵家庙村被注入丁庄水库。

2.3 防护规划

根据《山东省海河流域防洪规划报告》,平陵河设计标准为"64雨型"排涝。

根据防洪评价报告,京台高速公路跨平陵河桥位处"64雨型"排涝流量为7.8m³/s,现状河道过流能力为5.7m³/s,不能满足河道除涝设计标准。由于现状断面阻水比满足要求,主要对边坡进行护砌处理,尽量减少土方开挖工程量和工程投资。平陵河中桥跨平陵河桥址(桥轴线)上游40m右岸及下游70m左岸有支沟,下游约60m处有便桥。防洪影响补救工程只在现状河道的基础上对边坡进行护砌处理,确保河道边坡安全,并尽量减少对支沟、交通的影响。

根据桥址处桥梁平面布置图,结合工程现状,并征求地方主管部门的意见,以桥梁轴线为中心,顺河道方向在桥梁上下游对平陵河河槽岸坡进行护砌;自平陵河与支沟交汇断面起一定范围内,对支沟进行护砌。

3 防护工程设计

3.1 防护工程范围

采用正斜角桥梁计算公式,并根据地形、地质条件,结合工程现状,且征求地方主管部门意见,以桥梁轴线为中心,顺河道方向在桥梁上下游对平陵河河槽边坡进行护砌;自平陵河与支沟交汇断面起一定范围内,对支沟进行护砌(表1)。

河道护砌长度　　　　表1

桥梁名称	河道名称	护砌位置	岸别	护砌长度		
				上游(m)	下游(m)	合计(m)
平陵河中桥	平陵河	主槽岸坡	左	50	95	145
			右	70	75	145
	支流名称	护砌位置	护砌长度(顺水流向)(m)			合计
	右岸上游40m支沟处	河槽岸坡	15			30
	右岸下游70m支沟处	河槽岸坡	25			30

3.2 护坡结构

平陵河的设计除涝水位为17.41m,河底高程15.56m。正常蓄水位水深较浅,不再分段设计。桥址及上下游护坡高度取岸坡迎水坡自坡脚至设计除涝水位+0.5m。由于设计除涝水位+0.5m略高于现状右岸地面,结合工程实际情况,按现状地面高程护砌。支沟护坡高度取岸坡迎水坡自坡脚至现状地面。

结合以往工程经验,确定护岸结构为开孔式混凝土连锁块防护,结构自上而下为 C25 开孔式混凝土连锁块(厚15cm)+中粗砂垫层(厚10cm),框格内撒播草籽。护坡顶部采用 C25 现浇混凝土压顶,宽0.7m,厚0.2m。为适应地基沉陷和温度变形的要求,封顶板每隔15m设一道伸缩缝,缝宽2cm,缝内以硬质闭孔泡沫板填充。护坡每隔15m设一道宽0.3m、深0.5m的 C25 现浇混凝土齿墙,齿墙与护坡之间伸缩缝宽2cm,缝内以硬质闭孔泡沫板填充。所采用的 C25 混凝土抗冻等级均为 F150。

3.3 齿墙结构

综合分析,齿墙采用 C25 现浇混凝土齿墙,抗冻等级均为 F150,确定齿墙尺寸为 0.5m×0.3m。为适应地基沉陷和温度变形的要求,齿墙每隔15m设一道伸缩缝,缝宽2cm,缝内以硬质闭孔泡沫板填充。

护坡及齿墙设计图见图1。

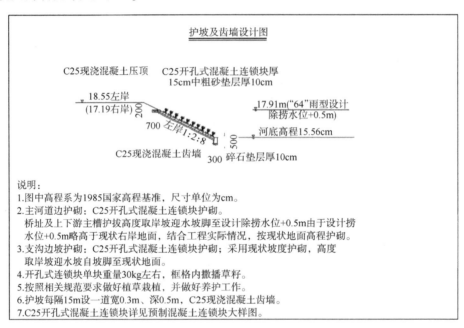

图1 护坡及齿墙设计图

河道长期受水流浸泡、侵蚀,河道内淤泥过深,导致无法施工齿墙,经勘察设计单位、监理单位、施工单位、建设单位等进行现场踏勘、协商,拟采用抛石挤淤方法进行齿墙施工,抛石挤淤宽度为0.8m,高度为1m。

抛石挤淤设计图见图2。

4 施工导流及围堰

(1)桥梁跨河道防护工程的建筑物级别为5级。根据水利部《水利水电工程施工组织设计规范》(SL 303—2017)规定,以及防护工程的级别、失事后果、使用年限,确定此处防护工程导流建筑物(挡水建筑物)的级别为5级,相应洪水重现期为5~10年。因此,围堰的设计洪水标准为5年一遇。

(2)桥梁跨河处5年一遇,为确保以上工程项目安全施工,必须做好施工导流工作,选择最佳的导流时段。根据工程水文气象资料,为了降低导流建筑物规模,加快施工进度,减少临时工程投资,同时确保工程安全度汛,本工程主体工程宜安排于11月至次年4月非汛期内施工,11月至次年4月非汛期河道流量为0.19m³/s,此时河道水深约为0.4m。

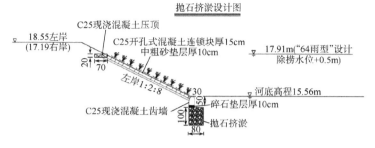

说明:
1. 本图尺寸以cm计。
2. 平陵河河道淤泥太深,导致齿墙基础难以施工,若不处理淤泥将存在较大质量隐患,拟采用底部抛石挤淤,深1m、宽0.8m,仅针对淤泥太深无法施工段落,现场据实跟监理签认施工长度,作为变更依据。

图2 抛石挤淤设计图

(3)本着有利于缩短工期、保证施工安全、节约投资的原则,并结合施工场区周围的水文特性及地形、地质条件,本工程拟在工程范围内局部做施工围堰,尽量不缩小河道的过水断面。

(4)桥梁跨河处围堰堰高根据导流明渠水力计算公式及围堰顶高程计算公式确定。围堰结构形式为:顶宽1m,边坡采用1∶1.0坡度。围堰采用河道附近的土料填筑。

5 土方工程

(1)桥梁跨河处防护工程土方工程主要包括:河道左右堤防及岸坡表层土清除和齿墙开挖与回填等。

(2)岸坡表层土清除,采用1m³挖掘机配8t自卸车运至施工围堰区进行围堰填筑,平均运距约为500m。剩余土料及围堰拆除料,采用1m³挖掘机配8t自卸车运至附近取土区或低洼带,平均运距为500m。围堰压实采用拖拉机碾压。

(3)齿墙土方挖填采取"就近堆放、就近回填、就近弃置"的原则。齿墙土方工程中开挖断面较大的,采用挖掘机开挖,临时堆存于基坑一侧,待混凝土齿墙工程完成后,采用拖拉机压实;齿墙土方工程中开挖断面较小、无法采用机械施工的,采用人工开挖,临时堆存于基坑一侧,待齿墙工程完成后,采用人工夯实;剩余土方就近整平弃置。

6 混凝土施工

混凝土拟采用商品混凝土施工。

6.1 混凝土浇筑

(1)建筑物地基必须经验收合格后,方可进行混凝土浇筑仓面准备工作。

(2)岩石上的松动岩块及杂物、泥土均应清除。基岩面应冲洗干净并排净积水,若有承压水,必须采取可靠的处理措施。清洗后的基岩在浇筑混凝土前应保持洁净和湿润。

(3)浇筑混凝土前,应详细检查有关准备工作,包括地基处理情况,混凝土浇筑的准备工作,模板、钢筋、预埋件等是否符合设计要求,并应作好记录。

(4)基岩面和新老混凝土施工缝面在浇筑第一层混凝土前,可铺水泥砂浆、小级配混凝土或同强度等级的富砂浆混凝土,保证新混凝土与基岩或新老混凝土施工缝结合良好。

(5)混凝土的浇筑,可采用平铺法或台阶法施工。应按一定厚度、次序、方向,分层进行,且浇筑层面平整。

(6)混凝土浇筑胚层厚度,应根据拌和能力、运输能力、浇筑速度、气温及振捣能力等因素确定,一般为30~50cm。

(7)入仓的混凝土应及时平仓振捣,不得堆积。

(8)混凝土浇筑的振捣应遵循以下规定:混凝土浇筑应先平仓后振捣,严禁以振捣代替平仓;振捣设备的振捣能力应与浇筑机械和仓位客观条件相适应,使用塔带机浇筑的大仓位,宜配置振捣机振捣;采用手动振捣器插入混凝土的间距,应根据试验确定并不超过振捣器有效半径的1.5倍,振捣器宜垂直按顺序插入混凝土。

(9)混凝土在浇筑过程中,严禁在仓内加水,混凝土和易性较差时,必须采取加强振捣等措施。仓内的泌水必须及时排除,应避免外来水进入仓内,严禁在模板上开孔赶水,带走灰浆。

(10)混凝土浇筑应保持连续性。

(11)浇筑仓面出现下列情况之一时应停止浇筑:混凝土初凝并超过允许面积;混凝土平均浇筑温度超过允许偏差值,并在1h内无法调整至允许温度范围内。

6.2 混凝土养护

(1)混凝土浇筑完毕后,应及时保温养护,保持混凝土表面温度不低于10℃。

(2)混凝土养护时间不宜少于7d,有特殊要求的部位宜适当延长养护时间。

(3)混凝土养护应由专人负责,并应作好养护记录。

7 联锁块安装工程

联锁块采用外购成品,且要满足设计要求。运往堆场成型的联锁块不准出现缺角裂缝、蜂窝,若有不符合上述要求的成品挑除。

施工流程:基层验收→测量放线→砂垫层摊铺→预制联锁块运输与散布→冲筋控制网格→分块分片铺设→补边→扫缝→压实→更换不合格的联锁块→再次扫缝→复压→验收。

联锁块安装大样示意图见图3。

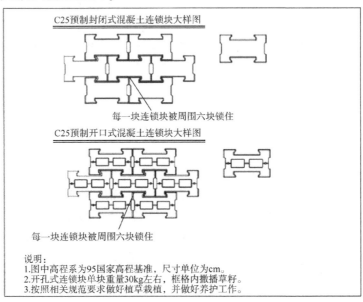

图3 联锁块安装大样示意图

8 结语

河道经过清淤防护已满足了河道防洪、防汛要求,满足了流域内的灌溉要求,维护了高速公路桥梁的通行安全,美化了高速公路跨河桥梁面貌,保护了高速公路跨河桥梁周边的生态环境,营造了人与自然共生的良好氛围。

参 考 文 献

[1] 中华人民共和国水利部.水利水电工程施工组织设计规范:SL 303—2017[S].北京:中国水利水电出版社,2017.
[2] 中华人民共和国住房和城乡建设部.堤防工程设计规范:GB 50286—2013[S].北京:中国计划出版社,2013.
[3] 韩桂芹.浅析水利工程施工中堤防及护岸工程施工技术[J].石河子科技,2023,(6):69-71.

高速公路施工安全规范化管理措施浅析

李 源 徐明明 姜雪凤

(山东省路桥集团有限公司,山东济南 250014)

摘 要：高速公路施工工期紧、施工现场安全监管难以做到全覆盖、作业人员数量多、工人安全意识不足等，导致施工现场安全事故时有发生。造成施工现场安全事故的原因与安全防护设施设置不规范、安全管理措施不到位有关。本文针对高空作业、施工用电、临边防护等方面，详细阐述了临时交安设施布控、规范化防护设施布设以及规范化安全管理办法的实施，应用于京台高速公路德齐段改扩建项目，实现施工中无安全责任事故的目标，给未来改扩建工程以参考示范。

关键词：安全防护 设施 规范化

1 引言

高速公路改扩建工程施工现场交叉作业较多，其中高空作业、支架作业占比较大，如果安全防护设施设置不完善，则可能产生安全隐患，进而导致高空坠落、坠物伤人等事故的发生，严重者造成人员的伤亡。安全事故的发生在一定程度上会导致施工的中断，情况严重者，则可能被业主甚至是政府部门责令停工整改，从而无法实现预期的效益目标。另外，安全事故的发生会对企业形象造成负面影响，严重者将造成企业安全生产信用级别下降，从而导致企业的业务量下降，不利于企业的长期发展。规范现场安全防护设施布置，降低安全事故的发生率，有助于提高企业形象水平，增强企业的竞争力，推动企业长期稳定可持续发展。因此，采取施工安全规范化管理措施对于保障现场作业人员生命安全、实现工期预期、维护企业信用有着极其重要的意义。

2 工程概况

京台高速公路德齐段改扩建项目，起自德州市德城区梁庄村北鲁冀省界收费站，接已建成的京台高速公路河北段，止于京台高速公路与济聊高速公路交叉的晏城(枢纽)互通式立交，接已建成的京台高速公路齐河至济南段。本项目工期紧、任务重、难度大，且采用"边通车、边施工"的方式，施工现场交叉作业多，其危险系数较之新建道路要高很多，因此本项目高度重视施工安全，采用严格布控临时交安设施、规范化布设防护设施，采用规范化安全管理办法，彻底避免事故的发生。

3 高速公路施工安全管理标准化管理特点

3.1 综合性

高速公路施工管理涵盖多个领域,包括公用事业、市政建设、劳工保障和交通运输等,因此,施工安全管理标准化建设需要综合考虑各个专业领域的要求。从项目角度来看,高速公路工程规模庞大,需要协调管理众多机械设备的使用、进行质量检测、进行财务预算以及监管施工安全等多方面工作。因此,企业内部不同部门的员工需要协同合作,相互配合,以确保施工安全管理标准化建设能够有效实施。此外,为了确保工程施工的安全性,管理人员需要制定标准化管理机制,以确保安全管理工作得以顺利展开。

3.2 不固定性

与一些公路建设企业不同,高速公路施工单位的施工团队具有不固定性,这在一定程度上增加了施工安全标准化建设的难度。尽管公路施工中的某些产品具有固定性,但施工人员的组成具有不固定性,因为在同一时期,施工单位可能会同时承担多个工程项目,这意味着施工现场的管理人员和工人可能会经常变动,这可能会增加安全事故发生的风险。因此,施工单位需要加强对人员的管理,提高员工的安全意识,并确保安全防护措施得到有效执行,这将有助于为施工安全管理标准化建设奠定坚实基础。

3.3 多变性

通常情况下,高速公路施工现场的环境非常复杂,实际施工具有多变性特点,即工程施工的安全管理容易受到各种自然因素的影响,如地质条件、水文特征和气候等。因此,实际的安全施工管理方案需要不断调整和完善。此外,对于跨越不同季节的工程施工,管理人员需要制定应急措施。特别是在公路改扩建施工中,在维持交通的同时进行施工,施工安全管理标准化建设显得尤为重要。

4 施工安全规范化管理措施

4.1 临时交安设施布控

扩建工程半幅保通情况下,面临社会交通与施工区域互相影响的现象,项目部编制各项交通组织方案,并按照风险级别进行专家评审,严格按照施工方案及设置相应的临时交安设施进行交通的渠化、引导,同时项目部设置交通组织协管员对现场交通进行管理,加大对现场布控的巡查频次,以便及时发现并消除影响高速公路行车的安全隐患。

4.2 施工作业区安全防护措施

严格布控规范化安全设施,规范化管理可以为安全保住底线,对安全意识低的工人仍能提供包容性的安全保障系统,杜绝建设期间安全事故发生。

(1)危险区域围护。基坑、泥浆池等临边围护设置定型化防护栏板;配电箱、电焊机等设备设置定型化防护笼;氧气瓶、乙炔瓶等设置定型化防护棚或移动式存放间,并配备定型化专用小推车,项目部安全员在施工过程中及时进行检查,对于破坏定型化防护设施的行为及时取证记录,当场予以纠正,对于无法当场纠正的下发整改通知单,限期整改并限定责任人,对于拒不整改的予以罚款,并进行通报批评。

(2)安全防护栏被动防护网设置。本项目地处多山地段,高边坡施工存在危石滚落风险,为解决现场这一安全风险问题,项目在施工段落设被动防护网消除滚石隐患,高挖方段落临边采用钢管支架搭设,增强防护可靠性。

(3)规范搭设安全爬梯、高处作业平台。高处坠落是施工中常见的安全生产事故,为了防止发生此类事故,项目部统一设计了施工平台搭设形式,并配合使用安全爬梯。安全爬梯整体采用框架式组合结构,上下连接高强度螺栓具有可靠的抗剪力,提高了其整体承载力,且安全爬梯四周为全封闭式,具有防掉落和禁止攀爬等作用,便于运输和管理。桥梁墩柱施工高处作业平台(图1)四周具备安全防护围栏功能,且平台结构简单,搭设快捷,与安全爬梯配合使用,使作业人员进出平台方便,提高了高空作业效率,增强了安全系数,提升了施工场地规范化形象。

图1 墩柱作业平台

4.3 规范化安全管理办法

(1)治理临时用电通病。针对施工用电具有点多、面广、难统一的特点,项目部采用针对性的措施进行治理。抓源头——集中采购配电箱、线缆等用电设施,统一标准,规范化管理;促整治——开展用电专项整治活动,由安全责任人牵头组织,对各工区施工点临时用电、生活用电进行全面排查,严格遵守"三相五线制""三级配电、两级保护"和"一机、一闸、一箱、一漏"标准规范现场用电;细指导——强化施工过程指导,言传身教,及时纠偏,力促标准化、规范化进程;重奖惩——严格检查制度、奖惩制度,让安全用电标准化、规范化成为常态。

(2)率先推行"吊装令"制度。每次吊装作业前,要求安全员与监理人员共同对"设备的安全性、作业人员资格、作业条件"进行核查,核查无误后,签发"吊装令",并不定时检查制度落实情况,通过吊装令制度的实行,减少了吊装作业事故的发生,同时保证了人员持证上岗。

(3)掌中宝、口袋书、便携手册应用。结合现场实际风险,项目部精心编制并下发《交通组织实施掌中宝》《质量明白纸》《施工安全明白纸》等便携资料。资料具有小巧精炼、方便携带、内容通俗易懂的特点。

(4)开展"行为安全之星"评选活动。为杜绝施工现场"反三违"行为,规范施工作业人员安全行为,提高员工安全意识,使员工坚守安全生产底线,提高员工积极性,构成全体员工广泛参与、相互监督的安全自控体系,项目部通过对施工作业人员发放"行为安全表彰奖励书",进行"行为安全之星"评选活动,将以前的说教转变成引导,以奖励取代处罚,促使施工作业人员意识从"被动安全"到"主动安全",形成了良好的"比学赶超"安全生产氛围,进一步筑牢了项目部安全生产防线。

5 结语

规范化安全管理措施的实施,明显提高了项目施工安全系数和道路通行能力,缩短了部分安全防护设施施工周期,提升了现场标准化水平,降低了事故发生的概率及事故经济损耗,提高了项目的形象水平,有利于企业参与本地区或本行业的相关活动,在隐性上降低了安全事故的成本,打造了项目独有的文化氛围,扩大了企业品牌的影响力,从而推动了项目标准化建设和平安百年品质工程的创建。

参 考 文 献

[1] 宋建辉,薛云龙.高速公路事故多发路段安全管理规范思路构建[J].现代职业安全,2023,(11):80-83.
[2] 王军.高速公路养护维修工程施工安全探究[J].智能城市,2021,7(7):97-98.
[3] 啜二勇,兰云松.高速公路安全风险隐患评估及提升完善对策研究[J].天津建设科技,2020,30(4):33-36.

高速公路改扩建工程路面品质提升浅析

姚 望

（山东高速股份有限公司，山东济南 250014）

摘　要：本文从项目建设管理的角度对高速公路改扩建工程过程影响路面品质提升的因素进行了归纳分析，并针对这些因素从保证路面工程质量及路面品质提升的角度提出了具体可行的管理措施。"人、机、材"是路面工程最关键的三个因素，也是实现路面品质化提升的核心因素，高速公路路面尤其针对高速公路改扩建路面施工，必须严格把控好三要素，即管理好相关人员、合理配置机械设备以及严格控制进场材料的质量。"细节决定成败"，要对路面施工中影响质量的细节进行严格把控，从项目管理的角度严格制度管理，为高速公路改扩建路面品质提升打好基础。

关键词：高速公路改扩建　品质工程　路面施工　质量管理　细节管控

1　引言

路面是公路的重要组成部分，直接承受车辆荷载的作用，因此其质量直接影响行车速度、运输成本、行车安全和舒适性。针对路面工程，优质耐久是指其内在品质，指的是使用寿命的耐久性；安全舒适是指其外在的品质，指的是行车的安全性和舒适性，必须具有良好的平整性和抗滑性；经济环保是指在建设过程中必须遵循的客观要求和基本国策；社会认可是指其交工后通行能力和行车能力得到社会的高度认可，让人民群众有获得感。

本文结合京台高速公路德州至齐河段改扩建工程建设，作为项目管理者，谈一下在品质提升过程中的几点体会。

2　"人、机、材"三要素

"人、机、材"是路面工程最关键的三个因素，也是实现路面品质化提升的核心因素。

2.1　人的责任意识和质量意识是主导

人是实现路面品质化提升的直接执行者，人的责任意识和质量意识提升，才能确保路面品质化提升。施工企业必须建立完善可行的质量运行体系，而且在实施过程中要确保体系运行流畅。项目管理人员严格按照质量运行体系，做到"定岗定责、人尽其责"。同时，所有参建人员强化质量意识，科学制订施工组织计划，在确保路面质量的前提下合理加快施工进度。

2.2　机械设备的先进性是关键

路面工程的机械设备是关键性因素，必须使用性能良好、具有一定先进性的设备才能确保路面施工的整体均匀性和耐久性,充分发挥各机型之间的协调作用,形成与路面材料特性相适应的并充分发挥设备作业性能的有机整体。

拌和站和压路机是保证路面施工的必备设备,属于关键设备。拌和站的产能和性能必须能够满足路面施工连续性,施工的连续性是路面施工的关键,也是保证路面质量的前提。

摊铺机是在路面施工中对质量、进度和成本方面产生决定作用的设备,属于核心设备。

2.3 材料的质量和稳定性是核心

对于路面工程,材料的质量和稳定性是决定路面质量的核心,必须加强对原材料的质量控制,以保证整个路面的施工质量。同时,材料的稳定性是保证混合料级配稳定的前提。特别是要加强细集料的质量控制,严格控制粉尘含量和含泥量。

3 建章立制加强管理

3.1 成立路面质量管理领导小组

项目办联合总监办成立路面质量管理领导小组,负责全线路面施工质量管理,加强路面施工过程巡视。

驻地监理单位对应成立路面质量管理领导小组,充分履行监理职责,加强过程旁站监理。

施工单位同步对应成立路面质量管理领导小组,确保质量管理体系良好运行,调动人员的主观能动性,全面提升路面施工质量。

3.2 建立材料采购、认可工作程序

根据材料生产商提供的产品生产工艺、生产设备以及具有一定资质的实验室提供的产品检验结果等材料,项目办、总监办、驻地办及施工单位到材料生产商生产场地进行实地调查,只有完全符合相关要求的生产商才能作为备选材料供应商。

在取得监理工程师同意后,各部门按照各自的材料采购计划,根据备选材料生产商的生产能力,有计划地对各种集料进行预定。定购合同要取得公证或有监理工程师见证的情况下签署,对外公开透明(具备条件的要进行招标),接受社会各界监督。所有的采购计划和定购合同均报总监理工程师和各业主代表备案。

各施工单位必须健全材料管理责任制,严格控制材料质量,严禁未经许可随意更换供应商。

3.3 严格执行首件制度

路面结构层施工,首件工程是对生产配比、施工工艺、设备组合的验证,必须严格执行首件制度,不能为了"首件"而首件,首件工程确定的生产配比、工艺参数过程施工中要严格落实执行,不得随意更改。

3.4 严格过程报验制度

逐层及关键节点报验,上层结构层施工前必须实行报验制度,透层、封层、黏层以及桥面防水层的施工前必须进行报验,验收合格才允许进入上一结构层的施工,尤其是桥面防水层的施工要引起重视,桥面找平层界面处理的好坏直接关系着桥面铺装结构的耐久性。

4 原材料的质量控制

4.1 集料的控制

受国家政策影响,供应紧张、集料品质及变异性大的问题十分突出,要像重视沥青一样重

视集料的生产和质量。集料的规范化生产与稳定性对沥青混合料性能的影响很大。

(1) 加强材料进场的检测力度及频率

各驻地监理处相关专业监理工程师亦应保持经常性监督,至少每周检查一次,总监办定期或不定期巡视检查。发现不符合要求,立即停止使用该生产厂的产品,已进入施工现场的产品,不论合格与否,全部清除出施工现场。

(2) 建立供货商黑名单制度

为确保原材料供货质量稳定,项目办联合总监办建立供货商黑名单制度,并建立原材料抽检长效机制。抽检不合格或不满足有关规定要求的生产厂家将列入黑名单,不得向本高速公路建设工地供货,各施工单位不得采购这些厂家生产的产品。

4.2 沥青胶结料的控制

沥青材料对于路面结构是非常重要的,其质量以及稳定性对路面的整体质量以及耐久性影响是至关重要的,加强过程中的控制,同时补充老化试验、SBS改性沥青的离析试验、布什黏度甚至PG分级等指标检测。

严格按照三大指标逐车检验,其余关键指标按相关频率进行检测。

4.3 木质素纤维的控制

木质素纤维是天然木材经过化学处理得到的有机纤维,外观为棉絮状,呈白色或灰白色。木质素纤维通过筛选、分裂、高温处理、漂白、化学处理、中和、筛分形成不同长度和粗细度的纤维,以适应不同应用材料的需要。由于处理温度高达250℃以上,在通常条件下木质素纤维是化学上非常稳定的物质。

重点关注指标:吸油率、灰分含量、耐热性。

5 施工机械设备配置

5.1 保证摊铺的稳定性

(1) 纵向横向坡度(尤其是较大坡度)的存在,难免导致摊铺机前行过程中产生侧滑移现象;因改扩建存在拟合高差、下承层不平整等问题,摊铺机两侧料位不均匀,也易产生侧滑现象,尤其单机摊铺时,小小的侧滑移纠偏措施会对摊铺机两端(对应第1、4车道)产生较大影响,因此选用功率需匹配合理,主机要确保足够的质量平衡后部熨平板的质量,确保摊铺或提机时保持平衡。

(2) 料斗容量足够大,在料车转换时确保料斗有足够的粒料维持摊铺机匀速前进;熨平板具有足够的强度,平面度好。

(3) 摊铺机两侧布置多点料位计,确保料位高度一致;根据测量数据情况,调整振幅,及时调节夯锤频率,解决摊铺过程与压密实度不一致的问题。

5.2 保证摊铺的连续性

(1) 根据拌和站的拌和能力(产能)和运输情况,确定合理的摊铺速度,以摊铺机前始终保持停放2～3辆待卸料车为宜,避免摊铺机停机待料现象的发生。

(2) 合理的摊铺速度一旦确定,不得随意改变,因特殊情况(待卸料车数量有明显变化时)需改变摊铺速度时,实际摊铺速度应控制在合理摊铺速度的±0.2m/min内,杜绝摊铺速度忽快忽慢,或快速加减速。

5.3 保证碾压的及时性及均匀性

5.3.1 压路机数量

为了保证混合料压实的时效性,必须配备满足全断面四车道摊铺的压实机械。中面层:单幅四车道不少于5台双钢轮、3台胶轮和1台小型压路机。上面层:单幅四车道不少于5台双钢轮和1台小型压路机,为提高表层压实效果,表层施工需有1台为振动压路机。

5.3.2 碾压段落

碾压段落建议不小于30m,标识初压、复压和终压,碾压速度要保持均匀,碾压过程严格执行"紧跟、慢压、高频、低幅、少水"原则,按照从低到高的顺序依次进行,起停机原则:"先起步后起振,先停振后停机",碾压速度要与振动频率相匹配,不得随意停机、调头、变换碾压速度。

6 施工过程质量控制

(1)要做好"事前控制",加强"事中控制",减少"事后控制",通过严格的过程控制保证路面的施工质量。
(2)严格落实"首件制度"。
(3)坚持过程中的"报验制度",重视"透、封、黏"层以及桥面防水层等小结构层的施工。
(4)做好路面施工保温措施,特别是对于改性沥青混合料,做好保温,减少温度离析。

6.1 拌和环节控制要点

(1)严格落实开盘单制度。
(2)加强拌和站的管理,确保混合料拌和的均匀性和级配的稳定性。
(3)加强出料温度控制。

6.2 运输环节控制要点

(1)确保足够运输车辆,保证连续摊铺。
(2)落实运输及摊铺环节保温措施,减少温度离析。
(3)严格落实装料顺序,减少装料环节的离析。

6.3 摊铺环节控制要点

(1)下承层准备,保证层间联结,确保层间连续(图1)。

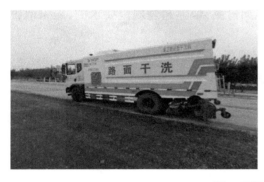

图1 下承层准备情况

(2)基准选择,基准分为绝对基准和相对基准,保证平整度。
(3)摊铺设备的调整,减少离析。
(4)摊铺机组合,避免冷接缝。
(5)摊铺参数设置,初始压实度,减缓离析、连续摊铺。

(6)摊铺过程中厚度的调整,避免过于频繁调整。

6.4 拼接部位施工控制

与老路拼接部位的黏结性:改扩建的特点及难点就在于新老拼接部位的处理,由于开挖台阶后存在一定的高度,而且在摊铺机边部混合料容易离析,必须采取提前布料的措施减少由于混合料的离析导致的边部结合弱的问题,摊铺过程中安排专人对保湿台阶部位进行撒布水泥净浆来保证新老拼接部位的黏结效果,同时边部碾压增加三钢轮进行挤压确保边部密实,同时保护老路台阶不被破坏。新老拼接部位施工细节见图2。

图2 新老拼接部位施工细节

6.5 路面平整度的控制

对于平整度的控制,要严格按照内控指标进行,确保全线上面层平整度标准差不大于0.7mm,合格率95%,极值不大于1.2mm;中面层平整度标准差不大于1.0mm,合格率95%,极值不大于1.5mm。接缝处3m直尺检测:上面层单杆评定不大于2.0mm,合格率100%;中面层单杆评定不大于3.0mm,合格率100%。

采取技术及管理措施如下:

(1)实行下承层验收和工序交接制度,落实责任人,平整度差的部位采取打磨、精铣刨等措施予以纠正。

(2)为了保持摊铺的连续,必须组织足够的运输车辆,摊铺机前必须始终保持不少于2~3辆待卸料车。

(3)中面层施工前应对下承层的高程进行详细检测,偏差超过规范要求的,应采取铣刨、加铺调平层等措施予以调整,直至符合规范要求。

(4)加强混凝土桥面找平层的施工控制,确保混凝土桥面铺装层平整性。

(5)加强路桥连接部位的平顺度控制,处理局部的不平整,在铺筑中面层时挂线施工,挂线长度应不低于50m。

(6)加强沥青层每层施工过程中平整度的检测,及时检测及时纠偏,采取6m铝合金梁进行及时检测。

6.6 施工细节的控制

(1)强化污染防治意识,制定严厉的惩罚措施。

(2)减少不必要的上道口,同时对保留的上道口采取硬化措施。

(3)杜绝油污,施工机械及车辆必须采取兜底措施,避免由于漏油造成路面油污。

(4)路面取芯、渗水检测过程中,必须采取一定的防污染措施。

(5)取芯坑洞的回填要安排专人负责,清干水分、涂抹乳化沥青及回填密实。

参 考 文 献

[1] 黄泽国,刘斌清,龚文剑.广西湿热山区环境下宽幅高速公路路面品质工程建设模式探讨[J].西部交通科技,2022(10):16-18+37.
[2] 吴旻,孙鹤.镇丹高速公路路面工程品质提升技术及管理体系研究[J].上海公路,2020(1):4-8.
[3] 王金山.提高高速公路路面路基施工质量的措施[J].中国高新技术企业,2016(25):105-106.

品质工程、智慧高速建设及技术创新活动监理工作研究

李国中

（山东方正公路工程监理咨询有限公司，山东烟台 264600）

摘 要：本文以京台高速公路德齐段改扩建工程为实例，从高速公路监理单位角度出发，提出"品质工程、智慧高速建设及技术创新"创建思路，明确具体目标与措施。

关键词：高速公路 品质工程 监理工作

1 实行"品质工程、智慧高速建设及技术创新"，创建目标管理，明确七大目标

七大目标指的是建设新理念、设计新提升、技术新成果、质量新高度、安全新保障、环保新成效和服务新面貌。

（1）建设新理念。扬现代工匠精神，提升建设管理效能，强化管理团队，打造品质工程。倡导"建管养一体化"理念，实现建、管、养新模式，推行"互联网+"建设理念，提升工程管理水平，建立质量、安全一体化综合管理App"大数据"平台，实现"智慧管控"。

（2）设计新提升。以人为本、尊重自然、绿色低碳、服务地方等理念融入项目前期规划，增强项目规划前瞻性和针对性，实现多项设计亮点。

（3）技术新成果。推进"互联网+"等现代信息技术和工程建设、运营管理技术深度融合，广泛应用"四新技术"和微创新，提升机械化施工水平。

（4）质量新高度。双标管理、标准化水平明显提升，质量风险预控管理水平明显提升，工程耐久性、可靠性得到有效保障。质量通病处理取得明显成效，实现优质化目标。

（5）安全新保障。深入开展"平安工地"建设，全面推进安全管理程序化、标准化，无安全责任事故的发生。

（6）环保新成效。践行"绿水青山就是金山银山"发展理念，构建环境友好型、资源节约型、生态景观型高速公路，减少对生态环境的影响。

（7）服务新面貌。结合"互联网+"、云计算、大数据等现代信息技术，推进数据、业务、技术系统的深度融合，提升公路工程建设品质；围绕"安全耐久、绿色和谐"建设理念加强设备选型，优选行业成熟应用和市场信誉度高的设备与系统。

2 多措并举开展"品质工程、智慧高速建设及技术创新"创建活动

(1)确定以管理为主导,强化管理责任,重视质量管理体系建设,完善质量管理各项制度。一是确立以业主为主导,施工单位为主体,监理、检测单位为指导,全员参与"品质工程、智慧高速建设及技术创新"创建活动的指导思想。业主作为"品质工程、智慧高速建设及技术创新"创建活动的领路人,制定"品质工程、智慧高速建设及技术创新"创建活动实施方案和细则,组建品质工程创建活动领导小组,对"品质工程、智慧高速建设及技术创新"创建活动进行组织和协调,明确各层级管理人员职责,充分发挥领导作用和业主主导作用,推行 QHSE(质量、健康、安全、环境)四位一体管理体系,实现管理专业化,提升管理水平,创新管理方法。二是进一步完善相关管理制度与办法、质量管理办法等。三是进一步完善质量检查体系、检查方式和考核机制。

(2)以技术管理为先导,重视技术方案审查,以技术促质量、促进度、省造价。重视技术方案审查,精益优化路线和技术方案,从设计到施工各阶段全面把关。根据省交通运输厅"品质工程"和"绿色公路"实施方案,结合公司"优化设计、技术创新、有效管理"活动,激励技术创新,形成"横到边,纵到底"高效技术管理网络,推行设计新理念,保证技术可靠,力求成本最优。

(3)以品质清单为依托,将品质工程清单与创建要求纳入合同中。

建立品质工程创建清单,并纳入设计与施工合同中,与优质优价奖金挂钩,实时组织考核评比工作,把落实品质工程清单作为工程验收强制条件执行,通过合同手段和考核评比保证工程品质清单落到实处。

(4)以双标管理为抓手,全面推进品质工程创建活动。

制定项目标准化管理指南与手册,全面推进工地建设、施工作业、安全生产标准化管理,严要求、高标准将标准化管理贯穿项目始终。重点把握施工关键环节管理,对施工方案、材料、设备、工艺等严格控制,做到粗活细做、细活精做,精益求精,进一步提升工程质量。

(5)以智能管控、工艺创新为手段,大力推广"四新技术"有效应用,鼓励施工工序工艺微创新,提升信息化管理水平。

(6)强化教育培训,提高员工素质与技能水平,确保全员具备品质工程创建所需的知识和技能。通过培训计划和工作坊,员工了解了最新的行业标准和最佳实践,在项目中积极参与并贡献其专业知识。

(7)建立有效的沟通渠道,确保各参与方之间的信息流畅,以便及时协调和解决问题。透明的沟通有助于减少误解和冲突,有助于项目的顺利进行,从而提高项目的整体品质。

(8)持续改进反馈机制,建立定期的审查和评估流程,以识别潜在的问题和提供改进机会。通过持续的反馈,能够及时纠正不足,不断提升品质工程创建活动的效率和成果。

以"互联网+智慧建造"为抓手,充分利用互联网、互联网+和大数据优势,建立质量、安全一体化综合管理 App 平台,全面推行工程质量安全视频监控中心、拌和站数据采集、预应力智能张拉控制、北斗定位系统等信息化系统,有效提高工程管控水平,使信息化监控系统全方位服务于项目建设,实现"掌上智慧管控"。提升质量安全风险防范能力,提升沿线服务设施、交安工程智能化水平,助力品质工程建设。以创新管理为手段,注重推广应用新材料、新设备、新技术、新工艺,如预制小箱梁液压式内外模、整体式液压涵洞台车、钻孔灌注桩成孔监测设备、监控系统等,有效提升作业工人操作技能和效率。倡导"以设备促工艺、以工艺保质量、以

质量提品质"理念,鼓励工艺工序微创新,以细小的改进令施工更高效便捷、质量更易控制,打造内实外美、经久耐用的精品工程。

3 强力保障,为"品质工程、智慧高速建设及技术创新"建设保驾护航

践行现代工程管理发展新要求,追求工程内在质地和外在品位有机统一,以四项保障(立品质管理、树品质临建、造品质实体、创品质工艺)为抓手,全面开展"品质工程"建设。

3.1 立品质管理

建立健全组织机构和体系。成立"品质工程"创建小组,对施工标段制定品质工程清单,工程实施过程中严格要求落实。制定品质工程实施方案和细则,指导品质工程创建工作。推行"智控"系统,运用信息化手段,建立互联、精准、实时的信息化、智能化管理体系,实现工程管理的精细化。

3.2 树品质临建

以临建标准化为基础,落实"品质工程清单"要求,推行"一驻地、三集中"的"7s"管理模式,通过建设宜居项目部驻地、四化钢筋加智能试验室、混凝土拌和站和新型标准化预制场等提升工地建设标准化水平,对工地试验室、混凝土拌和站等实行智能数据采集、传输和监控,打造品质临建工程。

3.3 造品质实体

推行"标准化、工厂化、智能化、专业化、精细化"建设理念,打造实体品质。通过建立总体质量目标,实行原材料、半成品准入制,严格首件工程验收制,成立质量组加强施工质量监管,引进第三方检(监)测,推行质量管理信息化等措施保障工程实体质量。

3.4 创品质工艺

以微创新为手段,着力解决影响工程质量安全通病问题、突出问题和薄弱环节,抓重点、补短板,充分发挥信息化管理的智慧管控优势。一是路基工程中采用路基智能压实监控系统,严格控制路基碾压施工质量,有效防止漏压或遍数不足等问题;引入压浆饱满度检测、有效预应力检测等先进检测手段。二是桥涵工程中钢筋加工厂采用自动上料生产线、自动焊接机械手及钢筋笼预拼技术等新设备、新工艺,确保钢筋成品质量。桩基采用"环刀法"破桩头工艺,立柱混凝土采用智能循环滴灌养生,钢筋焊接采用二氧化碳气体保护焊工艺,钢筋笼采用预拼接技术,预制小箱梁采用全套型钢胎架模、液压抽拔式内模和液压式外模涵洞施工,探索推行整体式液压涵洞台车等,有效提高生产效率。

4 结语

创建品质工程是贯彻落实党的十九大建设交通强国和落实《质量发展纲要(2011—2020年)》的行动方案,是深化现代工程管理的需要。高速公路全面推行"品质工程、智慧高速建设及技术创新"创建活动对提升高速公路建设理念、管理水平、技术创新水平、质量安全水平,实现高速公路工程管理现代化具有重要意义。

参 考 文 献

[1] 曹志伟.基于智慧交通的高速公路拥堵缓解技术研究[J].智能建筑与智慧城市,2023,24

(11):168-170.

[2] 沈德国.智慧高速公路资源开发应用浅析[J].中国交通信息化,2023(11):133-134+143.

[3] 张胜,杨皓元,俞文俊,等.三清高速智慧高速技术架构与实施路径研究[J].交通世界,2023(30):8-12.

建筑工程施工质量管理的研究与实践

马 磊　袁 军　高红磊

(山东省路桥集团有限公司,山东济南 250014)

摘 要：当今社会对建筑工程建设的要求越来越高,建筑工程建设的质量将直接影响建筑企业未来的发展和居民的生活。如何搞好建筑工程的质量管理,是当前需要认真思考的问题。本文就我国当前建筑工程质量管理存在的问题进行了实践研究,并结合建筑工程的特点探讨了建筑工程的质量管理制度,并给出了相应的对策,以期对有关方面有所裨益。

关键词：建筑工程　施工质量管理　研究实践

1　引言

当前,随着经济的快速发展,建筑工程的建设周期越来越长,再加上多种外在因素,使得施工企业的质量管理工作变得非常困难。因此,建筑企业首先要认识到施工质量管理工作的重要性,在此基础上积极运用现代管理理念,提升施工企业质量管理人员的素质和水平,严格按照相关标准建立质量管理体系,并使其真正发挥作用。

2　建筑工程项目施工质量管理的重要性

在建筑工程施工中,工程质量对项目的成败起着至关重要的作用。随着科技的发展,建筑工程的技术水平得到了极大的提高,同时,社会的发展和人们对居住品质的要求也在不断地提高。此外,目前各个行业的市场都在激烈地竞争,施工企业也面临着来自国内外的激烈竞争,要想在市场上站稳脚跟,就必须提高施工质量。现代建筑的构造比较复杂,建造起来也比较困难,在建造的时候,前期的工作会对后面的工作产生很大的影响,而项目的进度也会受到很大的影响,如果进度太慢或者太快,都会对项目的实际效益造成一定的伤害,这对高质量的项目也是不利的。建筑工程项目的施工质量管理,不仅关系到建筑工程的最终质量,也关系到建设单位的声誉和经济效益。建设单位要想获得更大的发展,就必须以品质来建立自己的品牌,增强自己的市场竞争力。只有高质量的建筑项目,才能为建设单位树立良好的口碑,只有这样,建设单位才能拓展更多的市场,提高利润,谋求更大的发展。

3 建筑工程施工中质量管理存在的弊端与不足

3.1 缺乏完善的施工质量管理体系

一个比较完善的施工质量管理体系是建筑工程建设的先决条件和保证。目前,由于一些建筑企业没有建立起比较完善的施工质量管理体系,仅注重经济效益,而忽略了项目的质量监督。在施工质量管理体系中,施工级别的控制机制可以有效地控制施工进度和目标,但相关的项目部门却缺乏对项目实施的控制,对项目实施的目标和过程存在着模糊不清的印象,盲目地开工,却没有保证工程的质量,没有任何的质量保证。

3.2 建筑资源分配问题与施工人员质量意识较低

首先,建筑工程是一个具体而又系统的项目。在项目建设前,合理配置建筑资源是十分必要的。施工期间的人力资源、施工机械设备、施工物料等资源均占据了整个项目的资金链条,对施工企业的经济效益产生重要的影响。但是,一些建筑企业在建筑工程中不能合理地配置建筑资源,使一些建筑材料出现短缺,必须投入大量的资金,另外,资源的过度使用会产生巨大的浪费,从而造成巨大的经济损失。此外,各部门之间很可能会出现冲突,从而造成项目进度停滞和项目质量下降。其次,建筑工人是项目建设的主体,是工程质量的重要保障,施工人员的质量意识是影响工程施工质量的重要因素。一些施工人员往往只关注于眼前的经济利益,忽视了工程的整体质量。在施工过程中,多数施工人员工程质量意识比较薄弱,往往存在着偷工减料、得过且过、事不关己的消极心态,使整个项目的施工质量问题更加突出。

3.3 施工材料的采购与投入得不到相应保障

建筑材料是建筑施工的重要组成部分,关系到建筑主体的质量和建筑企业的信誉。目前,我国建材行业的经营管理制度比较健全,但一些地区仍有很多问题和缺陷。一些企业的采购人员没有足够的责任感和正义感,在没有经过审核的情况下就选择了建材,导致了大量的劣质材料进入工地,从而危及工程的质量。

4 针对建筑工程施工质量管理的意见

4.1 优化施工质量管理,做好准备工作

有关部门要有一套完善的措施。在建筑工程施工期间要避免某些错误发生,有关部门要对施工图纸进行细致的审核,避免因图纸资料的不准确给工程带来一些麻烦。在施工过程中,有关部门要有相应的机械和技术支持,如设备比较大,施工前必须做好准备,对设备进行各项检查,并将其记录在案。有关部门还要保证施工现场水电等的供给,以保证整个项目的顺利进行。

4.2 提高施工人员质量意识

施工人员的质量意识十分重要,提高施工人员的质量意识才能为以后的工程质量管理打下基础。首先是材料的选择。建材是建筑施工的关键,材料的质量直接影响到建筑的质量。在选用材料时,必须选用优质的材料,以确保工程的质量。在建材采购、调配等方面,必须严格控制,做到最好,而且随着时间的推移,科技不断进步,各种材质的材料都会被开发出来。所以,在购买时,采购人员必须了解有关的资料,可以通过各种渠道挑选出更好的品质和性价比的商家,来保证项目的资金和质量。其次,验收工作也很重要。要解决这些问题,就必须有相关的工作人员进行严密的检查,以确保不会有任何的虚假材料流入工地,造成工程质量的下

降。最后,在施工过程中机械是必不可少的,但如果工地上同时使用大量的设备,很有可能会造成设备的损坏,或者有什么安全隐患。所以维修人员要定期对设备进行检查,不可疏忽,以免耽误工程进度,从而影响整个工程的走向。

4.3 安全管理是质量管理的重要保障

建筑工程的安全问题非常关键,关系到一个企业的发展,尤其是在施工的过程中,建筑安全的管理对于施工质量的管理非常重要。要建立一个完善的安全管理系统,就必须和施工单位的各个部门进行有效的沟通,找到问题的根源,才能确保工程的质量。

4.4 建筑工程材料的选用

一座高品质的建筑,必须有优质的建材,如钢筋、砂石、水泥等。所以,在采购建材时,采购员应采购正规的工厂制造出的合格原料。而且,在开工前,管理者要对所购买的基本材料进行必要的检验,以确定其是否能够适应建筑环境,确保其在这种情况下的使用寿命。之所以这么说,是因为有些基础材料在使用的环境中会有不同的效果。建筑行业对基础材料的选择,坚持高标准只是一个方面,更重要的是,标准的材料可以通过模型和环境来预测,在具体的规格和性能上,必须有专业人士的检验。

5 结语

本文认为,建筑工程在推动我国基础产业、基础设施建设等领域发挥着举足轻重的作用,而施工质量是建筑工程的核心环节,因此,加强建筑工程施工进度和施工质量管理是保证项目安全顺利完成的关键。同时,随着社会和经济的飞速发展,建筑工程施工企业必须不断提高施工质量管理水平,加强施工过程中的各项质量控制工作,严格保障建筑工程施工,这对于以后进一步促进建筑工程施工质量管理工作的有序开展、确保施工安全性得以提升等方面具有重要参考意义。

参 考 文 献

[1] 孟晓东.房屋建筑工程施工质量管理研究[D].石家庄:石家庄铁道大学,2019.
[2] 翟伍龙.浅谈建筑工程施工质量管理及控制措施[J].居业,2019(5):184+186.
[3] 刘孟涵.建筑工程施工质量管理的研究与实践[J].中小企业管理与科技(下旬刊),2018(3):23-24.

高速公路改扩建钢箱梁施工质量控制与管理

孙贻国

(山东高速工程项目管理有限公司,山东济南250013)

摘 要:伴随着"交通强国"提出要打造"一流设施、一流技术、一流管理、一流服务"的建设目标,为完善国家和山东省高速公路网络,适应国家综合运输大通道发展的需要,京台高速公路改扩建已陆续完美收官,在保证边通车边施工的前提下,解决由于既有公路受当时设计标准、技术水平和工程投资等影响,沿线既有结构物规模普遍偏低的问题。部分通道跨线桥的净空或净宽已不能满足城市发展和交通增长的需求,地方部门、沿线居民反映强烈,部分路段需抬升纵面高度以满足桥梁通行净空,部分路段需要调整增大跨径满足净宽要求,上部结构运用钢箱梁的方式提高桥梁净跨径。

关键词:高速公路改扩建 钢箱梁 控制 管理

在国家大力推广钢结构桥梁的建设政策前提下,落实公路钢结构桥梁制造和安装施工的工厂化、装配化、专业化、信息化、精细化等要求,促进公路桥梁建设的转型升级,提质增效,提升公路桥梁的品质和耐久性,更好地体现"绿色公路""品质工程"的理念。钢箱梁具有强度高、自重轻、可复杂造型、抗扭刚度大等特点,可以提高桥梁跨径等优势。本文以梁桩分离立交钢箱梁为例,介绍钢箱梁施工质量控制和施工管理。

1 工程概述

由于京台高速公路主线路基拓宽,齐河北枢纽内原A匝道桥、C匝道桥、E匝道桥及QYK1+309.66青银主线桥上跨京台高速公路主跨径不满足通行要求,需对上跨京台高速公路部分桥梁进行拆除,调整跨径后安装钢箱梁。

本文以齐河北QYK1+309.66青银主线桥上跨京台高速公路桥为例对钢箱梁施工质量控制和管理进行介绍。青银主线桥布置:由于原桥第四联上跨京台高速公路,且本联跨(30+40+30)m不能满足通行要求,故将第四联桥拆除重建,原桥及新老桥过渡墩完全利用,齐河北枢纽QYK1+325.656青银主线桥跨径组合为(21.77+30+28.2+20)m(跨径均指路线设计线处,下同),桥梁右偏角90°。上部结构采用连续钢箱梁;下部结构采用板式墩,墩台采用桩基础。

钢箱梁全宽13.5m,单箱双室结构,箱宽9.5m,翼缘悬臂长2.0m;顶板横坡2%,底板与顶板平行,钢箱梁跨中梁高1.4m,支点梁高1.3m。横隔板纵桥向间距3.0m,其间设置腹板竖向加劲肋,翼缘挑臂纵桥向间距1.5m;横隔板、腹板竖向加劲肋及翼缘挑臂在平面内采用径向布置,在竖直方向除支承横隔板铅垂布置外,其他均垂直于底板布置。在钢箱梁中支点设加强型支承横隔板满足支点局部承载要求,支点支座横向中心距7.7m;顶板厚16mm,U肋间距600mm,两侧I肋间距260(265)mm;底板厚20mm,U肋间距640mm,I肋间距350mm;腹板厚14mm,纵向用两道160×100×10不等边角钢加劲;普通横隔板厚10mm,支点横隔板厚28mm;腹板竖向加劲厚10mm;翼缘挑臂腹板厚12mm,底板厚14mm。

顶底板U肋规格为300mm(口宽)×280mm(高)×8mm(厚)。"工"形加劲肋腹板布置竖向加劲板,间距280mm。所有板件均采用Q355qD钢材。

2 施工准备

2.1 图纸会审

参建各方在收到施工图设计文件后,在设计交底前组织工程技术人员全面细致熟悉和审查施工图纸,熟悉设计图纸,了解工程特点和设计意图,找出需要解决的技术难题,并制订解决方案;解决图纸中存在的问题,减少图纸的差错,将图纸中的质量隐患消灭在萌芽之中。

2.2 厂家考察

一般施工单位将钢箱梁制造和安装委托给钢结构专业生产厂家,施工单位应组织建设单位、监理单位技术人员对3家以上的生产厂家进行考察。生产厂家考察从公司注册地、资质、公司技术、人力、生产能力、近年来公司类似工程业绩、公司今年项目获得的奖项等多个方面进行,重点考察生产车间自动化程度和生产技术管理。考察组将各生产厂家的情况进行汇总排名,施工单位根据考察结果组织生产厂家进行投标,优选信誉好、自动化程度高的生产厂家作为制造和安装协助队伍。

2.3 制造和安装方案编制评审

本桥钢箱梁采用工厂分段制造运输至现场,现场整体梁段吊装架设。安装方案按钢箱梁施工工艺方案的单元分类绘制,全部采用CAD完成,对梁段立体放样,计算机模拟试拼。绘制平曲线和竖曲线,全部杆件编码与设计图纸对应。

主线桥总钢材用量为1387.04t,钢梁最大质量为41.5t,钢箱梁采用纵、横向分段的方式,在工厂内整体连续拼装制作,采用平板货运车辆分段运输至现场,现场安装采用原位支架吊装。主线桥按照左右幅加工制造,纵向长度分成15.77m、15m、15m、11.7m、15m、15m和12.5m 7个节段,横向宽度分成1.85m、3.4m、3.0m、3.4m和1.85m 5个节段,每跨梁体分节段的位置需经设计同意。

施工单位编制完成的制造和安装方案经施工单位技术负责人审核签认后,由施工单位邀请钢箱梁施工专业方面的技术专家进行论证评审,经评审完善后的制造和安装方案报总监理工程师批复后组织实施。

3 施工工艺

3.1 钢箱梁制造

根据主线桥钢箱梁制造方案,同时综合考虑工厂制造及公路运输等因素,青银主线钢箱梁的箱体共分为35个厂内制造节段(含悬臂),钢箱梁加工制造划分为3个阶段:板单元制造、节段拼装、打砂涂装,具体工艺流程为:零部件加工→板单元制作→梁段拼装→解体后块体涂装→块体运输→桥位块体拼装→油漆补涂。

钢箱梁由顶板、底板、腹板、横隔板、锚拉板等板单元组成,钢箱梁块体单元在制造厂家车间生产,采用自动化生产线,确保构件制造质量。

3.2 钢箱梁制造生产车间质量控制措施

3.2.1 驻场人员

施工单位、监理单位应在钢箱梁生产厂家派驻懂钢结构生产技术管理,熟悉图纸、规范和标准的专业人员进行现场质量控制,以往项目往往忽视生产厂家驻场派人自检,盲目相信钢箱梁制造厂家管理能力,造成运至现场的钢箱梁加工精度不够,导致现场安装焊接工作困难的问题。

3.2.2 焊接工艺评定试验

为了保证钢箱梁焊接质量,针对项目结构特点、所使用的钢材种类及焊接接头质量要求,根据相关标准,对钢箱梁焊接接头形式拟选定的坡口形式、坡口尺寸、焊接材料以及焊接工艺参数,进行焊接工艺评定试验。

对制作过程中不同的焊接接头选择合理的坡口形式和坡口尺寸;选择能够满足各接头的焊接工艺,验证焊缝内、外部质量及焊接接头的各项力学性能达到设计图和相关标准的要求。

本钢箱梁桥根据钢箱梁接头形式、焊接方法、焊接位置、板厚组合等确定了共计19组焊接试验接头,其中对接接头6组、熔透角焊缝4组、部分熔透角焊缝4组、T形接头3组、圆柱头焊钉2组。

3.2.3 预处理

钢板预处理采用钢板矫平机进行钢板辊平,辊平的目的就是保证钢板的平整度及消除其表面留存的残余应力,确保产品制造精度。钢板在钢材预处理流水线上完成抛丸处理将表面油污、氧化皮、铁锈以及灰尘等杂物清除干净并喷涂车间底漆,除锈等级为Sa2.5级,无机硅酸锌车间底漆一道,干膜厚度20μm。

3.2.4 下料

所有钢板下料均采用数控火焰切割下料,下料时除去钢板的热影响区(一般为1~2mm)。对于规则零件(如矩形顶板、底板等),直接在钢板上弹线,弹线以后,进行检查后方可下料。各类钢结构部件的零件,原则上应采用气割切割,并优先考虑精密切割、仿形切割、数控自动切割、等离子切割等方法。手工切割只能用于次要零件或手工切割后还要再进行加工的零件。

3.2.5 板单元

按施工图及工艺文件进行零件的下料、矫正、加工,再进行部件的组装、焊接、焊缝检查、修整。驻场人员要对加工的顶板单元、腹板单元、底板单元、隔板单元等板单元进行结构尺寸验收,确保加工精度满足安装要求。

3.2.6 预拼装

在总拼胎架上采取正装法依次组焊钢箱梁段。以预拼装胎架为外胎,横隔板为内胎,依次将各梁段的底板单元、斜底板单元、横隔板单元、顶板单元及其他零部件在总拼胎架上组焊成箱体,并以纵、横基线为准划线配切接口顶板,待胎架上的所有梁段组焊完成后,解除马板,进行实桥分段匹配预拼装并组焊匹配件,标准段按5+1预拼装,其中1个梁段为复位梁段;调整好线形,实施接口匹配、嵌补段量配、定位匹配件和附属件的组焊。

3.2.7 块体焊接

解除马板及匹配件后,将块体下胎进行翻身焊接,可避免仰焊焊接,有效保证焊接质量,块体焊接完成后,进行涂装。

3.3 钢箱梁节段运输

钢构件在装车及运输过程中应采取必要措施进行成品保护。钢箱梁在运输过程中应支承牢固,防止产生变形,钢箱梁支承点应垫置纸板或胶皮,防止油漆损伤,对临时加固的焊点在安装前应及时打磨及刷油,封车钢丝绳与主梁接触处也应加放胶皮,防止油漆损伤。

安全措施:构件超长超重,钢箱梁会挑出运输车,为防止追尾,在挑出的钢箱梁尾安装警示灯、警示带;运输时,前后派交通疏导车跟随,保持指挥通信顺畅。

3.4 钢箱梁安装

钢箱梁运输至现场,现场安装采用原位支架吊装。每个钢箱梁分段下设置两榀格构式支架,支架支撑点设置在分段硬点位置,临时支架有足够的刚度、强度和稳定性,以防支架变形和不均匀沉降。利用大型起重设备将钢箱梁分段吊装到临时支架上,在支架上对钢箱梁分段进行无应力匹配焊接,然后拆除临时支架。本钢箱梁结构为连续箱梁,因此前半段桥安装完成支架卸载后由于自重挠度的作用,箱梁端头拼接部位会出现小幅度上扬。为尽量消除此问题,在换边时对箱梁端部支架暂时不拆除,以减小挠度值,消除端部上扬。

3.4.1 支架搭设

临时支撑做好地基承载力检算,在钢梁现场拼缝下方搭设钢管支架,支架采用 $\phi 325 \times 8$ 钢管,在支架钢管上部分配梁上设置千斤顶或高程调节装置。支架在地面或钢结构场制作好后,可根据实际吊装能力,分组进行加工安装,利用起重机将加工制造好的钢管桩支架固定在混凝土扩大基础上,并确保钢管桩支架的稳定性。支架钢管采用竖直吊装,吊点设置在钢管柱顶部,下部设置揽风绳,人工牵引揽风绳将钢管柱胎架放置在图纸要求位置上。

3.4.2 起重机选择

现场选用200t汽车式起重机,吊幅按照12m进行控制,按照最不利工况,即钢梁最大质量41.5t,吊装最大半径12m考虑,吊装时起重机应选择26.8m主臂(配重65t),最大吊装吨位48t,满足要求。

3.4.3 测量控制

测量人员要按每个联长段箱梁布置特点,按测量方案放好定位点,以保证安装精度,安装后进行复测,以满足箱梁竖曲率、起拱、斜度等要求。

3.4.4 钢箱梁架设

钢箱梁采用汽车吊分段架设。梁段在拼装场地内拼装完成后,用平板车运至桥位,吊装就位后,用千斤顶和全站仪、水准仪把钢箱梁坐标调整到设计值。

箱梁节段组装好后,须对每个箱梁节段进行检查,确保箱梁节段保持完好,不得出现变形和损坏。检查合格后方可进行后续安装工作。

梁段吊装就位,复核钢梁上设置的轴线点,采用微调方式将钢梁中心与设计图中心完全重合后才能进行对接缝的焊接。

3.4.5 现场拼装工艺

钢箱梁分段制作,拼装接头连接为全焊透对接。用起重机将制作好的梁段吊放在临时支架上进行焊接。梁段存放必须至少设置4个临时支撑点(支撑处的钢箱梁内部相应位置必须加强),临时支撑顶面应超平,基础稳固,不允许发生不均匀沉降,使4个支撑点受力均匀,以确保梁体不变形,避免产生附加应力。

钢箱梁在梁段拼接施焊前,还有一个重要的工作就是对箱梁进行现场拼接前检测,需要对中线、箱梁总长及梁段端头坡口加工情况等进行检查,将所测量数据与梁段匹配(工厂预拼装)阶段的数据相比较,对出入较大的做好标记,及时给予调整处理。

3.4.6 节段现场焊接

(1)焊前焊缝处理

定位结束的分段由铆工对连接焊缝坡口进行处理,要求达到相应的坡口形式,再由打磨工进行打磨处理,打磨标准为焊缝表面无油迹、锈斑等杂质,表面呈现金属光泽。

(2)焊接工艺

钢梁连接焊接工艺采用WPS焊接工艺来进行。要求不得采用坡口边缘、内部存有超标夹层缺陷的母材进行施焊。焊接坡口可采用机械加工或热切割(热切割坡口,应对坡口进行打磨直至露出金属光泽),坡口表面应保持平整,不得有裂纹、分层、夹杂等缺陷。坡口表面及两侧(以离坡口边缘的距离计焊条电弧焊各10mm,埋弧焊、气体保护焊各20mm)应将水、油污、铁锈、积渣和其他有害杂质清除干净。坡口露天放置产生铁锈时,在焊接操作开始前应进行打磨,直至露出金属光泽。多层焊时,每一焊接完毕后应及时清理焊渣及表面飞溅物,发现影响焊接质量的缺陷时应及时清理,方可施焊。坡口焊时,底层焊道宜采用小直径材料进行填充,底层根部焊道的尺寸应适宜,但最大厚度不应超过6mm。施焊过程中应采取相应的措施来控制焊接变形。

3.4.7 面漆涂装

钢箱梁各节段间的工地接缝,在完成顶板焊接并焊缝检测合格后,将焊缝的余高打磨平整后同时确保加劲肋焊接区域的清洁,完成U肋端部与顶板预留不焊的部位的焊接,对焊缝区域进行局部防腐处理。

为保证桥梁建成后整体外观色彩一致、漂亮美观,在整桥安装完成,焊缝防腐处理结束后,对整桥涂装最后一道面漆。在全桥修补涂装结束后,对全桥外表面涂层进行清洁、活化处理。

3.4.8 钢箱梁的卸载

钢箱梁卸载方案为整体卸载,卸载时,将千斤顶顶至临时支墩高度,与箱梁底部紧密贴实,再拆除临时支墩。在临时支墩全部拆除完后,让各处千斤顶同时并缓慢下降,最终钢箱梁落在支座焊接垫板上使其全部荷载转化为桥墩自身承受,卸载完成。

3.5 检查验收要求

当钢箱梁吊装焊接完成后,各级技术检查部门进行全面的质量检查,提交全部检查验收文件资料,经监理工程师确认,签证合格后,填发产品合格证。质量检测原始资料保证做到真实、准确、可靠、内容完整。需监理独立检查的工序,接受检查时向监理出示原始资料。制作、焊接、吊装施工的资料按规定的内容和要求进行编制、整理,并由监理工程师确认。

4 结语

齐河北QYK1+309.66青银主线桥上跨京台高速公路桥钢箱梁施工从加工制造厂家选择—制造方案编制—优化和评审—节段工厂加工—运输到现场—现场吊装对拼装—现场焊接等各个环节均按照方案组织实施,在交工验收时焊缝无损检测、几何尺寸等检查项目全部合格。

随着技术的发展,钢箱梁在高速公路改扩建过程中越来越多地被运用,解决了受既有结构物净空或净宽影响的问题,钢箱梁节段制造可在工厂规模化、数字化和自动化生产,钢箱梁制造广泛采用先进的技术、工艺和设备,提高了效率,保证制造精度和工程质量。

参 考 文 献

[1] 汤景华.浅谈钢箱梁施工质量控制要点.[J].江西建材,2014(21):172-173.
[2] 冯良明.浅谈钢箱梁桥施工质量安全监控要点[J].价值工程,2020,39(21):132-134.
[3] 高丽,任廷飞.钢箱梁在高速公路路基改桥中的运用[J].科技风,2019(10):100-101.
[4] 梁超,温小昆.浅谈钢箱梁跨越高速公路道改施工工艺[J].四川建材,2019,45(3):121-123.
[5] 龙小湖.大跨径简支钢箱梁桥设计分析[J].黑龙江交通科技,2018,41(2):115-118.

高速公路改扩建提升桥梁伸缩缝质量品质的应用研究

孙贻国　孙宁宁

(山东高速工程项目管理有限公司,山东济南250013)

摘　要:伸缩缝安装精度及施工质量控制是困扰技术人员久而未解的难题,特别是在拼宽桥梁施工过程中,由于新拼宽桥梁与运行多年的老桥在平面位置、不均匀沉降程度引起的顶面高差、线性一致性造成的伸缩缝位置不对称等不可控因素较多的情况下,直接影响伸缩缝安装精度及施工质量控制。京台高速公路德齐段改扩建工程作为一条进京大通道,受到社会高度关注,随着绿色示范工程、品质工程的推进,对桥梁伸缩缝施工的耐久性、舒适性和安全性要求越来越高。

关键词:高速公路改扩建　提升　桥梁伸缩缝　质量品质

1　工程概述

京台高速公路德州(鲁冀界)至齐河段改扩建工程起点位于山东省与河北省分界处的主线收费站 K298+967.417,经德州市德城区、德州市经济开发区、德州市陵城区、德州市禹城市、德州市齐河县到齐河县晏城枢纽立交处 K392+105.383,路线全长93.138km。

既有京台高速公路德齐段在长期服役过程中,由于不断地受到车辆荷载的作用,桥梁各部位出现了不同程度的病害,主要包括局部腐蚀、钢筋锈胀、剥落露筋、纵横向裂缝、网状裂缝等。

2　原伸缩缝现状

京台高速公路德齐段桥梁结构物较多,全线共有2600道伸缩缝,在长期服役过程中,由于不断地受到车辆荷载的作用,桥梁伸缩缝部位出现了不同程度的病害,主要包括混凝土局部出现坑槽、纵横向裂缝、网状裂缝、剥落露筋、伸缩缝型钢断裂等。伸缩缝破坏反应到路面上,路面出现坑槽,给运行车辆带来不安全因素,降低道路的通行能力,在社会上造成不良影响。

3　原因分析及应用对策

如何有效预防上述质量病害的发生,增强伸缩缝耐久性和行车舒适性,是我们现阶段需要解决的关键难题。

重点对京台高速公路德齐段原桥梁伸缩缝混凝土破损状况、伸缩缝缝宽(伸缩缝是否挤死)、伸缩缝型钢断裂、与桥面高差等进行了调查和检测,从随机选择的48道伸缩缝分析伸缩缝病害的主要成因,主要是由于伸缩缝选型不当、生产厂家信誉差、施工过程质量管控粗放、钢筋焊接不规范、混凝土振捣欠密实、养生时间不足等问题造成的。伸缩缝施工质量控制不好,会影响桥梁的结构受力,出现伸缩缝挤死现象,轻则顶坏台背背墙,重则损坏梁板端头,造成梁体受损,若使梁板报废,更换大梁需要较长的施工周期,也给国家造成重大的经济损失。

项目在改扩建实施过程中主要从影响伸缩缝施工质量的"人员、材料、机械、工法、环境、设计"六方面进行了原因分析,找出了影响伸缩缝安装精度的主要因素:①安装队伍选择不当;②沥青路面切缝及切缝清理不到位;③混凝土质量较差,养生不到位,强度低;④钢筋焊接不规范;⑤预埋件位置偏差较大。

项目在施工过程中有针对性地制定了伸缩缝安装质量的控制措施,确保伸缩缝安装质量有效提升。

3.1 伸缩缝生产厂家及安装队伍选择不当

3.1.1 原因分析

(1)施工单位在选择伸缩缝生产厂家时,对生产厂家信誉、生产能力考察不足,对生产厂家生产的伸缩缝质量要求不高。

(2)选择专业伸缩缝安装队伍。伸缩缝施工专业性太强,普通的劳务队伍在伸缩缝安装精度上达不到规范要求,对于伸缩缝安装后与桥面高差不大于2mm的精度,普通劳务队伍很难达到。

(3)施工单位为了追求利益最大化,节省投资成本,选择价格低的产品,而忽视了产品质量。

(4)物资采购人员对伸缩缝质量要求不明确,责任心不强,造成进场的伸缩缝以次充好,对伸缩缝取样、送样外检重视程度不高等问题。

(5)项目建设各参与方对进行的伸缩缝质量把关不严,未履行进场材料报验制度,造成质量不合格产品进场。

(6)镀层厚度偏薄或不均匀,导致伸缩缝防锈能力不足。

(7)施工单位对桥梁伸缩装置施工工艺重视不够,未能掌握施工工艺和标准,未按照安装程序及有关操作要求施工,致使伸缩装置不能正常工作。技术管理人员专业知识欠缺,管理手段匮乏等。

3.1.2 解决方案

在伸缩缝施工前,应制订专项施工方案,内容要详细、齐全,尤其对沥青面层平整度不满足要求、梁板端部间隙不符合要求、原来梁板预埋钢筋不足等缺陷要明确处理措施,并安排专人负责,选择专业施工队进行伸缩缝施工。要求:每个施工单位在每个专业安装队伍进场时进行首件工程认可,目的是通过首件工程的施工来提高全员对伸缩缝安装质量的重视,让每一名参建人员从思想上重视该项工作。

(1)施工单位采用专业队伍准入制度,对于普通的劳务队伍一般不予准入。要求:施工单位采用生产厂家配备的专业安装队伍,因为专业安装队伍具有丰富的施工管理经验。

(2)鼓励施工单位实行班组首次作业合格确认制度和清退制度。施工单位应落实伸缩缝专业队伍选择要求,严格履行班组准入制度,将班组准入与首件工程认可相结合,提升伸缩缝现场安装作业班组专业化、职业化、现代化水平,全面打造"优秀班组"。

(3)要选择正规的伸缩缝生产厂家。结合以往项目施工经验和各施工单位材料备案准入制度,将信誉好、质量优的生产厂家引进来,将生产质量差、品质落后的生产厂家赶出去,列入项目黑名单,确保项目进场的伸缩缝均为合格产品。

3.2 沥青路面切缝及切缝清理不到位

3.2.1 原因分析

(1)在切割伸缩缝之前未对沥青面层平整度进行检测,局部沥青路面平整度较差,开槽时只是根据设计宽度进行切槽,混凝土与沥青路面结合部位平整度不满足规范要求。

(2)切缝开槽不是采用切割机,而是工人利用风镐进行开槽,这样开出来的槽口线形较差,与混凝土的接合面是相对薄弱的部位,通车后容易造成啃边、坑槽等质量病害。

(3)开槽后对原结构物背墙、预制梁板顶面混凝土凿毛不到位,影响新旧混凝土的结合。

(4)开槽后对背墙与预制梁板间或梁板与梁板间建筑垃圾清理不到位,影响梁板伸缩、混凝土浇筑质量。

3.2.2 解决方案

为解决伸缩装置两侧水泥混凝土和沥青混凝土铺装层结合不好,碾压不密实,容易产生开裂、脱落,加上刚柔相接,容易产生台阶,最终引起伸缩装置的破坏等以往项目伸缩缝安装质量通病,我们要求施工单位从槽口回填材料的选择、伸缩缝两侧沥青路面平整度检测、沥青路面切缝及清理等各个方面进行精细化管理,确保每一道工序做到标准化施工。

(1)在沥青混凝土桥面铺装摊铺前,缝隙用泡沫板填塞,防止杂物进入影响梁板伸缩,严禁采用松散的砂土、建筑垃圾等杂物回填伸缩缝槽口,槽口回填要求统一采用低标号混凝土(C20),表面应平整且具有一定的强度。

(2)在切割伸缩缝之前应对沥青面层平整度进行检测,如果平整度满足要求,即可根据施工图纸设计尺寸(图纸设计伸缩缝两侧各开槽50cm)确定开槽宽度,准确放样后,弹线。

(3)用切割机割缝,锯缝线以外的沥青混凝土路面加盖塑料布进行保护,以防止锯缝时污染路面。锯缝必须整齐、顺直。如果平整度不满足要求,应预先制订处理方案,以保证顶面结合处的高度一致,经批复后进行施工。

(4)切缝完成后用风镐开槽,伸缩缝开槽后应将槽内所有杂物清除干净,将开槽产生的杂物统一放在彩条布或钢板上,防止污染路面,并及时清理外运,确保施工现场整洁。同时,施工用的机具、设备必须采取严格措施,避免漏油污染路面。

(5)应将槽内的沥青混凝土、板端及预埋筋根部的松散混凝土凿除干净,应凿毛至坚硬层,并用强力吹风机或高压水枪清除浮尘和杂物。开槽后应禁止车辆通行,严禁施工人员踩踏槽口两侧边缘,以免两侧沥青混凝土受损。梁端间隙内的杂物,尤其是混凝土块必须清理干净,然后用泡沫塑料填塞密实。

3.3 混凝土质量较差,养生不到位,强度低

3.3.1 原因分析

(1)混凝土配合比级配不良,造成混凝土现场离析,或选择的粗集料粒径偏大,和易性、流动性较差。

(2)伸缩缝混凝土一般采用钢纤维混凝土,钢纤维在混凝土拌和过程中可能会拌和不均匀,局部会出现结团现象,影响混凝土现场施工性能。

(3)混凝土浇筑时下料不规范,对混凝土浇筑顺序不明确,随意调整浇筑部位,浇筑不连续;振捣时振捣棒随意乱插,振捣时间不控制,特别是伸缩缝与预埋件钢筋部位钢筋较密,振捣重合部位过多等原因,造成混凝土出现过振、漏振,混凝土未全部填充密实或者粗细集料分离

等质量问题。

(4)混凝土养生不到位会影响混凝土强度,在混凝土尚未具备足够的强度时,水分过早蒸发还会产生较大的收缩变形,表面开裂干缩,出现不规则裂缝,后期可能造成大面积开裂,影响混凝土的耐久性和整体性。

(5)混凝土浇筑后养生期不到,因施工需要提前放开车辆通行,造成混凝土强度未达到设计强度,影响混凝土后期强度的增长,从而影响混凝土的耐久性。

3.3.2 解决方案

(1)优化混凝土配合比,选择最优级配,因局部钢筋数量较多,密度较大,采用小粒径粗集料作为混凝土骨料。

(2)延长钢纤维混凝土拌和时间,避免钢纤维在混凝土拌和过程中不均匀,出现局部结团现象,确保混凝土现场施工和易性。

(3)尽量缩短混凝土运输时间,选择运行好的施工道路,避免混凝土因振动引起的钢纤维下沉,造成坍落度和含气量损失较大,确保钢纤维混凝土的均匀性。

(4)加强混凝土的振捣,确保按照规定的振捣顺序进行振捣,避免因钢筋加密混凝土进入不到钢筋间距里,确保混凝土全部填充密实以保证施工质量。

(5)采取棉被、土工布或薄膜等合理的覆盖养护措施,确保混凝土养护有足够的温度、湿度,适当延长混凝土的养生时间,保证混凝土强度达到设计要求。

(6)当混凝土强度达不到设计要求时,严禁提前开放交通,避免重型车辆通行,确需通行时,采取过桥板等辅助设施进行通行,确保混凝土强度达到设计强度前的扰动。

(7)当混凝土达到设计强度的50%以后,方可安装橡胶止水条。橡胶止水条安装应平整,长度适当,并做到整洁,外表美观,顺畅。

3.4 钢筋焊接不规范

3.4.1 原因分析

(1)钢筋搭接长度及焊接质量不符合规范要求,接头位置焊接不同轴,造成接头两端钢筋保护层和钢筋间距不满足设计要求。

(2)焊接不饱满、焊缝长度偏差较大,焊接处易损坏。

(3)在焊接时钢筋角度发生变化,钢筋长度不满足规范要求。

(4)现场焊接用电采用发电机发电,电流控制不稳定,造成钢筋未焊透、夹渣、烧穿或者咬伤等现象。

(5)钢筋直接与伸缩缝型钢焊接,因焊接高温会引起型钢变形,个别部位采用点焊,受车辆振捣影响,造成点焊开焊,从而引起伸缩缝与混凝土分离,诱发伸缩缝型钢断裂。

(6)预埋钢筋变形或锈蚀严重,施工单位未按照设计图纸预埋件尺寸进行修整,影响钢筋焊接长度;对锈蚀严重的钢筋未进行除锈处理,影响钢筋焊接质量。

3.4.2 解决方案

(1)伸缩缝的高程与直顺度调整到符合规范及设计要求后,进行临时固定。固定时应沿桥宽的一端向另一端依次将伸缩缝边梁上的锚固装置与预留槽内的预埋钢筋每隔2~3个锚固筋焊一个焊点,两侧对称施焊,以保证抄平后的伸缩缝不再发生位移。严禁从一端平移施焊,造成伸缩缝翘曲。

(2)在固定焊接时,对经常出现的预留槽内预埋筋与异形钢梁锚固筋不相符现象,要采用U形、L形、S形等异形钢筋进行加固连接,以确保缝体与梁体的牢固连接。连接处焊缝长度应符合规范要求,保证焊接长度,严禁出现点焊、跳焊、漏焊等现象。焊接作业时,边焊接边用3m直尺检查,焊接完毕撤去支垫木楔后,再全面检查一次,保证伸缩缝型钢与桥面高度差为0~1mm。焊接固定完成,清理焊渣后进行验收。无误后及时拆除锁定夹具,伸缩缝即进入工作状态。

(3)控制钢筋焊接长度,预防无序增加钢筋,采用钢筋搭接焊的连接方式,避免因钢筋较密造成混凝土不能填充密实,影响伸缩缝与混凝土的结合受力。

3.5 预埋筋位置偏差较大

3.5.1 原因分析

(1)预制梁板、背墙等伸缩缝位置预埋件与现场实际情况偏差较大,造成伸缩缝连接筋与预埋件无法焊接,只能通过外加连接钢筋,影响伸缩缝与预埋件的结构受力。

(2)锚筋间距偏差较大或不均匀,导致锚筋受力不均匀,易损坏。

(3)预制梁板、背墙等伸缩缝位置预埋件未按照设计图纸进行预埋,需要后期植筋,植筋质量一般达不到预埋的效果,降低了伸缩缝连接筋与预埋件的受力。

3.5.2 解决方案

(1)预制梁板在施工前,由施工单位质检人员检查无误后报检监理人员进行验收,确保预埋件位置正确,为后续施工奠定基础。

(2)对于预埋件缺失或者位置不对的部位,施工单位应制订植筋施工方案,严格对植筋深度、钻孔清理、植筋胶贯入进行检查,待植筋完毕后进行拉拔力验收,确保植筋满足设计要求。

(3)预制梁板出场前,施工单位应对出场梁板进行专项检查,发现问题尽量在出场前解决,以免现场处理困难,留下质量隐患。

4 结语

京台高速公路德齐段改扩建工程伸缩缝施工质量通过一系列的质量控制措施,有效地提升了伸缩缝安装质量,各项检测数据均达到了同类改扩建项目的前列,通过伸缩缝与桥面高差合格率的提供,延长了伸缩缝使用寿命,确保车辆通行速度,全面提升了行车舒适性与安全性,减少行车安全隐患,为大众出行提供了高品质服务,赢得了社会各界的好评。

参 考 文 献

[1] 翁丽花.桥梁伸缩缝的病害分析与维修养护[J].黑龙江交通科技,2020,43(1):101-102.
[2] 赵红.桥梁伸缩缝施工工艺及质量控制分析[J].科技创新与应用,2020(9):111-112.
[3] 范洪涛.桥梁伸缩缝施工技术[J].交通世界(下旬刊),2020(1):162-163.
[4] 刘迪.探讨桥梁伸缩缝病害产生的原因及养护措施[J].门窗,2019(8):134.
[5] 范君明.桥梁伸缩缝施工工艺技术分析[J].黑龙江科技信息,2017(18):255.
[6] 张镐飞.桥梁伸缩缝的技术研究[J].黑龙江交通科技,2018(6):177.

优化监理程序　提升服务品质

王胜辉　孙贻国　孙宁宁　吴会征

（山东高速工程项目管理有限公司，山东济南 250013）

摘　要：在公路工程施工中，监理已经成为一项专业性很强的工作，监理工作发挥的作用是巨大的。在公路工程建设的全过程实施中，监理人员要全程参与，并制定相应的规章制度，认真负责、科学公正地履行监理职责，为公路建设工程质量的有效控制提供重要保障。工程监理事业多年来在我国不断发展和壮大，已成为公路工程领域施工项目管理主体之一，在公路工程施工中发挥着日益重要的作用。以"严管理、促精细、重品质、保工期"为抓手，以在改扩建施工中、通车后始终让社会公众享受高品质的出行服务为目标，不断提升监理服务品质。

关键词：优化　监理程序　提升　服务品质

1　工程概述

京台高速公路德州（鲁冀界）至齐河段改扩建工程起点位于山东省与河北省分界处的主线收费站 K298+967.417，经德州市德城区、德州市经济开发区、德州市陵城区、德州市禹城市、德州市齐河县到齐河县晏城枢纽立交处 K392+105.383，路线全长 93.138km。全线改扩建德州北（枢纽）、德州、德州南、平原、平原南、禹城、齐河北（枢纽）、晏城（枢纽）8 处互通式立交，新建禹城东互通式立交，移位新建齐河互通式立交。全线采用双向八车道高速公路标准改扩建，设计速度 120km/h，路基宽度 42m。新建和拼宽改建桥涵设计汽车荷载等级采用公路—Ⅰ级，利用既有桥梁暂沿用原荷载标准。

京台高速公路德齐段改扩建项目采用二级监理机构，即 1 个总监办和 6 个驻地办；全线划分 4 个主体工程施工合同段、2 个房建及 2 个机电施工合同段，项目监理范围包括公路路基、路面、桥涵、交叉、排水、交通安全设施、房建、机电、收费雨棚、绿化及环保工程等设计范围内全部工程，以及需安装设备的购置、安装施工、缺陷责任期等全部工程施工内容对应范围内的监理服务。

工程监理具有过程的系统性、实施的整体性、工程技术的复杂性、广泛的社会性、工程的不确定性等特点，因此，在工程实施过程中，必须不断创新管理理念，开拓工作思路，全面强化对项目的前瞻性管理，大力提升公路建设的服务品质，打造具有时代特色的"品质"工程。

2　建章立制抓规范，精细管理促提升

项目开工以来，根据项目管理和监理工作需要，先后制定了施工、监理单位主要人员请销

假制度,监理人员行为守则,监理人员行为规范,廉政建设管理办法,总监办学习考核制度等近20项内部管理制度,有效规范监理行为,提高项目监理服务能力和水平;制定了总监办、驻地办、总监、副总监及各级专业工程师岗位职责,明确监理人员工作范围、工作内容和工作要求,强化监理人员责任担当;制定设计文件及施工图审查制度、施工组织设计审批制度、监理试验管理制度、开工报告审批制度、质量和安全监理工作制度、计量支付管理办法、甲供材料管理办法等30余项监理服务工作制度和程序要求,明确监理工作开展和质量、安全、进度、费用管理的程序与办法,有效确保了工程施工和监理工作的有序开展。

根据改扩建工程和本项目特点,把握工程质量、安全、环保、文明施工及项目总工期大局,充分运用精细化管理手段,提升监理服务品质,努力赢得施工单位的尊重和业主信任,让公司领导放心。我们创新监理工作理念,按照四、三、二、一(四"一"、三"用"、两"全"、一"主")原则开展监理工作,即"一个路段、一个监理、一个标准、一抓到底""用心、用情、用力""全过程、全方位","主动服务",形成了各单位齐心协力、统一思想抓管理,达成共识、提高效率抓落实的良好氛围。

"四个一"是措施。"一个路段、一个监理、一个标准、一抓到底"。定岗、定人、定标准、定责任。勤履约,总监办建立履约检查工作机制。重素质,实行白、黄、红牌制度。定标准,实现工程质量、安全、文明施工均衡推进。定制度,在提高执行力上下功夫。强考核、强调度,实现一抓到底。

"三个用"是保障。"用心、用情、用力"。在用心、用情方面,主要工作方法是换位思考,齐心协力、达成共识抓落实,在提高执行力上下功夫。一是加强事前提示,加强过程控制,在避免返工上下功夫。二是引导施工单位认清形势,加大投入,提升项目管理水平做好基础保障工作。三是用好政策,减轻内业资料工作量。四是采取合同措施,保障工程建设资金。五是利用改扩建经验,强化资源调度,确保总工期大局。六是以人文关怀促班组管理。七是树立典范,表彰先进。在用力方面,就是在总监办帮扶的基础上,由于驻地办、施工单位自身的不努力,触犯了原则性的问题,应该用力解决问题,用力就是用好监理职责。

"两全、一主"是核心,是主线。"全过程、全方位","主动服务"。加强责任心教育,端正工作态度,换位思考,着力转变监理作风,继续发扬监理单位监帮结合的传统。

3 品质创建不放松,落实责任见成效

3.1 落实质量责任制

提高一线人员工作压力、紧迫感和工作主动性,让一线管理人员和劳务班组要有责任感和敬畏之心,达到急工程之所急,从"让我干好"向"我要干好"的意识转变。一是根据改扩建工程特点,下发单位、分部、分项工程划分指导意见,并要求监理、施工单位按分项工程进行责任段落划分,逐段明确责任人,督促各单位制定质量奖惩措施,充分调动各级管理人员的积极性和责任心。二是落实工具包制度。为技术人员和现场监理配备工具包,包内至少有图纸、工具尺、各类资料填写用记录表、负责分项工程作业指导书等,做到随时检查、随时记录,落实白、黄、红牌制度。

3.2 推行首件工程认可制

从施工方案审批、实施、总结到作业指导书的编制,由各参加单位共同参加,通过召开现场检查验收会议对首件产品进行验收和评审,各方认可后方可进行大面积施工。

针对钢筋保护层、钢筋间距控制难度大的问题,要求各施工单位箱涵、墩柱采取异位异体

进行试验,全面提升从技术管理人员到一线班组工人的品质工程意识,通过引入钢筋数控设备、改进定型模具(卡具)等措施提升施工精细化水平,在可推广、可复制上下功夫,编制可操作性强的作业指导书。

3.3 全面提升标准化建设水平

按照合同文件和交通运输部、省交通运输厅标准化要求,结合外省先进经验,在做好驻地建设的同时,制定并印发标准化建设指导意见,督促指导各单位做好场站标准化建设,全面提升了办公区、生活区、钢筋加工场、预制场、拌和站等标准化建设水平,确保管理硬实力高标准足额投入,树立了京台高速公路德齐段改扩建工程的形象和亮点。

3.4 观摩学习为突破,树立典型示范的引领作用

通过召开现场观摩会,抓住工程建设关键点,预防质量问题,提升质量要求。项目先后组织召开场站建设、结构物外观、箱涵施工、路面施工、防排水工程、亮点工程、冬期施工、旧路病害处理等观摩会,同时组织各参建单位到济宁外环路高架桥学习混凝土护栏外观质量控制,并邀请专家现场授课,进一步让"精细实"的品质工程创建意识深入人心。通过观摩学习,以样板带全线,提升标准化建设水平,切实对影响工程质量的问题提出要求,以点带面,全线推广。

3.5 突出重点,抓住关键

项目结合监理规范的相关规定,进一步理顺、完善了监理程序,减少、合并、调整了事前的审批、审查事项,明确以工程质量、安全为重点,突出程序控制、工序验收和检验评定,精简旁站、抽检和内业工作量,落实监理对施工质量、安全问题的否决权,提高监理工作有效性。

规定监理人员采用巡视、旁站、抽检及见证检测等管理手段对施工情况进行管控,一是调整仅对"首件工程"进行旁站,减少了监理旁站项目;二是明确对分项工程中的关键项目和结构物主要尺寸进行抽检,降低了监理抽检频率;三是加强对主要工程的关键项目检测过程的现场监督活动即检测见证(抽检与旁站的结合),强化了监理过程控制的力度。

在施工准备阶段,依据新的质量检验评定标准及监理规范,充分征求行业专家意见,优化工程用表,下发填写标准,通过微信群、QQ群及内业资料专题会议等形式进行宣贯,减轻技术人员内业资料工作量60%以上。

3.6 加强专项控制,解决工程质量难题

有计划地组织试验室运转体系、钢筋定位、结构物外观质量、路面施工质量、台背回填、交安设施、桥面铺装、混凝土护栏、冬期施工、路面平整度等专项检查,对问题原因进行分析,提出解决措施。

多次组织召开"提升品质工程研讨会",根据提升品质工程要求安排部署各单位厘清思路,对现场采用优秀工艺工法、质量控制措施得当、现场管理精细化水平高、科研创新实践应用效果好的分项工程进行再总结、再提升,共同完成涉及内在质量、外在品质及现场管控亮点提升策划方案等标准化施工作业指导书。

建立原材料巡检机制,在各施工单位自检完成的基础上,组织全线取样进行盲样编号后,再分配给相应驻地办、施工单位试验室共同完成,形成多方参与、互相监督、取长补短、同步提升的正能量。

平整度控制应逐步提升,从路床顶开始逐层进行严格控制,落实下承层验收制度,中面层开始按照每周检查通报的原则,对每车道检测数据进行分析,找出问题原因,及时对设备进行调整改进,确保路面施工质量。项目在交工验收时取得了路面平整度检测结果(σ)0.486mm

的优异成绩,遥遥领先于同期其他高速公路改扩建项目。

3.7 认清安全生产形势,确保项目顺利实施

安全生产是保证工程质量的重要前提,贯穿整个工程建设的全过程。坚持"以人为本、安全第一、预防为主、综合治理"的安全生产工作方针,严格按照"管业务必须管安全、管生产经营必须管安全","党政同责、一岗双责、尽职履责、失职追责"的要求,明确了由总监理工程师为组长的安全监理领导小组,全面负责本项目的安全监理工作,形成全体监理人员既是监理员又是安全员的全员监理安保体系;督促各单位内部层层签订了安全生产责任书,将安全生产责任落实到岗位、人员,形成了"一级抓一级、层层抓落实"的安全生产责任落实机制;每月利用安全专题会、工程管理调度会、工地会等会议,总结前期工作,通报存在的问题,部署下阶段工作任务;结合工程进展情况,适时召开方案评审会议,及时审批各类方案,统一标准,规范要求。

4 结语

京台高速公路德齐段改扩建工程形成了各单位统一思想、齐心协力抓管理,提升水平、提高效率抓落实的良好氛围,项目建设形成一盘棋、一条心、一股劲。全体监理人员秉承"严格监理、优质服务、科学公正、廉洁自律"的工作方针,以实现"严管理、促精细、重品质、保进度"为目标,以"创建品质工程"为抓手,创新监理工作理念,按照四、三、二、一(四"一"、三"用"、两"全"、一"主")的原则开展监理工作,强化施工标准化管理,全面提升工程质量、安全与文明施工精细化水平,与各参建单位一起在工程质量、安全、进度、环保与文明施工等各项工作方面取得了丰硕的成果,为山东省建设交通强省作出了应有的贡献,向全省人民交出了一份合格的答卷。

参 考 文 献

[1] 吴臣永.浅析工程监理的性质和原则及在建设工程施工中作用[J].四川水泥,2020(1):256.
[2] 石峰.精细化管理模式在高速公路工程监理中的应用[J].四川建材,2020,46(1):173-174.
[3] 程贺洲.工程监理施工质量控制研究[J].中国新技术新产品,2019(23):139-140.
[4] 王建宏.关于公路与桥梁工程监理若干问题的探究[J].智能城市,2019,5(20):96-97.
[5] 余君霞.路桥建设中工程监理的过程控制和终端把关[J].智能城市,2020,6(4):71-72.
[6] 史华儒.交通工程监理中的现实困境及发展路径[J].中国公路,2020(4):114-115.
[7] 何静.工程监理行业转型升级创新发展策略分析[J].住宅与房地产,2020(3):160.

公路桥梁施工中监理工作的开展方法

曾庆强

(山东恒建工程监理咨询有限公司,山东潍坊 261000)

摘 要:在作为公路桥梁项目实施过程中质量管理的重要措施之一,监理管理方法的应用在一定程度上对项目的开展有着积极的作用。但就目前现状而言,在监理工作开展的过程中,由于监理人员对于监理工作认知存在误区或者是相应的监理管理制度不够完善,在相应的范围内监理的作用效果没有能够发挥出来,在一定程度上影响了公路桥梁项目的整体质量,因此对公路桥梁施工现场监理要点进行研究,探寻出行之有效的管理策略意义重大。

关键词:公路桥梁 施工 监理工作 开展方法

1 引言

从公路桥梁工程项目的特点来看,开展监理工作的重点主要体现在质量控制和安全管理两个方面。在施工中,充分发挥监理单位的重要性,排除现场的一些安全隐患,合理选择材料和技术,提高施工的安全性。通过现场监管,督促施工人员规范自身的操作,确保施工方案的有效落实,在规定的工期内完工,提高工程的施工质量。从这两方面出发,能够确保公路桥梁施工的全面性和有效性,减少安全事故的发生,提高工程的经济效益和社会效益。

2 公路桥梁施工中监理的意义

2.1 帮助施工顺利进行

施工过程中,如果施工顺序出现矛盾,那么施工团队之间可能会因为矛盾而产生误解,导致施工无法顺利进行。如果在施工的过程中出现原材料供应不足,工作人员松懈,技术水平不符合工程施工的要求,管理人员的责任机制没有很好地落实,那么会造成施工效率低下的问题。对施工环境进行监督与管理能够有效地避免这一问题的出现,保障施工的顺利进行。

2.2 适应新形势的变化

随着时代的发展和社会状况的变化,在施工过程中,如果进行监督与管理,将能够有效地适应当今工程建设的现状,解决在施工过程中出现的各种问题。质量是工程建设的基本要求,效率是工程建设的追求,对施工进行监理能够实现两者之间的平衡。

2.3 有利于提高工程的建设质量

在监理工作中,坚持质量第一的原则是开展各项工作的第一要务。在开展图纸审核、分析施工技术、选择施工材料等一系列工作中,最主要的目标是确保施工满足工程质量要求,避免出现各种施工质量问题,影响工程后续的使用。因此,监理单位会根据建设单位提供的各项资料,制定合理的质量控制措施,将其落实于各个环节中,并将责任落实到具体的人身上。通过各种措施来强化质量控制,提高施工质量,确保工程投入使用中的稳定性和安全性。工程建设的整体质量关系到各方主体的利益,需要正视施工监理的稳步落实,保证项目的整体建设成果。

3 公路桥梁施工中监理工作存在的问题

3.1 监理不够完善

当前,我国大部分公路工程建设过程中存在监理人员混杂、监理单位职能并未充分发挥出来的现象。对于本工程而言,建设规模大、施工周期长、工程量复杂等因素,导致有些监理单位难以承担巨大责任。施工单位对自我运行指标难以有效自控,对工程缺乏总体深入评价。投资方所聘请的监理单位在投资方和施工方出现矛盾时更倾向投资方,导致施工单位不认同监理的职责和行为,影响了工程质量监理工作健康运行。

3.2 安全监管不足

很多施工承包单位对安全监管工作没有引起足够的重视,对安全管理较为松懈。在管理工作中,并没有贯彻落实"安全第一,预防为主"的监管理念。再加上很多市政道路工程基本都是承包给施工单位,而施工队的施工人员基本都是以农民工居多,他们的安全意识和自我保护意识较差,无法及时发现施工中存在的安全隐患,同时在佩戴安全防护用品方面不注意,从而导致施工安全问题频出。这很大一部分原因是相关单位没有对施工人员进行相关安全培训,甚至在有些施工人员加入施工队前都没有对其进行相关安全操作教育,导致他们在市政道路工程施工中的各项安全技术操作不规范,对于特殊操作人员没有进行技术考核,存在不具备资格就上岗的现象,从而导致施工安全监理失效。

4 公路桥梁施工中监理工作的开展方法

4.1 加强施工材料与技术管理

公路工程施工过程中,关系到质量的主要是施工材料和施工技术两个方面。而公路工程施工材料涉及的主要有原材料、半成品以及成品三个方面,对于原材料的质量控制是工程施工过程中非常关键的一部分。通常,公路工程对原材料的管理主要是通过控制采购、运输以及存储三个方面来进行的。首先,材料必须根据实际图纸和书面要求进行采购,确保原材料的生产批号、安全标准以及使用说明等都齐全,对进场前材料的质量、型号等进行抽样严格检查,只有通过检验的材料才能进场。其次,做好材料的堆放设计,避免材料之间的混合,不利于管理,也影响使用。最后,公路工程施工技术复杂,各个项目之间会存在不可避免的交叉工程,此时要注重的是严谨的技术交底工作,确保不同施工团队之间的协调配合。

4.2 建立完善的奖惩体制

在进行工程监督的过程中,可以通过设立相应的奖惩机制实现对工作人员的奖励和惩罚。监督工作人员的施工行为,保障工程的施工质量和效率。对于每一段工程施工的检查过程中,符合工程施工要求的工作人员可以予以奖励,奖励的形式既可以是物质形式也可以是精神方面的。同时,为了调动工作人员的生产积极性,还应当对违反工程施工要求的工作人员进行相应的惩罚。但是惩罚的力度应适当,防止由于过度的惩罚伤害工作人员的生产积极性。在工程施工的过程中,工作人员作为不稳定因素,对于施工的质量和效率具有十分重要的影响。因此,需要对工作人员的行为进行监督和管理,调动工作人员的生产积极性,有效地保障工程施工的顺利进行。

4.3 健全公路工程的质量控制规范体系

公路质量的监管控制工作具有较为复杂的特征,如果工程监管的机构负责人员没有做到合理划分各自的权限职责,则会比较容易产生公路工程检测中的盲目实施缺陷。由此可见,公路质量控制以及工程检测试验的现有规范制度应当达到体系化的程度,严格遵循公路工程检测的现行技术指标予以实施。公路检测人员应当高度重视公路样本采集、公路样本运输、检测数据分析等各个基本环节流程,旨在全面确保公路施工与运行的综合效益最大化。例如,在对混凝土材料进行试验的过程中,公路检测人员必须重点判断混凝土材料的和易性、坍落度以及含水率各项指标数据。检测试验的技术人员如果能够确定公路工程已经出现混凝土的施工材料缺陷,那么应当立即使用。公路施工企业需要认真配合做好全过程的公路施工检验测试操作,及时察觉并且发现目前存在的公路体系结构缺陷,对此展开有序的弥补处理工作。

5 结语

公路工程是影响社会经济发展的重要因素。但是从当前发展实际情况来看,公路工程在施工过程中会遇到比较多的干扰因素。这些因素如果没有得到控制,就会影响工程施工质量。为此,为了更好地保证公路工程顺利施工,在公路工程施工的过程中要制定出规范的标准,按照这个标准来指导和协调工程施工,并通过对公路工程路面施工人员的培训来使其掌握更多的路面施工管理经验,不断提升公路工程的路面施工质量,从而更好地促进公路工程施工。

参 考 文 献

[1] 丁茏茏.公路桥梁工程监理工作的注意要点研究[J].河南建材,2017(1):35-37.
[2] 尤慧敏.浅谈公路桥梁工程监理工作中的注意要点[J].科技视界,2015(14):267+284.
[3] 周鑫易.论公路桥梁监理工作目前现状及措施[J].山东工业技术,2015(8):90.
[4] 马达刚.公路桥梁施工阶段工程监理工作分析[J].黑龙江交通科技,2014,37(9):137-138.
[5] 马国忠.公路桥梁监理工作中问题及对策[J].江西建材,2014(15):152.

京台高速公路德齐段改扩建项目监理工作论述

王 蒙

(山东恒建工程监理咨询有限公司,山东潍坊 261000)

摘 要:京台高速公路德齐段第一驻地办投入了大量的精力,质量、安全、进度、费用、合同管理以及环保等各个方面均取得了一定成绩,有效地保障了第一标段工程建设的顺利实施。本文对京台高速公路德齐段改扩建项目监理工作进行了论述。

关键词:德齐段改扩建 项目 监理工作

1 工程概述

京台高速公路德州(鲁冀界)至齐河段改扩建工程,全长93.138km,K298+967—K327+400路段路线长28.433km,总填方2050.962km³,路基总挖方217.635km³,边坡防护4323.632m³,路基排水工程39392m,沥青混凝土路面工程18.632km。

2 监理工作概况

2.1 监理人员投入情况

驻地办按照合同约定于2019年5月进场,驻地办设驻地监理工程师1人,副驻地工程师1人,专业监理工程师9人,监理员20人,监理人员共31人;办公、生活设施足额配备;交通车辆按投标承诺进场8辆。驻地办地址位于德州市德城区黄河涯镇东屯村。工地试验室总面积为300m²,其中办公室面积为30m²;功能室总建筑面积为270m²,设有力学室、水泥室、沥青混合料室、沥青室、化学室等11个操作室。

2.2 各项管理制度的建设情况

在总体把控方面,驻地办根据《监理合同》和总监办《监理计划》等编制了《监理细则》,对重点监理工作进行了明确;为全面抓好监理工作,制定了《内部管理制度》,其中包括考勤制度、会议制度、廉政工作制度、学习教育制度、收发文制度、资料档案管理制度、驾驶员及车辆管理规定、食堂管理制度、办公及生活环境卫生管理制度和奖罚条例等;随着工程进展,对监理细则和管理制度不断进行优化,单独制定了《专业监理工程师考核制度》《品质工程监理细则》《减河特大桥专项监理细则》《监理巡查督导方案》等。

本着"安全第一、预防为主"的原则,驻地办还单独制定了《安全监理细则》《安全管理制度汇编》《安全监理工作计划》等,其中安全管理制度包括安全生产责任制及考核制度、安全生产教育培训制度、安全生产会议制度、安全事故隐患督促整改制度、专项施工方案审查制度、安全生产事故报告制度、危险源辨识、风险评估制度等；在环境保护方面，驻地办还单独编制了《环保监理细则》以及全员环保监理责任制度、环境保护方案审查制、环境保护事件及应急管理制度等管理制度。在施工全过程的监理工作中，试验检测工作是一大"重头戏"，驻地办单独制定了《程序文件》《质量手册》《试验检测计划》《试验仪器期间核查》等管理制度和《试验仪器检定计划》《试验仪器自校计划》《试验仪器操作规程》等。

3 工程质量管理

工程质量是项目施工的关键和核心，是工程项目最重要的任务，同时是监理企业的生命线。驻地办从入场前期就始终把工程质量放在第一位，一切为了质量，一切听从质量。选用事先提醒、过程监督的实时控制方式，对工程质量采用风险管控、定期检查检评紧密结合，认真落实总监办所提出的"四、三、二、一"管理模式。在工程质量控制流程中，严格按照合同书、技术标准和设计图监管工程的施工标准，把重点部位及各个分部、分部工程作为查验关键，严格抓牢施工准备阶段、工程施工阶段及制成品工程验收阶段的监理，选用旁站监理、精确测量、实验、指导性文档四种方式对项目全方位监管，从而实现工程质量总体目标。

加强业务培训，严格监理程序，把住工程质量关。要打造出达标样板工程，监理人员务必树立精品意识。在对项目进行监管及管理环节中，驻地办对监理工作人员进行提升质量观念的文化教育。依据工程项目的工作进展，驻地办开展了安全技术交底培训学习。在监理工作例会布置工作的时候，驻地办坚持把工程质量放到核心地位，决不以放弃质量来获得进展，使全体成员产生"质量责任重于泰山"的思想，通过一系列切实可行的管控措施，保证了工程质量。

3.1 坚持"严格监理、贴心服务、科学合理公平、廉洁从业"的基本原则

紧紧围绕安全性、质量、花费、进展及环境保护等总体目标，以高效的合同和信息化管理方式，积极主动、仔细地进行施工准备阶段及施工阶段的各种监理工作。在省里、城管局、高速集团、股份有限公司、恒建总公司等各个相关部门的数次检查中，领导给出了很多意见与建议，驻地办认真执行，举一反三，立整立改，全力以赴促进各个方面监理工作水平不断提高。

3.2 施工准备阶段

驻地办创建质量领导组，并做好工作，建立了详尽的监理实施办法及有关管理制度，规范监理个人行为，确保工程项目质量与各类目标完成；组织学习技术标准、设计图等相关文件，创建计量支付台账，核查工程图纸工程量清单，抽样检查导线点、基准点，进行复测原地面，核查施工企业递交的整体施工组织方案，关键是核查工程施工方案是不是对于本项目的特征而做的重点工程施工、质量、方案安全保证措施等专项方案，核查施工企业的部门、各分部、分部工程区划，查验施工企业的施工准备状况，包含原料进场的抽样检验、工程机械设备和管理进场、质保体系建立与实验室建设进度等，为保证工程质量奠定坚实基础。

3.3 工程施工监理环节

驻地办严格把控旁站监理、巡查、抽样检验关，严格遵守安全技术交底规章制度，加大监督力度，对存有的质量安全隐患立即下发监理工作指令或质量难题通知书。

与此同时，驻地办对出现问题的整改落实情况开展跟踪检查，完全将质量安全隐患消除在萌芽阶段。工程质量经工程项目自查、驻地办抽样检验、总监办、项目办第三方检测，各类性能指标达到标准及设计要点，工程质量处在受控状态。

3.4 施工过程中质量检查情况汇总

驻地办坚持"科学合理、公平、诚实守信、自我约束"的基本原则进行全面的监理,开展旁站监理、巡查、抽样检验和验收检验。为了能保证质量,驻地办在工程监理环节中,对工程质量风险下达监理命令或监理通知书,共下达监理命令55份,监理通知书36份,监理工程师履行对工程品质的监管职责。对不符合质量标准的工程,驻地办规定施工企业返修并采取其他防范措施。

(1)驻地办实验室强化对原材料的质量管理,对上车的原材料开展了抽样检验和测试,清除不合格产品,当场监理依照规范标准对施工程序开展抽样检验,路基工程、地面、公路桥梁、交安、环境保护工程等已完成工程重要新项目实体线品质达到设计与规范标准。

(2)对于各分部工程动工批复状况,驻地办严格执行各分部工程开工报告审批程序。对施工企业递交的49个首样工程开工报告,机构技术专业监理工程师当场核查,符合条件的立即审批批复动工。

(3)驻地办严格贯彻落实"首样工程认同制",从严要求,严格把控工程质量。对首样工程的施工技术用心审批,保证整个过程中操作的合理性,首样结束后参加总结归纳及明确提出合理性改进方案,成效显著。驻地办批复路基工程、地面工程、公路桥梁工程、交安工程等首样工程施工方案总计49项。

(4)驻地办开展各种原材料检测总计1510次,检测结果均合格;混凝土的强度检验总计6321次,检测结果均合格。压实度检测15679次,检测结果均合格。实验监理负责人对石料场、预制场和拌和场展开了监管,严格执行标准规定的检查工作频率对上车的原材料进行检测。

3.5 安全、环保文明施工管理

(1)坚持"安全第一、防患于未然"原则,贯彻落实环保无污染监理工作。

(2)推进"平安工地"基本建设,认真落实"一岗双责"规章制度,完善安全生产工作规章制度与巡查排危体制。

(3)促进"绿色施工"基本建设,贯彻落实"六个百分百",根据旁站监理、巡查、巡视督促落实在施工过程中的降尘、减噪。

(4)每一年部署"安全生产工作月"工作规划,接着按照计划逐一举办活动。

(5)认真开展安全警示教育,通过学习高处作业、特殊工种、基坑防护、支撑架架设等典型事故案例,提高安全监理观念,增强责任感。

(6)经常对施工现场、各货运站进行全面、无死角的安全大检查,针对发现的安全隐患,整顿责任落实到人。

(7)除施工现场的巡视外,采用经常性高速巡查的形式,查验当场工地扬尘处理实际效果。

(8)查验工程项目环卫洒水车、除尘雾炮机、盖土网等环境保护物资供应、机器设备投入状况,以确保湿式工程施工,合理降尘。

(9)严格核查安全性专项费用的应用情况,保证财政性资金合理使用。

3.6 监理工作优化措施

3.6.1 务必建立一个职责分工有效、职责明确的监理组织架构

工程项目监理实际效果与驻地办建立密切相关。一个强有力、完备的驻地办要求构成人员干练,工作能力高,且人员职责分工有效,职责明确。只有监理人员各司其职,各尽其能,才

可以充分调动监理人员的能动性。只有驻地办依据各人的不一样技能特长,分派其不同类型的工作具体内容,确立其工作范围之内岗位职责,并在技术专业欠缺处给予填补,健全其工作,才可以促使驻地办整体监理水准维持相对较高的水平,以满足工程项目监理工作的需求。

3.6.2 坚持思想文化教育,要做善事,需先会为人处世

驻地办融合"监理领域树新风,监理人员讲素养"主题活动,经常性地开展品德教育,规定每一位监理人员务必在思想上统一,提高职业道德修养,遵循监理人员注意事项等,保证尽职尽责,形成比业务流程、比服务项目、比高效率、比考试成绩、比浩然正气的优良市场竞争气氛。

3.6.3 不断完善各种管理制度,并严格遵守,决不会形式化

以制度促管理,关键是完善大会、学习培训、安全巡检、报告、考评等制度,不断提升监理人员发现难题、思考问题、解决问题的能力,加强驻地办整体工作能力,促进总体监理工作的高速发展。

3.6.4 学习先进经验,提升工程施工质量

"千年大计,质量第一",通过安全技术交底、技术性讨论、专题会、样板交流会、专业技术培训等,学习先进经验及好的方式,进一步强化全体人员品质意识,全方位推动、激励团队的能力素质的提升,保证质量前提下加快工程进度,运用好合同书给予的支配权,采用文档、命令等方式严格控制质量,进而促进驻地办总体工作的实施。

3.6.5 积极监理,超前的提醒,严格执行规范化施工、精细化施工

对于工程项目的难题及容易忽略的施工工艺流程均对施工企业给予超前的提醒,积极监理。重视超前的提醒、积极监理的前提下,提升过程管理和完工品质的检查、工程验收工作细节操纵。严格执行规范化施工、精细化施工。只有从严要求,认真落实规范化施工、精细化施工,才可以确保工程质量内实外美,达到品质工程的要求。

4 结语

因此,我们监理人员应该始终坚持"以民为本、绿色发展、安全第一、防患于未然、环境整治"的原则,认真落实、监管各类安全防范措施的实施。保护生态环境是每一个公民的义务和责任,道路工程造福于民,但是不能以污染环境为前提,必须坚持"不损害就是很好的维护"标准,增加环境保护措施投入,才能保障环境保护目标实现。总而言之,在工作中,我驻地办将努力做好保证期内的监理工作,保证人员及时、巡视及时、催促改造及时,为该项目的工程验收打牢基础。

参 考 文 献

[1] 祝武韬.高速公路建设精细化监理方法的应用研究[J].交通世界,2023(25):180-182.

[2] 张绍娟.高速公路工程监理的质量检测与控制策略分析[J].交通科技与管理,2023,4(12):165-167.

[3] 石建周.改扩建道路下穿高速公路现浇框架桥施工监理探讨[J].江西建材,2022(8):175-176+179.

浅析道路与桥梁沥青混凝土路面平整度施工技术

王志勇

(中铁四局集团有限公司,安徽合肥 230023)

摘 要:随着社会的进步,经济不断发展,城市化建设逐渐得到普及,与此同时,我国社会对交通运输行业的关注度也越来越高,尤其是在道路与桥梁沥青混凝土路面这方面。随着我国城市化建设越来越成熟,许多道路与桥梁的路面材质得到了升级,从原始的水泥变成了沥青,但目前具体施工技术实施过程中,仍然发现还存在着许多需要改善和优化的方面,本文主要对影响道路与桥梁沥青混凝土路面平整度的因素进行叙述和分析,并提出相应的可实施性控制措施。

关键词:道路与桥梁 沥青混凝土路面 平整度 施工技术

1 引言

近年来,我国公路运输事业已经处于高速发展的阶段,与此同时,对公路建设的要求也更高,特别是在公路的平整度方面。公路的平整度是保证公路运输平稳性的关键性因素,还是衡量公路质量的指标之一。然而在实际的施工过程中,可以明显发现,道路与桥梁沥青混凝土路面平整度施工部分是整个工程施工的难点以及重点,并且在具体的施工过程中还存在许多待解决的问题。基于此,非常有必要对影响道路与桥梁混凝土路面平整度施工的具体因素进行分析,从而有针对性地对施工技术进行优化和完善,使道路与桥梁混凝土路面平整度得到提高。

2 影响道路与桥梁沥青混凝土路面平整度的因素

2.1 人为因素

在整个道路与桥梁沥青混凝土路面施工过程中,工作人员是整个工程的重要组成部分,也是整个工程的核心力量所在。工作人员的施工技术水平和综合素质影响着道路与桥梁沥青混凝土路面平整度的施工质量。因此,必须在实际的施工过程中,对相关工作人员实行高标准以及严要求的管理制度,对每一个工序施工人员的操作进行严格的把控和要求,从而达到理想中的效果。在施工过程中还可以发现一个明显的问题:施工人员的自我责任意识度不高,施工技术水平达不到标准,这使工程的质量得不到保障,从而影响路面的平整度。

2.2 施工工艺与机械设备

影响路面平整度的另外一个主要因素就是工程的施工工艺以及工程所用的机械设备。质量高的施工工艺不仅能够保证工程的施工质量,还能够保证工程的施工在规定时间内完成。除此之外,质量较高的施工工艺还能够根据工程不同阶段的施工特点与情况选择最合适的材料进行路面建设,从而进一步提升施工效率与质量。工程所有的机械设备的选择是工程顺利进行的关键,选择高效正确的机械设备进行施工,并且严格按照设备的操作要求进行操作,使沥青混凝土材料摊铺得更加均匀,提升道路与桥梁沥青混凝土路面的平整度,达到理想中的施工效果。

2.3 施工材料

施工材料的正确选择与保存是保证道路与桥梁路面建设工程施工质量的主要环节,因此,通过加强对施工材料的质量控制,可以从根本上提升道路与桥梁路面建设工程的质量。加强对施工材料的质量检测,同时由于该工程所用材料的特殊性,还要做好施工材料的防护工作,以延长道路与桥梁的使用寿命,避免出现安全事故。

2.4 自然因素

除了上述几大主要影响因素之外,自然因素也是影响道路与桥梁沥青混凝土路面平整度的关键因素,并且自然影响因素与其他影响因素相比,具有灵活性和不可控性,我们只能在工程中尽最大努力来减少自然因素的影响,而不能做到百分之百避免。因此,在具体的施工过程中,要对目标施工区域的天气、地形等方面做好详细的调查,做好工程防护工作,确保沥青混凝土等施工材料的温度和湿度保持在可施工范围之内,从而使路面的平整度得到有效控制。

3 保证沥青混凝土路面平整度的施工控制技术

3.1 提高相关工作人员的责任意识和技术水平

目前,许多道路与桥梁沥青混凝土路面建设工程中的质量得不到保证,基于此,首先要提高相关工作人员的责任意识和技术水平,如果想达到理想中的效果,可从以下几个方面开始做起,一是定期对工作人员进行培训、考核以及赴外学习,通过这种方式提高工作人员的技术水平。二是通过思想教育,工作人员意识到自身的责任意识能够对整个工程的质量产生重要的影响,从而对自己的行为进行规范,为工程的质量提供保障。

3.2 对沥青混凝土路面的施工进行严格的质量控制

为了保证道路与桥梁沥青混凝土路面平整度达到标准,可在施工过程中通过灵活利用钢丝绳的方式来提高道桥路面的平整度。在进行施工之前,将钢丝绳放置在进行施工的目标区域内,避免出现钢丝下挠,从而导致路面的平整度下降。除此之外,在对目标区域进行材料摊铺时,有三大准则必须遵守,一是缓慢匀速,二是不可停顿,三是不可浪费,这对提升工程路面的平整度也有着不小的积极影响。

3.3 提高施工材料的质量

为了提升道路与桥梁沥青混凝土路面的平整度,就要从工程中问题的源头开始抓起,就是施工材料的质量问题。提高施工材料的质量首先要做的就是对施工材料的购买要经过严格的质量筛选,不可为了扩大利益空间以次充好;其次是要做好对施工材料的保存工作,由于道路与桥梁沥青混凝土路面建设所用施工材料的特殊性,要严格控制仓库的湿度与温度,避免出现由于储存条件的问题导致施工材料变质,检测不达标,从而导致不必要的经济损失。

3.4 科学开展路基处理工作

在道路和桥梁的路基施工项目中,需要执行一系列预设试验和具体施工操作。首先,在进行地基预压测试时,至关重要的是评估地基的强度和承载能力是否符合设计要求。如果与设计规范不符,必须迅速采取适当的加固措施。对于软土地基的问题,可以采用夯实法或换填法等方法进行加固,选择哪种加固技术方法应根据具体施工环境和要求来确定。此外,材料质量在路基填筑过程中至关重要,必须经过严格的质量检验和测试,以确保其性能和质量符合使用要求,确保质量关键环节。

3.5 重视路基不均匀沉降现象

在众多道路与桥梁沥青混凝土路面建设的问题工程中,最主要的原因就是忽略了施工过程中的路基不均匀沉降现象。基于此,要吸取之前的教训,在进行路面材料填筑之前,加强对路基的建设,以保证路面材料填筑的平整度。可以通过分层进行填筑的方式来消除路基不均匀沉降的现象,并且填筑的每层路面材料的厚度要求控制在 20~30cm。除此之外,还要对路面填筑材料的含水量进行控制,以保证每层路面填筑材料都能够压实,并且避免在工程完成之后路面出现裂痕。

3.6 对道路与桥梁沥青混凝土路面面层施工质量进行严格的控制

为了能够使路桥建设工程中的路面平整度质量得到保障,就要对沥青混凝土路面面层的施工质量进行严格的把控,其中包括对施工技术的规范操作、施工材料的正确选择以及沥青混凝土均匀摊铺作业。除此之外,还要提升路面碾压工作的力度和质量,可以通过采用人工与机械相结合的方式来达到目的,在机械粗糙地大面积碾压之后,再由工作人员仔细检查,并且对机械的操作盲区进行二次碾压作业。

如果基层不平整,面层压实后可能会导致路面不平整。因此,在施工中需要严格要求,质量监管人员随时检测路面质量。底基层和基层应全部采用摊铺机进行铺设,以提高基层顶面的平整度。对于不平整的区域,可采用人工填补坑洼后再进行碾压处理。

摊铺机的结构参数不稳定、行走装置容易打滑、摊铺机的铺设速度不均匀、机械启动和制动过于急促以及供料系统速度忽快忽慢等问题都可能导致面层不平整,出现波浪和搓板。因此,在施工时必须选择性能稳定的摊铺机,同时加强操作人员的技术培训,确保合适的沥青混合料配比并确保充分混合均匀。

4 结语

综上所述,目前,我国公路建筑事业得到了突飞猛进的发展,但在大多数的公路建设工程中存在着一个最主要的通病,那就是路面平整度不达标。基于此,应对该方面给予高度的重视,并且寻求最优解决方案,以推进我国公路建筑事业的发展。

参 考 文 献

[1] 王祥彪.沥青混凝土道路施工技术在市政道路施工中的应用探讨[J].绿色环保建材,2019(6):99-100.
[2] 妥群.道路桥梁沥青路面裂缝施工处理技术[J].绿色环保建材,2019(6):114+116.
[3] 李奇峰,张慧荣.道路桥梁沥青路面裂缝施工处理技术[J].交通世界,2018(28):88-89.
[4] 姜洪雷.浅析道桥沥青混凝土路面平整度的施工技术[J].科学技术创新,2018(18):

141-142.
[5] 杨艳花.道路与桥梁沥青砼路面平整度施工技术的质量控制措施[J].建设科技,2018(8):130-131.
[6] 张晓华.沥青混凝土路面平整度影响因素与处理对策[J].公路与汽运,2012(4):142-145.

浅谈改扩建高速公路建设工程合同管理

崔 柯 郑宏伟

(中铁四局集团有限公司,安徽合肥 230023)

摘 要:合同管理是工程项目管理的一个组成部分。合同管理与计划管理、成本管理、技术管理、组织与信息管理共同构成工程项目管理系统。建筑工程施工合同,是业主(发包人)和承包商(承包人)为完成建筑安装工程、明确双方的权利和义务关系而签订的法津文件。

本文论述了建设工程合同管理的内容以及现状。要想研究建设工程合同管理就必须理解其内容及现状,深刻地体会它的作用以及日常生活中的运用,不仅要学会这些,我们也要学会在工程方面合同的作用,在一个工程中双方必须依靠合同来维持合作,不可违反合同,否则要受法津的制裁,所以说它与法津是相辅相成、具有一定关系的,我们也要知道合同体系、合同担保和保险、合同的索赔问题、合同的签订与实行问题。

现代企业的经济注来、各种关系的确定主要是通过合同形式进行的,作为现代企业管理制度的重要内容之一,合同管理能否有效实施,把好合同关,是现代化企业经营管理成败的一个重要因素。特别是建筑企业,一个工程下来牵涉的施工单位多,各种关系复杂,对其进行约束,就必须得签订各种形式的合同。

关键词:建设工程合同管理 规范化 管理制度

1 引言

1.1 合同管理概述

合同管理是工程项目管理的一个组成部分。合同管理与计划管理、成本管理、技术管理、组织与信息管理共同构成工程项目管理系统。合同,又称协议、契约,有广义、一般、狭义三个层次的概念。广义概念下的合同是当事人借以确立各自权利义务关系的法律文件,包括一般概念上的合同、行政合同、劳动合同以及国家合同等;一般概念下的合同多是确立当事人民事权利义务关系的协议,包括狭义的合同、婚姻合同、收养合同以及监护合同等;狭义概念下的合同在商务活动中最为常见,它多被市场经济主体用来设立、变更、终止与其他主体之间的经济、商务关系,包括买卖合同、租赁合同、建筑合同、技术合同等。不同概念下的合同具有不同的特点、内容和要求,满足当事人不同的目的,而且适用不同的法律、法规调整,因而合同的概念具有重要意义。

建筑工程施工合同,是业主(发包人)和承包商(承包人)为完成建筑安装工程、明确双方的权利和义务关系而签订的法律文件。遵照施工合同,承包商应完成业主交给的建筑安装工程建设任务。业主应按合同规定提供必要的施工条件,支付工程价款。承包商在工程承揽过程中必须认真研究招标文件的规定和要求,特别是了解透招标文件中的合同条件,按照ISO9000标准,进行周密的合同评审,在此基础上确定投标方案。对施工合同的实施过程进行有效的管理,加强和提高施工合同管理,是社会主义市场经济发展的必然要求。

我国已经基本上建立了社会主义市场经济体制。市场经济在某种意义上说是法治经济,再进一步说,是契约经济、合同经济。现代社会是合同社会,一个企业的经营成败与合同和合同管理有密切的关系,合同是建筑企业在工程施工过程中的最高行为准则,工程施工过程中的所有活动都是为了履行合同内容。有效的合同管理是促进参与工程建设各方全面履行合同约定的义务,确保建设目标(质量、投资、工期)实现的重要手段。合同管理贯穿于工程实施全过程的各个方面,其目的就是保证建筑企业全面地完成合同规定的责任和义务,它是工程项目管理的核心和灵魂。因此,必须十分重视合同和合同管理,加强合同管理工作对于建筑企业以及业主都具有重要意义。

1.2 建设企业合同管理现状

在现代工程项目中不仅需要专职的合同管理人员和部门,而且要求参与工程项目管理的其他人员(或部门)都必须熟悉合同和合同管理工作。所以合同管理在土木工程、工程管理以及相关专业的教学中具有十分重要的地位。

由于目前施工合同备案中一些深层次问题还未从根本上得到解决,我国工程建设合同管理还相当薄弱,部分施工合同的内容不够详细,管理不到位,履约效果不甚理想。

当今的建筑施工企业,特别是老的国有企业,大多数是从计划经济时期走来的,不少企业领导和管理人员的思想和管理方式都带有计划经济的色彩。随着计划经济逐步转向市场经济,出现了市场竞争,通过招标投标,中标的施工单位与发包单位签订施工合同。合同管理在当初的起步阶段是很不规范的,也没有什么示范文本,合同的内容过于简单和粗糙,甚至有漏洞。少数合同有失公正,合同文件存在合同双方权利、义务不对等等现象;有的还签订了非法合同,严重扰乱了建筑市场秩序。从目前实施的建设施工合同文本看,施工合同中绝大多数条款是对发包方制定的,强调了承包方的义务,对业主的制约条款偏少,特别是对业主违约、赔偿等方面的约定不具体,也缺少行之有效的处罚办法。建筑市场的过度竞争、不平等合同条件等问题,也给索赔工作造成了许多干扰,再加上承包商自我保护意识差、索赔意识淡薄,导致合同索赔难以进行,受损害者往往是承包商。违法承包人利用其他承包商名义签订合同或超越本企业资质等级签订合同的情况普遍存在。有些不法承包商在自己不具备相应建设项目施工资质的情况下为了达到承包工程的目的,非法借用他人资质参加工程投标,并以不法手段获得承包资格,签订无效合同。还有违法签订转包、分包合同情况,一些承包商为了获得建设项目承包资格,不惜以低价中标,在中标之后又将工程肢解后以更低价格非法转包给一些没有资质的小的施工队伍。这些承包商缺乏对承包工程的基本控制步骤和监督手段,进而对工程进度、质量造成严重影响。

2 建筑企业施工合同特点及问题

2.1 建筑施工合同的特点

建筑产品的特殊性决定了施工合同"长""广""多"的特点。

2.1.1 履行周期长

建筑产品的体积庞大,结构复杂,建造周期较长,不同用途、不同专业特点的建筑工程工期长短也不同,少则几个月,多则数年。

2.1.2 合同条款内容多

施工合同内容除《中华人民共和国合同法》规定的工程范围、建设工期、中间交工工程的开工和竣工时间、工程质量、工程造价、技术资料交付时间、材料和设备供应责任、拨款和结算、交工验收、质量保修范围和质量保证期双方相互协作等条款外,按照现行《建设工程施工合同(示范文本)》(GF-2017-0201),还有很多具体内容,如标的物的规模和结构特征,图纸的份数及有无保密要求,有关保证工期的施工进度计划、提前工期、顺延工期、延误工期的责任,发包人和承包方各自的责任,监理单位工程师的姓名及职责,工程分包,不可抗力等。

2.1.3 合同涉及面广

签订施工合同除应遵守《中华人民共和国合同法》《中华人民共和国民法通则》《中华人民共和国招标投标法》外,还可能涉及《中华人民共和国公证暂行条例》《中华人民共和国仲裁法》《中华人民共和国民事诉讼法》《中华人民共和国标准化法》《中华人民共和国土地管理法》《中华人民共和国文物保护法》《中华人民共和国担保法》《中华人民共和国保险法》《中华人民共和国噪声污染防治法》《中华人民共和国道路交通管理条例》《中华人民共和国反不正当竞争法》等法律法规。

2.2 建设工程合同管理存在的主要问题

建筑施工建设的复杂性决定施工合同管理的艰巨性。目前我国建设市场发展不完善,建设交易行为不规范,使得建设施工合同管理中存在诸多问题,主要表现在以下几方面。

2.2.1 合同管理跟不上时代步伐

近年来,随着建筑市场的发展和改制的推进,加之投资体系的市场化,工程项目竞争日趋激烈。网络和电子时代的到来,使得仍停留在传统管理模式上的企业将无法生存下去。工程项目的招标投标,表面看已经完全市场化而且公平、公开和公正,如专家库的建立、公开招标信息,但更深层次的问题是,专家们对工程和企业的了解、评标时间的影响以及专家责任心都会对选择的中标单位造成影响;施工企业中标后,若由于资金问题导致其无法正常运转,业主的责任如何落实?施工企业在工程管理方面存在的漏洞,管理不到位导致无法正常开展工程,如何追究责任?如此看来,合同管理还存在诸多待改进的问题。

2.2.2 法律意识和风险意识淡薄

建筑市场中的竞争日益激烈,但建筑施工参与各方的法律意识不强。主要表现在:第一,合同制定上对于双方的权利和义务规定不对等,多为发包方对承包方的义务、责任规定较多,对自身的义务规定较少,为施工过程中的争执与纠纷留下了隐患。第二,建设施工合同违约现象严重。在合同实施过程中,签约双方不认真履行合同,随意修改合同,或违背合同规定,使得违约后合同索赔工作难以实现。第三,违法承包人利用其他承包商名义签订合同或超越本企业资质等级签订合同的情况普遍存在。第四,违法签订转包、分包合同情况普遍存在。有些承包商在中标之后将工程肢解,以更低价格非法转包给没有资质的小施工队伍,从而对工程进度、质量、安全造成严重影响。这些行为都违反了《中华人民共和国合同法》。

部分建筑施工参与方不仅法律意识淡薄,还对风险估量和认识不够。工程承包是一种商业竞争,包含着许多风险,并且随着激烈的竞争,逐步由原来政治上、经济上、合同上等宏观方面的风险,向施工条件、施工进度、工程量、物价变化等微观方面扩大,使得承包方利益受损。

我国市场经济体制还不健全,相关法律法规有待完善,进行工程项目管理大都仅停留在"人际交流"的层面上,缺乏真正建立在合同和证据基础上的规范化管理,这就导致承包商合同索赔工作难以实现。

3 国际建设工程合同管理的借鉴

3.1 国际建设工程合同管理概述

国际工程就是一个工程项目的咨询、融资、采购、承包、管理以及培训等各个阶段的参与者来自不止一个国家,并且按照国际上通用的工程项目管理模式进行管理的工程。

国际工程合同是指不同国家的有关法人之间为了实现在某个工程项目中的特定目的而签订的确定的相互权利和义务的协议。国际工程项目合同的形式和类别比较多,有许多的分类方法,如按照工作内容可分为工程咨询服务合同(包含设计合同、监理合同等)、勘察合同、工程施工合同、货物采购合同(包含各类机械设备采购、材料采购等)、安装合同等。按照承包范围可分为设计—建造合同、交钥匙合同、施工总承包合同、分包合同、劳务合同、设计—管理合同、CM合同等。

国际工程合同管理是国际工程项目管理的核心,国际工程合同从前期准备、招投标、谈判、修改、签订到实施,都是国际工程中十分重要的环节;国际工程合同文件内容全面,包括合同协议书、投标书、中标函、合同条件、技术规范、图纸、工程量表等多个文件;国际工程咨询和承包在国际上已有上百年历史,经过不断地总结经验,在国际上已经有了比较完善的合同范本,这些范本还在不断地修订和完善,可供我们学习和借鉴等。

3.2 国际工程中的合同管理

国际工程中的合同管理强调参与项目各方均在合同实施过程中自觉地、认真严格地遵守所签订的合同的各项规定和要求,按照各自的职责,行使各自的权力,履行各自的义务,维护各自的权利,发扬协作精神,处理好伙伴关系,做好各项管理工作,使项目目标得到完整的体现。合同各方的职责、权力、义务和权利是不同的,从业主、承包商和工程师的角度看有以下内容。

3.2.1 业主方的合同管理

一个国际工程在项目前期阶段的各项管理工作比较重要,项目前期阶段的工作内容一般包括地区开发、行业发展规划、项目选定阶段的机会研究、预可行性研究以及可行性研究,最后通过项目评估来确定项目。在国外,业主对一个工程项目的研究、决策和管理主要依靠咨询公司。咨询服务是以信息为基础,依靠专家的知识、经验和技能对客户委托的问题进行分析和研究,提出建议、方案和措施,并在需要时协助实施的一种高层次、智力密集型的服务,不仅可以提供单项咨询服务,更重要的是通过对于业主委托的项目管理,实现项目的增值,从而获取经济和社会效益。

实施期一般指项目的勘测、设计、专题研究、招投标、施工设备采购、安装,直至调试竣工验收。在这一阶段,业主主要委托咨询设计公司进行设计,并对设计方案进行审批等;当工程开工后,现场具体的监督和管理工作全部都交给了工程师负责,但是业主要指定业主代表负责与工程师和承包商联系,处理执行合同中的有关事宜。

3.2.2 承包商的合同管理

承包商一方在合同签订时的两项主要任务是争取中标和通过谈判签订一份比较理想的合同。争取中标又分两个阶段,在资格预审阶段注重积累资料,为投标准备充足的内部资料;投标决策时注重搜集信息,早动手做准备;提交预审文件后跟做工作,及时发现问题,补充材料。

在投标人收到招标函后进入合同谈判阶段,谈判时要一个一个问题地谈,要准备好几种谈判方案,要学会控制谈判进程和谈判气氛,还要准备回答业主方提出的问题,并且在谈判过程中根据实际情况做出让步或坚持。

在合同实施阶段,承包商的中心任务是按照合同的要求,即认真负责地、保证质量地按规定的工期完成工程并保证负责维修。

3.2.3 工程师的合同管理

工程师受业主的委托监理工程,进行合同管理,是业主和承包商之外的第三方,是独立的法人单位。工程师对合同的监督管理与承包商在实施工程中的管理方法和要求都是不一样的。工程师不具体地安排施工和研究如何保证质量的具体措施,而是宏观上控制施工进度,按承包商在开工时提交的施工计划进行检查督促,对施工质量则是按照合同中技术规范、图纸内的要求进行检查验收。工程师可以向承包商提建议,但不对如何保证质量负责,工程师的建议是否被采纳由承包商自己决定。工程师主要是按照合同规定,特别是工程量表的规定,严格为业主把住支付关,并且防止承包商的不合理索赔要求,工程师的职责是在合同条件中规定的,如果业主要对工程师的某些职权进行限制,也应在合同中做出明确规定。

4 加强建筑工程项目分包管理中的合同管理

4.1 提高施工企业合同管理专业人才的素质,推行合同示范文本

提高施工企业合同管理专业人员的素质。选择优秀的合同管理专业人才是企业规范施工企业合同管理工作的基础。因此,企业应该做好以下几点。

4.1.1 择优录取专业人才

企业领导应选择既有工程技术、施工经验等,又有合同拟定、修改、谈判以及解释能力,还熟悉工程造价和会计财务方面知识的人才,同时在选拔过程中要坚持优胜劣汰的原则。

4.1.2 不断加强对施工企业合同管理专业知识的学习

企业和行政管理部门根据企业与市场的变化发展和实际情况,组织施工企业合同管理人员集中学习、个别研究合同管理相关知识。主要可以进行短期培训,专家讲解与学院讨论相结合,听电视讲座,并结合实际案例进行分析总结;开展《中华人民共和国合同法》《中华人民共和国建筑法》《中华人民共和国招标投标法》等一系列法律法规和职业道德的学习,设置专业的企业法律管理专业人才的职业认定考试,如全国企业合同管理人员执业资格考试等。企业也有必要选择较为出类拔萃的合同管理骨干进入高等院校进行培养深造,并与其签订定向培养的协议作为保证,使得在培养对象的同时,成就其事业并对企业有益处。

4.1.3 建立健全岗位责任制度

对施工企业合同管理人员实行岗位责任制,明确其责任、权限和利害,并建立合理的竞争机制和奖惩制度,对表现优秀的和有贡献的合同管理人员给予物质和精神上的奖励,对表现不良和在工作中有较大失误的合同管理人员进行物质和精神上的惩罚。这样的奖惩方法可以全面、高效率地提升施工企业合同管理人员的思想水平、法制水平和业务能力。

4.2 规范合同管理措施

4.2.1 加强施工合同索赔管理工作

合同管理和索赔涉及经营、估价、法律、工程管理及公关等方面的知识,专业性很强,必须由专门的人员、机构来从事这项工作。不能将合同管理仅作为经营科或预算科的一种兼职工作。合同管理和索赔要求承包商在签订合同时充分考虑不利因素,采用最有效的合同管理和

索赔策略。合同管理和索赔水平的提高不仅有利于解决合同争端和赔偿问题,更有利于整个项目管理水平和整个企业管理水平的提高。

4.2.2　重视合同的法律性质及合同的审查和风险分析

许多承包合同失误是由于承包商不了解或忽视合同的法律性质,没有合同意识造成的。合同一经签订,即成为合同双方的行为依据,合同中的每一条都与双方利害关系有关。签订合同时要小心谨慎,以免发生事情后造成不必要的麻烦。

4.2.3　做好合同管理的实施控制工作

在工程施工中,合同管理对项目管理的各个方面起着协调和控制作用,它的工作主要包括合同实施监督、合同跟踪、合同诊断、合同措施的决策。通过合同实施控制不仅可以圆满地完成合同责任,而且可以挽回合同签订中的损失,改变自己的不利地位,通过索赔等手段增加工程利润。

4.3　借鉴和采用国际通用规范和先进经验

现代工程建设活动,正处在日新月异的新时期,国际性是工程承发包活动的一项重要特征,国际工程市场吸引着各国的业主和承包商参与其流转活动。这就要求我国的工程建设项目的当事人学习、熟悉国际工程市场的运行规范和操作管理。这样对完善我国工程建设项目的合同管理制度和适应国际工程建设市场开发的需要都会产生十分重要的作用。

4.4　严肃认真地监督并履行合同

建筑合同的履行一般有一个较长的过程。这个过程中会遇到这样或那样一些合同签订时不可预见的问题,这就需要合同双方来协调,如变更等问题就是双方协商的对象。在时间、质量、价格上保证合同的顺利履行,是创造出良好经济效益的前提。在合同监督中必须注意:一是建立较为完整的合同反馈信息网,二是健全合同信息处理制度和机构,三是对合同履行中反馈的信息必须做出及时处理和反馈,四是必须加强辅助合同的监督管理。合同一经双方签订就是对各自义务的承诺,必须依法履行。企业各部门必须按照各自的职能制订出执行合同的具体计划。

4.5　建立健全施工企业合同管理体系

4.5.1　以现实为导向

建筑企业应结合本企业的实际需要和实际情况,建立科学的施工企业合同管理制度,强化施工企业合同管理职能,严格按照规定程序进行操作,坚持合同的审查制度,审查合同签订的条件、内容以及条款等是否符合国家相关规范标准,是否具有完备的手续。在合同执行过程中,主管部门及建设单位应定期对合同的执行情况进行检查,并建立完善的合同检查考核制度,对合同执行过程中出现的偏差应及时进行分析与纠正,使施工企业合同管理规范化。这将有利于合同的履行和避免合同纠纷的发生,并且便于查阅、检索以及执行合同。

4.5.2　各部门互相配合

行政部门应设立专门施工企业合同管理机构和配备施工企业合同管理人员,对建设工程合同实施登记、审查等监督管理制度,建立合同登记台账,并进行统计、检查,完善合同备案制度。建筑企业应深入研究施工企业合同管理工作在不同阶段的具体特征、要求、管理控制手段、工作侧重点等问题,建立企业的监督保障机制。完善施工企业合同管理的组织机构,建立公司、分公司、项目部各层次的合同管理机构,监察和考核施工企业合同管理人员的工作表现和业绩,加强合同管理制度的刚性约束效力,严厉打击和查处各种违法、乱纪和失职行为,保证合同管理制度的有效贯彻。

4.5.3 建立合同信息管理系统

由于合同种类多,数量大,合同变更频繁,且在履约中往来函件和资料较多,施工企业合同管理系统性强。施工企业不能单纯地依靠人力管理,应建立以微机数据库系统为基础的施工企业合同信息化管理,便于对信息资料的收集、整理、存储、处理、分析和使用,以提高信息传递的速度,提高企业施工企业合同管理的效率,提高企业的合同管理和经营管理水平。

5 结语

本论文对合同、建设工程合同、建设工程合同管理等概念进行了解释,对建设工程合同管理的目的、意义、手段、所处的地位和作用进行了分析,然后阐明了建设工程合同管理规范化的内涵,并对建设工程合同管理进行了简要介绍。本论文就目前我国建设工程合同管理存在的主要问题,在综合对比分析的基础上,归纳出了产生问题的原因,并对各种问题存在的缺陷进行了分析,然后对国内国际建设工程合同管理进行了比较分析。

我国各地方出台的劳务分包管理办法和劳务分包合同示范文本正日趋完善。但发展劳务企业和贯彻劳务分包合同管理的工作还远没有实现目标,还需要通过社会各部门进行政策引导、严格监管等艰苦努力才能真正地完善建筑行业的劳务市场,切实保障施工企业及农民工的切身权益。这要求我们认真学习劳务合同的管理知识,贯彻各地出台的劳务分包管理办法,实事求是地按各地出台的劳务合同示范文本签订劳务合同,为社会的稳步发展和繁荣昌盛做出贡献。

参 考 文 献

[1] 宋治成.公路路基沉降及施工控制技术浅析[J].工程建设与设计,2018(17):216-217+220.
[2] 温亚娟.公路路基沉降病害及施工控制技术[J].科学技术创新,2019(8):111-112.
[3] 张建龙.高速公路改建工程保通方案研究[D].长沙:湖南大学,2007.
[4] 张丰焰,周伟,王元庆,等.高速公路改扩建工程交通组织设计探讨[J].公路,2006(1):109-113.

桥梁工程篇

波形钢腹板组合梁桥异步与同步悬浇施工对比研究

唐刚祥

(中交路桥华北工程有限公司,北京 101100)

摘　要:波形钢腹板组合梁桥相比普通的钢筋混凝土结构连续梁桥,在结构受力、抗震性能、耐久性能、进度控制、节能环保以及维修养护方面有其独特的优越性,因此在大跨径桥梁设计时被普遍选用。其因为独特的结构形式在结构受力和进度控制方面的优越特性,被施工单位广泛认可。利用波形钢腹板自身承重的性能,目前有同步悬浇和异步悬浇两种施工工法,本文对两种施工工法在结构形式、施工工艺、进度控制、成本控制、安全控制等方面进行对比研究。

关键词:波形钢腹板组合梁桥　异步挂篮　同步挂篮

1　工程概述

京台高速公路改扩建工程减河特大桥主桥上部结构为 86m + 142m + 86m(右幅跨径为 92m + 142m + 86m)波形钢腹板变截面预应力混凝土连续梁结构,主桥连续梁分幅设置,单幅桥宽 20.5m(底宽 14.5m,两侧翼缘板悬臂长 3.0m),单向 2% 横坡(底板保持水平),单箱双室截面。中支点处箱梁中心高度为 8.5m,边支点及跨中箱梁中心高度为 3.8m,梁高以 1.8 次抛物线变化。箱梁 0 号块节段长 10.8m,两侧各有 15 个悬浇节段,节段长度划分为 5 × 3.2m + 10 × 4.8m。主桥共有 3 个合龙段,1 个中跨合龙段和 2 个边跨合龙段,合龙段长均为 3.2m。边跨现浇段长 13.3m(右幅小桩号侧现浇段长 19.3m)。减河特大桥采用异步悬浇法施工,是目前国内改扩建工程桥梁单幅宽度最大的单箱双室波形钢腹板组合梁桥。

2　结构对比

传统同步挂篮基本适应各种连续梁施工,应用范围广泛,施工经验丰富,但其结构笨重,对施工阶段桥梁的受力影响较大,且抗压能力有限,横向刚度不足,安全隐患大,施工作业面受限。而异步挂篮以波形钢腹板为劲性支撑,结构体系由悬臂变为简支,受力明确,易于控制,施工更加安全,多个作业面同时进行流水施工,能够大幅提升施工作业效率。两种方式施工原理如下。

异步挂篮的底篮与顶篮为两个相对独立的系统,主要受力结构为上下主横梁和波形钢腹板,其结构受力平衡系统主要原理为结构自重通过吊带和横梁系统传递给波形钢腹板,波形钢腹板与已浇筑完成的悬浇结构相互抵消而平衡。异步挂篮由于自重轻,没有单独的行走轨道,其行走系统利用波形钢腹板顶部的U形槽作为行走轨道(图1)。

同步挂篮的底篮与顶篮为一个整体的系统,主要受力结构为桁架系统,其结构受力平衡系统主要原理为结构自重通过吊带系统传递给桁架系统,桁架系统通过锚固系统与已浇筑完成的悬浇结构相互抵消而平衡,在结构部件上多了桁架系统。同步挂篮有单独的行走系统,主要为Q235型钢作为滑道,通过锚固系统平衡挂篮行走时的重力(图2)。

图1 异步挂篮

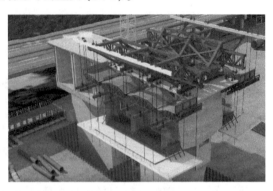

图2 同步挂篮

3 工艺对比

由于异步挂篮的底篮与顶篮为两个相对独立的系统,在施工时,底板可以提前于顶板一个块段施工,同时可以提前底板一个块段进行钢腹板的安装,即在每阶段可以同步进行($n-1$)段顶板浇筑、n段底板浇筑和($n+1$)段钢腹板安装施工(图3)。

同步挂篮的底篮与顶篮为一个整体的系统,其桁架结构的后锚系统全部在已浇筑并张拉完成的块段上,因此在每个阶段的施工工序为n段顶板、底板浇筑和($n+1$)段钢腹板安装施工(图4)。

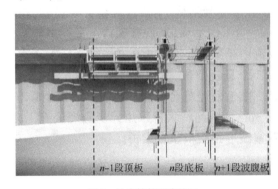

图3 异步挂篮悬浇施工

图4 同步挂篮悬浇施工

4 进度对比

结合施工图与相应的技术规范要求,混凝土悬浇结构的张拉控制指标按照设计强度的90%和7天浇筑时间进行控制。按照理想的状态7天强度达到90%进行张拉压浆施工进行块段周期分析:

异步挂篮每个块段施工周期为:7天养护(其中在养护至第五天的时候可以利用钢腹板的承重性能提前走挂篮,然后利用1.5天的时间进行底板和顶板钢筋的安装)+1天张拉压浆+

1天混凝土浇筑,即每个块段的施工周期为9天。

同步挂篮每个块段施工周期为:7天养护+1天张拉压浆+0.5天走挂篮+1.5天钢筋绑扎安装+1天混凝土浇筑,即每个块段的施工周期为11天。

综合分析可知:异步挂篮施工相比同步挂篮施工,每个块段节约施工时间约2天。

5 成本对比

以减河特大桥20.5m宽同步与异步挂篮从结构自重和人员投入方面进行如下对比分析。

同步挂篮总质量约106.3t。主要构件有主桁、前横梁、底纵梁、前托梁、后托梁、内外滑梁及模板等,均采用Q235型钢,锚固构件采用Φ32mm精轧螺纹钢(图5)。

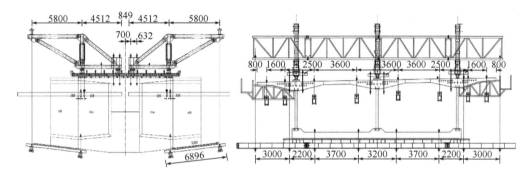

图5 同步挂篮(单位:mm)

异步挂篮总质量约90.1t。主要构件有顶篮系统、底篮系统、行走及锚固系统、模板及调整系统和附属结构(操作平台、爬梯、栏杆等)。主桁系统由前上横梁、前下横梁、上纵梁、滑梁、滑移支座组成。底篮由前下横梁、后下横梁、纵梁、底模组成(图6)。

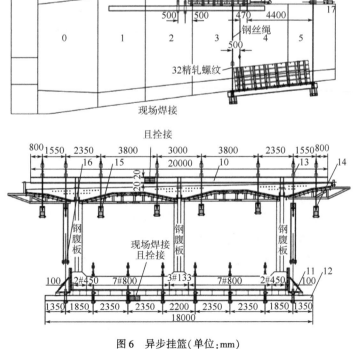

图6 异步挂篮(单位:mm)

以上挂篮的对比仅仅结合减河特大桥的结构形式进行分析,其前提条件是在原地面有钢腹板吊装平台,在此条件下,选用异步挂篮的成本相对较低。如果在深山峡谷地段,桥下没有钢腹板吊装平台时,则需要利用同步挂篮进行适当改进后,将同步挂篮的桁架结构作为钢腹板的吊装结构,或者在异步挂篮上单独增设钢腹板的起吊装置,具体的方案可以结合桥梁所在地段的地势情况选用。

在人员投入方面,同步与异步挂篮施工通过初步分析看不出有何差异,经过深入研究和现场实际施工投入对比发现,异步施工实际人员投入相对较少,原因如下:

异步挂篮结构形式简单,自重轻,利用波形钢腹板顶板的 U 形槽作为滑道,而同步挂篮在行走时,需要人工提前对 Q235 型钢轨道进行锚固、交替更换等工作。异步挂篮在行走时投入 4 个人即可(1 个总指挥,1 个油泵总控,2 个行走观察员),而同步挂篮在行走时需要投入至少 6 人(1 个总指挥,1 个油泵总控,4 个轨道拆卸工兼行走观察员),即异步挂篮相比同步挂篮,在挂篮行走时可节约 2 个人工。

异步挂篮的钢筋安装可以在养生结束的前两天内同步进行,而同步挂篮必须在张拉压浆结束完后再行施工,即二者在钢筋安装时存在与养生期的平行施工和流水施工的差异,在同步挂篮钢筋安装按照 1 天时间考虑的前提下,异步挂篮可以用 2 天的时间进行钢筋安装,即异步施工相比同步施工可以节约一半的钢筋工(约 5 人)。

6 安全管控对比

结合挂篮的结构形式以及现场的实际使用情况,通过与既往的同步挂篮施工对比,异步挂篮由于自重轻,行走非常方便,而且时间相对较短。同步挂篮行走时需要利用后锚系统与已浇筑的悬浇段抵消内力而相互平衡,而且行走出去的挂篮处于悬臂状态,对后锚系统的稳定性要求非常高,在行走过程中发生失稳的现象时有发生。

而异步挂篮利用波形钢腹板的自稳性和结构承重性能,在挂篮行走过程中一直有钢腹板作为支撑,不会出现悬臂的情况,只要在挂篮行走前做好钢腹板的焊接,并经检测合格,在行走过程中安排专人盯控,防止出现行走轨迹偏位和行走轨道脱空现象,则异步挂篮行走相当稳定。

同时,异步挂篮由于没有复杂的桁架系统,挂篮高出悬浇梁段顶面的高度不大,因而其吊带系统的长度也相对较短,避免了现场吊装的干扰,给挂篮以及吊装施工创造了相对安全的条件。

7 结语

异步挂篮是一种基于波形钢腹板组合梁桥而产生的一种新型施工工法。结合京台高速公路改扩建工程减河特大桥波形钢腹板异步挂篮施工与以往类似桥梁同步挂篮施工工法相对比,在桥下有钢腹板吊装作业平台的前提下,采用异步法施工的主要优点如下:

(1)挂篮结构相对简单,自重轻,二次改装简单,重复利用率高,挂篮购置成本低。
(2)施工工艺简单,部分工序可以同时平行施工,工艺连续性强。
(3)人员投入少,有利于施工成本和工期控制。
(4)挂篮行走方便,与吊装施工干扰小,有利于安全管控。

参 考 文 献

[1] 陈宝春,黄卿维.波形钢腹板PC箱梁桥应用综述[J].公路,2005(7):45-53.
[2] 梁朝晖,袁少飞,扈成熙.鄄城黄河公路特大桥波形钢腹板PC结合梁施工技术[J].桥梁建设,2010(6):73-76.
[3] 郝智明,姜允庆,顾箭峰,等.宽幅波形钢腹板PC组合箱梁桥悬臂施工控制关键技术研究[J].公路交通科技(应用技术版),2019,15(7):156-159.

公路桥梁施工中现浇箱梁的施工技术探讨

宁武超

(中交路桥华北工程有限公司,北京 101100)

摘 要:在公路桥梁的建设中,各种先进的建筑技术被广泛应用,其中单片箱梁的建设是重要的建筑工艺之一。它不仅对公路桥梁起到重要的支撑作用,还可以有效地提高公路桥梁的质量。因此,本文将讨论整体桥梁的制造技术以及道路桥梁施工中的具体应用。

关键词:公路桥梁 现浇箱梁施工技术 应用

1 引言

近年来,随着中国经济社会的不断发展,道路桥梁质量和人民生活水平息息相关。在这种情况下,应加强对建筑技术领域的研究,这对于提高道路施工质量,确保道路桥梁整体性能的稳定性具有积极的促进作用。

2 现浇箱梁施工结构的特征

2.1 性能高

一方面,铸铁托架由于其低矮的高度和较长的距离而具有改善桥梁质量的作用;另一方面,可以自由调节现浇箱梁的范围和曲率,使其可以适应各种钳桥的要求,以提高桥配置的稳定性。

2.2 外形美观

由于现浇箱梁的横梁面积比较小,因此可以将承载帽直接连接到支柱,这样一来,不仅可以提高道路桥梁的美观性,还可以减轻结构本身的重量。

2.3 成本低廉

现浇箱梁本身的成本相对较低,不仅能够在建设过程中省去一些不必要的程序,使总成本有所降低,而且能够确保建筑质量的同时提高企业的经济效益。

3 公路桥梁施工中现浇箱梁支架安装施工技术

3.1 基础施工

基础施工是现浇箱梁的必要部分。使用基础结构,首先水平对齐土壤层并连接安装支架。

但如果该站点的地质条件良好,可以跳过此步骤。处理完成后,再对地基进行承载力检测,以避免施工期间的沉降等问题。其次,可以加强施工现场地基的柔性基础,可以用砾石土替代原泥,通过填充混合物改善土壤层的凝固效果,以提高地基的承载力。最后,应对公路桥梁地基进行防水测试。浸渍过程应根据现场的具体要求和实际情况进行,以防止水进入,影响地基质量。

3.2 支架搭设

大多数装置需要精确地测量施工现场的基本数据,以协助施工人员确定支架搭设的具体位置,合理放置确保支架整体的稳定性。完成测量后,可以根据特定的安装计划进行支架搭设。按照从下到上的顺序依次安装横梁和立柱,并将其合理固定,以保证支架搭设的稳定性。

在组装过程中,必须加强对支撑架连接的观察,尽可能地使其标准化,以增加支架的安全系数。

3.3 支架堆载预压

进行支架搭设的目的是增强道路桥梁结构的稳定性,因此在搭设过程中,应尽可能地避免支撑架沉降或变形问题。为了保证支架能够承受荷载并保持稳定,需要对其进行一定的预压处理。具体而言,支架堆载预压指在支架装配完成后,在荷载施加之前,通过向支架添加一定的静载荷实现支架的预压,使其达到最佳承载状态。在出现重大问题时,支撑框架需要改变其原有的装载模式,以免影响结构的稳定性。

4 公路桥梁施工中现浇箱梁施工技术

4.1 模板安装施工技术

在安装模板之前,应完成预应力管道和钢筋的填充,以防止污染物流入以及出现其他影响安装的因素。然后由工作人员对模板进行检查,如果确定存在问题,则应快速修复和更换,同时,检查与模型库的连接以确保模型的完整性。在安装模板之后,应仔细对其进行焊缝,确保无缝焊接。此外,保持侧模块和底模块的一致性,以提高组装和组装期间侧模块和底模块之间连接的有效性,保证其最终的安装质量。

4.2 箱梁钢筋安装技术

在安装现浇箱梁之前,首先应仔细检查钢筋的尺寸、形状等,以确定钢筋的数量和间距。其次是确定焊接的长度和完整性。钢筋应尽可能保持干燥,以避免腐蚀效应的产生降低钢筋的性能,影响焊接质量。在进行箱梁安装时,应检查预定孔和夹具的精度,并调整视差,以确保箱梁安装工作的顺利进行。

4.3 混凝土浇筑技术

混凝土结构的制备方法:首先根据具体要求混合特定材料,然后用特殊设备将混合材料送到现场,进行混凝土浇筑,在此之前,应对预膨胀模板进行清洁,检查钢和固定装置,确保其稳定性。箱梁混凝土浇筑施工由两部分组成:底板和腹板的浇筑,并在肋板和顶板截止之后,对顶板和翼板进行浇筑,完成整个浇筑环节。而在浇筑过程中存在的无法及时修复的缝隙,则需要在浇筑完成之后对其进行单独处理,保证建筑质量。振动棒是浇筑环节中较常使用的一项设备,不过在振动过程中很容易造成零部件发生位移现象,这就要求工作人员不仅要稳定预应力管道和模板之间的位置,还要控制振动棒和模板侧面的距离,减缓振动带来的影响。

4.4 预应力施工技术

在预应力施工之前,应进行适当的清洁工作。例如,清洁钢丝以提高其柔软度,检测设备的运行情况,以避免影响建筑施工的进度。在装配过程中,应根据适用的要求进行,使用集成旋入式管和内部塑料管形成孔。根据实际施工条件,采取适当措施确保项目顺利进行。在预应力施工之前,应根据特定要求对电线中的一半进行捆绑,并根据实际情况适当控制距离。除了专业的监控和调整外,还需要实时监控管道状态以确保电压安装参数的合理性,增加箱梁的抗拉强度。

4.5 支架拆除

完成梁体的张拉和压浆,确保梁体强度达到规定标准后,才能考虑拆除支架。在开始拆除支架之前,必须在梁顶设置沉降测点,以测量支架拆除前的实际高度。在支架拆除过程中,需要不断观测高度的变化,并派专人仔细监测梁底部。如果发现任何异常情况,应立即停止拆除操作,并在查明原因后进行相应拆除方案调整。在支架拆除过程中,方木和脚手管的拆除应交替进行。通常,首先拆除一排方木,然后拆除这些方木上支撑的脚手管。拆除操作应从梁中间开始,以防止支架在拆除时不稳定。此外,每次拆除支架层次时,需要根据情况适度调整水平,以确保稳固性。在混凝土拌制过程中,必须严格控制拌和时间,并按照规定的时间间隔进行坍落度检测,以确保混凝土充分均匀搅拌,且其强度满足要求。在混凝土输送开始之前,应先用水泥砂浆润滑泵管,并在正式输送开始后保持连续。如果需要,可以借助多个泵车进行输送。混凝土的浇筑应从支架变形相对较大的部位开始,然后对称地向梁两端进行浇筑,最后对墩顶处的箱梁进行浇筑。在单个横截面内,首先浇筑底板和腹板的混凝土,然后浇筑顶板部分的混凝土。由于箱梁顶板较薄,在浇筑过程中需要确保每层混凝土的厚度不超过30cm。浇筑施工必须连续进行,如果因故中断,中断时间不能超过前一层混凝土达到初凝的时间。在浇筑施工期间,必须安排技术人员全程监督,随时检查支架和模板的实际情况。如果发现支架松动、变形或位移等问题,必须立即停止浇筑工作,并采取有效的处理措施。

5 现浇箱梁施工质量控制要点

5.1 按照标准顺序要求进行模板和支架的拆卸

如果混凝土的强度满足变形要求,则可以开始拆除。拆卸时应注意其内部原理,先拆除内部支撑结构,再拆除机箱的外部结构,然后拆除下板和金属板。需要注意的是,在降解过程中需要对称地去除一些支撑结构以确保结构稳定性并降低风险。一定要按照原有的顺序进行,否则会改变结构裂缝或对结构质量造成损坏。

5.2 线型控制法

根据腹板和翼线的要求,有效地确保箱梁的整体美感。因此,在施工过程中应使用平滑线型提高箱梁的整体美感。此外,设计控制线型是常用的方法之一,其中,一个优点是能够提高整个设计的效果。

5.3 基底处理

在箱梁的施工过程中,框架区域的泥浆池需要保持清洁,以确保桥梁结构的质量。在钻孔期间必须避免出现控制台坍塌的情况,保证其稳定性。需要注意的是,基底是整个项目的重要组成部分,如果不能保证基底质量,不仅会使后续操作的发展变得复杂,而且会影响项目的整体质量。在基底处理过程中,可以通过基础开发、插入钻孔桩的方式提高其结构的承载力。

5.4 确保顶板内模的整体性

顶板的内部几何形状完整楔入,是增加结构强度并保持顶板的稳定性和安全性的关键因素。而需要保证这个的基础,就需要对施工过程的各个方面进行严格的控制,确保每个步骤规范化和标准化,以确保顶部内模的整体性。

6 结语

在建设公路桥梁时,现浇箱梁是重要的建筑课题之一,它能够有效保证公路桥梁结构的稳定性。目前,我国对公路桥梁建设的质量要求越来越高,因此,我们需要提高施工质量,提高人们的舒适度以及提高道路施工的美观性。而现浇箱梁的优势和特点最能满足用户的需求。基于以上所述,在公路桥梁的施工中,为了保证公路桥梁的施工质量,为了保证各施工缝的质量,有必要对施工的各个方面进行有效控制。最后希望通过本文的研究,对今后的专家学者研究相关的课题有一定的借鉴与帮助意义。

参 考 文 献

[1] 胡文星.浅谈4%水泥土施工技术[J].山东工业技术,2017(15):89.

高速公路改扩建过水涵拼接基底处理技术研究

刘书旺

(中交路桥华北工程有限公司,北京 101100)

摘 要:本文以京台高速公路德州(鲁冀界)至齐河段改扩建工程德州市陵城区为背景,通过在一侧拼接箱涵,实现高速公路双向四车道保通,重点研究跨河沟渠箱涵施工,为后续改扩建施工地质较差的条件下采用最佳的涉水箱涵施工方式提供参考。

关键词:高速公路改扩建 涉水施工

1 引言

高速公路大规模改扩建已成为国家快速发展交通基础设施建设的必然趋势,"两侧拼宽"的改扩建方式能够在占地面积最小的前提下,实现双向四车道改八车道的目标,这样既提高了已有道路的利用效率,又降低了建设成本。

涉水箱涵存在涌水、翻浆等不良地质现象,因施工任务紧,降水时间过程较长,所以地质差的箱涵施工过程中需要通过合理组织,才能保证工程顺利展开,需要封底之前不间断施工,过程中发生突发情况需及时果断处理,以降低以后施工的组织难度。因此,大规模的高速公路改扩建已迫在眉睫,高速公路改扩建工程的涉水施工技术也将是未来施工的一个重点,箱涵处理作为重要的一大环节,进一步加强对其的研究非常必要。

2 工程概况

(1)K323+912.379、K324+239.334、K326+462.405及K325+454.334涵洞为过水箱涵,改扩建方案两侧接长。根据设计要求,左右两侧8m接长部分涵洞基底需采用PTC管桩进行地基处理,由于当地水系发达,地基淤泥较厚,且旧涵出入口为河道径流,管桩机无作业空间,需填筑作业平台。清淤过程中发现,既有旧涵出水口处经过片石换填处理,深度约1.0m,换填密度较高,管桩沉桩无法进行,需挖除原有换填片石。

(2)该区域常年经积水浸泡,且部分涵洞与周边水塘距离较近,存在涌水、翻浆等不良地质现象,待管桩施工完毕后,挖除回填土方,对基底抛石挤淤处理,顶部使用碎石土封底,以保证工程质量,并为后续涵洞基础施工提供良好的作业条件。

(3)为防止基坑坍塌,保证施工安全同时减小放坡距离,避免二次征地,基坑开挖时,采用钢板桩围堰支护施工。

(4)过水箱涵拼接施工完成后增设圆管涵顺接至河道内,保证河道排水通畅。具体见图1~图4。

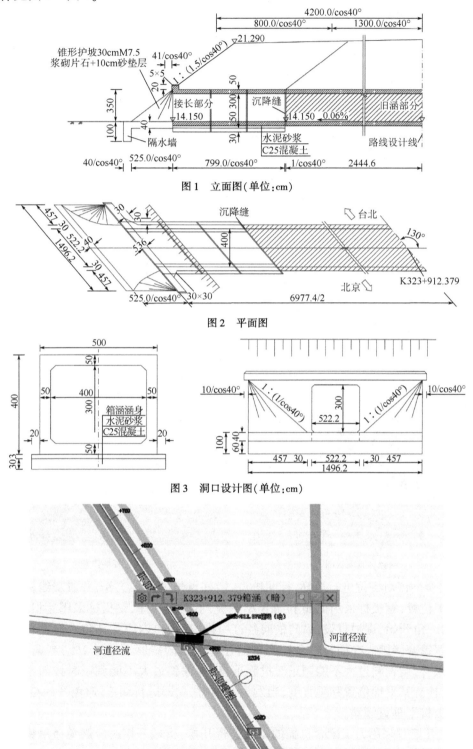

图1 立面图(单位:cm)

图2 平面图

图3 洞口设计图(单位:cm)

图4 四处拼宽过水箱涵区域现状图

3 涉水箱涵基底处理思路

涉水箱涵基底处理思路见表1。

涉水箱涵基底处理思路 表1

序号	工序名称	工序说明	备注
1	排水清淤	使用大功率水泵排除积水,挖除淤泥及洞口铺砌片石	
2	素土回填	使用含水率较小的素土回填至涵顶与原有路面顺接	需压实
3	管桩施工	按图纸设计进行管桩施工,管桩顶面与涵底高程一致	
4	素土挖移	管桩沉桩结束后,挖除桩顶素土	
5	钢板桩防护	洞口回填土清除后进行钢板桩防护	
6	集水井开挖	在基坑一侧开挖集水井	全过程排水
7	基底换填	在基础底1.5m范围内填入片石,作为刚性支撑	
8	碎石封底	在片石顶部填筑碎石进行封底	
9	基础施工	按照设计要求进行箱涵基础施工	

4 涉水箱涵基底处理关键工艺

(1)既有箱涵洞口经片石换填,无法进行PTC管桩沉桩施工,需清除洞口淤泥及底部片石,洞口片石清除后,回填素土至现有路面,为管桩沉桩提供必要的作业面(图5、图6)。

图5 箱涵区域现状图　　　　　　　　　图6 管桩作业施工图

(2)利用全站仪对桩位进行放样,标明桩位,做好点位的保护工作,并撒灰线标识,注意预留一字墙施工位置,钢板桩采用12m拉森Ⅳ型钢板,不设内支撑,钢板桩采用逐根式打入法施工,从板墙的一角开始,逐根打设,纵向横向各打一排,在锁口内应涂抹防水混合料,组拼桩时用油灰和棉絮捻塞接缝。在插打时全程测量监控每根桩的斜度不超过2%,当偏斜过大不能调正时拔起重打,当偏斜过大不能调正时拔起重打,当偏斜过大不能调正时拔起重打,首批钢板桩施工时,检查其平面位置和垂直度,当发生倾斜时,立即进行纠正,避免开挖箱涵因为高度过高导致钢板桩不垂直倾塌。

(3)基坑开挖时采用人工配合机械的方式进行开挖,机械开挖时应避免碰触钢板桩,保证基坑支护体系安全可靠,开挖后应立即组织多辆设备进行抛石挤淤。

(4)抛石挤淤为强迫换土的一种形式,通过在软黏土中抛入较大的片石、块石,使片石、块石强行挤出软黏土并占据其位置,以此来提高地基承载力,减小沉降量,提高土体的稳定性。与其他加固方法相比,抛石挤淤法施工方便快捷,工艺简单,施工迅速,特别适用于软弱地基表面存在大量积水无法排除,大型施工机械无法进入的区域。抛石使用挖机从中部开始向两侧展开,使淤泥向外侧挤出。根据前期挖机试挖触探,处理深度为 1.5～2.0m。

(5)在开挖过程中,在钢板桩边角处预留集水坑,全程进行抽水,在抛石过程中需要人员在箱涵底部全程测量箱涵基础低高程,避免设备二次开挖,抛石挤淤施工完成后,待基底稳定后立即使用碎石填隙,处理至拼接涵洞基础底,并且需要扩大基础 50cm 左右,为后续人员施工提供施工区域。

(6)碎石封底施工结束后需要立即放样箱涵角点,按照设计要求开始施工,人员需要抓紧就位开始支基础模板,过程中调度混凝土,如果现场基底出现翻浆状态,设备已无法进场施工,需要组织人员立即在翻浆处周围进行开挖,预埋 30cmPVC 圆管,PVC 圆管下埋一端需施工土工布进行封堵,避免泥浆堵塞,如此一来将释放水的压力,导引水流至圆管中,随后安排人员将PVC 圆管中的水排出,翻浆处会逐渐稳定,混凝土进场后按照设计要求进行浇筑基础。

5 涵洞拼接时的注意事项

在涵洞拼接前,必须执行准确的测量和布局工作,以确保每个涵洞段的尺寸和位置都与设计要求相符,因为任何尺寸误差都可能导致拼接变得复杂,甚至影响结构的稳定性。在涵洞拼接的设计阶段,应特别关注对现有涵洞的详细调查和检测,以评估是否可以进行加长利用。同时,确保掌握必要的基础数据,包括涵洞尺寸、进出口位置等的准确测量,以保证新旧涵洞在平面和纵向位置上能够顺利拼接。同时,积极搜集原有涵洞的施工图和竣工图文件,以便选择最合适的拼接加长方案。在施工过程中,首先需要拆除旧涵洞口的墙身和铺砌等结构。对于旧涵洞破坏较为严重的部分,应采取分段拆除的方式,并确保提供适当的临时支撑措施。一旦涵洞口被拆除,就需要对地基进行处理,以提高整体地基的稳定性,降低新旧涵洞之间的沉降差异。这有助于防止涵洞拼接位置发生受拉破坏,并确保改扩建的道路可以正常运营。如果新建涵洞位于软弱地层,地基的承载力不满足设计要求,且差距不大,那么可以考虑采取替代基础措施,如整体基础并增大宽度,或者采用换填等方法来增加承载力。选择适当的连接材料和技术至关重要,以确保涵洞段之间的连接牢固耐用。通常使用的连接方法包括混凝土浇筑、螺栓连接和钢筋焊接等。这些连接必须按照规范和施工图纸的要求来进行。在换填过程中,需要将软土挖除,然后填充中粗砂砾并进行充分压实,以满足相关规范的要求。如果地基的承载力与设计要求相差较大,那么可以考虑采用桩基或复合地基来提高承载能力。如果使用植筋法进行拼接,需要对涵台进行彻底清理,并使用电锤钻孔将钢筋植入,然后在加入黏合剂后等待其完全固化后施加荷载。如果采用沉降缝拼接,可以使用热沥青浸制麻絮填充涵洞,然后在外侧涂抹两层热沥青。施工完成后,要进行质量控制检查,确保涵洞段的表面质量良好,没有明显的损伤或裂缝。此外,还需要检查连接点是否均匀、垂直和对齐。对于涵洞缺口较窄的情况,如果重型机械无法进行充分压实,可以选择使用小型机械,并严格按照规范的要求进行施工,确保每层厚度不超过 15cm,并控制碾压次数以确保每层至少进行 10 次碾压。压实度的标准要求是达到或超过 96%。总之,在涵洞拼接过程中,要非常注重测量、施工技术、连接材料的选择和质量控制,以确保最终的结构稳定耐用,符合设计要求,同时要遵循相关规范和标准,以确保工程的安全性和可持续性。

6 结语

通过涉水箱涵的施工处理我们可以得知,如果工期任务紧急,在未能提前降水的情况下,不间断施工,迅速有效地使用设备,人员组织安排合理的情况下在施工过程中全程监控,过程中及时采取相应措施,在实际施工中进行优化和改善,本文所述过水涵施工技术可在改扩建高速公路拼接基底处理中推广应用。

参 考 文 献

[1] 中华人民共和国住房和城乡建设部.建筑地基处理技术规范:JGJ 79—2012[S].北京:中国建筑工业出版社,2013.

减河特大桥波形钢腹板施工应用与研究

刘峰峰

(中交路桥华北工程有限公司,北京 101100)

摘 要:波形钢腹板组合体系桥梁是桥梁发展的一个新突破。它由波形钢腹板及钢筋骨架、混凝土、体外预应力束3部分组成,是钢材料与混凝土结合的一种组合体系结构,也是一种经过优化的体外预应力混凝土箱梁结构。相对于普通的钢筋混凝土箱梁桥来说,采用了波形钢腹板的PC组合箱梁能够使得钢材、混凝土结合在一起,即很好地利用了混凝土顶底板抵抗弯矩的能力,又充分发挥了钢腹板抵抗剪力的能力。对钢腹板安装工艺的了解、熟悉、提升,在优化施工设计、提高工效的同时避免影响高速公路通车后期运营安全,并为今后高速公路钢腹板应用提供参考。

关键词:波形钢腹板 施工应用 技术研究

1 引言

波形钢腹板悬臂浇筑桥梁施工是一种新颖的结构形式,外观美观,自重比较轻,应用成本较低,抗震性优良。目前对于此类桥梁还处于探索阶段,结构设计、施工方法、质量评定都没有相应的一整套标准,只能通过不断尝试和积累才能建立起比较完善的设计方案、合理高效的施工方法和可靠方便的质量评价体系。根据查阅相关研究文献可以发现,代替采用波形钢腹板与同等跨径的预应力混凝土梁相比,能够降低30%的施工成本。波形钢腹板现浇混凝土组合梁很好地使用了两种材料的优点,提高了腹板材料的抗拉性能,且材料的使用效率高,从而增强了构造物的安全稳定性能,因此钢腹板的现场安装质量就显得尤为重要,如何快速高质量完成钢腹板安装是最重要的环节,总结安装经验及改进措施为今后类似工程的建设提供参考及技术经验。

2 工程概况

新建K311+943.625减河特大桥工程位于德州市陵城区孙家河崖村,全长1313.75m,全桥36跨,共11联。上部结构主桥左幅第五联/右幅第六联(15~18号墩)采用波形钢腹板连续梁,主桥跨径组合为:左幅(86+142+86),右幅(92+142+86)。下部结构采用柱式墩、薄壁墩,主墩桩基桩长82m,桩径2m,单个承台11根,场区属河流冲洪积平原地貌,减河特大桥原桥拆除新建加高,是本项目关键性工程。

主桥连续梁分幅设置,单幅桥宽20.5m(底宽14.5m,两侧翼缘板悬臂长3.0m),单向2%横坡(底板保持水平),单箱双室截面。箱梁中心高度8.5m,边跨中箱梁中心高度3.8m,梁高以1.8次抛物线设计。箱梁0号块节段长10.8m,两侧各有15个悬浇节段,节段长度划分为 $5 \times 3.2m + 10 \times 4.8m$。主桥合龙段共有3个,1个中跨合龙段(3.2m)和2个边跨合龙段(3.2m)。边跨现浇段长13.3m(右幅小桩号侧现浇段长19.3m)。

波形钢腹板、翼缘钢板、开孔钢板、角钢均采用Q355D级钢。波形钢腹板厚16~26mm。钢腹板节段长度取为波长1.6m的整数倍,主要为了便于波形钢腹板的纵向连接,波形钢板间采用栓接加焊接实现整体性,然后采用双面搭接贴角焊接。钢腹板与箱梁顶板的连接方式采用双开孔钢板连接件连接。钢腹板与箱梁底板采用角钢连接方式。为保证内衬混凝土与波形钢腹板的有效黏合采用栓钉连接。

3 关键施工工艺

3.1 原材料进场

3.1.1 钢材

波形钢腹板、翼缘钢板、开孔钢板、型钢均采用Q355D低合金钢,其性能指标应符合《低合金高强度结构钢》(GB/T 1591—2018)的相关要求。

3.1.2 焊钉

本桥波形钢腹板使用焊钉有 $\phi16 \times 150$ 焊钉、$\phi19 \times 200$ 焊钉两种,材料为ML15AL钢,其技术标准应符合《电弧螺柱焊用圆柱头焊钉》(GB/T 10433—2002)和《冷镦和冷挤压用钢》(GB/T 6478—2015)的规定。

3.1.3 焊材

焊接材料应通过焊接工艺评定试验进行选择,保证焊缝性能不低于母材,工艺简单,焊接变形小。焊接材料标准见表1。

焊接材料标准　　　　　　　　　　　　　　　表1

焊接材料名称	牌号	标准	标准号
埋弧焊丝	H08Mn2E	《埋弧焊用低合金钢焊丝和焊剂》	GB/T 12470—2016
CO_2焊实心焊丝	ER50-6($\phi1.2$)	《气体保护电弧焊用碳钢、低合金钢焊丝》	GB/T 8110—2008
焊剂	SJ101q	《埋弧焊用碳钢焊丝和焊剂》	GB/T 5293—1999

3.2 钢腹板加工

3.2.1 数控切割下料工艺

采用数控火焰切割机下料,精确预留后续焊接的收缩量(长度预留梁段配切量除外)(图1)。

图1　数控切割下料工艺

3.2.2 无牵制液压折弯一次成型工艺

本工程采用无牵制液压折弯一次成型法制造波形钢腹板,采用1600t大型液压机组(图2)进行冷弯加工。

图2 1600t大型液压机组

3.2.3 矫正工艺

制造过程中,压型反弹、焊接变形造成波形钢腹板整体平面度超差,本工程利用自制液压矫正设备(600t)(图3)对上述变形进行矫正。

图3 液压矫正设备(600t)

3.2.4 自动化焊接技术

根据接头形式,合理选用高效焊接方法。在波形钢腹板制造中优先采用自动和半自动CO_2焊,对接焊缝采用埋弧自动焊。

埋弧自动焊设备见图4。

图4 埋弧自动焊设备

3.3 组装

3.3.1 组立前的准备工作

应熟读设计图纸,明确装配要求及工艺文件、技术文件内容。

根据图纸,核对所有待装零部件。符合要求后方可进行装配,如不符合要求的产品则应按要求报质检部门处理,并退回上道工序。

组装拼接钢板时,坡口割渣清理干净,两侧边缘30mm范围内及坡口焊道内打磨至露出金属光泽。

3.3.2 工艺要求

根据波形钢腹板桥梁结构特点和梁节段制作需要,波形钢腹板梁单元件划分为上下翼缘板单元件、腹板组合单元件、横向开孔隔板单元件等,其中腹板节段单元件由腹板及上、下翼缘板部件组合成节段单元件。

在制造时将第一块下料板块视为首件加工单元开始,对下料、压形、装焊及矫正等工序必须严格要求,并进行三检制定专用记录表格,记录各种几何尺寸及工艺参数,并对首制单元件进行议审,以完善后期制作加工,并完善工艺文件。

3.3.3 专用设备及工装复查

为确保产品质量、实用、安全可靠,根据单元件制造前的生产实际需要,须制造专用工装设备及监视测量装置,在单元件制造前需要对这些工装设备和监视测量装置进行复查。

3.4 焊接及焊接检验

3.4.1 焊接工艺

所有类型的焊接在施焊前,均做焊接工艺评定试验。试验的指导原则:所有焊缝的屈服强度、抗拉强度、低温冲韧性等不低于母材规定值,符合焊缝质量要求并应符合现行国家标准。焊接工艺评定经监理工程师认可后,可根据评定报告编写焊接工艺指导书。本桥波形钢腹板焊接工艺见表2。

焊接工艺 表2

序号	接头形式简图	焊接方法	焊接材料	焊缝位置
1	(45°/60°坡口,$2/3t$,$1/3t$,间隙2~4)	先焊接45°坡口侧,用CO_2气体保护焊打底,2道埋弧盖面;反面清根后,2道埋弧盖面	ER50-6($\phi1.2$) H08Mn2E($\phi4$) SJ101q	腹板对接
2	(60°/45°坡口,$1/3t$,$2/3t$,间隙2)	用CO_2气体保护焊,先焊接45°坡口侧,然后背面清根焊接	ER50-6($\phi1.2$)	腹板与上下翼板熔透角接焊缝
3	(t,Hf贴脚焊缝)	$T=14mm,Hf=10mm$;$T=16mm,Hf=12mm$;$T=18mm,Hf=14mm$;$T=20mm,Hf=16mm$	ER50-6($\phi1.2$)	上下翼板剪力键贴脚焊缝

3.4.2 焊缝检验

3.4.2.1 外观检验

所有焊缝进行全面外观检查(图5),不得有裂纹、夹渣、焊瘤、未熔合、未填满弧坑等缺陷,不允许有气孔、咬边等缺陷。所有角焊缝焊脚尺寸均应满足设计要求。

图5 外观检验

3.4.2.2 超声波检查

通常采用超声波检查,检验等级符合《钢焊缝手工超声波探伤方法和探伤结果分级》(GB/T 11345—2013)规定的B级要求,一级焊缝评定等级须达到《钢焊缝手工超声波探伤方法和探伤结果分级》(GB/T 11345—2013)中的Ⅱ级(图6)。

图6 超声波检查

3.5 涂装防腐

本项目的钢腹板表面处理采用抛丸和喷砂方式处理,目的和工作关键是四除:除油、除锈、除灰、除水,同时达到Sa3级除锈等级、粗糙度rz40~80μm、15min内即时涂装的要求(图7)。考虑大风、低温、雨雪等自然因素干扰,采用液压滑动收缩暖风棚。

图7 涂装防腐

波形钢腹板的涂装防腐要求见表3、表4,防腐质量检测见图8。

钢腹板外表面涂层配套体系　　　　表3

配套编号	涂层	涂料品种	道数/干膜厚(μm)
S05	底涂层	环氧富锌底漆	1/60
	中间涂层	环氧云铁漆	2/140
	面涂层	丙烯酸脂肪族聚氨酯面漆	2/80
		总干膜厚度	280

钢腹板内表面涂层配套体系　　　　表4

配套编号	涂层	涂料品种	道数/干膜厚(μm)
S15	底涂层	环氧富锌底漆	1/60
	中间涂层	环氧云铁漆	2/120
	面涂层	环氧厚浆漆	1/80
	总干膜厚度		260

图8　防腐质量检测

3.6　钢腹板运输

(1)钢腹板根据架设顺序配套发运。钢腹板焊接板序编号按照左右幅-高中低边-大小里程排列,以字母形式体现(图9)。

图9　钢腹板焊接板序编号

(2)发运时每车都配有发货清单,以便清点。

(3)装车及加固。

钢腹板两端均采用钢丝绳及手拉葫芦固定。梁体与钢丝绳、手拉葫芦、车辆接触面均用厚橡胶垫进行防护。前后及两侧分别安装爆闪灯及反光贴。加固完毕后,各车辆按照最后定下的顺序一字进行排队,等待发运,并做好车辆周围安全防护措施。

3.7 波形钢腹板安装

3.7.1 波形钢腹板连接方式

3.7.1.1 波形钢腹板顺桥向连接方式

节段内波形钢腹板的纵向对接可在工厂完成,节段与节段波形钢腹板纵向连接在悬拼施工中完成,波形钢腹板纵向连接设计采用了双面搭接贴角焊接(图10)。

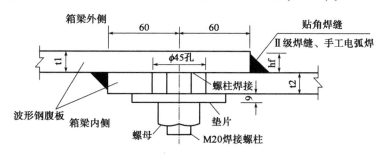

图10 波形钢腹板顺桥向连接方式(单位:mm)

3.7.1.2 波形钢腹板与顶底板混凝土连接方式

波形钢腹板与混凝土顶、底板的连接是关系波形钢腹板预应力混凝土箱梁整体性的关键构造。本项目波形钢腹板与顶板连接采用翼缘型双开孔钢板连接,与底板连接采用角钢剪力键连接方式(图11)。

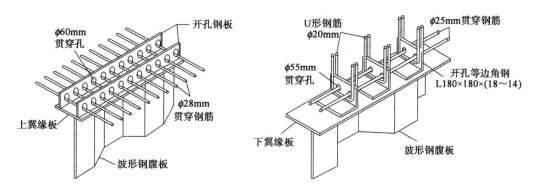

图11 波形钢腹板与顶底板混凝土连接方式

3.7.1.3 波形钢腹板与端横隔连接

波形钢腹板与0号块及端横隔采用预留孔洞贯穿钢筋骨架链接形成传力方式。采用翼缘型双开孔钢板连接方式进行波形钢腹板与跨间横隔板连接。由0号块包裹的混凝土到钢腹板采用2个块段进行钢混凝土结合的方式进行过渡,连接方式采用剪力栓钉与钢筋混凝土黏结实现(图12、图13)。

3.7.1.4 钢腹板焊接

钢腹板焊接标准同步内场加工焊接及检验标准,立焊采用药芯焊丝(图14)。

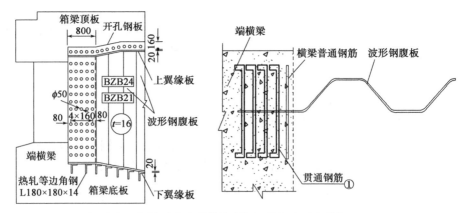

图12 波形钢腹板与端横梁连接立面图、平面图(单位:cm)

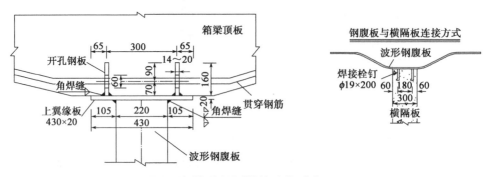

图13 波形钢腹板与横隔板连接(单位:cm)

图14 钢腹板焊接

现场焊接利用上下爬行机器人结合高级焊工同步施工,机器人焊接行走轨道采用高强磁铁进行吸附固定,机器人采用防坠落器进行保险(图15)。

图15 爬行机器人结合高级焊工同步施工

3.7.2 波形钢腹板吊装

在起吊吨位范围内根据实际块段钢腹板重量起吊,前端喂入,同时在钢腹板两侧用手拉葫芦辅助定位。就位后进行钢腹板锚固、焊接(图16)。

图16 波形钢腹板吊装

对于波形钢腹板的横向坐标和纵向坐标采用全站仪进行测量(图17),并对波形钢腹板进行精确调整。

图17 全站仪测量

高、中、低钢腹板安装顺序为先中板后高低板,准确固定中板后,通过收放调整两侧手拉葫芦及创新可调节式花架进行钢腹板精确定位(图18)。

3.7.3 波形钢腹板改进提升

考虑结构自重、预应力荷载、挂篮、模板、施工机具、收缩徐变等荷载,主梁用梁单元进行模拟,桥墩采用一般支撑代替,考虑临时固结、永久支座、支架等边界,全施工阶段仿真计算(图19)。

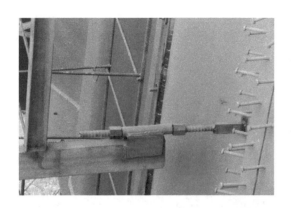 

图 18 钢腹板定位

图 19 仿真计算

按照理论值与该阶段施工完成后的高程进行校正,每块段进行实测数据比对。减河特大桥左幅17号墩主梁高程测试(STG-7)见表5。

减河特大桥左幅17号墩主梁高程测试(STG-7)　　　　表5

测点编号	理论值	边跨实测值	误差	理论值	中跨实测值	误差	备注
1	30.055	30.058	-3	30.054	30.059	-5	
2	30.419	30.421	-2	30.419	30.423	-4	
3	30.768	30.762	6	30.767	30.771	-4	
4	31.101	31.099	2	31.102	31.101	1	
5	31.418	31.421	-3	31.419	31.421	-2	
6	31.861	31.868	-7	31.865	31.866	-1	
7	32.276	32.278	-2	32.285	32.285	0	

根据误差范围确定钢腹板安装超前已浇筑混凝土3个块段为最佳安装数量,(图20)继续超前会受风力、自重等因素造成下挠或左右偏位,导致重复校核且不稳定。少于3个块段则不利于挂篮前移,无法发挥异步挂篮施工特色效益,造成阶段循环工期滞后。

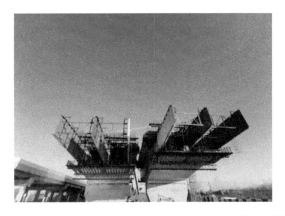

图20　钢腹板安装

4　结语

依托本项目的钢腹板施工研究,充分考虑我国波形钢腹板利用及发展阶段,通过采用案例调研分析、理论分析、数值模拟、模型试验、现场监测和工程验证相结合的方法,对减河特大桥波形钢腹板施工关键技术进行研究,针对加工工艺、成品运输、吊装定位、焊接成型等方面深入探讨,形成一套实用性较强、可操作方便快捷的施工工法,可有效节省大量的人力物力,并显著提高施工速度,缩短工期。

参 考 文 献

[1] 张紫辰,王根会,王兴,等.波形腹板钢箱组合梁竖向弯曲振动特性[J].振动、测试与诊断,2023,43(5):859-865+1034.
[2] 朱良,黄博,李佳文,等.大跨曲线矮塔斜拉桥主梁锚固区蝶形应力区及优化配筋研究[J/OL].施工技术(中英文),1-11[2023-12-19].

高速公路改扩建跨线桥施工技术

罗百林

(中交路桥华北工程有限公司,北京 101100)

摘　要：交通基础设施的完善度关乎国民经济的发展空间。近年来,随着我国对基础设施建设投资的加大,高速公路里程不断增长,高速路网不断加密。然而,伴随运营时间的推移,我国早期建成的高速公路已不能满足日益增长的交通量需求,很多高速公路的交通量超过了其设计通行能力,服务水平不断下降,导致高速公路发生交通拥堵。京台高速公路德州(鲁冀界)至齐河段现有双向四车道已无法满足交通运输的需求,考虑到经济性与实际边通行边施工的理念,以及近年来改扩建技术施工的成熟,所以将既有双向四车道改为双向八车道通行。本文依托京台高速公路德州(鲁冀界)至齐河段改扩建工程 JTSG-1 标段双向四车道改造成为双向八车道高速公路,对京台高速公路 K308+977.33 东风东路跨线桥现浇箱梁施工重点及难点进行阐述。

关键词：拼宽四车道高速公路　跨线桥现浇箱梁　重点及难点

1 引言

从沪嘉高速通车至今,我国高速公路的建设得到了迅猛发展,高速公路的建设对促进区域经济发展,加强地区间交流,促进社会经济快速发展具有重大的意义。

伴随高速公路建成年限增长,许多既有的高速公路已不堪重负,如济青高速、荣乌高速等,众多路段出现道路破损与老化,道路维护次数逐年增加。同时,伴随人民生活水平的不断提高,各城市汽车保有量逐年增加,整体交通需求不断增加,使得原有有限的高速公路交通供给不满足于现状的交通需求。

既有京台高速公路德州(鲁冀界)至齐河段改扩建工程 JTSG-1 标段起点位于鲁冀两省交界的德州市德城区梁庄村北的省际收费站,向北与京台高速公路河北段连接,起点桩号 K298+967.417,终点位于德州市陵城区赵家庙村,终点桩号 K327+400,路线长 28.433km。

本标段目前为双向四车道高速公路技术标准,设计速度 120km/h,规划按双向八车道高速公路技术标准扩建,改扩建方式以"原位双侧拼宽为主,局部分离为辅"。

本标段设互通立交 3 处、服务区 1 处、分离立交 12 处、特大桥 1313.7m/1 座、大桥 441.6m/2 座、中桥 195.6m/3 座、涵洞通道 63 座。

本标段技术标准参数和施工总平面布置图见图 1、表 1。

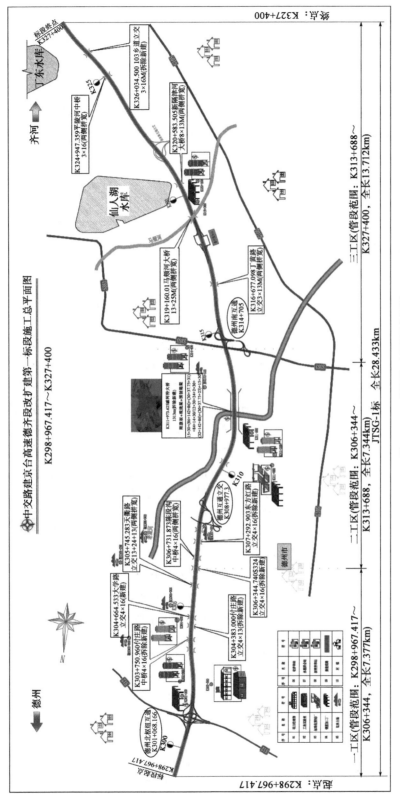

图1 JTSG-1标段施工总平面布置图

技术标准参数　　表1

序号	项目	单位	现状	扩建后
1	公路等级	—	高速公路	高速公路
2	车道数	—	双向四车道	双向八车道
3	路基宽度	m	26	42
4	设计车速	km/h	120	120
5	荷载标准	—	汽超-20 挂-120	原桥承载能力满足公路Ⅰ级其余工况满足85标准及相应规范加宽桥、新建桥满足公路-Ⅰ级
6	设计洪水频率	—	1/100	特大桥1/300 其他桥涵、路基1/100
7	地震动峰值加速度系数	—	0.10~0.15g	0.10~0.15g

2 东风东路跨线桥简介

K308+977.33东风东路跨线桥,全长147.06m,桥跨组合为(20+4×25+20)m,上部结构采用预应力混凝土现浇连续梁。预应力混凝土连续梁桥是指具有两跨或两跨以上连续的梁桥,属于多次超静定结构。在中等跨径40~150m的桥梁中,连续梁的优势相当明显。连续梁桥在荷载作用下,产生的支点负弯矩对跨中正弯矩会有部分抵消,所产生的跨中弯矩比相同跨径简支梁桥小得多,且在超载时产生塑性铰,使梁体内力重分布,增强了梁体的承载能力。其连续性、整体性较好。对于多跨的连续梁,任何一跨受力,都会对相邻的各跨以及其他相连各跨产生影响,可以通过改变相邻跨的跨径比来调整梁体弯矩变化幅度,各跨间无接缝,变形小,行车平稳舒适。常见断面形式有板式、肋形、箱形。箱形截面由于其中部被掏空,桥梁的自重减轻,且抗扭能力强,荷载横向传递均匀,桥面稳定性好。箱形截面顶板、底板和腹板都有一定厚度的混凝土,可以设置三向预应力来抵抗主梁的内力,其纵向预应力抵抗纵向受弯,竖向预应力抵抗受剪,横向预应力则抵抗横向受弯。而且,被掏空的内部为桥梁附属设施的架设提供了空间,因此箱形截面成为连续梁桥横断面的首选形式。其中,变截面连续梁桥应用最为普遍,其底部的线形可以采用曲线、折线、曲线加直线等。无论是城市桥梁、高速公路、高架道路、山谷高架栈桥及跨越宽阔河流的大桥,预应力混凝土连续梁桥都发挥着极大优势。下部结构桥台采用肋板台,桥墩采用柱式墩、薄壁墩,基础采用桩基础。此桥地处城区与高速公路交会处,地下管网、强弱电、供水等给施工造成很大难度。考虑到本桥改扩建形式为两侧拼宽,故新建桥梁的桩基采用摩擦桩桩底压浆增加地基稳定性及桩基础的寿命长久性。桥梁参数表见表2。

桥梁参数表　　表2

桥名	跨径组合(m)	桥长(m)	右夹角(°)	改扩建方式	加宽宽度(m)	上部结构	下部结构 桥墩	下部结构 桥台	基础 桥墩	基础 桥台	原桥梁结构 跨径组合(m)	原桥梁结构 上部结构	跨越地物
K308+977.33跨线桥	20+4×25+20	147.06	102.3/101.5/100.5	两侧拼宽	左8/右变宽	现浇预应力混凝土连续箱梁	柱式墩	肋板台	桩基础	桩基础	20+4×25+20	预应力混凝土连续板	东风东路

3 设计参数

本桥平面位于 $R=4001\mathrm{m}$ 的圆曲线上,梁体外缘曲线浇筑,左幅单箱四室截面/右幅单箱五室截面,总宽度为左 9.75m、右 10.825~14.706m,顶板厚 25cm,底板厚 22cm,腹板厚 45cm,外侧采用 SS 级防撞护栏,护栏宽度为 52.5cm,桥面为 10cm 厚沥青混凝土+8cm 厚 C50 混凝土,总厚度为 18cm,梁高 1.3m,桥面最大高程为 30.406m。纵向坡度为 0.967%,横向坡度为 2%。设计荷载等级:公路-Ⅰ级。

支架搭设最大高度:梁底高程为 $30.406-0.18-1.3=28.926(\mathrm{m})$,原地面最低高程为 21.756m,支架需搭设高度为 $28.926-21.756=7.17(\mathrm{m})$。

具体见图 2~图 8。

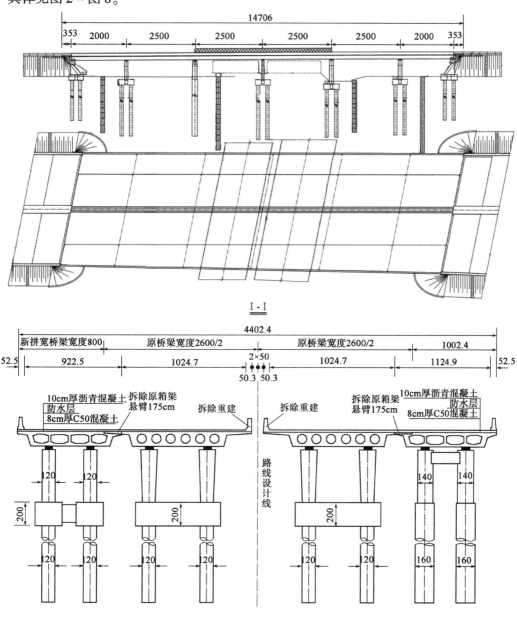

图 2

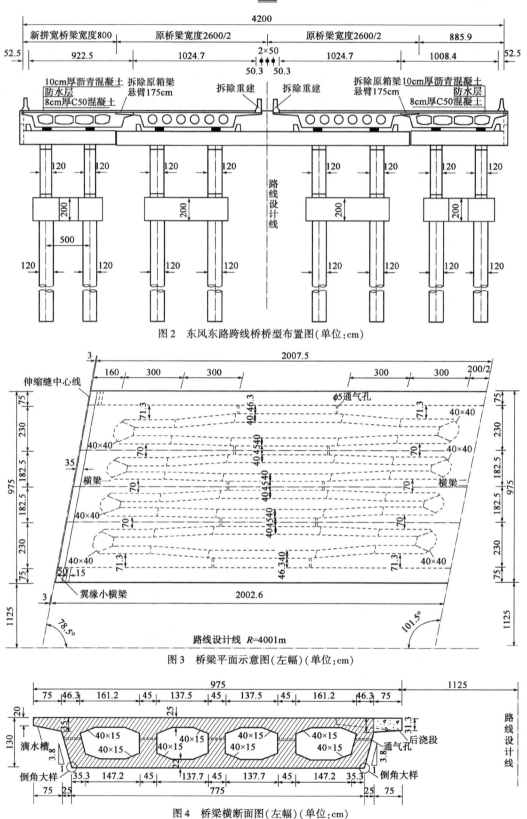

图 2 东风东路跨线桥桥型布置图(单位:cm)

图 3 桥梁平面示意图(左幅)(单位:cm)

图 4 桥梁横断面图(左幅)(单位:cm)

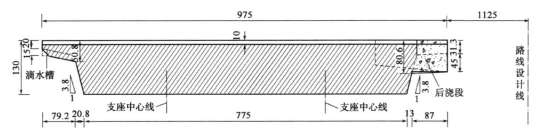

图 5 端横梁横断面图(左幅)(单位:cm)

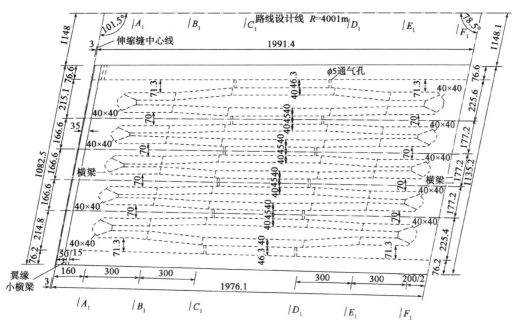

图 6 桥梁平面示意图(右幅)(单位:cm)

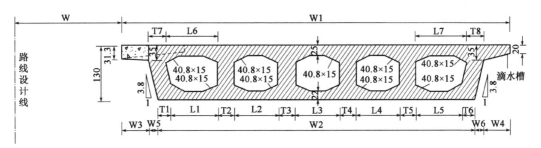

图 7 桥梁横断面图(右幅)(单位:cm)

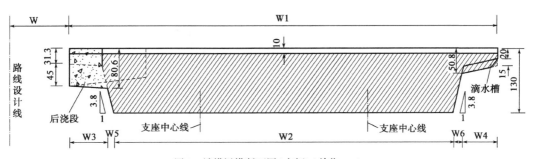

图 8 端横梁横断面图(右幅)(单位:cm)

4 施工技术要点

4.1.1 张拉前期策划

为防止张拉预应力损失过大、不均匀,设计采用分阶段张拉(4号墩与5号墩之间设置施工缝),先N1、N2、N3两端张拉,再N4、N5、N6单端张拉,对应位置钢绞线采用连接器进行衔接。

(1)预应力设计(左幅)见图9。

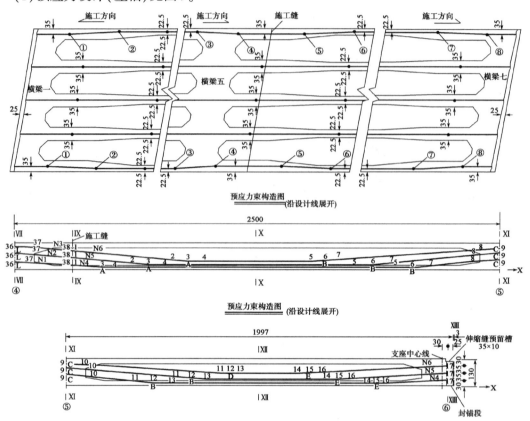

图9 预应力设计(左幅)(单位:cm)

(2)预应力设计(右幅)见图10。

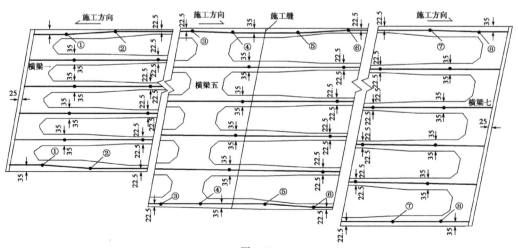

图 10

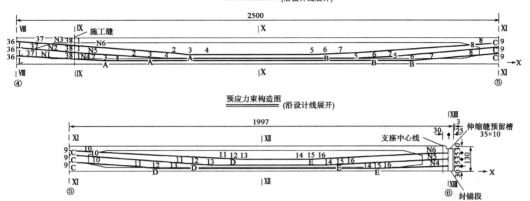

图 10 预应力设计(右幅)(单位:cm)

4.1.2 支架搭设

桥梁下部结构为双柱方墩、薄壁墩,其中左、右幅方墩1号、2号、4号、5号截面尺寸均为 1.2m×1.2m,左、右幅薄壁墩3号截面尺寸均为0.9m×2m。支架搭设最大施工难度及重点在于,本桥为跨线桥,不具备封闭施工条件。所以前期策划时,考虑到边施工边通行,在确保安全的原则下必须搭设门洞保通。墩柱高度统计表见表3。

墩柱高度统计表 表3

序号	位置	墩号	墩柱高度(m)
1	左幅	1号	6.779
2	左幅	2号	6.96
3	左幅	3号	7.123
4	左幅	4号	8.767
5	左幅	5号	7.095
6	右幅	1号	6.143
7	右幅	2号	6.325
8	右幅	3号	6.49
9	右幅	4号	8.136
10	右幅	5号	6.465

现浇箱梁盘扣支架左、右幅搭设范围均为自0号台至6号台,均在0号台旁搭设人工上下爬梯。施工现场平面布置示意图见图11。东风东路现场照片见图12。

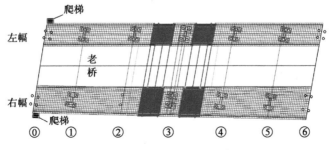

图 11 施工现场平面布置示意图

图 12 东风东路现场照片

门洞设计：

主门洞采用钢管型钢支架，门洞尺寸为 8m×4.5m（净宽 7.519m，最小净高 4.4m）。采用 Φ219×6.5mm 钢管分别立在门洞两侧，间距 1.5m，中部用 [16a 槽钢作为平联；钢管顶部设置 2I22a 作为横向承重梁，其上搭设 I45a 型钢作为纵向承重梁，间距 45cm 布置，其上分布间距为 10×10cm 的方木，间距 20cm，然后铺设 15mm 厚竹胶板作为底模板。

侧边人行门洞采用 2m 跨径，主门洞纵向承重梁（I45a 工字钢）伸长至紧挨盘扣支架的 I16 工字钢横向承重梁上，横向承重梁下盘扣立杆间距取 0.6m。纵向承重梁上布置同主门洞。

基础厚 80cm（主要考虑防撞），基础宽取 70cm，长度随拼宽箱梁横向设置，并宽出钢管立柱 35cm，采用 C30 混凝土。基础施工注意预埋立柱焊接钢板（采用 45cm×45cm×2cm 钢板，焊接 2 根 C16 门形钢筋锚固于基础中）。

东风东路拼宽部分净高数据、门洞净高计算值见表 4、表 5。

东风东路拼宽部分净高数据　　表 4

位置		人行道路缘石(m)	行车道路缘石(m)	行车道路缘石(m)	人行道路缘石(m)	位置	
小桩号	左幅	5.446	5.618	6.137	6.403	左幅	大桩号
		5.494	5.692	5.976	6.436		
		5.564	5.67	5.963	5.685		
	右幅	5.025	5.059	5.533	5.982	右幅	
		5.054	5.143	5.593	5.878		
		4.965	5.001	5.25	5.794		

门洞净高计算值　　表 5

位置	净高	
	最小(m)	最大(m)
左幅	4.881	5.871
右幅	4.4	5.417

支架设计：

(1) 横断面

①左幅

支架横断面设计示意图（左幅小桩号）见图 13。

门洞横断面设计示意图（左幅）见图 14。

支架横断面设计示意图（左幅大桩号）见图 15。

②右幅

右幅梁宽 10.825～14.706m，通过底板下立柱间距以 30cm 为单元，在 90cm 和 120cm 间距之间变换增加，相应布置微调，以适应梁板宽度变化。为适应横向间距调整，纵向上划分节段，以梁宽增加 0.9m 为标准，节段间采用扣件规范连接。

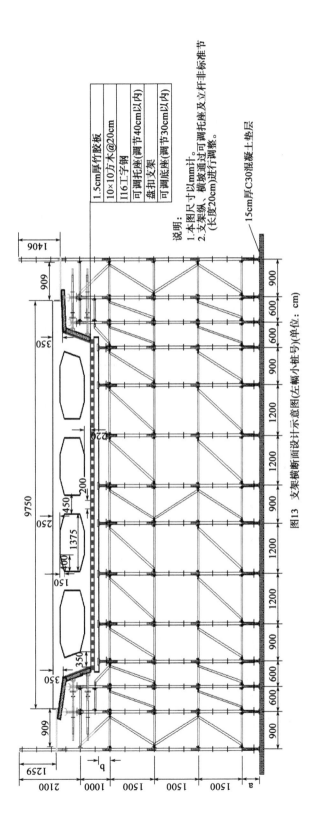

图13 支架横断面设计示意图(左幅小桩号)(单位: cm)

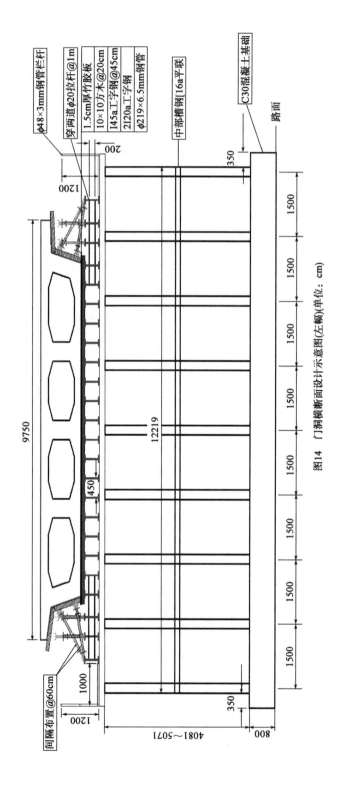

图14 门洞横断面设计示意图(左幅)(单位：cm)

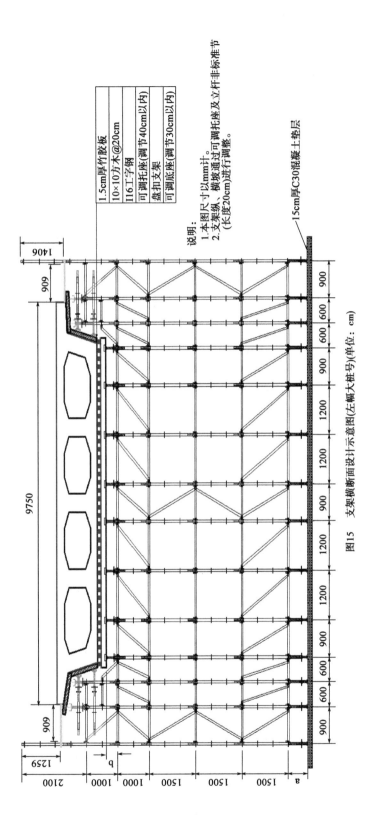

图15 支架横断面设计示意图(左幅大桩号)(单位：cm)

支加横断面设计示意图（右幅小桩号）见图16。

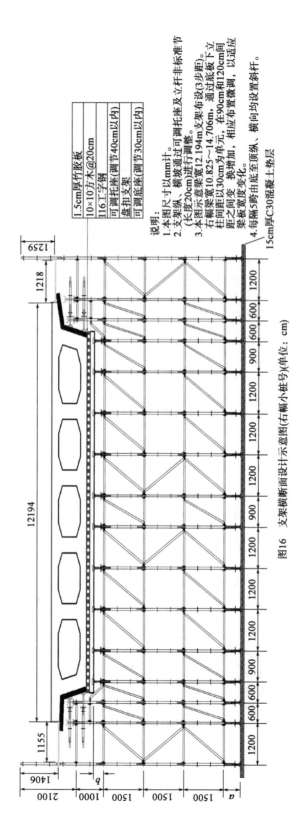

图16 支架横断面设计示意图(右幅小桩号)(单位：cm)

说明：
1.本图尺寸以mm计。
2.支架纵、横坡通过可调托座及可调底座进行调整（长度20cm）。
3.本图示意梁宽12.194m，支架布设（3步距）右幅梁宽10.825～14.706m，通过底板下立柱间距以30cm为单元，在90cm和120cm间距之间变换增加，相应布置微调，以适应梁板宽度由底至顶变化。
4.每隔5跨由底至顶纵、横向均设置斜杆。

1.5cm厚竹胶板
10×10方木@20cm
I16工字钢
可调托座(调节40cm以内)
盘扣支架
可调底座(调节30cm以内)
15cm厚C30混凝土垫层

门洞横断面设计示意图(右幅)见图17。

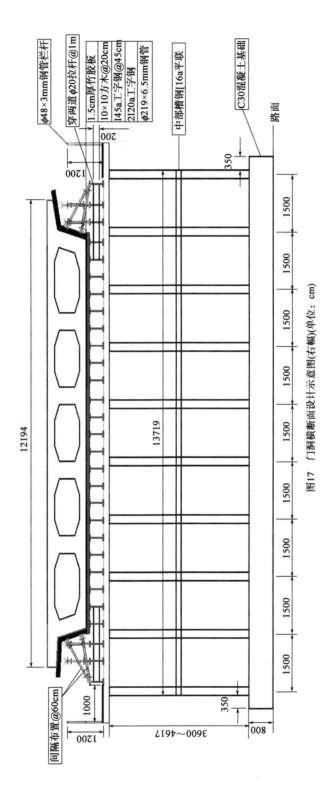

图17 门洞横断面设计示意图(右幅)(单位：cm)

支架横断面设计示意图(右幅大桩号)见图18。

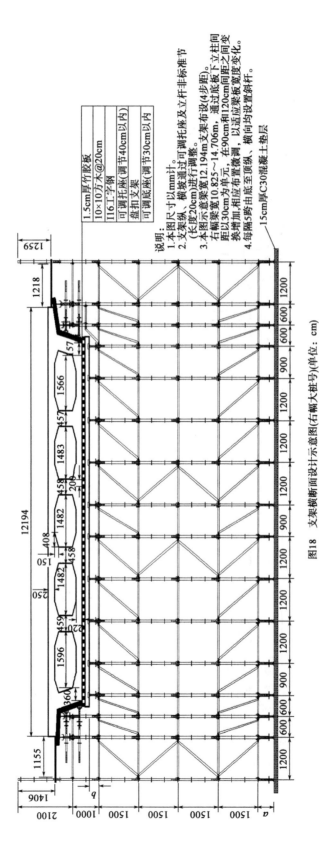

图18 支架横断面设计示意图(右幅大桩号)(单位:cm)

(2)纵断面
①总体
支架纵断面设计示意图(总体)见图19。

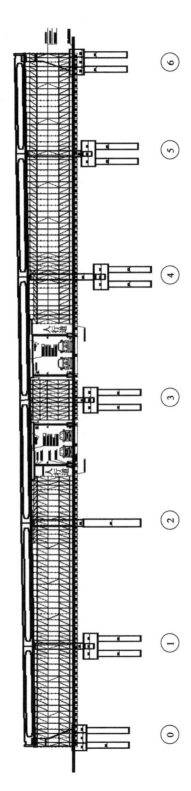

图19 支架纵断面设计示意图(总体)(单位：cm)

②门洞

支架断面设计示意图(门洞)见图20。

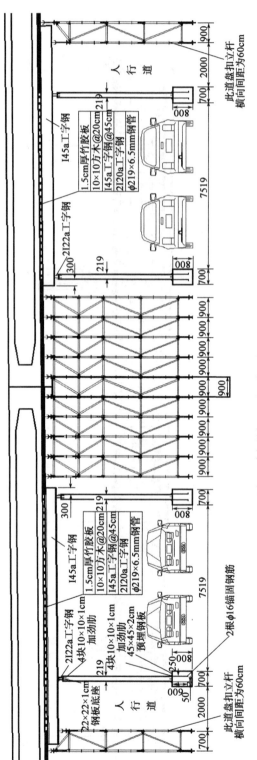

图20 支架纵断面设计示意图(门洞)(单位：cm)

小桩号侧门洞支架纵断面大样图见图21。

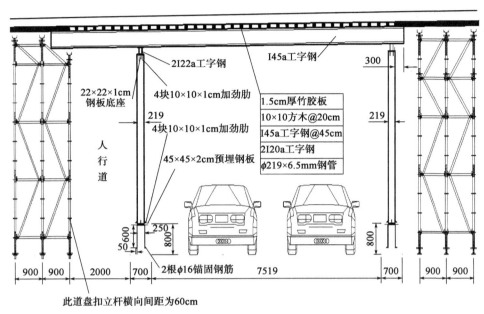

图21 小桩号侧门洞支架纵断面大样图(单位:cm)

5 结语

通过前期策划以及过程中的严格控制,确保了现浇箱梁施工安全性、时效性,同时在后续工作中积累了丰富的经验,为阶段性施工提供了重要的保障。

参 考 文 献

［1］ 中华人民共和国交通运输部.公路桥涵施工技术规范:JTG/T F50—2020［S］.北京:人民交通出版社股份有限公司,2020.
［2］ 中华人民共和国交通运输部.公路工程质量检验评定标准 第一册 土建工程:JTG F80/1—2017［S］.北京:人民交通出版社股份有限公司,2018.
［3］ 中华人民共和国交通运输部.公路工程施工安全技术规范 JTG F90—2015［S］.北京:人民交通出版社股份有限公司,2015.
［4］ 江苏省住房和城乡建设厅、江苏省市场监督管理局.建筑施工承插型盘扣式钢管支架安全技术规程:DB32/T 4073—2021［S］.南京:江苏凤凰科学技术出版社,2021.
［5］ 中华人民共和国住房和城乡建设部.建筑施工模板安全技术规范:JGJ 162—2008［S］.北京:中国建筑工业出版社,2008.
［6］ 中华人民共和国国家质量监督检验检疫总局、中国国家标准化管理委员会.起重机械安全规程 第1部分:总则:GB 6067.1—2010［S］.北京:中国标准出版社,2011.
［7］ 中华人民共和国建设部.施工现场临时用电安全技术规范:JGJ 46—2005［S］.北京:中国建筑工业出版社,2005.

[8] 中华人民共和国住房和城乡建设部.建筑施工高处作业安全技术规范:JGJ 80—2016[S].北京:中国建筑工业出版社,2016.

[9] 中华人民共和国交通运输部.公路养护安全作业规程:JTG H30—2015[S].北京:人民交通出版社股份有限公司,2015.

盘扣支架在现浇梁施工中的应用及优越性简述

李 科

(中交路桥华北工程有限公司,北京 101100)

摘 要:当今社会,一个国家发展的重要因素之一便是交通,所以世界各地都在积极发展自己的交通事业,以谋求更好、更快地发展经济。而桥梁则是交通建设中的一个重点组成部分,桥梁施工中,现浇箱梁施工又尤为重要。本文以京台高速公路德齐段改扩建德州北枢纽互通 BNK134+129 匝道桥现浇箱梁为例,简单分析盘扣支架在现浇梁中的可操作性。

关键词:现浇箱梁 盘扣支架搭设 优劣性对比

1 引言

随着改革开放以来我国经济的快速发展,沿海地区和内陆地区的经济水平差距逐渐扩大,更需要有完善的交通设施保障物流运输,从而让沿海发达地区带动相对落后的内陆地区经济的发展。而随着经济、科技的发展,建筑材料、施工机械也越来越先进,我国的道路桥梁正处于全面发展的时期。大中型城市的汽车保有量急速增加,城市快速路、绕城高速以及城市之间的高速公路都可以有效地解决城市交通拥堵的情况,高架桥跨路及互通立交桥梁大部分采用现浇施工工艺,在这类工程施工中支撑体系设计的安全性、支架及模板的制作安装质量是保证施工过程能否安全顺利完成的基本保证。因此在施工跨路桥梁及互通立交桥梁时做好现浇箱梁的模板设计及施工是至关重要的。随着我国"一带一路"倡议的实施,高速公路及长大桥梁的建设又将进入一个飞速发展的阶段,大部分跨路、跨河及互通立交已不适合在预制场生产,所以现浇箱梁施工将会在桥梁施工中占有很大的分量。本文对现浇箱梁模板和支架的方案确定、支架体系设计与施工、现浇箱梁关键工序质量控制做了简要的阐述。

2 工程概况

德州北枢纽互通 BNK134+129 匝道桥,为右侧拼宽(滨德高速),全长 1074m,全桥共 10 联,上部结构采用预应力混凝土现浇连续梁;下部结构桥墩采用柱式墩和薄壁墩,墩台采用桩基础。

德州北枢纽互通 BNK134+129 匝道桥地处德城经济开发区,施工区域影响加油站、顺泽宾馆出入,且上跨晶华大道,影响区域采取搭设门洞的方式进行保通,其他正常路段使用承插式盘扣支架施工。

3 承插式盘扣支架与传统碗扣式支架优劣性对比

3.1 技术层面对比

盘扣支架主要由立杆、水平杆、斜拉杆、可调顶托等部分组成。连接插销插入连接罗盘,连接插销设计成带有自锁功能的楔形块,与其他部件连接,形成几何不变的格构柱结构;盘扣支架主要是以定型钢管和碗扣连接的锁紧式多立杆与可调顶托等部件构成的框架几何结构。从结构来看,荷载主要是通过立杆的轴向传力,使格构柱脚手架整体形成三维空间,且圆盘抗剪能力很强,整体结构更加稳定。

3.2 安全层面对比

承插型盘扣式支架特点是在节点上,它以半刚性连接,与四周的水平杆、斜拉杆形成钢型结构,为了防止使用中插销与圆盘连接不至于脱落,插销设计成弧形弯钩,使其紧紧锁住圆盘,即使受力也不会脱落,盘扣支架搭设完毕后检验也比较方便,只需检查插销是否敲紧,即使个别插销没有插紧也有 5-1KN 的抗拔力不至于脱落而造成安全事故;碗扣支架的稳定性主要是靠横向与竖向的剪刀撑固定,在施工中经常有扣件数量不足或扣件未夹紧造成稳定性不足,且碗扣支架搭设完成后检查也相对困难,容易遗漏或者判断不准确,在安全方面得不到保证。在材料工艺上,盘扣支架也选用了热镀锌材料,防腐蚀能力强,支架不会因为使用时间过长导致杆件承载力大幅下降的问题;而碗扣支架使用的定型钢管大多用刷油漆来进行防腐蚀,不仅养护时使用的人力物力更多,而且效果不理想,再加上定型钢管在使用中难免磕碰,养护不及时的情况下特别容易造成杆件锈蚀掉块,在使用过程中壁厚达不到设计的 3.5mm,承载力也将逐步减小,使用过程中存在风险。

3.3 经济层面

在搭设同样大小的支架时,盘扣支架所使用的扣件数量要比碗扣支架更少,在运输方面盘扣支架也比同样单位体积的碗扣支架更加方便。搭设过程中,承插式盘扣支架只需把横杆两端端头处接口插入圆盘中,再敲紧插销即可,拆卸也同样比碗扣支架更为便捷,大大减少了人力投入与施工时间,减少了相当一部分施工费用。

综上所述,使用承插式盘扣支架无论在技术、安全、经济效益上来说都更加优越。

4 施工条件

本桥平面位于圆曲线 $R=4300$m 及缓和曲线上,桥梁宽度随里程递减,由 14.25m 渐变为 5.275m,由单箱三室变为单箱单室,顶板厚25cm,底板厚22cm,腹板厚45cm,外侧采用 SS 级防撞护栏,护栏宽度为52.5cm,桥面为10cm厚沥青混凝土+防水层,梁高1.6m,桥面最大高程为32.414m,横向坡度为2%,纵向坡度为0.844%。设计荷载等级:公路-Ⅰ级。

支架搭设最大高度:

梁底高程为30.343m,原地面最低高程为20.002m,支架搭设高度为10.341m。

门洞搭设高度:

(1)加油站道路:门洞中心梁底高程为28m,混凝土处路面高程为21.721m,门洞搭设高度为6.279m。

(2)晶华大道:门洞中心梁底高程为27.969m,混凝土处路面高程为21.5m,门洞搭设高度为6.469m。

5 支架设计

本桥架体高度为6.5~10.043m,架体步距设1.5m,支架最顶层水平杆步距取1.0m,当架体高度大于8m时,顶层支架间距比标准步距小一个盘扣高度;当架体高度大于8m时,架体竖向斜杆满布设置,顶层设置水平斜杆;当架体高度小于8m时,按照正常步距设置;据箱梁横断面尺寸及荷载,立杆横距取1.2m布置(悬臂下选用0.6m和0.9m调整),立杆纵距空箱处取1.2m,墩顶横梁处取0.9m;底板下及翼缘板下采用I16工字钢,底板下横桥向布置,顺桥向布置间距按立杆间距进行布置,翼缘板下纵桥向布置,横桥向布置间距按立杆间距进行布置;外侧腹板处采用双钢管($\phi48\times3.5$mm),竖向布置间距90cm。可调托撑选用槽板140×160mm,长度60cm。丝杆外露长度小于40cm,顶层水平杆与槽板底部距离小于65cm;管规格为$\phi60\times3.2$mm(立柱,Q345B)、$\phi48\times2.5$mm(水平杆,Q235B)、$\phi48\times2.5$mm(斜杆,Q235B);圆盘为$\phi135$mm、厚10mm的冲压件,圆盘上开设8个孔。可调底座选用底板140×140mm,丝杆$\phi48$,$t=5$,可调底座丝杆外露长度小于30cm,最底层水平杆离地面高度小于55cm,底座下部铺设300mm×50mm的木板。地基整平碾压后,使用C30混凝土硬化15cm作为垫层,盘扣支架采用Q345B钢管做主构件,插座为$\phi135$mm、厚10mm的圆盘,圆盘上开设8个孔。

BNK134+129匝道桥现浇箱梁布置图见图1、图2。

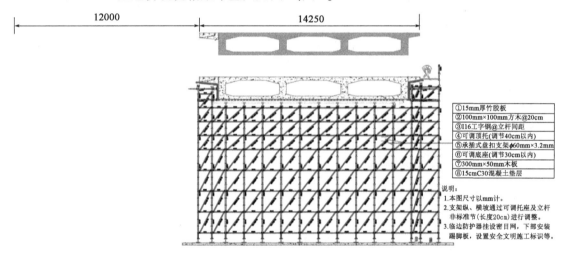

图1 BNK134+129匝道桥现浇箱梁横断面布置图

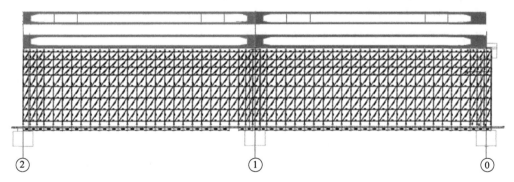

图2 BNK134+129匝道桥现浇箱梁立面布置图

6 支架搭设

（1）场地使用装载机和挖掘机等机械配合整平，大致平整后使用压路机压实原地面，压实度达到90%后浇筑15cm C30混凝土。

（2）按照设计进行放样。

（3）当混凝土达到设计强度后，根据设计间距在上面铺好300mm×50mm的木板，把可调底座固定在木板上。

（4）将可调底座的立杆套筒部分朝上套入调整座上方，基座下缘需完全置入扳手受力平面的凹槽里。

（5）第一层水平杆，将水平杆端头套入圆盘小孔位置使水平杆前端抵住立杆圆管，然后使用插销插入小孔固定，接着使用锤子敲实插销，防止插销脱落造成安全事故。

（6）立杆：未加装（连接棒）的立架统称为基础立架，将基础立杆长端插入标准基座的套筒中以检查孔位置，查看基础立杆是否插至套筒底部。基础立杆仅使用在第一层搭接，第二层以上均使用立杆。然后通过上述步骤连接第二层水平杆。

（7）竖向斜杆：将斜杆全部依顺时针或全部依逆时针方向组搭。将竖向斜杆套入圆盘大孔位置，将竖向斜杆头前端抵住立杆圆管，再以插销贯穿大孔敲紧固定。注意：竖向斜杆具有方向性，方向相反则无法搭接。

（8）安装足够层数的支架后将可调拖撑牙管插入立杆管中，再使用扳手调整至所需高度。

（9）将I16工字钢放到可调顶托上，工字钢上部每隔20cm布置一根10mm×10mm的方木，然后在上边铺底板。

（10）底板铺设完毕后使用沙袋对搭建好的盘扣支架进行预压，观测盘扣支架弹性变形、非弹性变形数据，调整预拱高度。

7 施工要点及注意事项

（1）盘扣支架进场后应对支架产品标识及产品合格证、主要技术参数、产品外观质量进行检测，合格后方可投入使用。

（2）支架搭设前做好技术及安全交底，搭设人员具有特种作业证书，施工时佩戴好安全护具及防滑用品。

（3）根据梁底高程合理调整顶托高程，控制顶托伸出部分长度在30cm以内。

（4）遇到恶劣气候如大风、高温、雨雪天气时应及时停止高空作业，保证安全。

（5）拆杆和放杆时应有2~3人协同作业，拆大横杆时在上方的人员应确保在下方的人员抓牢杆件时再放手，严禁乱扔杆件，造成安全事故。

（6）拆除盘扣支架时有管线阻碍严禁随意割断或拆除。同时要避免扣件崩开，禁止在滑动杆件上作业。

8 结语

通过本文对盘扣支架与传统碗扣支架进行简单对比，不难看出相对于传统的支架，现在使用的承插式盘扣支架更加便捷高效，经济效益以及安全性能更是比传统的支架优越。

参 考 文 献

[1] 胡文星.浅谈4%水泥土施工技术[J].山东工业技术,2017(15):89.

不断流条件下枢纽互通改造中"路改桥"施工组织方案的优化

王好明　邵　志　高　扬

(中铁四局集团有限公司，安徽合肥 230023)

摘　要：随着经济社会的发展，高速公路通行能力的需求逐渐增加，也因此催生了高速公路改扩建施工热潮，为扩大通行能力，枢纽互通改造中"路改桥"的施工越来越多，常规的半幅保通半幅施工的施工组织方式对进度、安全、成本控制都较大的不利影响。本文结合京台高速公路改扩建工程晏城枢纽改造的施工，提出了一种新的安全高效的施工组织方式。

关键词：高速公路改扩建　枢纽改造　路改桥

1　引言

我国的高速公路从 1984 年开始建设，此后便进入了蓬勃的建设周期，至 2018 年年底通车里程已达 14 万 km，位居全球第一，高速公路网络逐步完善。随着经济社会的进一步发展，交通量的增加，对高速公路通行能力的要求日渐提升，高速公路的改扩建施工逐渐增多，相应的枢纽互通的改造也越来越多，互通改造中新建匝道下穿既有高速公路路基段落的施工即出现"路改桥"施工，需要将相应位置的高速公路路基挖除替代以桥梁，匝道由桥下通过，形成立体互通结构。

目前国内的高速公路改扩建普遍采用边通车边扩建的理念，枢纽互通改造的"路改桥"施工中普遍采用的设计方案为高速主线半幅通行半幅施工，此种设计方案需分次实施"路改桥"施工，且存在垂直边坡防护和多次的交通导改问题，对工期控制、安全管理均有较大的不利影响。本文结合京台高速公路改扩建中的晏城枢纽改造的案例，对"路改桥"施工提出一种新的施工组织思路，能够在保证车辆通行顺畅的同时，有效降低枢纽互通改造中"路改桥"施工的安全风险，缩短施工周期，为于不断流条件下枢纽互通改造中"路改桥"的施工组织提供了一种安全高效的解决方案。

2　工程概况

晏城枢纽立交为京台高速公路与济聊高速相交叉的枢纽立交，主线下穿被交路，现状枢纽互通形式为双喇叭型，共有匝道 9 条，匝道最大设计通行速度 80km/h，最小通行速度 40km/h，因通行能力无法满足通行需求，需对该枢纽互通进行改造。（图1）改造后为变异苜蓿叶型枢纽互通，设匝道9条，其中，上跨京台高速公路匝道3条，下穿济聊高速匝道2条，匝道设计最大通行速度80km/h，最小通行速度60km/h。其中，下穿济聊高速2条匝道涉及"路改桥"施工，为整个枢纽互通改造的关键工程。

图1　晏城枢纽互通现状平面图

3　原方案设计情况

新增B、C匝道下穿济聊高速，需实施"路改桥"施工，施工期间需保证济聊高速双向四车道通行，设计方案增设保通道一条，主线半幅保通半幅施工，利用保通道和单幅主线路基进行保通，被交高速路的"路改桥"分左、右幅两次施工完成。

设计方案需先完成保通线路的施工，达到通车条件，然后分三个阶段进行"路改桥"施工。第一阶段利用保通路和济聊右幅路基进行双向保通，济阳至聊城方向车流导流至保通道通行，聊城至济阳方向车流沿右幅正常通行；然后开挖济聊左幅两个桥位路基，进行左幅桥梁施工。第二阶段在左幅桥梁达到通车条件后，将交通调流至保通路和济聊左幅双向保通，济阳至聊城方向车流导流至保通道通行，聊城至济阳方向车流导流至左幅通行；然后开挖济聊右幅两个桥位路基，进行右幅桥梁施工。第三阶段右幅桥梁达到通车条件后将交通恢复至主线双向通，拆除保通路，完成匝道剩余工程的施工（图2）。

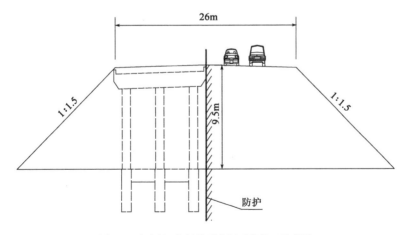

图2　"路改桥"半幅保通半幅开挖施工示意图

设计方案中存在两个问题，一是桥梁需分两次进行施工，施工周期较长，对工期控制不利；二是桥位处填方高度9.5m，存在高垂直临空面的防护，且上部有动载，安全防护难度大，安全风险高。这两个问题都是工程项目施工组织中需要极力避免和解决的问题。

4 方案优化

针对设计方案存在的施工周期长、安全风险高的问题,根据设计图纸和现场工况进行分析,如果分次施工这两个问题会同时存在,但如果整幅一次施工这两个问题都可以避免,设计设置一条保通道分流了高速半幅道路的通行量,同样的思路,通过增加另外一条保通道来分流高速另外半幅道路的通行量,便可以将车流完全导离施工区域,实现双幅同时施工,避免了分次施工,同时消除了高临空面的安全风险。

根据新建匝道的位置、宽度、曲线参数等信息,选取济聊高速右侧的伴行匝道和新建一段保通便道作为右幅保通道,左幅保通道沿用原设计方案,形成双向保通道,使两处"路改桥"区域具备封闭施工条件,桥位双幅路基一次开挖完成,双幅桥梁同时施工,解决分次施工和高临空面防护的问题,从而加快施工进度,降低安全风险。

在原方案的基础上增加便道2,该便道长度约200m,连接A匝道和济聊高速右幅主线,用于济聊高速右幅路基(济阳方向车流)的保通(图3),原设计保通道用于济聊高速左幅路基(聊城方向车流)的保通,实现"路改桥"施工范围高速车流的外移,防护后即可进行全幅开挖施工桥梁(图4)。增加保通便道费用约30万元,减少防护费用约100万元,同时缩短施工周期5个月,详见表1。

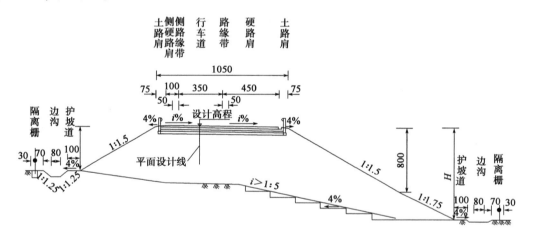

图3 保通便道设计图(单位:cm)

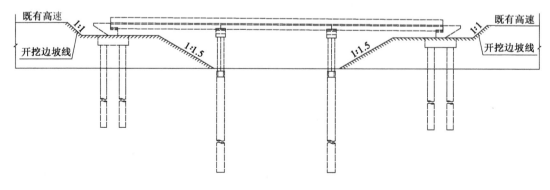

图4 双幅开挖后桥梁施工示意图

优化后方案与原设计方案对比表　　表1

方案名称	工期	成本	安全性	难易程度
半幅保通"路改桥"方案	11个月	需额外增加临边防护、交通导改费用(约100万元)	半幅开挖垂直临空高度约9.5m,且上有行车荷载,安全风险高	对9.5m高垂直临空面进行防护,难度大,且需进行两次交通导改
双向保通"路改桥"方案	6个月	增加约200m保通便道(约30万元),不需进行临边防护,不需多次导改	无垂直临空面,施工区域与行车分离,安全风险小	大开挖施工,无干扰因素,施工难度低

5 双向保通方案实施步骤

5.1 施工准备

(1)对施工现场进行细致的调查,找出可行的保通匝道,并根据匝道和既有高速的高程、位置等信息拟合出连接便道的纵横曲线数据,形成顺畅的保通线路。

(2)编制完善的施工及交通组织方案,并进行专家论证,通过后实施。

(3)提前准备好交通封闭、导行所需的护栏、水马、标识标牌、夜间指示标等物资,确保封闭和导行设施的完善。

5.2 保通道的施工

(1)按照设计进行保通匝道桥涵及路基施工,及时施工路面及完善交安设施。

(2)施工连接便道,并完善交安设施。连接便道为顺接匝道和既有高速的段落,是保通道的重要组成部分,采用土方填筑,高程与保通匝道和既有高速顺接,注意连接便道顺接平顺性的控制,避免出现高程和平面顺接不畅,给行车带来隐患。

5.3 交通导改

保通道具备通行条件后实施交通导改,导改前需提前7天发布涉路施工公告,开通前须经高速交警路政等部门现场查验,合格后方可进行交通导改。具体步骤如下:

(1)按照《公路养护安全作业规程》及《公路养护作业施工标志设置规范》(第一册高速公路部分)的要求完善提示、告知、限速等标识标牌的设置,保证过往车辆能及时准确获知路况信息,防止发生交通事故。

(2)严格按照批复的涉路施工的时间节点实施导改,集中人力在入口处迅速摆设水马将交通引导至保通道通行,然后立即完善水马内侧护栏的设置,同时完成出口段的围挡封闭,完成交通的导改。改道处防护示意图见图5。

图5　改道处防护示意图

(3)车辆引导至保通道后将主线施工区域两侧采用护栏、水马、彩钢板等进行封闭,设置明显的封闭标识,完成主线的封闭。

(4)施工期间安排专人在改路的出入口值守,做好防护设施、标示标牌的维护,保证标识和防护设施的完善,确保行车安全。

5.4 "路改桥"施工

主线施工区域交通封闭完成后,采用挖机将桥位路基一次放坡开挖完成,采用常规方式进行桥梁施工,梁板架设完成后,及时完成桥面附属及路面施工,完善交安设施和地面标线,达到通车条件。

5.5 交通恢复

在主线具备通车条件后将交通恢复至主线通行,拆除路侧设置的限速、警示、指示标牌,恢复保通道连接部的高速护栏,恢复正常通行秩序。

6 结语

(1)高速公路改扩建中不断流施工是一种常见工况,如何在不断流的工况下提高施工效率和安全性,是施工组织需要重点解决的内容。

(2)对于不断流条件下枢纽互通改造中的"路改桥"施工,采用双向保通后相应路基一次开挖完成、双幅桥梁同时施工的方案较半幅保通半幅施工的方案具有明显的经济性和工期优势,同时能大大降低安全风险。

参 考 文 献

[1] 张建龙.高速公路改建工程保通方案研究[D].长沙:湖南大学,2007.
[2] 张丰焰,周伟,王元庆,等.高速公路改扩建工程交通组织设计探讨[J].公路,2006(1):109-113.
[3] 占辉.大流量交通状态下的高速公路改扩建交通组织研究[D].广州:华南理工大学,2012.

BIM 技术在桥梁工程施工阶段的应用

李 勇

(中铁四局集团有限公司,安徽合肥 230023)

摘 要:在科技迅速发展的今天,信息化技术在桥梁工程管理中的作用越来越突出,能够为工程项目质量安全提供技术保障。然而,信息化技术在桥梁工程中发挥的价值作用有限,难以改变现实困境,需要应用 BIM 技术对整个工程项目进行信息化管理,以确保工程项目使用寿命与工程质量稳定。

关键词:BIM 技术 桥梁工程 施工

1 引言

自改革开放以来,我国的桥梁建设领域已经进入高速发展时期,无论从设计方面还是施工方面都已经进入了自主设计创新、可持续协调发展的阶段。由我国自主设计、自主施工的复杂结构桥梁的数量越来越多,并且在国际上起到了举足轻重的作用。截至 2009 年,中国的高速路桥梁数量已然超过全球其余国家。

随着信息化技术的不断改革与创新,信息产业给人类社会创造了极大的便利,推动着社会发展。在金融业、制造业及互联网行业等领域,信息化技术已经产生了广泛深远的影响。信息技术的提高促进了各个行业的发展,但是建筑行业中的信息技术仍处于初级阶段,仍然需要进行探索发展。

BIM 技术为工程行业带来了一种全新的思维模式,充满了新的生机。BIM 技术是立足于三维信息化数字技术所产生的,并且结合了建设项目各类构件等相关信息。所创建的数字模型是对工程实体的功能、设备等进行信息化表达的一种载体。历经多年的进步发展,今日的 BIM 中,"M"已经由原先的"Modeling"演变成"Management"。BIM 技术不仅仅是数字化建筑信息模型,而且实际上是利用几何与非几何信息整合来有效地建造、维护设施,如土木、建筑及桥梁等基础建设,同时持续性地涵盖了各类设施装置的所有生命周期过程(筹划、方案形成、施工、维护管理、拆除回收)。

要严格控制建设工程施工阶段的造价,秉持着全过程全方位控制造价的观念,应用科学的 BIM 技术和合理的方法。BIM 技术能够提供工程建设的三维可视化的信息平台,有效地针对建设方面缺乏协调性和整体性弱的问题进行处理,降低由于施工误差导致出现返工现象的概率,缩短工期节约成本,精准化地处理提高工程的施工效率。

2 桥梁工程施工中 BIM 技术应用的具体特征

2.1 可视化

一般情况下,我国在建筑工程建设过程中通过 BIM 可协调的图纸来表现建筑构件的相关信息,并且图纸上标注的线条及图形符号都具有其自身的特殊含义,需要专业技术人员通过自身的想象力将其还原成具体的三维图形,但是这种图形并不能在其他人面前进行展现,且不能进行三维图形的信息交流活动。这种情况在 BIM 技术出现并应用之后得到了极大的改善,建筑工程的建筑构件三维图形能够在人们面前形象而直观地呈现,并给予不同方位、不同角度的研究分析,可以说 BIM 技术具有可视化的特征。

2.2 能够提升生产效率

在桥梁工程的传统施工过程中,一般需要施工设计人员提前把施工设计图纸提交给施工单位,进行详细的审图和技术交底。在此过程中,技术人员和施工人员一旦发现设计图纸出现任何问题,在经过反复的商量和讨论之后,再进行设计图纸的修改工作,这样的工作程序非常影响工程的施工效率。在桥梁工程施工过程中应用 BIM 技术,能够代替传统的图纸,其中包含的桥梁工程信息也更加丰富,出现问题之后能够通过对桥梁模型的信息进行及时的修改和更新来确保建筑工程满足施工建设要求,避免了对工程的施工工期产生任何影响。

2.3 便于后期桥梁项目的创新和维护管理

在桥梁工程施工建设过程中,通过使用 BIM 技术能够实时更新桥梁的建设情况,从而让更多的项目建设人员和施工人员掌握项目进度,针对项目建设进行管理,减少了人力物力的消耗。同时,BIM 技术能够方便桥梁工程后期的安全管理和养护维修服务,控制好工程的监督管理和质量管理工作,促进桥梁工程施工的稳定开展。

3 BIM 技术在桥梁设计当中应用

3.1 BIM 技术在桥梁前期设计中的应用

桥梁工程的设计需要有业主、施工方、设计方的多方参与,在桥梁的前期设计当中,为了有效对项目进行立项,对方案的可行性进行研究,选择出合理的方案,需各方了解彼此的需求。由于桥梁设计比较复杂,用图纸很难了解彼此的意图,设计单位和业主之间很难透彻地交流想法,这使得双方很难达成共识。使用 BIM 技术的最大优势在于,能够方便各方在前期进行交流,表达自己的意图。当前通常会选择 Revit 等工具,根据桥梁的参数进行建模,模型的优势在于可以通过实际需求对于尺寸进行调整,具有很强的可操作性。另外,BIM 技术还能够对桥梁的建设过程进行动态模拟,保证了对设计理念的直观表达,把桥梁的最终设计效果以三维模型的形式呈现给桥梁工程的决策者。当方案需要进行调整时,依靠 BIM 技术也能够迅速调整方案,并且能够对其他参数进行模拟,在对一处进行改动之后,也能够通过计算来保证方案的合理性。除了方案本身,BIM 技术还能够对桥梁的用料、建造价格进行模拟,便于桥梁的成本控制。在使用 Revit 进行桥梁的建模时,需要根据桥梁的特点建立专门的族库。桥梁的结构一般比较复杂,能够生成 3D 模型的 BIM 系统要比 2D 图纸对桥梁的表达更清楚。通过生成 3D 动画,也能够让业主深入地了解设计意图,并且全面能够反映桥梁和周围环境的关系,动画相比于传统的三维模型,在汇报方案时更加生动和直观,而且操作简单,普通的设计人员就能够完成。

3.2 BIM 技术在施工阶段造价控制的优化应用

在物资统筹、进度追踪、进度款核算等方面,BIM 技术都可以应用于其中,细化分析可得出以下两方面应用优化:一方面,通过 BIM 技术的信息采集、组织和处理系统对项目参与各方的项目类型、材料、几何、功能构件、工程量、建造过程、运行维护信息等进行采集,进而对这些信息进行编码、归类、储存、建模和处理操作。施工成本、场地、运营、资源的管理工作就依据这些信息开展。BIM 技术的利用还能够良好地把控进度管理系统的流程。另一方面,利用 BIM 技术校对审核施工的总进度,逐一分解和细化施工过程中的所有工序,对每个施工步骤的工作量和工程量进行动态模拟演示,合理配置资源,防止施工中出现误时误工和浪费材料等现象。BIM 技术在应对设计变更的问题上也发挥着重要的作用,对进行设计变更时的造价变化进行预判和管理,还可以对构件之间的碰撞点进行彻底排查,避免错漏碰缺和返工问题的产生,加快施工进度。使用 BIM 技术对物资进行管理工作,升级优化动态资源的配置,科学合理地进行人员安置、工序交叉和总体总量的优化配置,最大限度地利用场地和运输资源。基于 BIM 系统平台的多维查询功能,将时间节点、进度节点和部位节点作为依据开展精细化的管理工作,借助于系统查阅工程量资料,达到灵活取样的目的。通过 BIM 系统平台能够自动化生成材料设备统计表和实际施工进度表等,有效降低少算或者漏算情况发生的概率。

3.3 碰撞检测

3.3.1 吊杆碰撞

由于该桥梁工程所处的位置比较重要,桥梁的设计周期比较紧张,加之工程本身的难度较高,桥梁设计可能会出现一些缺陷问题,如果这些问题不能及早发现,将会给施工造成极为不利的影响。通过 BIM 建模后发现:①若是按照设计单位给出的吊杆锚头坐标进行施工,则会导致内外吊杆在下部发生碰撞;②如果仍以该坐标为基础,对吊杆锚箱进行浇筑,会造成吊杆无法正常安装情况,不但会延误施工进度,而且会造成巨大的经济损失。基于 BIM 碰撞检测结果,对引起碰撞的原因进行分析,发现是设计人员由于疏忽忘记在外吊杆 Z 坐标前加上负号。经过更改后,再次用 BIM 进行碰撞检测,结果显示不会发生碰撞问题。

3.3.2 管道与钢管碰撞

在基于 BIM 进行碰撞检测过程中,发现预应力管道与预埋钢管之间存在多处碰撞的情况。通过研究分析后,决定采用提前开洞的方法,让预应力管道可以顺利从预埋钢管的位置处通过。

4 结语

BIM 技术的使用能够推动桥梁工程设计的发展,提高设计过程中的效率。工程的设计方、施工方、业主都能够通过 BIM 系统进行交流,促进了各方意图的表达,减少了设计当中存在的问题,保证了桥梁工程的设计质量。

参 考 文 献

[1] 吴水明.浅论桥梁施工中 BIM 技术应用[J].低碳世界,2017(29):220-221.
[2] 吴继峰,刘志丽,杜战军.BIM 技术在桥梁工程设计阶段的应用[J].公路交通科技(应用技术版),2017,13(10):202-203.

[3] 王领先.BIM技术在桥梁施工中的应用探析[J].海峡科技与产业,2017(10):116-117.
[4] 程海根,沈长江.BIM技术在桥梁工程中的应用研究综述[J].土木建筑工程信息技术,2017,9(5):103-109.
[5] 袁燕云,金斌.BIM技术在桥梁工程中的应用研究[J].交通世界,2017(26):125-126.

浅谈改扩建高速公路抬高段桥梁工程保通措施的优化

邵 志 高 扬 刘亚江

(中铁四局集团有限公司,安徽合肥 230023)

摘 要:目前国内各个省份的高速公路改扩建施工已经大面积展开,仅山东省2021年通车的改扩建高速里程就达到282km,高速公路改扩建施工已经进入如火如荼的发展阶段。为保证高速的正常运营,高速公路的改扩建施工大多在通车状态下进行,通车状态下高速公路双侧拼宽的施工阶段大致可分为四个:双侧拼宽、优先保通幅施工→交通导改至保通幅、施工非保通幅→交通导改至非保通幅、施工保通幅→完善交安设施、开放交通。

关键词:公路扩建 桥梁 高速公路

1 引言

对于边通车边改建的高速公路,一般将施工过程划分为四个阶段:第一阶段双侧正常拼宽,优先完成保通幅的施工,使其具备双向四车道通行能力;第二阶段交通导改至保通幅通行,完成非保通幅所有施工内容;第三阶段将交通导改至已完工的非保通幅,完成保通幅相关工程的施工;第四阶段完善交安设施和临时开口封闭,开放双向交通。具体过程如下。

1.1 第一阶段

地基处理、路基填筑:限速120km/h,车辆正常通行,既有道路正常通车运营,双向四车道通车,路基边坡开挖台阶,填筑拼宽路基;开挖台阶施工不得降低路侧原护栏的防撞性能。既有道路硬路肩继续作为应急车道使用。同时,主线两侧施工便道全线贯通。

路面拼接:限速80km/h,限制危化品运输车、不可解体物品超限运输车、5轴及以上货车通行,其他货运车辆根据道路运行情况另行采取限行措施。既有路基部分正常通车运营,设置两幅临时安全设施后,挖除老路基土路肩路侧护栏、部分硬路肩,拼宽路面铺设完成至临时路面,施工外侧土路肩和路侧护栏,完成边坡防护工程及排水沟工程。利用原硬路肩作为应急车道,便道兼做应急救援通道。

第一阶段交通组织图见图1。

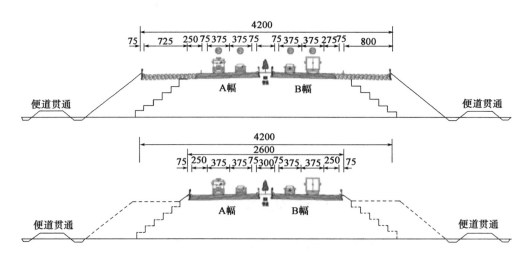

图1 第一阶段交通组织图1(单位:cm)

1.2 第二阶段(A幅双向通行、B幅封闭施工、中分带施工)

限速80km/h,限制危化品运输车、不可解体物品超限运输车、5轴及以上货车通行,其他货运车辆根据道路运行情况另行采取限行措施。该阶段将车辆调整至A幅对向四车道行驶,可择机实施中分带护栏及通信线等中分带预埋设施(其间将A幅一条车道调流至B幅)。B幅处理老路病害后,同加宽部分一并施工至上面层,施划永久标线设置临时安全设施,B幅便道挖除;A幅设置一定数量的临时停车港湾,同时A幅便道兼做应急救援通道;B幅车辆转至A幅后利用中分带开口为临时停车港湾,同时B幅施工时须保证应急车辆的顺利通行。

第二阶段交通组织图见图2。

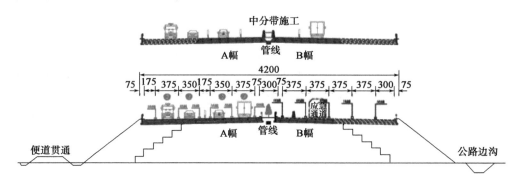

图2 第二阶段交通组织图1(单位:cm)

1.3 第三阶段(B幅双向通行、A幅封闭施工、中分带绿化)

限速80km/h,限制危化品运输车、不可解体物品超限运输车、5轴及以上货车通行,其他货运车辆根据道路运行情况另行采取限行措施。该阶段将车辆调整至B幅双向三车道行驶,处理A幅老路病害,路面铺筑完成至上面层,施划永久标线,择机实施中分带绿化;A幅便道挖除;A幅车辆转至B幅后利用中分带开口为紧急停车港湾,同时A幅病害处治及施工期间须保证应急车辆的顺利通行。

第三阶段交通组织图见图3。

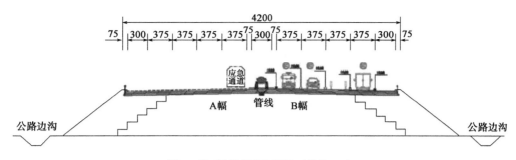

图3 第三阶段交通组织图1(单位:cm)

1.4 第四阶段

完善交安设施,封闭中分带开口,开放八车道通行。

第四阶段交通组织图见图4。

图4 第四阶段交通组织图1(单位:cm)

2 保通桥的功能、结构形式

在第一阶段保通幅施工时,涉及需要扩孔或抬高的桥梁时,需要对既有桥梁进行拆除新建,为了保证车辆正常通行,在该阶段对保通幅的相应桥梁进行保留,并按照现状进行拼宽,保证桥位处满足双向四车道通行的需求,这种临时拼宽桥梁即为保通桥,待保通功能完成后,与既有桥梁一并拆除新建永久桥梁。保通桥与既有、新建桥梁典型关系图见图5。

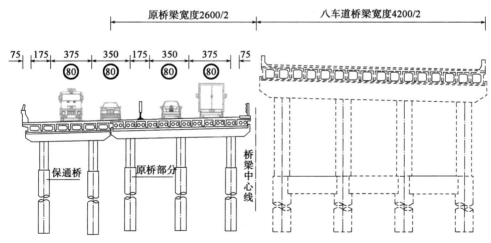

图5 保通桥与既有、新建桥梁典型关系图(单位:cm)

保通桥的结构形式与永久桥梁类似,均为桩基础、圆柱墩(薄壁台),上部结构为预制或现浇梁,孔跨形式与既有桥梁一致,不影响桥下道路的现状通行能力。保通桥与既有桥梁典型平面图、断面图见图6、图7。

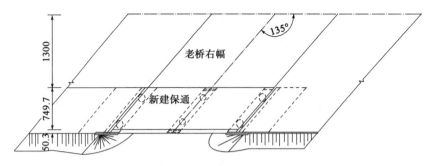

图6 保通桥与既有桥梁典型平面图(单位:cm)

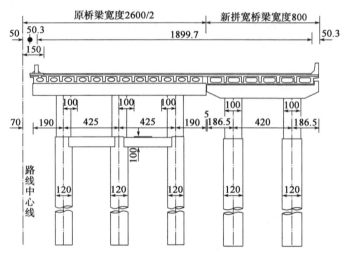

图7 保通桥与既有桥梁典型断面图(单位:cm)

3 优化思路

3.1 保通桥保通方案存在的问题

保通桥梁的使用寿命一般为6个月左右,因其行车荷载与永久桥梁并无差别,故设计标准均按照永久桥梁进行,经测算,一个宽度为8m、跨径为13m的2跨保通桥造价93万元,施工周期2个月,施工完成后即进行拆除(图8)。保通桥虽然满足了保通功能,但是经济性差,增加额外的施工周期,另外拆除的混凝土废料也会给环境造成污染,并不是一个很完善的方案。

图8 桥梁拆除图

3.2 保通方案的优化

保通桥作为保通方案的一个选择,满足了功能性需要,但存在诸如经济性差、增加施工周期、拆除污染环境等问题,结合对类似项目的研究,以及保通功能的需求,可行的方案有路基保通和永久桥梁保通。其中,采用永久桥梁保通的方案在济青高速改扩建中有过成功的应用,桥位采用路基保通的方案尚未见到应用实例。下面分别对这两个方案进行分析。

3.2.1 路基保通

在桥位采用路基进行临时拼宽,并施工临时路面进行保通,该方案成本低、工效快,能够快速完成桥位处的保通道路的修建,但对于桥下有通行需求或有河流的桥梁不适用,会导致既有道路及河流阻断。同时,该方案存在桥梁和路基拼接不均匀、沉降的问题。

3.2.2 采用永久桥梁保通

为在旧桥一侧新建 8m 宽永久桥梁,盖梁及上部结构均预留连接筋,待旧桥拆除后完成剩余的盖梁及上部结构施工。该保通方案下双向车流不在一个高程面上,但不影响保通功能的实现。该方案可取消保通桥,降低造价,同时能够加快施工进度,避免因拆桥导致的环境污染和材料浪费,但需提前对下部墩柱布置进行优化,保证新建部分盖梁有稳定的受力体系,同时需做好永久桥梁与旧路的顺接。这两个问题通过适当优化设计都可以解决,是一个可行的优化方案。采用永久桥梁保通方案断面图见图9。

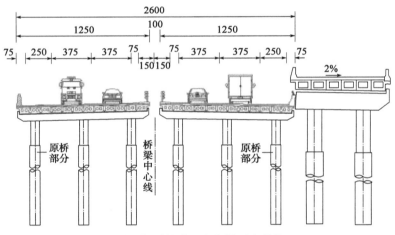

图9 采用永久桥梁保通方案断面图(单位:cm)

对比发现,采用永久桥梁保通是一个更为优越的方案,一是可以避免临时工程,降低成本和材料的浪费;二是先实施部分永久工程,可加快施工进度。

4 优化方案的实施

4.1 工程概况

既有一支河大桥跨越河道,其位置及现状见图10。老桥为 3×13m 简支空心板桥,因新建禹城东互通立交 A 匝道下穿,需拆除抬高新建。采用单幅交替拆除老桥方案。新建一支河桥中心桩号为 K373+719.528,上部结构为 3×16m 预应力混凝土连续空心板 +21m 预应力混凝土简支小箱梁桥面连续 +4×25m 预应力混凝土小箱梁结构连续,下部结构桥墩采用柱式墩,桥台采用坐板台,墩台均采用桩基础,1~3 号梁右偏角100°,3~8 号梁正交。A 匝道在 6 号、

7号梁下穿。一支河新建桥梁平面图及立面图见图11、图12。为保障京台高速公路的车辆通行,按设计方案需在保通幅建设一支河保通桥。

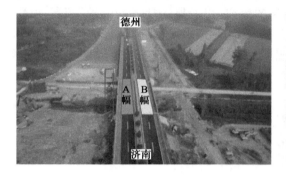

图10 一支河桥位置及现状

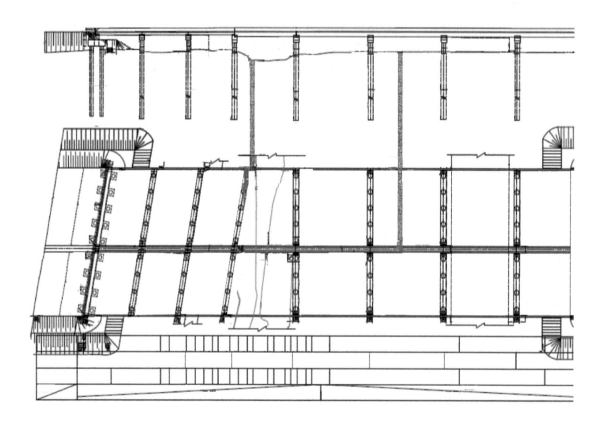

图11 一支河新建桥梁平面图(单位:cm)

4.2 设计情况及存在问题

保通桥图纸设计跨径3×16m,上部结构采用装配式预应力简支空心板,桥面连续;下部结构桥墩采用柱式墩,桥台采用坐式台,墩台均采用桩基础。设计保通桥桥型布置图见图13。

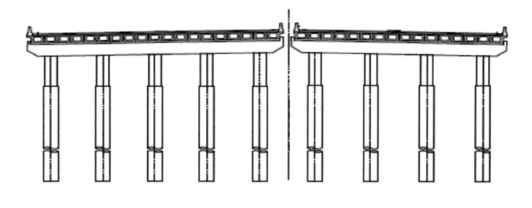

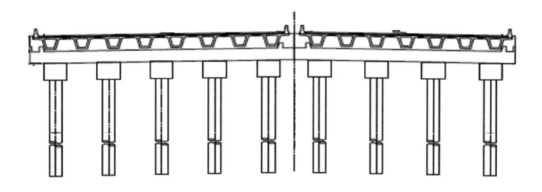

图12 一支河新建桥梁立面图(单位:cm)

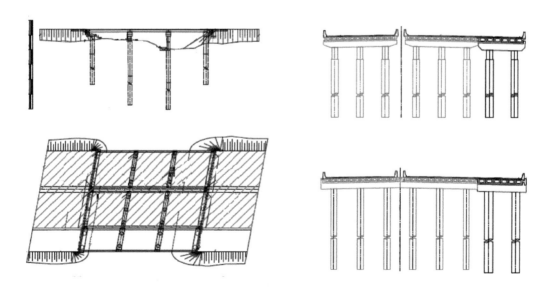

图13 设计保通桥桥型布置图(单位:cm)

4.3 方案优化

按设计提供的新建一支河大桥设计图纸跨径组合,即桥梁上部构造为:3×16m 预应力混凝土连续空心板+21m 预应力混凝土简支小箱梁桥面连续+4×25m 预应力混凝土小箱梁结构连续,下部结构桥墩采用柱式墩,桥台采用坐板台,墩台均采用桩基础。第一阶段在 A 幅施工 8m 宽新建桥梁和两侧抬高段路基;第二阶段 A 幅双向通行保通,B 幅施工新建桥梁和两侧抬高段路基;第三阶段 B 幅双向保通,A 幅施工 13m 宽新建桥梁、两侧抬高段路基和中央带绿化,最终施工完成。本保通方案的优化有以下优点。

(1)缩短一支河大桥改造周期。建设全过程中拆除作业仅有老桥拆除,在新建桥完工后,作为保通手段的新建 8m 桥梁将与右幅新建桥梁连接成整体,无须拆除,既有效缩短了建设周期,又避免了较大的资源浪费。

(2)降低环境污染。避免了作为保通手段的桥梁拆除作业,降低了拆除中扬尘污染及固体废弃物排放污染。

(3)充分利用资源,避免不必要浪费。利用新建永久桥梁保通,是对建设资源更合理地优化分配,以较低的寿命周期成本使产品具备它所必须具备的功能,进而避免了不必要的资源浪费。

4.4 交通组织

4.4.1 第一阶段

(1)限速 120km/h,车辆正常通行。

(2)既有桥梁部分正常通车运营,双向四车道通车,施工 A 幅新建部分(桥面宽 8m)桥梁下部结构,施工上部结构梁板,吊装预制梁板,桥面沥青铺装整体施工。

第一阶段交通组织图见图 14。

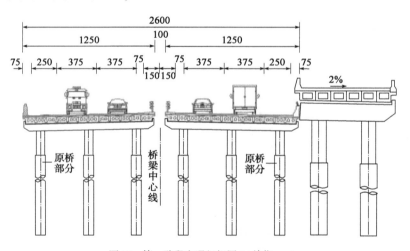

图 14 第一阶段交通组织图 2(单位:cm)

4.4.2 第二阶段(A 幅双向通行、B 幅封闭施工)

(1)限速 80km/h,限制危化品运输车、不可解体物品超限运输车、5 轴及以上货车通行,其他货运车辆根据道路运行情况另行采取限行措施。

(2)A 幅双向三车道通车,A 幅老桥在应急车道与中间车道之间设置移动式钢护栏用以封闭应急车道,新建桥梁比既有桥梁路面高 2.262~2.386m。新建桥梁内侧设置 SS 级混凝土护栏。拆除 B 幅既有老桥梁,新建 B 幅桥梁下部结构,吊装预制梁板,桥面沥青铺装整体施工。

第二阶段交通组织图见图15。

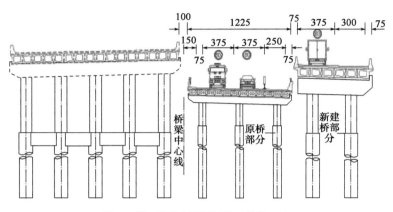

图15 第二阶段交通组织图2(单位:cm)

4.4.3 第三阶段(A幅封闭施工、B幅双向通行)

(1)限速80km/h,限制危化品运输车、不可解体物品超限运输车、5轴及以上货车通行,其他货运车辆根据道路运行情况另行采取限行措施。

(2)将车辆调整到B幅行驶,B幅双向三车道通车,拆除A幅既有老桥梁,新建A幅桥(桥面宽13m)梁下部结构,吊装预制梁板,桥面沥青铺装整体施工。

第三阶段交通组织图见图16。

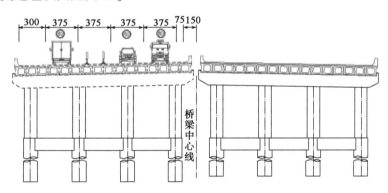

图16 第三阶段交通组织图2(单位:cm)

4.4.4 第四阶段

完善交安设施,开放双向八车道通行。第四阶段交通组织图见图17。

4.5 实施效果

最终经过11个月的施工,顺利完成了一支河桥抬高扩孔的施工,较保通桥方案提前工期4个月,节约投资180余万元,减少建筑垃圾330m³。

5 结语

(1)高速公路改扩建中不断流施工是一种常见工况,如何在不断流的工况下提高施工效率和安全性,是施工组织需要重点解决的内容。

(2)对于利用原有桥梁和新建桥梁的关系,尽量减少拆除工程量,合理降低工程造价。

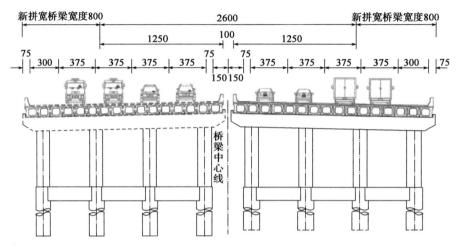

图17 第四阶段交通组织图2(单位:cm)

参 考 文 献

[1] 高庆水,杨启江,张惠勤.济青高速公路改扩建保通桥梁设计方案的研究[J].公路交通科技(应用技术版),2018,14(5):56-58.

[2] 苏建明,李庶安,刘广波.济青高速公路改扩建主体工程施工创新技术管理与措施探讨[J].公路交通科技(应用技术版),2018,14(5):35-38.

[3] 刘慧慧.后开挖式墩柱施工技术在高店枢纽路改桥中的应用[J].公路交通科技(应用技术版),2016,12(3):36-37.

浅谈通行状态下无中墩上跨连续梁桥的快速拆除技术

王好明 高扬 邵志

(中铁四局集团有限公司,安徽合肥 230023)

摘 要:随着我国社会经济的稳步发展,日益增长的交通量对高速通行能力的要求日渐增高,高速公路的改扩建施工逐渐增多。在既有高速公路的改扩建中,因跨径无法满足道路扩宽的需要,上跨桥梁的拆除十分普遍。上跨桥梁形式以现浇混凝土梁桥和预制混凝土梁桥为主,一般预制混凝土梁桥在高速公路中分带处设墩柱,为简支或先简支后连续结构,一般现浇混凝土梁桥的主跨单跨跨越双幅路面,中分带位置不设墩柱,为连续梁结构。对于主跨单跨跨越高速双幅路面的现浇连续梁桥,因其结构体系的整体性强,分段拆除风险大,通常采用封闭交通后多跨同时机械破除或者分段切割吊装的方案。前者施工周期短,工艺成熟,安全风险较低;后者施工周期长,辅助措施多,工艺相对复杂,安全风险较高,对工期和成本控制不利。两者施工过程都需要对交通进行封闭。保畅条件下无中墩上跨高速公路现浇连续梁拆除施工工法是将机械破除和切割吊装拆除方法相融合,通过施加简单的措施实现保畅状态下主跨单跨跨越双幅路面的上跨混凝土连续梁的分次机械破除。具体方法为:在待拆幅跨中分带处设置临时支墩,然后切割梁体,使桥梁上部结构分成 2 个独立体系,完成体系转换,再利用单幅路面进行交通导改,分幅对桥梁进行机械破除,从而实现在保畅条件下主跨单跨跨越双幅路面的形式的上跨桥梁的快速拆除。

关键词:高速公路 连续梁 快速破除

1 引言

在高速公路改扩建中,因跨径不满足改扩建要求,需要对上跨桥梁进行拆除的情况非常常见。根据结构形式的不同,上跨桥梁可分为简支梁桥和连续梁桥两种。简支梁桥大多为中分带设置墩柱,每跨跨越一幅路面;连续梁桥以现浇梁居多,部分现浇梁桥在高速中分带设有墩柱,另外一部分则不设墩柱。典型的工况见图 1~图 3。

上跨桥梁按功能又可分为高速桥梁——供高速公路通行,地方路桥梁——供地方车辆和行人通行,人行天桥——仅供行人通行,以及灌溉、油气天桥——供灌溉管道或油气管道通过四类。

图1 上跨高速简支梁桥典型图片

图2 上跨高速设中墩的连续梁桥典型图片

图3 上跨高速不设中墩的连续梁桥典型图片

对于有通行需求的桥梁在拆除时除考虑高速公路的通行需求外,还要考虑被交路的通行需求,选择先建后拆、分次拆除等方式进行组织。

2 常用施工方案及适用性分析

2.1 封闭交通后一次性拆除

目前高速公路改扩建施工中上跨桥梁最常用的拆除方式为封闭交通后一次性拆除,尤其适用于短距离内有多座上跨桥需要拆除的情况。该方法对所有桥型均适用,具有施工周期短、安全风险小、施工成本低的优点。

该方案的主要步骤如下:封闭高速手续办理→待拆桥梁两端封闭高速交通(图4)→高速路面防护(图5)→机械破除上跨桥梁(图6)→场地清理→开放交通。

图 4 封闭高速交通

图 5 高路路面防护

图 6 机械破除上跨桥梁

2.2 导改后一次性拆除

对于高速不具备封闭交通条件,但是现场的场地具备导改条件的,采用先修筑保通道,将车辆导改出拆桥区域,然后一次性破除的方式进行拆除。该方法适用于具备改路条件的通行条件下上跨桥梁的拆除。

既有高速交通导改示意图见图7。

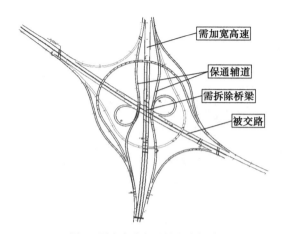

图7 既有高速交通导改示意图

2.3 通行状态下分幅切割拆除

对于不具备封闭交通和导改条件的,如中分带设有墩柱,可考虑将交通改移至一幅通行,分幅拆除上跨桥梁,对于无中墩的上跨桥梁,目前常用的拆除方式为搭设支架后分段切割拆除。切割拆除示意图见图8。

图8 切割拆除示意图

2.4 不同拆除方案适用性及优缺点

不同拆除方案的适用性及优缺点见表1。

不同拆除方案对比表　　表1

序号	拆除方法	适用工况	优点	缺点
1	封闭拆除	高速交通能够封闭	速度快、安全性高、成本低	高速封闭交通难度大
2	导改后封闭拆除	具备导改条件的高速上跨桥梁	速度较快、安全性高	改路工程大时工效和经济性不高
3	支架法切割拆除	不具备封闭和导改条件的上跨桥梁	能够在通行条件下完成桥梁的拆除	成本高、周期长,安全风险较大

3 通行条件下无中墩上跨桥梁拆除方案的优化思路

对于无法封闭交通,又不具备导改条件的上跨桥梁,如有中墩,比较合理的方案是压缩车道数,采用单幅双向通行的交通组织方式,将双幅路面的交通在施工区域内压缩到单幅路面上通行,然后分幅进行拆除,因为有中墩的存在,拆除后的剩余桥梁结构仍能形成一个稳定体系。但对于无中墩的上跨桥梁,由于其结构的特殊性,分幅拆除无法保证结构体系的稳定性,目前施工中大多采用的方法为搭设支架后进行切割拆除,以保证拆除过程中桥梁体系的稳定,但该方案施工周期长,对于工期紧的项目影响较大,同时对施工成本控制也不利。

对于通行条件下的无中墩上跨桥梁的拆除,如果能按照有中墩的上跨桥梁的组织方式进行拆除,可缩短施工周期,降低施工成本,也能实现施工和行车的分离,安全性进一步提升。对于一般的无中墩现浇梁桥,考虑在中分带增设支墩,将其转化成有中墩的上跨桥梁进行拆除。无中墩上跨桥梁拆除优化思路见图9。

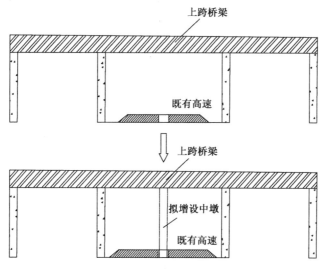

图9 无中墩上跨桥梁拆除优化思路

4 数值模拟论证

4.1 模型建立

根据上跨桥梁设计基础资料,选取济聊高速上跨桥梁进行研究论证,跨高速公路桥梁跨径组合为(30+40+30)m,为左右幅桥梁,左幅桥面布置为0.5m(防撞护栏)+(11-15.0)m(行车道)+0.75m(中分带护栏),变宽。上部结构为预应力混凝土连续梁,左幅单箱双室渐变到单箱三室,顶板宽12.75~16.75m,底板宽8.75~12.75m,悬臂2.0m,梁高1.8m,顶板厚25cm,底板厚20cm,腹板厚40cm,预应力采用$\phi s15.2$-13,每个腹板布置6根,下部结构采用柱式墩,基础采用桩基础。箱梁断面详见图10、图11。

4.2 计算工况及验算内容

结构整体计算采用平面杆系有限元法,按照规范规定的各种工况进行荷载组合。对于普通钢筋混凝土构件,针对各种工况下需进行以下内容验算:由于预应力钢筋切断后,其作用效应不明确,将预应力钢筋折算为普通钢筋带入模型进行计算。

(1)承载能力极限状态强度验算:查看承载能力极限状态荷载组合Ⅰ强度验算结果。
(2)正常使用极限状态裂缝宽度验算:查看正常使用极限状态荷载组合Ⅱ裂缝验算结果。

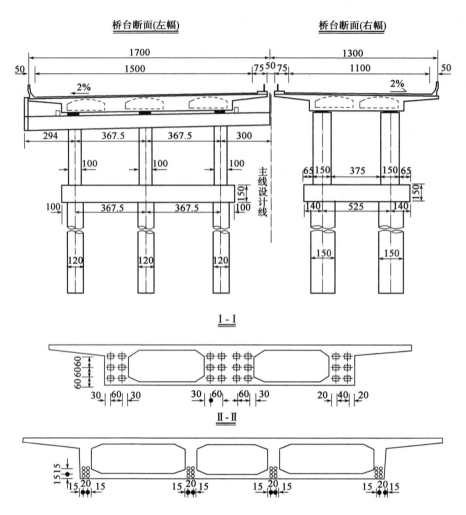

图10 拟验算上跨桥设计图(单位：cm)

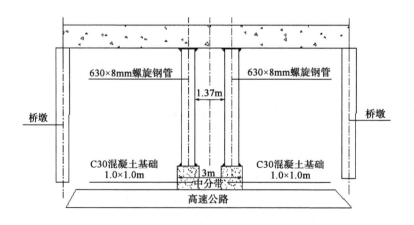

图 11

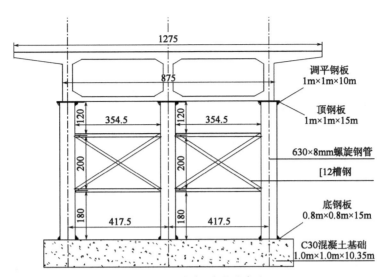

图11 中分带增设支墩设计图

4.3 结构建模

桥梁结构整体计算采用有限元软件桥梁博士V3.6进行结构分析,建模要点:

(1)根据施工方案,当中跨开始凿除时,凿除完临时墩至桥墩段时,第一跨和1/2中跨形成两跨连续梁,第三跨为一跨简支结构,此时最为不利状态。在1/2中跨拆除后,第一跨也形成简支梁,与第三跨的一跨简支梁工况相同。

(2)荷载:自重+桥面铺装+护栏。

(3)在中跨跨中增设临时支撑。

第一、二施工阶段结构图见图12、图13。

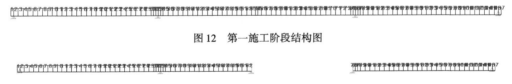

图12 第一施工阶段结构图

图13 第二施工阶段结构图

5 方案实施

5.1 工程概况

JLK14+141.3G2001济南绕城高速主线桥跨径为30m+40m+30m,上跨京台高速公路主跨径不满足京台拓宽需求,需拆除后重建。原桥桥面右幅宽度为12.75m(0.75m防撞护栏+11.0m行车道+0.5m防撞护栏),左幅宽度从12.75m过渡至16.75m(0.75m防撞护栏+15.0m行车道+0.5m防撞护栏),上部结构为预应力混凝土箱梁,下部结构采用柱式桥墩,肋板式桥台,基础采用桩基础。具体见图14、图15。

桥梁为无中墩上跨连续梁桥,位于京台高速公路与济南绕城高速交叉点,交通量大,无法封闭交通,桥下高速左右两侧均为新建匝道,不具备导改交通条件,且桥梁拆除加新建完成的总工期仅有6个月,采用传统的搭设支架后切割切除无法满足工期要求。根据数值模拟的结果,拟采用增设中墩的方式进行分幅拆除。

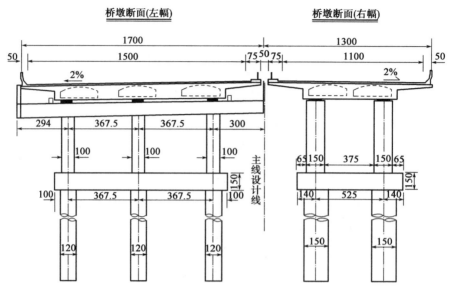

图14 原主线桥桥型布置图(单位:cm)

图15 待拆桥梁现状图

5.2 施工工艺流程

施工准备→交通转序→拆除附属结构→搭设临时支墩→安装防护支架→铺设缓冲垫层→切割梁体→拆除梁体及场地清理→交通转序→铺设缓冲垫层→拆除梁体及场地清理→拆除临时支撑与围挡→恢复交通。施工工艺流程见图16。

5.3 方案实施要点

施工步骤见图17。

5.3.1 施工准备

(1)报请涉路施工方案给交警、路政、运管中心等部门,提前通过媒体、报纸等平台发布涉路施工公告,同时更新高德、百度等地图相关信息。

(2)人员培训考核合格后持证上岗,施工所需的各种机械、周转材料及各种仪器在正式施工前进行校检和试用。

(3)对施工范围内通信管线等设施调查清楚,需要迁改的及时进行迁改,不能移位的管线需完善相应的保护措施。

(4)桥梁拆除实施前,应按照相关规定对现场管理人员和作业人员进行技术交底。技术交底内容应包括主要施工方法、工艺及技术要点、相关标准、操作规程及验收标准、技术安全措施及应急预案等。

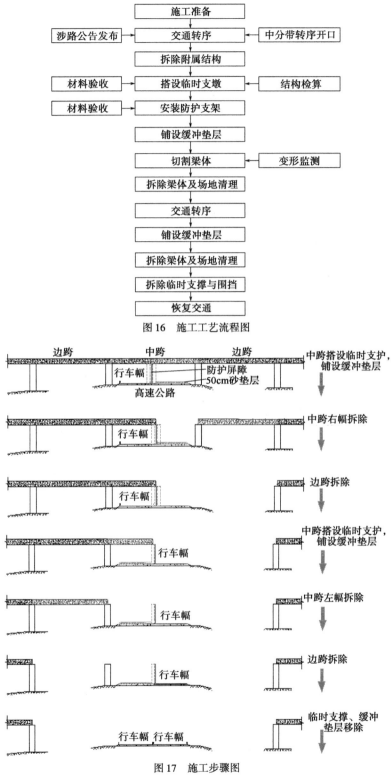

图 16 施工工艺流程图

图 17 施工步骤图

(5)现场材料、设施、设备、应急物资与器材配备齐全,满足施工安全的需要。

5.3.2 交通转序

上跨桥拆除遵循半幅封闭施工、半幅双向通行的交通组织方案。先封闭高速半幅,另外半幅处于通车状态,在施工区域前后中央分隔带各设置长度为 250m 的临时开口进行交通转换,不使用时开口处采用移动钢护栏封闭。具体见图 18 ~ 图 20。

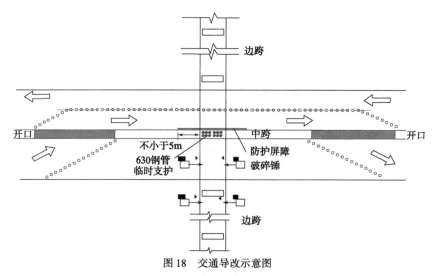

图 18　交通导改示意图

图 19　交通导改现场图

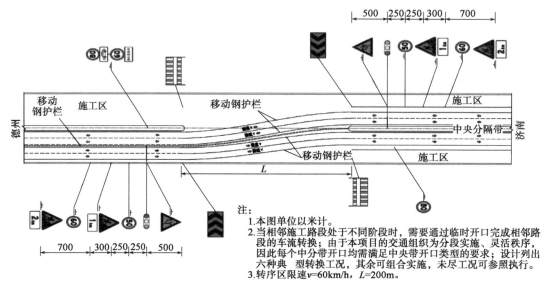

图 20　交通导改临时交安设施布置图(单位:cm)

5.3.3 拆除附属结构

拆除上跨桥梁的护栏附属、防抛网、广告牌、防眩板等附属结构,需要产权单位回收的及时配合运送到指定地点。

5.3.4 临时支墩搭设

立柱设置前准确测定箱梁底面至基础顶面的净高,据此对钢管进行加工,临时支墩设置完成后顶钢板与梁底间隙控制在10mm以内为宜,间隙不宜过大。具体见图21～图23。

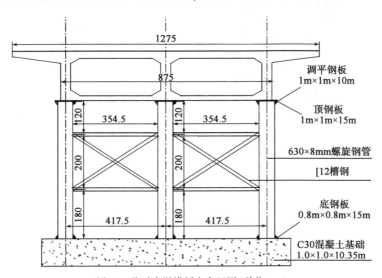

图21 临时支墩横桥向布置图(单位:cm)

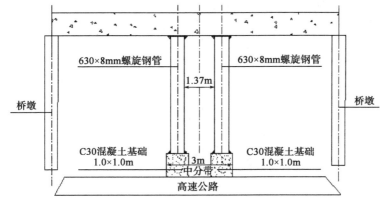

图22 临时支墩顺桥向布置图

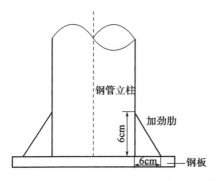

图23 加劲肋细部图

5.3.5 安装防护架

在立柱中间安装防护架(图24),防止拆除桥梁过程中飞溅混凝土块影响行车安全。

图24 防护架示意图

5.3.6 铺设缓冲垫层

在高速路面铺垫50cm厚细砂作为缓冲层,防止掉落的混凝土块砸伤路面。

5.3.7 切割梁体

采用绳锯在中跨梁体中间位置进行切割(图25),将一联(30m+40m+30m)三跨连续梁体系转化为两联(30m+20m)两跨连续梁体系,切割完成后搭设临时支墩起到支点作用,与桥墩、桥台支点形成共同受力体,可以保证拆除过程剩余结构体系的稳定。

图25 绳锯切割

5.3.8 拆除梁体及场地清理

使用破碎锤对称凿除中跨两侧翼板混凝土,在两排钢管支撑中间位置采用绳锯进行切割,过程中配合人工用气割对钢筋进行切割。翼板拆除完成后,开始凿除中跨现浇箱梁顶板、腹板、底板混凝土,为保证钢管支撑安全,防止破除时对支墩的扰动,从距离中墩钢管支墩1m的位置开始破除(图26、图27)。

混凝土废渣随破随清理,墩柱在底部剥出并截断主筋后,从一侧放倒,运到指定地点一起破除,在破除过程中利用雾炮控制作业面的扬尘。

拆除期间,组织专门人员对正在拆除桥梁进行监控,当出现非正常情况时,及时预警,撤离相关人员及设备,根据情况提出解决方案。

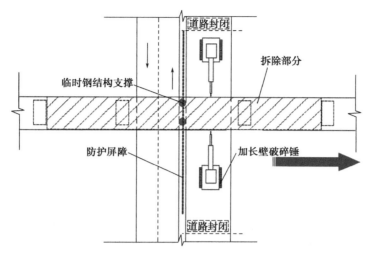

图26 分幅拆除示意图

图27 分幅拆除现场图

(1)根据模型检算的薄弱部位:剩余半幅桥梁临时支墩处、桥墩墩顶处、边跨跨中处。每个横断面均匀布设3个测点,(图28)体系转换前完成初始数据的采集,体系转换后采集第一次数据,拆除过程中每2h采集一次数据,数据变化稳定时可适当延长监测时间间隔。监测结果显示,整个拆除过程保留侧变形很小,处于稳定状态(表2)。

图28 监测点位布置图

监测记录表 表2

点位	切割前高程(m)	2h			4h			6h			8h		
		实测高程(m)	下沉量(mm)		实测高程(m)	下沉量(mm)		实测高程(m)	下沉量(mm)		实测高程(m)	下沉量(mm)	
			本次	累计		本次	累计		本次	累计		本次	累计
12	10.139	10.126	1.3	1.3	10.121	0.5	1.8	10.119	0.2	2	10.129	-1	1
11	10.136	10.112	2.4	2.4	10.108	0.4	2.8	10.108	0	2.8	10.112	-0.4	2.4

续上表

点位	切割前高程（m）	2h 实测高程（m）	下沉量(mm) 本次	累计	4h 实测高程（m）	下沉量(mm) 本次	累计	6h 实测高程（m）	下沉量(mm) 本次	累计	8h 实测高程（m）	下沉量(mm) 本次	累计
10	10.006	9.972	3.4	3.4	9.966	0.6	4	9.967	−0.1	3.9	9.969	−0.2	3.7
7	10.138	10.137	0.1	0.1	10.136	0.1	0.2	10.135	0.1	0.3	10.14	−0.5	−0.2
8	10.24	10.238	0.2	0.2	10.238	0	0.2	10.236	0.2	0.4	10.245	−0.9	−0.5
9	10.093	10.094	−0.1	−0.1	10.094	0	−0.1	10.095	−0.1	−0.2	10.102	−0.7	−0.9
6	9.995	9.994	0.1	0.1	9.993	0.1	0.2	9.995	−0.2	0	10.001	−0.6	−0.6
5	10.115	10.121	−0.6	−0.6	10.119	0.2	−0.4	10.119	0	−0.4	10.125	−0.6	−1
4	10.045	10.043	0.2	0.2	10.042	0.1	0.3	10.043	−0.1	0.2	10.048	−0.5	−0.3

说明：表中未显示全部点位数据。

（2）拆除过程中每2h观察临时支墩的情况，重点检查焊口是否有开裂、顶底部加劲肋是否变形、钢管是否变形或倾斜等情况，发现问题及时预警并排险。

5.3.9 拆除剩余半幅桥梁

利用中央分隔带设置临时开口，将左幅车辆转换至右幅行驶，错过封闭施工区域后再转换至左幅行驶；采用同样方式进行主线左幅上跨桥梁的拆除作业。单幅拆除顺序示意图见图29。

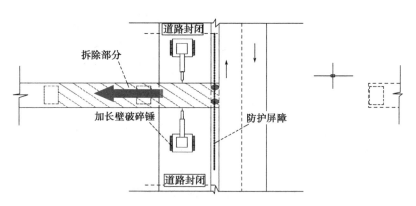

图29 单幅拆除顺序示意图

5.3.10 拆除临时支撑与围挡

先拆除围挡，后拆除临时支撑，自上而下进行拆除，拆除后及时整理材料。

5.3.11 恢复交通

桥梁拆除完成后，立即清理路面，恢复至原有交通状态。

5.4 实施效果

通过实施优化后的拆除方案，历时7天顺利完成了（30m+40m+30m）双幅预应混凝土连续梁桥的拆除工作，成功解决了在保畅的条件下无中墩上跨连续梁桥快速拆除的难题，在保证拆除过程中桥梁结构的稳定和安全以及交通畅通的同时，最大限度地提高了拆除的效率，满足了安全及工期的要求。经测算，施工成本较切割吊装节省100多万元，工期加快21天。

6 结语

(1)实现了保畅条件下无中墩上跨既有繁忙干线高速公路现浇连续梁的快速拆除,既避免了采用封闭拆除方法对交通的重大影响,又消除了切割吊装方法对工期和成本的不利影响。

(2)通过合理设置临时支墩,将一整联连续梁体系转化为两联独立的连续梁体系,保证了拆除过程中剩余桥梁体系的稳定和安全。

(3)通过数值模拟的方式对临时支墩的形式和数量进行优化设置,实现了仅设置一处临时支墩进行桥跨体系的转换,降低了临时结构施工的成本和周期,也消除了多排支墩对车辆通行的影响,降低了安全风险。

参 考 文 献

[1] 张建龙.高速公路改建工程保通方案研究[D].长沙:湖南大学,2007.
[2] 张丰焰,周伟,王元庆,等.高速公路改扩建工程交通组织设计探讨[J].公路,2006(1):109-113.
[3] 占辉.大流量交通状态下的高速公路改扩建交通组织研究[D].广州:华南理工大学,2012.

跨繁忙干线国道连续梁拆除技术方案的研究

石周斌 蔡成国 黄波

(中铁四局集团有限公司,安徽合肥 230023)

摘 要:随着我国公路网的不断发展,以往建设的一些道路桥梁成为阻碍公路畅通的关键点,亟须拆除。而对于一些上跨公路桥梁的拆除,面临着桥下道路保通、拆桥高效、低成本等问题。将上跨连续梁旧桥进行分幅拆除,将拆除幅的交通导改至待拆或已拆除幅的桥下通行,封闭交通拆除幅,确保待拆桥下的交通通行。

关键词:交通建设 上跨桥梁 连续梁 跨线桥 保通 拆除

1 引言

受建设标准、材料性能以及施工质量等因素的影响,早期建造的部分桥梁陆续出现裂缝、钢筋锈蚀和混凝土碳化等病害,已不能满足人们日益增长的出行需求。拆除既有旧桥并在原桥位处新建桥梁能够从根本上解决交通量剧增以及荷载等级提高的难题。然而,在经过多年超负荷运营后,旧桥承载能力不断下降,结构受力状况复杂,导致拆除过程中存在极大的安全风险。由于拆除方案不当所致的安全事故频发,造成了大量的人员伤亡和财产损失。

近年来,随着我国经济形势的稳步发展和基建投入的持续增加,高速公路建设速度也在不断加快,交通量迅速增长,道路病害日渐凸显。同时,前期建设的部分高速公路已经不能满足目前交通运输的需求,改扩建施工是近年来我国高速公路建设的一大热点,与重建相比,改扩建施工在线路选址、投资成本控制等方面具有一定的优势。改扩建施工中桥梁拆除施工难度较大,质量要求较高,做好其质量控制,对提高高速公路改扩建项目的整体质量具有重要的意义。

目前国内的上跨干线国道连续梁的拆除,常规的施工方案是在施工期间须对桥下道路实施断流封路施工,然后进行拆桥施工,这样可以规避掉施工安全风险,大大降低施工工期。京台高速公路改扩建项目中需拆除桥梁上跨 G308 国道,干线交通繁忙,G308 国道是齐河县的交通要道,断路拆桥会导致齐河县交通枢纽瘫痪。在不断流条件下上跨繁忙干线国道连续梁拆除施工难度大,安全风险高。本项目改扩建施工采取半幅施工、半幅通行方案,施工过程中交通量大,拆除旧桥时新建部分仍需施工,拆除难度高,风险大,施工质量控制要求高。拆除施工坚持"安全第一、施工有序、平衡对称、化整为零"的施工原则。

2 工程概况

京台高速公路 ZK388+190.316/Y1K388+179.011 G308 分离立交桥由于城市规划要求,

原 G308 主线桥原桥跨径为(25+35+25)m,上跨 G308 国道跨径不满足通行要求,需对上跨 G308 部分桥梁进行拆除新建。新建桥梁跨径为 4×25m,上部结构采用 4×25m 预应力混凝土(后张)小箱梁,先简支后连续;下部结构桥台采用肋板台,桥墩采用柱式墩,墩台采用桩基础(图1)。

图1 待拆 G308 主线桥现状

3 不断流条件下桥梁拆除工程施工中的重难点问题

(1)主线桥梁体拆除安全保障措施和交通组织分流,G308 国道交通繁忙,车流量较大,车速较快,交通安全防护是本工程重点。

(2)主线桥梁拆除时下部保持通行,拆除期间施工机械及破碎时碎石飞溅防护是本工程重点。

(3)主线桥为预应力结构,拆除时截断预应力筋后,预应力释放对结构受力不利,需要采取加强措施是本工程技术措施难点。

(4)主线桥梁不能完全中断车辆通行。左右两幅桥梁距离较近,拆除过程中产生的混凝土碎渣不得溅落到另一幅桥面。此外,拆除过程振动不得过大,防止噪声干扰高速公路行车驾驶员。

4 对桥梁拆除过程进行精确的受力验算

通过对上跨 G308 桥梁的计算,得出以下结论:

(1)由于预应力钢筋切断后其作用效应不明确,将预应力钢筋折算为普通钢筋带入模型进行计算,经验算,按施工单位原编制的施工阶段进行模拟,选取最不利工况进行验算,其持久状况承载能力极限状态正截面抗弯承载力、斜截面抗剪承载力、正常使用极限状态裂缝宽度均满足规范要求;临时墩钢管立柱的强度也满足要求。

(2)由于在拆除中跨时将车辆通行放至边跨,应做好临时墩的防撞设施。

(3)拆除过程中,应尽量保持两侧两台油锤同时凿除,避免不对称凿除力致使桥梁倾覆,同时在支座底设置监测点,随时监控支座脱空情况。

(4)结合专家意见,加强施工过程的监控,做好相关应急预案。

5 施工方案

主线桥拆除的重难点在于交通的分流及道路行车安全。我部根据现场实际情况,分两阶段对既有桥梁进行拆除:第一阶段将交通导流至边跨下临时道路,封闭中跨交通,采用破碎锤进行双侧对称剥离拆除,该阶段为保证行车安全,在边跨跨中附近增设钢管支撑;第二阶段将交通恢复至拆除完成的中跨下,边跨采用破碎锤进行双侧对称剥离拆除。具体交通调流方案及桥梁拆除方案见下述。

5.1 交通调流方案

5.1.1 拆除跨中桥梁

考虑到桥梁拆除的危险性大,需分别对 G308 国道进全封闭施工,借用两侧临时保通车道进行通行,两侧临时车道采用水泥混凝土路面,切掉部分锥坡采用钢板桩进行防护,宽度为 2×3.5m 机动车道+2.0m 非机动车道,并在跨中增设临时支墩,临时支撑设置水泥墩进行硬防护,临时封路改道应在来车方向前方 2km 处设减速慢行指示牌和安排专人进行交通疏导。施工布置图见图 2。

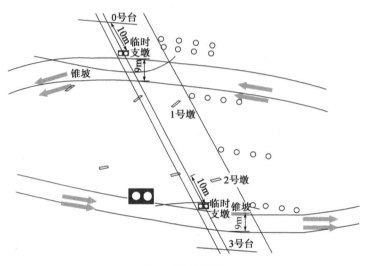

图 2 施工布置图

5.1.2 拆除路侧两边跨桥梁

两边跨桥梁拆除时由于不涉及道路上跨,计划采用搭设双排脚手架后,满铺竹篱笆或者彩钢瓦进行封闭隔挡,以防止拆除过程中小石子洒落飞溅到人行道危及车辆和行人的安全。拆除前已对拆除工况委托专业单位进行结构检算,确保安全后进行下步施工,并按照要求设置相关警示标志。

5.2 拆桥施工方案

桥梁拆除采取封闭+临时保通施工,为了减少对交通的影响,根据施工方案做了详细部署:

(1)首先做好临时支撑及临时防护。

(2)加大人员、设备投入,在确保安全的前提下迅速完成拆除施工。

(3)施工区域封闭施工,尽可能减小对过往车辆的影响。

中间跨、边跨拆除导行交换图见图 3、图 4。

桥梁体拆除施工方案:

步骤一:拆除护栏、防抛网、广告牌,铺缓冲垫层。

步骤二:搭设临时支墩及防护支架。

在两侧分隔带搭设双排钢管脚手架,设置防护网,防止混凝土飞溅;该桥中跨跨径较大,为了保证拆除过程中不发生意外需在中跨中间和边跨中间靠近锥坡位置设置临时支护,支护结构选用 2ϕ800 钢管做临时支撑,在桥下路面上铺垫 30cm 厚土,防止混凝土块砸伤路面。

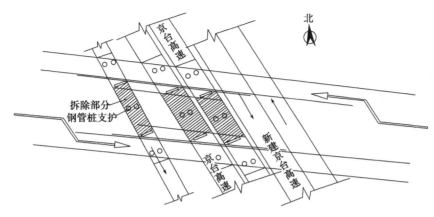

图 3 中间跨拆除导行交换图

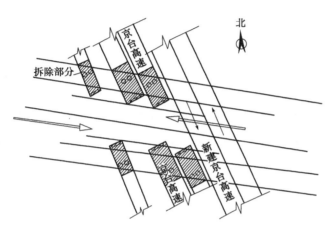

图 4 边跨拆除导行交换图

步骤三:油锤破除中跨跨梁体。

对于单箱五室梁体结构,将两台油锤分别置于桥梁两侧由中间至桥墩的方向开始破除,要求两台油锤的破除速度一致(图5)。

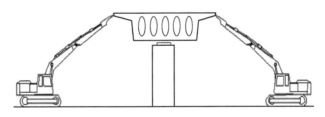

图 5 油锤拆除布置示意

步骤四:场地清理及拆除围挡防护设施。

中跨全部拆除完毕后,将拆除的混凝土碎块全部运到指定地点,场地全部清理干净,所有的围挡及安全防护标示牌全部拆除,以避免影响交通,快速恢复车辆正常通行;然后进行两侧封闭,G308道路恢复通车。

步骤五:拆除两侧边跨的方法同中跨,其中需要拆除临时支撑。

步骤六:场地清理及拆除围挡防护设施。

全部拆除完毕后,将拆除的混凝土碎块运到指定地点,场地全部清理干净,G308 正常通行。

6 实施效果

6.1 保障工期

通过对拆桥的施工进度统计,工期为15天,可以保证在不断流条件下完成上跨繁忙干线国道连续梁拆除。可以保证后续施工的正常进行。

6.2 安全高效

安全高效地对连续梁进行了拆除,设置临时支墩确保了体系转换时结构稳定;设置围挡防止碎石飞溅伤人;桥下铺设彩条布有效保证了桥下道路不被损伤。

6.3 实施效益

本工程是山东高速的重点工程。山东高速集团领导多次到项目现场进行检查指导工作,本工程取得了业主的一致认可,树立了良好的企业形象,取得了很大的社会效益。

7 结语

目前,我国基建依旧处于高速发展的状态,各种施工技术不断发展成熟,在上跨繁忙干线国道连续梁拆除技术上不断取得进步。此次整个拆桥技术投入小成本低,对桥下交通影响小,值得推广应用。但是,作为工程技术人员仍不能放松警惕,应继续加强学习,不断努力创新,持续优化施工方案,使桥梁的拆除更加安全经济;同时加强对现场方案实施情况的检查,严防施工方案形同虚设。

参 考 文 献

[1] 张建龙.高速公路改建工程保通方案研究[D].长沙:湖南大学,2007.
[2] 王雪峰,杜鸣曲,杨科.保通条件下连续梁跨线桥拆除技术[J].交通企业管理,2021,36(3):56-58.
[3] 邱豪侠,赵国强,徐伟忠.预应力混凝土连续梁桥拆桥施工受力特性研究[J].上海公路,2020(3):64-68+101.

关于混凝土颜色差异的影响因素浅析

陶冠涛

(山东智钧项目管理有限公司,山东德州253000)

摘 要:随着近年来品质工程创建活动的推广开展,对混凝土工程外观质量的要求也逐步提高,影响混凝土外观质量的因素较多,其中混凝土颜色的差异是很重要的一项。结合在混凝土施工过程中的实际控制情况,本文从混凝土材料组成、混凝土配合比及施工工艺等方面对造成混凝土颜色差异的因素进行初步分析。

关键词:混凝土外观颜色 配合比 环境影响

1 混凝土的材料组成、混凝土配合比影响混凝土表面颜色

混凝土表面颜色形成机理为:混凝土构件的制作过程,水泥(胶凝材料)加粗细骨料和水再掺加一定的外加剂经过拌和,拌和物经过浇筑、振捣、养生成型。混凝土内起着填充作用的胶凝材料——水泥包裹着整个骨料,混凝土构件表面充满了水泥浆,因此水泥的本色就是混凝土构件表面的颜色,这就是基色。基色的深浅由用水量、水泥的成分以及施工措施和环境的变化决定。

混凝土除了基色外还充斥着其他的颜色。混凝土内部存在着很多的毛细孔隙。混凝土构件在脱离整个保护条件后,长期裸露于自然环境中,随着硬化过程的进行和多余水分的蒸发,在其表面渗及内部形成许多的、大小不一的毛细孔隙,通过光的折射、反射作用,从毛细孔内反射出骨料,主要是粗骨料的基岩颜色。

1.1 原材料

通过对三个拌和站的原材料进行现场取样,调查原材料的产地、生产厂家,再对三个拌和站的原材料进行对比分析,结果如下:

水泥:三个拌和站都采用的是山铝P.O42.5水泥,产自同一地区,外观颜色一致。

砂:均为同一产地河砂,细度模数为2.5~3.0,含泥量都小于2.0%,外观颜色一致。

碎石:同一产地,级配均匀,含泥量都小于0.5%,外观颜色一致。

水:均为饮用水。

减水剂:均为淄博华伟高效减水剂NOF-1型粉剂型。

通过分析发现,三个拌和站所用原材料基本为同一产地,且规格相同,各种原材料特别是粗骨料的基岩颜色基本相同,从理论上说,在此方面应该不会产生颜色差异。

1.2 配合比与混凝土的拌和控制

选取具有代表性的预制20m空心板进行调查分析,三个拌和站分别供应的混凝土的实际使用配合比见表1。

三个拌和站分别供应的混凝土的实际使用配合比　　表1

拌和站	水泥(kg)	砂(kg)	碎石(kg)	水(kg)	减水剂(kg)
1号	500	683	1115	158	4.94
2号	494	647	1151	158	11.856
3号	494	683	1115	158	4.25

为了便于施工,混凝土必须具有一定的施工坍落度,在不掺加外加剂的情况下势必会增加用水量和水泥用量。即使掺加外加剂,在配置高强度混凝土时,如不掺加掺合料,同样需要较大的水泥用量。但是随着水泥水化反应和强度的增长以及各种环境变化的影响,混凝土内水分蒸发,在混凝土内形成许多毛细孔,而在形成毛细孔的同时,在毛细孔内析出$Ca(OH)_2$等结晶,这样透过光的折射,在混凝土表面形成白或灰白颜色,析出的晶体越多则颜色越白。水泥用量越多,析出的晶体越多,混凝土表面颜色就越白。

分析发现,三个拌和站梁板配合比基本相同,现场拌和时间也基本都控制在2分钟左右。但通过现场实际调查发现,三个拌和站在现场实际施工中,对于混凝土坍落度的控制存在一定的差异,3号拌和站在实际控制过程中,混凝土坍落度比1号拌和站和2号拌和站小20~30mm。从理论上说,混凝土的坍落度小,其泛浆能力就会稍弱,造成混凝土构件表面泛出的水泥浆会少一些,因为水泥浆包裹着整个骨料,在此情况下,通过光的折射、反射作用,从毛细孔内反射出粗骨料的基岩颜色就会多一些,因而造成混凝土表面的颜色较深。另外,3号拌和站水灰比小,混凝土内的水分蒸发后,在混凝土内形成许多毛细孔会较少一些,在毛细孔内析出$Ca(OH)_2$等结晶也会少一些,从而造成混凝土表面的颜色较深一些。

2 施工工艺对混凝土表观颜色的影响

混凝土颜色受模板和隔离剂、施工措施、水灰比、环境温度、拆模时间的影响。

2.1 模板和隔离剂

混凝土成型必须使用符合要求的模板。而施工中除了在模板上使用的隔离剂外难免还会依附其他各种物质,如污垢、粉尘、油漆以及金属部分的锈蚀等,在混凝土达到一定强度以后,这些物质便会依附于混凝土构件表面,形成各种难看的污点,严重者将直接影响构件的外观质量。更为糟糕的是,如果模板在使用前没有清理干净,在每次使用模板后,混凝土表面将形成毛面,同时模板上的污垢也会越来越厚甚至发生台阶状的尘垢,致使混凝土构件表面形成难看的台阶状花纹,严重影响混凝土构件的外观质量。当然,在模板比较光洁的情况下,混凝土表面的颜色不仅表现为基色,而且由于受隔离剂的影响,在混凝土构件表面将突出地表现出来,因此对隔离剂的选用尤为重要。

三个梁板预制场所用钢模板强度、刚度基本相同,表面都进行了抛光处理,无生锈和污染现象。另外,通过现场对三个梁板预制场使用的隔离剂进行调查发现,三个标段所用隔离剂都采用柴油、机油按1:2和1:1的比例掺配所得,查看比较其柴油、机油质量基本相同。通过对柴油、机油按1:2和1:1的掺配比例各做混凝土试件一组,养护7天后进行对比,发现其颜色并无明显差异。由此认为三个梁板预制场由采用模板和隔离剂造成颜色差异的可能性不大。

2.2 施工措施

在混凝土施工过程中,由于使用工具的不当,如振动棒接触模板振捣,将会在混凝土构件表面形成振动棒印,而影响构件外观效果与怀疑;由于混凝土的过振造成混凝土离析出现水线状,形成类似裂缝状影响外观,同时会引起不必要的麻烦。由于混凝土的不均匀性或者由于浇筑过程中出现较长的时间间断,混凝土之间形成青白颜色的色差、不均性。另外,施工中振动过度,造成混凝土离析或者形成花斑状(石子外露点)大面积的状态,不仅使外观质量差,而且使混凝土强度降低很多。

但通过现场实际调查发现,三个梁板预制场混凝土颜色虽然有轻微差异,但并不符合上述措施造成的颜色差异。由此认为,可排除施工措施因素的影响。

2.3 环境等外在条件

在混凝土施工过程中,水泥的水化反应受环境的影响较大,尤其是受温度的影响较大。当环境温度较低时,混凝土的原材料即粗细骨料、水的温度较低,同时受拌和机具、运输机具、容器、模型等的吸热影响,混凝土最终入模的温度也较低,水化反应较慢,强度增长较慢,在混凝土达到较高强度时则花费的时间较长,水化反应得充分,析出的 $Ca(OH)_2$ 较少,因此混凝土成型后的外观颜色呈现青色。相反,当温度较高时,混凝土原材料吸热较多,温度较高,同时受拌和机具、运输机具、容器、模型的影响,混凝土入模温度较高,水化反应较快,较高的水化热致使混凝土内部温度迅速升高,析出的 $Ca(OH)_2$ 较多,因此混凝土成型后的外观颜色较多地呈现为灰白色,混凝土虽然短时间内可以达到较高的强度,但后期增长有限。在实际的施工中,受工期等的影响,同时为了降低成本,而采取蒸汽养护或其他保温措施养护,但应注意的是,升温不应只对混凝土加热而忽略了原材料的温度,因此升温的措施应当双管齐下。选择一个合理的混凝土入模温度和养护温度,对混凝土的强度增长最为有利,满足整个施工进度的需要。也就是说,在条件许可的情况下,尽可能采用自然养护,在环境温度较低时,应对原材料和机具加热,成型后对混凝土加热养护,保持一定的湿度;在环境温度较高时,应对原材料、机具等降温,不需要再对混凝土加热养护,同时必须加强保水养护。

三个梁板预制场冬季混凝土结构都采取蒸汽养护,但养护温度的高低有一定差异,1号梁板预制场平均养护温度高于2号、3号梁板预制场平均养护温度,为5℃~10℃,这造成冬季施工的混凝土结构物的青色和灰白色差异较明显。由此可见,养护温度对混凝土表观颜色影响较大。

3 结语

通过试验,在采用同样模板、隔离剂的情况下,初步分析影响混凝土梁板颜色差异的因素还有以下几点:

(1)水泥用量的影响。混凝土外观由于受水泥、粗细集料等的影响存在基本色,而受施工条件的影响是随机变化的和不定的。因此要对外观质量进行控制只能从施工措施上入手,从各种施工条件中以及水泥本身的水化反应中析出的 $Ca(OH)_2$ 晶体等,最终在受到各种外在条件的影响时,在混凝土内部将形成破坏作用,导致混凝土结构的破坏。

(2)温度影响。对自然养护和低温养护的梁板外观质量颜色的观察对比,较高温时间段与蒸汽高温养护对比,自然养护和低温养护的外观颜色较深于高温养护的外观颜色。因而养护温度或环境温度相对越高,则混凝土颜色较灰白。

(3)水灰比的影响。通过对小流动性的混凝土产品与高流动性的混凝土产品外观质量对比,小流动性的产品外观颜色深于高流动性的产品外观颜色。

参 考 文 献

[1] 李金星,刘海瑞,李遵方.公路桥梁工程混凝土外观质量通病防治措施[J].砖瓦,2021,(10):117-118.
[2] 范正春,李四春.浅谈影响混凝土表面色差的因素及采取的预防措施[J].四川水力发电,2018,37(3):62-64.
[3] 马怀玉.高速公路混凝土原材料对表面颜色质量控制分析[J].建筑技术开发,2022,49(19):87-89.

沥青中、上面层过桥摊铺施工质量控制要点及措施

陶冠涛

(山东智钧项目管理有限公司,山东德州 253000)

摘　要:京台高速公路工程桥梁结构物众多,桥面混凝土铺装层和主线路面下面层的顶面高程必须严格控制,以保证中、上面层在桥头搭板处的连接质量和桥面平整度。为保证中、上面层过桥摊铺施工质量控制目标的实现,本文结合施工中的体会浅谈一些实践方法。

关键词:沥青混合料　摊铺　质量控制

1　引言

路面平整度是衡量高等级公路建设水平的一个重要指标,它决定了行车的舒适性,是公路整体通车效果最直接的外观体现。而在路面施工中,对于构造物及构造物与路基衔接段的平整度控制是整个控制过程的最难点,因为在正常路基段施工中,路面各层按工艺施工形成了一个"初平、粗平、精平、再精平"的过程,最后能取得较好的平整度,而在过桥摊铺时,则只剩余中、上面层,无"初平、粗平"的过程,因此对于施工控制要求较高,必须重点控制好。在沥青路面施工中,特别是在进行上面层的过桥摊铺工作时,质量控制至关重要,以确保道路的耐久性和安全性。以下是一些关于上面层过桥摊铺施工质量控制的要点和措施。

2　材料控制

(1)确保所使用的沥青混合料符合规定的规格和要求,包括沥青的级别、粒径分布、温度等。

(2)对沥青混合料进行取样和试验,以确保其符合设计要求。

(3)检查和控制沥青料的温度,确保其在施工过程中保持在适当的温度范围内,以确保其均匀性和流动性。

3　设备控制

(1)确保铺设机械和振动辊等施工设备处于良好工作状态,经过校准和维护。

(2)定期检查施工设备,以确保其操作正常,如检查振动辊的振动频率和幅度。

(3)使用自动级差控制系统,以确保沥青混合料在铺设过程中达到规定的坡度和平整度。

4 铺筑前的桥面处理

在铺筑沥青混凝土前,对水泥混凝土桥面及搭板进行检查,桥面应平整、粗糙、干燥、整洁,不得有尘土、杂物或油污,桥面横坡应符合要求。不符合要求予以处理,对尖锐突出物或凹坑予以打磨或补修。特别是背墙或搭板处,对凸出的可进行凿除处理,对凹陷较小的可用沥青料进行找补,但当凹陷较大时,必须凿毛后用水泥混凝土进行补修。

5 施工过程控制

(1)控制施工速度,以确保适当的铺设速度和振实速度,以避免冷接缝和均匀振实。
(2)确保适当的工作温度范围,以保持沥青混合料的流动性和紧密性。
(3)监测施工过程中的坡度和平整度,确保道路的垂直和水平度符合要求。
(4)在施工现场设置适当的警告标志,以确保安全施工。

6 质量控制测试

(1)进行密度测试,以确保振实度符合规范要求。可以使用核密度计或其他适当的测试方法。
(2)进行厚度测量,以确保沥青层的厚度符合设计要求。
(3)进行坡度和平整度测试,以确保道路的平整度和坡度满足要求。
(4)进行质量抽样和取样,以进行实验室试验,验证沥青混合料的质量。

7 铺筑防水层

对桥面板凿毛,用人工清除浮屑和吹尘,然后用高压水枪清洗桥面,以利防水层与桥面板有良好的结合。防水层沥青及预拌碎石应撒布均匀,边角未撒到的地方采用人工补撒,并用胶轮压路机及时碾压,最后清除多余松散的碎石,防水层必须全桥面满铺,做好边角、拐弯处及形状不规则的细部防水层铺设。

8 摊铺机找平方式的选择

目前,高速公路施工中使用的摊铺机均有自动找平装置。但为了提高沥青路面摊铺质量,可有多种找平方式供选择以配合摊铺机作业,具体如下:
(1)钢丝线找平基准配以角位移传感器找平方式。
(2)机械式平衡梁配以角位移传感器找平方式。
(3)多声呐非接触式平衡梁找平方式。
(4)非接触式激光扫描自动找平系统。

当前应用最广的是钢丝线找平方式和多声呐非接触式平衡梁找平方式。钢丝线找平方式基准线不受下承层平整度影响,纵坡能很好地符合设计要求,结构简单,价格低廉,在沥青下面层施工中被广泛使用。而对于中、上面层则多采用多声呐非接触式平衡梁找平方式。非接触式平衡梁在路面以上一定距离处使用几个声呐跟踪器(一般为 4 个或 8 个),以地面为基准精确测出距离平均值,控制摊铺机的升降油缸,从而达到更好的光滑平整的摊铺效果。但考虑到实际施工中部分桥面铺装和桥头搭板的高程、平整度问题,在中面层过桥摊铺施工中,采用钢丝线找平方式较好,在上面层施工时可采用多声呐非接触式平衡梁找平方式。

9 过桥摊铺控制要点

在桥上摊铺面层时,由于两边都已做好防撞护栏,又有桥头搭板及伸缩缝,施工较为困难。为保证平整度,我们应注意以下几点:

(1)桥头搭板处及伸缩缝的处理。桥梁的桥头搭板处如果有过厚的三角区,应提前安排先补一层并碾压密实,再按等厚摊铺,以免由于虚厚不同造成路面不平。伸缩缝处应先用低标号砂浆进行堵塞,对于预埋筋较高的应先进行弯曲处理,以确保摊铺机的行走和表面的平整度。

(2)桥面基准线钢丝架设。若架立的钢丝不稳固或不规范,将给铺层的纵横向平整度带来严重的影响。通过力学计算知道(计算过程略),为了保证行车的平坦和舒适,立杆应以每跨 $L=5m$ 架设,拉线拉紧力应大于1000N,一次架设钢丝的长度以 150~200m 为宜。

考虑到在桥面上钢丝绳的架设有一定难度,可采用在护栏上悬吊钢筋进行钢丝绳架设,(图1)但必须保证悬挂钢筋应稳固而不被扰动。用两台精密水准仪测量控制钢筋的高程,钢筋宜较设计高程高 1~2mm,并保证钢筋的高程在铺筑过程中始终准确,每两根钢支柱间钢丝绳的挠度不大于2mm,基准线应尽量靠近熨平板,以减少厚度增量值。

(3)要求做好桥面防水层的成品保护,严禁运输车辆在桥上调头、转弯、急刹车。摊铺机前,应铺设无纺布等材料保护,随摊铺随移开,确保运输车辆在无纺布上行走。

(4)严格划出摊铺机的导向线,特别是在弯道桥上,每隔2m就须测一次,绝对不能使摊铺机卡在防撞墙中间。

(5)对于部分已安装泄水管的桥面,沥青混凝土面层与泄水孔应结合圆顺平整,因此处机械不易碾压到位,所以施工中应设专人负责泄水孔的处理,要求油面

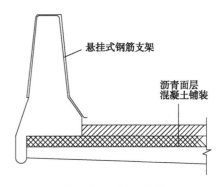

图1 悬挂式钢筋支架

高与之接平,或只能高不能低,以便排水,应采用人工夯实平整、密实。为达到密实圆滑,可配备火夯、火烙铁进行处理,避免桥上沥青路面与排水口相接不顺、排水不畅、有毛茬等现象。

(6)注意对靠近护栏处面层的碾压,边部碾压不到位,则不密实易渗水,造成路面及早损坏,若紧靠护栏碾压,又容易造成护栏磨损。因此要找技术较好的驾驶员,采用小型压路机进行压边,并设专人进行引导指挥。

(7)过桥摊铺应连续进行,过桥摊铺前做好所有准备工作,混合料供应充足,摊铺行走速度较正常段时降低 25%~30%,并将摊铺机熨平板振捣调至高档以增加混合料的初始压实度,并严禁摊铺机过桥过程中出现停顿。

(8)施工完成后,要及早在伸缩缝处进行切缝处理,避免沿伸缩缝处出现不规则的扯裂缝,并用热沥青灌缝。

(9)在中面层施工完成后,有可能存在部分结构物因桥台背墙或搭板等处找补控制不到位现象,需对高程再进行加密检测,对超低点进行修补处理,对超高处采用洗刨处理,复检平整度合格后方可进行上面层摊铺。

10 文件记录

(1)记录施工过程中的所有关键参数和测试结果。
(2)保留施工记录,包括施工计划、材料测试报告、施工日志等。
(3)确保所有施工过程和质量控制活动的文件和记录都是准确的、完整的和可追溯的。

11 质量审核

(1)进行定期的质量审核,以确保施工过程的一致性和合规性。
(2)及时纠正任何发现的问题,并采取纠正措施,以确保道路的质量。

12 结语

本文所述是上面层过桥摊铺施工质量控制的一些关键要点和措施。在施工过程中,密切监测和维护质量标准是确保道路耐久性和安全性的关键因素。同时,与合同规定的要求和标准保持一致,以确保最终交付高质量的沥青路面。

参 考 文 献

[1] 林尧.高速公路改造工程通车后沥青路面桥头搭板段病害探析[J].福建交通科技,2020(4):18-20+24.
[2] 杨明君.高速公路桥头过渡段跳车问题研究[J].河北企业,2010(3):79-80.
[3] 宁建根,熊煜明.浅谈公路桥头跳车病害防治[J].交通科技,2012(S1):46-48.

桩端后注浆加固桥梁桩基施工技术

段同军

(山东省路桥集团有限公司,山东济南 250014)

摘　要:桩端后注浆技术可明显提高单桩承载能力和桩基质量,合理利用该技术可缩短工程施工时间,降低工程造价。本文分析桥梁桩基桩端后注浆施工技术,探讨桩端后注浆施工技术在桥梁工程中的具体应用和相关注意事项。

关键词:桩基　后注浆　加固机理　施工

1 引言

近年来,钻孔灌注桩技术日益成熟,钻孔工艺水平不断提高,单桩承载力水平不断提高,适用范围不断扩大。但是在钻孔灌注桩施工时,或多或少都会在孔底留下沉渣,沉渣的存在影响桩身和桩周围土体的结合,导致桩端阻力和桩侧摩擦力显著降低。为消除桩底沉渣和桩端泥皮对桩身承载力的不良影响,所以在桩基施工中,应采用桩端后注浆施工技术,通过对桩端实施压力注浆措施,达到提高单桩承载力、减少桩顶沉降的目的。桩端后注浆加固是一种常用的桥梁桩基施工技术,用于加强和稳定桥梁桩基的承载能力。下面是关于桩端后注浆加固桥梁桩基施工技术的一般步骤和注意事项。

2 项目背景

桩端后注浆加固是一种常用的桥梁桩基加固技术,用于增加桥梁桩基的承载能力和稳定性。它通常用于以下情况:

(1)承载能力不足:当桩基的承载能力无法满足设计要求时,可以通过桩端后注浆加固来增强桩基的承载能力,从而保证桥梁的安全使用。

(2)异常荷载:如果桥梁将面临超过设计荷载的情况,如交通量增加或道路改造,桩端后注浆可以增加桥梁桩基的强度和稳定性,以适应更大的荷载。

(3)桩基老化或损坏:随着时间的推移,桥梁桩基可能出现老化、损坏或受损的情况。桩端后注浆可以修复受损或空洞的桩身,恢复桩基的承载能力和稳定性。

(4)沉降修复:如果桥梁桩基发生沉降,通过桩端后注浆可以填充桩基周围的空隙,提升桥梁的整体高度,并减少沉降的影响。

在桩端后注浆加固中,注浆材料通常采用水泥混凝土浆或聚合物浆料。这些材料具有良好的流动性和硬化性能,可以充分填充桩体内部的空隙,并与现有桩身形成一体化的结构。注浆过程需要控制注浆压力、流量和时间,使注浆材料充分渗透和填充桩身,以提高桥梁桩基的整体强度和稳定性。

总之,桩端后注浆加固技术是一种有效的桥梁桩基加固方法,通过填充和强化桩体空隙,提升桩基的承载能力和稳定性,确保桥梁的安全运行。该技术在桥梁工程中得到广泛应用,并在延长和提高桥梁寿命和承载能力方面具有重要作用。

3 桩端后注浆技术机理及施工工艺

3.1 桩端后注浆技术机理

桩端后注浆是在钻孔灌注桩成桩后,利用钢筋笼侧面预先埋设注浆管,在成桩后再实施高压注浆,通过管路高压注浆的方式对桩底沉渣和桩端泥皮进行固化,从而促进桩基实际承载能力的提升,降低沉降量。

3.2 桩端后注浆技术工艺流程

桩端后注浆施工工艺为:施工准备—预埋注浆管下放钢筋笼—灌注桩身混凝土—注浆管开塞—注浆—养护—结束。

3.2.1 施工准备

在桥梁桩基施工前,需要对桩基进行详细的勘测和设计,确定桩基的形式和尺寸。在桩基施工现场进行预处理,如清理和修整桩顶,并确保桩身的完整性和垂直度。桩端后注浆施工设备由注浆泵、压力表、储浆桶、注浆管组成。在施工前,应根据现场土体状况合理选择相应的注浆泵进行注浆。通过采取此种施工方法,不仅能缩短注浆时间,而且能显著提高注浆速度。在搅拌机浆液出口位置设置滤网,保证浆液质量满足施工标准要求,压浆设备内部管路保持良好的密封性,注浆管连接部位还要设置止浆阀,以避免注浆完毕后浆液大量流出。在注浆系统中,注浆管起到良好的输送和连接作用,因此,注浆管要连接稳固,保持良好的密封性,焊接完毕后,可采用管箍形式进行有效连接。

3.2.2 注浆材料准备

选择适当的注浆材料,通常使用水泥混凝土浆或聚合物浆料。注意注浆材料的配比和混合,确保注浆材料具有适当的流动性和强度。

3.2.3 注浆设备准备

准备注浆设备,包括搅拌设备、输送设备和注浆管道等。检查注浆设备的工作状态,确保其正常工作并调整设备流量和压力。

3.2.4 注浆管制作

一般采用DN25黑铁管、壁厚3.25mm的钢管制作注浆管,采用丝扣套筒连接方式接长,也可以采用声测管作为注浆管。花管采用孔径$\phi 6 \sim \phi 8$的无缝钢管制作,钻孔间距为50mm,相邻钻孔交错布置。注浆管制作完成后,将孔口毛刺磨平。花管端部安装端头封闭。为确保注浆管牢固连接,先使用胶带将注浆管缠紧密封,然后使用细铁丝在外部缠绕,有效保证注浆效果。在完成超声波检测后就可以进行桩端注浆。

3.2.5 注浆管开塞

在注浆施工前需进行压水开塞,其目的是疏通注浆通道,有效解决注浆管道内的泥层和沉渣的问题,提高加固效果。压水试验时间一般控制在1~2分钟,打通后要立即进行通水,完成试验。

3.2.6 注浆施工

将注浆管道安装到桥梁桩基的顶部或侧部,并根据设计要求的位置和间距进行布设。通过注浆管道将注浆材料注入桩身内部。应注意控制注浆压力和流量,以确保注浆材料能充分填充桩身空隙。在注浆过程中,根据注浆材料的流动状态和填充情况,及时调整注浆的压力和流量。桩端后注浆施工质量受浆液质量、注浆量、注浆压力、注浆节奏等因素的影响。注浆水灰比需要根据现场土体的土质状况和渗透系数确定,一般多取 0.5~0.7,材料多为采用普通硅酸盐水泥,并根据实际情况掺入适量的添加剂,注浆压力根据预压水试验确定,单桩注浆量根据现场注浆情况确定。注浆终止条件如下:

(1) 注浆量和压力都已经达到设计的要求。

(2) 若注浆量达到要求,但注浆压力没有达到要求,注浆方式可改为间歇方式。

(3) 若注浆压力达到要求,但注浆量不足,应确保注浆量能够达到 80% 的设计要求。

3.3 注浆施工要点

在桩基工程项目当中,压浆施工需一次完成,在压浆环节,可选择 2 根桩实施循环施工,在对 1 根桩 A 管压浆时,要保证压浆量达到压浆总量的 70%,才能够进行另一根桩 A 管压浆,在第 2 根桩的 A 管压浆结束后,对第一根桩 B 管与第 2 根桩 B 管实施压浆。每根桩 2 根管的压浆时间不宜少于 30 分钟,为水泥浆液的扩散提供充足时间,进一步提升桩端后注浆施工效果。

(1) 严格控制注浆压力。桩端后注浆压力包含起渗压力、扩展压力与注浆管摩阻力等,施工人员根据试验桩,科学确定注浆压力,注浆的初始压力不宜大于 1MPa,不宜低于 0.5MPa。

(2) 在桩基注浆施工过程中,注浆的终压压力不宜大于 6MPa,注浆压力达到终压压力后,要进行稳压,稳压时间不宜小于 3 分钟,实际控制在 5 分钟左右,注浆压力逐渐上升到终压力之后,方可暂停注浆施工。

(3) 结合桥梁桩基工程设计要求,每桩的连续注浆时间不宜超过 60 分钟,不宜少于 30 分钟,在特殊情况下,施工人员可采取间隙注浆施工方式。为了防止出现桩凝结现象,也可采取小泵量连续注浆施工方法进行施工。

4 施工注意事项

(1) 若注浆压力大于 10MPa,压浆喷头仍无法顺利开启,则说明压浆喷头已经被破坏,此时,施工人员不能强行增加压力,需增加另一根管压浆。在压浆施工过程中,如果桩端或其他部位时常出现冒浆现象,而剩余部位未发生冒浆现象,则表明桩底部处于饱和状态,施工人员要及时停止压浆作业。如果在本桩的侧壁出现水泥浆液冒出现象,待压浆量满足规定标准后,才能停止压浆施工。如果仅本桩端壁发生轻微冒浆现象,可使用清水对压浆管进行冲洗。

(2) 施工人员要科学控制注浆压力,在注浆期间,若发现压力值控制不合理,要立即停止设备运行,保证注浆施工的安全性。若注浆压力过高,桩体内部容易出现堵塞现象,严重的还会发生坍塌。在桩基工程项目中,通过运用桩端后注浆施工技术可以提升承载能力,强化桩基工程质量。

5 注浆质量控制

(1) 进行注浆过程的质量控制,并进行现场监测和测试,如注浆压力、流量、注浆时间等参数的记录。

(2)验证注浆质量与设计要求的符合性,可以进行取样和实验室试验,以评估注浆材料的强度和一致性。

6 施工完工与验收

(1)完成注浆施工后,进行施工清理,清除多余的注浆材料和设备。
(2)进行施工结束的验收,包括检查和测试加固后的桩基的质量和性能,确保其达到设计和规范要求。

7 结语

综上所述,桩端后注浆施工技术在桥梁工程桩基施工中应用,可提高单桩承载能力,降低桩顶沉降量,进而提升桩基质量。在实际应用该技术时必须选择合理的施工工艺,加强对施工各环节的控制才能保证施工的质量,才能有效利用后注浆施工技术促进桥梁工程桩基施工质量的提升。

参 考 文 献

[1] 林品.桩端高压后注浆技术在优化冲孔灌注桩施工中的应用[J].四川水泥,2022(10):156-158.

[2] 杨建伟.建筑工程桩基施工中的桩端后注浆技术研究[J].中国建筑金属结构,2023,22(4):33-35.

[3] 黄义淳.钻孔灌注桩桩端后注浆施工技术应用及质量控制措施[J].水利科学与寒区工程,2023,6(9):101-105.

公路桥梁绿色施工及加固施工技术的应用要点

刘铭磐

(山东省路桥集团有限公司,山东济南 250014)

摘　要:近年来,经济迅速发展的同时,人们的生活质量开始提高,人们不再满足当下生活,追求更高质量的生活,对生活中的各方面需求都提出更高的要求。21 世纪以来,我国的城市化与城镇化进程在飞速前进。交通运输业的蓬勃发展离不开科学技术的支持,可以说,科学技术为交通运输注入新鲜的血液,推动其前进的步伐。现阶段,我国的交通理念正在转变,开始朝着数字化的方向前进。这一时期,路桥工程占据独一无二的位置,不仅为人们的生活提供便利,还可以提高道路交通的通达性。

关键词:公路桥梁　施工技术　改进措施

1　引言

当前,在城市建设和发展过程中交通压力较大,尤其是经济较为发达的地区,国民对交通出行方面有着较高的要求,为此,需要进一步提升优化路桥等交通基础设施,提升路桥工程施工技术水平,确保能够和实际需求相吻合。在这种背景下,工作人员有必要提高路桥工程施工技术管理水平,提高施工工艺和施工技术的合理性,优化混凝土结构,保证路桥工程的稳定性。为了充分保证公路桥梁项目建设质量,相关单位要结合工程实际需求调整公路桥梁施工作业相关技术,提升施工技术水平,从而保质保量地完成公路桥梁建设,为社会提供安全稳定的交通工程,降低公路桥梁质量问题发生的概率。

2　公路桥梁施工技术优化的意义

在人们日常生活、出行、经济发展等诸多方面,公路桥梁都发挥着重要作用。作为我国最为主要的交通方式,公路桥梁对区域经济发展有着深远的影响。我国的经济建设离不开公路交通,"要致富,先修路"绝不是无根据的空话。在当今时代,物流、网购、外贸等经济发展方式都在持续推进,这些行业都离不开公路桥梁这一交通基础设施。当前我国已经具备较为发达的交通信息系统,在互联网等现代技术的辅助下,公司路桥梁建设得到进一步发展。不过即便如此,公路桥梁建设中仍然存在一定的不足,需要积极改进创新,提高施工技术水平,改进传统施工中的不足,切实提升公路桥梁建设效果,为我国长远发展奠定坚实的基础。

3 应用要点

3.1 材料选择

选择符合环保标准的建筑材料。优先选用可再生和可回收材料,减少对自然资源的消耗。使用低VOC(挥发性有机化合物)和无VOC的涂料、胶黏剂等材料,减少有害气体的排放。选择经过环保认证或具有环境友好特性的材料。

3.2 节能措施

使用节能设备和工程工艺,如高效照明系统、节能型机械设备。反复利用施工废弃物和废料,如再生混凝土、再生水泥等。优化施工工艺,减少不必要的能源消耗和废弃物产生。

3.3 水资源管理

在施工过程中合理使用水资源,减少水的浪费和污染。使用低水耗或无水技术进行施工,如干法混凝土施工等。设置合适的排水系统,避免水流对周边环境造成负面影响。

3.4 噪声和振动控制

采用减振措施,如隔音屏障、减震设备等,并合理安排施工时间和工序,降低施工噪声和振动对周边居民的干扰。

3.5 生态保护和环境复原

在施工前进行生态环境评估,采取相应的保护措施,减少对生态环境的影响。进行生态补偿,如采取植被恢复和野生动物保护等措施,使施工区域的生态系统得到保护和恢复。

对于桥梁加固绿色施工的要点和措施包括如下:

(1)选择环保的加固材料,如使用再生材料进行桥梁加固,减少对资源的消耗。
(2)采用无损加固和表面加固技术,避免破坏原有结构,减少施工废弃物的产生。
(3)结合绿色施工理念,减少施工碳排放和环境污染。
(4)在加固施工前进行结构评估和监测,确保加固措施的有效性和安全性。

4 公路桥梁施工关键技术

4.1 混凝土浇筑

混凝土密实度从很大程度上受到混凝土浇筑技术水平的影响,同时,混凝土浇筑是路桥工程施工中的重点。在开展混凝土浇筑作业前,工作人员要充分做好规划设计工作,合理安排施工流程,合理安排施工流程,合理控制各个设备进场时间。在浇筑前,技术人员要详细比较料块和色彩,确保所有材料和浇筑作业都处于可控范围内,严格按照规范标准展开。技术人员还要加强检测混凝土温度,对混凝土振捣过程进行严格监管。混凝土入模后需要立刻开展振捣工作,要保证振捣器慢入快出,做好角落振捣工作,避免出现漏振、过振问题,要保证混凝土结构均匀。同时,振捣人员要均衡振捣力度,在表层不再析出气泡后可以终止振捣工作。

4.2 预应力结构设计

在路桥工程中应用预应力施工技术前,设计人员需要对路桥结构进行优化。在预应力混凝土结构设计中,设计人员需要加强分析路桥结构承载力,有针对性、有目的性地分析预应力技术应用方法,在具体设计中加强验算材料的应用,明确材料应力是否和工程结构强度要求相符合,只有保证材料应力达标,才能切实发挥预应力技术的应用优势。同时,工作人员要积极控制路桥结构变形等问题,在设计中加强验算各种参数,确保参数准确可靠,切实保证施工工作业有效开展。施工中工作人员要严格控制基础预应力,保障预应力施工效果。此外,工作人员还要合理设计结构挠度,加强控制其挠度值,避免挠度不达标影响施工效果。

4.3 地基、排水施工技术分析

在具体的施工过程中,软土地基会使用桩基础。如果是高路基,回填材料会导致周边软土层出现移动的情况,一旦出现这种情况,地基结构就会被破坏。所以,在回填的过程中要从两边进行,使其产生有效抵抗,这样做可以避免对其中一侧墙体产生冲击,减少移位现象出现的频率。另外,在路桥过渡段路基路面施工中,还有一个十分重要的环节可以在一定程度上决定过渡段的整体质量,即排水施工。在进行施工的过程中,如果遇到雨天,施工现场的积水没有及时排放不仅会给人们的出行带来困扰,而且会影响路面。因此,路桥过渡段积水的时间最好不要超过20分钟,在排水的时候要注意不要破坏桥下方的设备以及建筑物。除此之外,在建设的过程中最好使用地下管道的方式,从而可以实现集中排放,减少工作量。

5 公路桥梁绿色施工的措施

5.1 强化绿色施工理念

只有管理人员和施工人员都认识到绿色环保化建设对公路建设的重要性,才能真正做到在设计环节、施工环节、审计环节、验收环节等将绿色环保作为评审标准之一。绿色环保施工体系化建设要在组织体系、制度体系和技术体系上同时达到绿色环保化,并通过科学完善的管理制度来监督和优化绿色环保体系在公路工程建设中的应用。

5.2 提高建筑材料资源利用率

材料的高消耗就意味着道路桥梁工程施工需要消耗掉更多的资源,其中大部分资源不可再生。所以,降低道路桥梁工程材料的消耗,提高材料利用率是对资源的有效保护。通过工程材料使用的科学管理,能够杜绝施工过程中材料浪费的行为。不仅如此,早期道路桥梁工程施工产生的废料都被作为建筑垃圾进行处理,垃圾处理同样需要成本,通过对材料性能和技术的创新发展,使废弃材料能够回收利用,可以避免材料生产对原材料的消耗数量,实现道路桥梁工程与生态环境的和谐发展。

5.3 合理控制施工中产生的各种污染

为了有效避免噪声污染,施工企业要尽量开展全封闭施工,最大限度降低施工给周围居民带来的不利影响。合理使用先进的低噪声仪器,从源头上降低噪声发生的概率,将施工时间控制在合理范围内,保证道路桥梁工程施工不会影响居民正常的休息和生活。而水资源污染主要包括工人生活污水、施工产生的污水。施工企业要合理使用污水排放控制技术,要求施工人员和工人将污水排放到指定的地方,并且科学处理这些污水,进而最大限度降低水资源污染给周围环境带来的影响。在每一个施工项目中都会产生粉尘污染,为了有效控制粉尘污染,施工企业要尽可能减少烟尘飘散的可能性,集中堆放施工中会应用到的石灰、砂石等,从根本上避免粉尘污染。同时,施工人员要定期开展洒水和清扫工作,这样可以大大减少粉尘量。比如,在道路桥梁工程施工中,当施工人员搅拌、运输施工材料时会产生大量的污染气体,进而造成十分严重的大气污染。这时施工人员要将所用材料的出厂温度控制在规定范围内,封闭施工路段,禁止居民经过施工路段,最大限度降低施工给居民带来的不利影响。

6 结语

我国虽然有着悠久的建造公路桥梁的历史,近些年也取得了较大的成就,但是仍然要注意具体实践中施工技术应用的不足之处,积极改进施工方法,提高施工技术水平,建造高质量的公路桥梁工程。

参 考 文 献

[1] 何亚军.建筑工程项目中绿色建筑施工技术实践研究[J].建材发展导向,2023,21(24):159-161.
[2] 陈晨.公路桥梁施工技术的不足及改进措施[J].居舍,2021(36):46-48.
[3] 王亚卓.公路桥梁施工技术管理优化策略分析[J].工程技术研究,2020,5(19):168-169.

基于计算机视觉的中小跨径混凝土梁桥的车流分析

章清涛[1] 李广奇[2]

(1. 山东高速股份有限公司,山东济南 250014;2. 山东省交通科学研究院,山东济南 250102)

摘 要:当前,我国交通运输的体量不断上升,车辆超载现象及桥梁结构风险事故呈上升趋势。近年来,计算机视觉技术的进步有效地弥补了对车辆监测感知的随机性,将基于计算机视觉的车辆识别技术融入 BWIM 技术中。基于此,本文基于某中小跨径混凝土箱梁桥,布置了桥梁车辆摄像系统,并进行了基于计算机视觉的桥面车辆识别系统的布置和相关的算法设计,建立了一套基于 SORT 算法的车辆检测与跟踪框架,实现了基于时空的桥面车辆粗粒度特征跟踪,完成了车流分析的任务,得到了重载车辆的车道分布规律、司机驾驶偏好。

关键词:车流分析 计算机视觉 车辆检测 车辆跟踪

1 研究背景

根据交通运输部发布,截至 2021 年年底,全国公路桥梁共 96.11 万座,7380.21 万延米,其中大型桥梁与特大型桥梁的数量为 14.19 万座,约占总数的 14.8%,剩余绝大部分为中小跨径桥梁。作为中小跨径桥梁中基本的桥梁结构形式之一,混凝土梁桥的数量相当可观,在我国交通体系中占有绝对重要的地位,保证中小跨径混凝土梁桥的结构安全和交通安全是我国交通体系正常运转的一个重要基石。

1.1 计算机视觉技术在车辆检测与识别技术中的应用

计算机视觉技术的一大应用场景是以车辆荷载为主的动荷载识别。车辆荷载是主要的公路动荷载之一,具有显著的时间、空间随机性,在中小跨径混凝土梁桥的荷载组合中占据较大比重。为保障桥梁结构安全,需要对重载车辆进行重量识别。目前常见的重载识别方法主要有两种:大型机械式秤台的静态称重法、埋设由钢板制成的机械式结构称重设备的动态称重法(Weigh-in-Motion,WIM)以及桥梁动态称重技术(Bridge-Weigh-in-Motion,BWIM)。其中,静态称重通常要求车辆保持极低速驶上测量设备,需要在收费站附近设置称重处。WIM 可以测量正常行驶中车辆的重量,但该技术需要切割铺装层,并且要定期设备养护,具有较高的维护成本;驾驶员可以通过绕行等手段干扰车重识别,避免遭受超重处罚。BWIM 利用桥梁结构影响线来推算车辆荷载。当前的 BWIM 通常利用两种传感器协作完成称重任务:其一是在桥下靠近桥面处安装车轴检测器,识别车辆的车轴距离等行驶信息;其二是在桥下梁底安装称重传感器来获得车辆的重量信息。BWIM 有更广泛的应用场景、更小的维护成本,有较好的应用前景,但基于两种传感器的 BWIM 仅能针对车辆单点进行荷载检测,不能实现对车辆行驶特征的精准描述。

近年来,计算机视觉技术的进步有效地弥补了对车辆监测感知的随机性,将基于计算机视觉的车辆识别技术融入 BWIM 技术中,可以提高重载识别的精度并获得更完整的车辆信息。例如,基于固定位置的交通摄像头进行背景建模及帧间差分是一种直观的车辆识别方法,其思路是将有车辆的照片与无车辆的照片进行相减机器学习,从而实现对车辆的识别。Pan、Wang 等提出了基于机器视觉的大跨径桥梁动态车辆荷载识别框架,并基于中国江苏省江阴长江公路大桥进行实验(图1),成功识别了动态车辆载荷,对于其他大跨径桥梁具有工程推广价值。

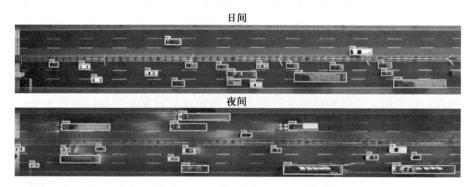

图 1 基于机器视觉的大跨径桥梁动态车辆荷载识别

1.2 研究背景与研究目标

在桥梁服役过程中,影响桥梁状态的因素众多,各因素具有较强的模糊性和不确定性,对于大跨径的斜拉桥、悬索桥等,往往会在工程可行性研究阶段针对重载车辆通行的问题进行专门的立项研究;而对于占我国桥梁总数 90% 以上的中小跨径桥梁的设计和施工来说,重载车流分析问题一直没有得到足够的重视,而活载对于中小跨径桥梁的设计及服役性能起着决定性的作用。因此,针对日益发展的交通量以及大型运输车辆、超载车辆活动增加的情况,有必要对其车流识别分析展开研究。结合不断更新的汽车荷载模型,可以为既有桥梁的可靠性评估和维护、剩余寿命预测提供科学依据,并不断优化设计关键参数,为后续桥梁设计提供参考依据,这对提高我国桥梁发展有着重大意义。

桥梁在服役过程中承受车辆、温度、风等荷载,而针对中小跨径桥梁而言,汽车荷载在中小跨径荷载中具有最为突出的变异性,超载及高流量运营也往往是高速公路路面和桥梁结构损坏的重要原因。桥梁设计荷载必须适应公路交通特性以及今后的发展趋势。国家车辆荷载规范中定义的荷载直接应用到地区公路桥梁设计有两点不妥之处:①国家规范荷载面向全国,对某一地区没有针对性,与地区实际荷载可能存在差异;②国家规范荷载存在时间上的滞后性,一些对公路桥梁荷载模型有着重要影响的因素可能发生了较大的变化。针对现有中小跨径桥梁的重载车流模型进行研究,并不断更新车重载车流模型的研究是十分必要的。

本文拟实现如下研究目标:①搭建桥梁桥面全视域摄像网络硬件平台;②基于计算机视觉技术,实现桥面车辆的检测和分类,以及车辆轨迹跟踪。

1.3 技术内容

1.3.1 基于深度学习的车辆检测技术

本项目基于深度学习的目标检测技术,进行桥面车辆的检测和分类。首先在架设计算机视觉系统后采集桥面图像,通过相机参数进行图像标准化,进而手工标注桥面车辆并分类,形成数据集。训练和优化深度神经网格模型,评估其精度和效率,从而得到桥面车辆的目标检测模型。利用检测模型对后续图像进行处理,实现车辆的高精度和高效率检测。

1.3.2 基于改进卡尔曼滤波的车辆跟踪技术

本项目根据桥面车辆行驶特点,改进传统卡尔曼滤波技术,通过预估和校正方法进行车辆的跟踪。首先通过训练的车辆检测模型进行单帧图像的车辆检测,接着使用状态预测模块、跟踪校验模块更新车辆轨迹,形成车流跟踪器组群。通过连续多帧检测结果,进行组群的新建、删除和更新,持续生成桥梁车辆的时空轨迹数据。

2 基于计算机视觉的车辆检测

2.1 YOLO-V4 目标检测框架

YOLO(You Only Look Once)是 Joseph Redmon 在 2015 年 IEEE 国际计算机视觉与模式识别会议(IEEE Conference on Computer Vision and Pattern Recognition,CVPR)上提出的一种目标检测框架,是 one-stage detection 的开山之作。在此之前的物体检测方法均是基于先产生候选区再进行检测,虽然有相对较高的检测准确率,但运行速度较慢。YOLO 创造性地将物体检测任务直接当作回归问题(regression problem)来处理,将候选区和检测两个阶段合为一体,让人"只需一眼"就能知道每张图像中有哪些物体以及物体的位置。

YOLO 经过 3 个版本的迭代,在 2020 年上半年已经更新到 V4 版本,实现了在公开数据集上目前最佳的实验结果:43.5% 的 AP(在 Tesla V100 上,MS COCO 数据集的实时速度约为 65FPS)。YOLO-V4 在精度和效率方面达到了很好的平衡,与其他检测模型相比具有极大的优势。

YOLO-V4 是一个高效且强大的目标检测模型,仅使用消费级版的 1080 Ti 或 2080 Ti 的 GPU,即可训练一个超级快速和准确的目标探测器。此外,模型实验验证了在检测器训练过程中最先进的目标检测策略的影响。最后,模型修改了部分最先进的检测策略,使其更加有效,如更适合于单 GPU 训练,包括 CBN、PAN、SAM 等。

2.2 YOLO-V4 目标检测网络

YOLO-V4 采用 CSPDarknet53 神经网络架构用于特征提取。首先是 1 个 32 维卷积核,然后是 5 组重复的残差单元 resblock_body(这 5 组残差单元,每个单元由 1 个单独的卷积层与 1 组重复执行的卷积层构成,重复执行的卷积层分别重复 1 次、2 次、8 次、8 次、4 次;在每个重复执行的卷积层中,先执行 1×1 的卷积操作,再执行 3×3 的卷积操作,过滤器数量先减半,再恢复),一共是 52 层。残差计算不属于卷积层计算。

3 基于计算机视觉的车辆跟踪与时空分布信息计算

根据车辆检测结果,可以得到固定时间轴情况下车辆在桥面上的空间分布,但是考虑车流分析的实际需求,仅检测车辆位置无法对应到车流数据,因此不能进一步得到车流的时空分布。因此,值得关注的不仅仅是车辆在桥面上的分布,还有各个车辆在桥面上行驶的轨迹等时间信息,因此需要在车辆检测的基础上对各个检测得到的车辆进行跟踪。

不同于经典的"跟踪—学习—检测"(Tracking—Learning—Detection,TLD)算法,在车辆跟踪场景中无法自动给定跟踪目标,因此不能采用这类目标跟踪算法。为解决多目标、长时序的车辆自动跟踪问题,我们在设计车辆跟踪算法时采用了"基于检测的跟踪"(Tracking by

Detection)的思想,即将目标检测看作目标跟踪的前置过程,通过单帧目标检测来生成待跟踪目标,从而实现目标的自动跟踪过程。一般而言,基于检测的跟踪算法无须指定待跟踪目标,但需要单独训练检测器来生成跟踪目标。

3.1 基于检测的SORT多目标跟踪框架算法

"简单在线实时跟踪算法"(Simple Online and Realtime Tracking,SORT)是一种基于Kalman滤波的快速多目标跟踪算法,考虑到实际物体具有形状、尺寸等特征,目标检测并非单点而是使用矩形框表示,因此在Kalman滤波的基础上,SORT添加了如下几点核心内容用于实际场景下的目标跟踪:

(1)以交并比(Intersection over Union,IoU)作为前后帧间目标关系度量指标。
(2)利用卡尔曼滤波器预测当前位置。
(3)通过匈牙利算法关联检测框到目标。
(4)应用试探期甄别虚检。
(5)使用Faster R-CNN框架进行目标检测,证明了检测模型对于跟踪精度的重要性。

其在效率和精度方面得到了一定的平衡。

3.2 Vehicle SORT车辆跟踪框架

SORT虽然在行人跟踪中获得了较大成就,达到了效率和精度上的高质量平衡,但显然在一些方面不能满足车辆跟踪的工程应用要求,如不允许出现目标的丢帧($T_{max\_lost}=1$)、对于刚体目标的状态建模冗余等。分析本研究的高空俯拍的场景,可以发现,桥面行驶车辆具有如下特征:

(1)单向行驶,只能在特定范围内出现(车道上)。
(2)具有加速和减速行驶的可能性。
(3)色彩和纹理特征的独特性小。
(4)拍摄距离过远时,具有前车遮挡后车的可能性。
(5)不存在目标"穿过"另一目标的可能性。
(6)车辆目标完整的存在范围是确定的(从一端到另一端)。

因此在原SORT的基础上,本研究提出了VehicleSORT多目标跟踪框架,在桥面车辆检测跟踪这一特殊应用场景下,使用5种策略来优化原有的SORT算法,以提高全桥范围内的车辆跟踪精度。下面讲述该算法的改进策略。

(1)识别区域划分。将摄像视域范围内的全桥视野划分为3种类型,如图2所示。

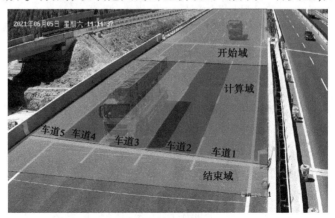

图2 识别区域划分

其中,在"开始域"进行车辆跟踪器的新建,即只对于桥塔处的车辆创建跟踪器,进行全程跟踪,而对于其他区域,即使出现了未配对的检测结果,也不会创建跟踪器。这样一来,一方面避免由于之前丢失车辆的再次创建导致同辆车多 ID 的出现,另一方面对于某些非车辆的错误检测结果进行二次检验。

由于在"计算域"车辆距离摄像头较近,在画面中所占的比例也更大,车辆检测与识别的结果也更加准确,所以在这个区域内对车辆的车速、行驶车道等信息进行计算并更新存储。另外,离开计算域的时间就是进行待监测桥面的时间。

"结束域"在更加靠近摄像头的地方,由于拍摄倾斜度过大,且车辆在画面内占据比例更大,容易产生遮挡且车辆逐渐行驶出视频画面,即算法鉴定该范围图像丢失,仅按照进入区域前的信息进行不断的状态预测,预测框不断向前推移,但不会用检测框跟踪器进行更新。

(2)延长可丢失时间。与原 SORT 不同,在 VehicleSORT 中,跟踪器可以进行间断帧的更新,即跟踪器在未匹配到车辆检测框时并不会立即删除,而是仍然进行预测更新,除非预测框超出桥面边界,或超过了指定的帧数 T_{max_lost}。

采用该方法的主要原因如下:

(1)算法尚无法达到100%的检测精度,因此某些车辆并不能逐帧检测到,如与桥面铺装颜色相近的深色车辆、光照较暗的车辆等。

(2)车流量较大时,大型车辆对于小型车辆具有一定的遮挡,因此应允许在一定时间内的车辆不可检测。

(3)就近一致的速度平均不同于原 Kalman 滤波,考虑到如下情况,仅使用最后一次更新过程的速度预测并不可靠:①IP 摄像头的视频文件或视频流可能存在重复帧、丢帧的情况,如重复帧中的相同车辆将不存在位置变化,使得 $v_t=0$,从而导致状态变换矩阵中的 $\Delta u = 0$,因此对下一帧的预测位置将不发生变化;②车辆并非匀速行驶,存在加速、减速甚至急刹车的情况;③算法不能100%检测到车辆,结合第①种情况,将导致车辆预测框原地不动,跟踪失效。因此采用逐帧推断的方法获取对象速度具有一定的局限性。

本研究提出"就近一致的速度平均"策略,主要针对 Kalman 滤波的预测原理,使用当前帧之前的数帧的实际速度取平均值,作为对下一帧预测时使用的速度,根据描述性统计方法,可使用两种平均手段:

(1)平均数方法:取最近 X 帧的帧速平均值,作为 v_{avg}。
(2)中位数方法:取最近 X 帧的帧速中位数,作为 v_{avg}。

4 实验内容

4.1 实验背景

京台高速公路是国家高速公路网中的放射线高速公路,公路路线编号 G3,连接北京、天津、济南、合肥、福州、台北等城市,构成北京向南辐射的快速主干通道。京台高速公路山东段纵贯山东省南北,路线全长 360.691km,沿线途经德州、济南、泰安、济宁、枣庄等 5 个大中城市和 17 个县市区,是山东省高速公路网布局规划"九纵、五横、一环、七连"中的重要组成部分,已全部建成通车。

京台高速公路德州(鲁冀界)至齐河段起自京台高速公路鲁冀界收费站,止于德州齐河县晏城枢纽,于 1997 年通车,现状全线采用双向四车道高速公路标准,行车速度 120km/h,路基宽 26m。

近年来,随着交通量的迅速增长,京台高速公路山东段特别是京台高速公路德州(鲁冀界)至齐河段服务水平急剧下降,与其承担的交通运输任务和在路网中的作用不匹配,服务社会的效率明显降低。该段自2003年以来交通量年平均增长约4.3%,截至2017年道路拥挤现象严重,大大降低了车辆的行驶速度和道路的通行能力,高峰时段道路服务水平已明显下降,已不能适应经济社会和交通发展需求。因此,京台高速公路德州(鲁冀界)至齐河段改扩建是非常迫切和必要的。

高速公路改扩建不同于新建项目,具有其自身的技术特点和要求。如何充分利用原有工程资源、合理运用技术指标、减少工程投资、缩短建设时长、提高运维管养效率,这都对高速公路改扩建及运维与管养提出了更高的要求。

本项目选择山东京台高速公路一支河大桥中的其中一斜交简支小箱梁跨作为试验桥梁,并在其上安装桥梁健康监测系统及视觉传感器系统,获取试验数据。该斜交简支跨结构跨径为21m,上部结构由7根小箱梁组成。

4.2 桥梁车辆摄像系统及工作参数

考虑一支河大桥作为中小跨径称重桥梁的特点,采用正前方监控视角虽然精度更高,但所需摄像机众多,成本代价高,现场可实施性不高,且对于具有大型车辆运输的桥梁来说,视野遮挡效应将更为明显。总体考虑,本研究在桥侧布设监控杆安装视频相机,采用俯拍视角对桥面图像进行采集(图3)。

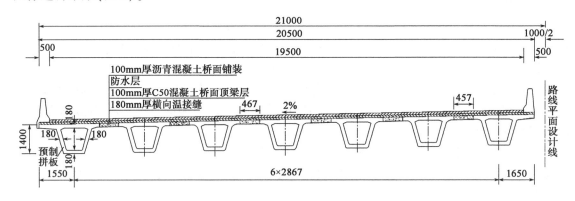

图3 一支河大桥横截面图(单位:m)

4.2.1 监控杆

为了尽可能地扩大监测视野,监控杆高度应尽可能高,但由于安装在桥侧护栏处,需考虑安全问题,所以设计监控杆高为10m,并采用倒V形支撑安装在距离待监测桥梁的桥头约5m处,如图4、图5所示。

4.2.2 摄像机系统

摄像系统包括摄像机、镜头和附属部分。其中,摄像机采用海康威视品牌的DS-2CD7A827FWD-XZS(8-32/4)筒型网络摄像机(图6),主要参数见表1。摄像机最高采集4k超高清桥面图像,帧频达到25Hz,满足以上的分析要求,通过视频取流、视频录制等功能,长期记录桥面图像信息,具备登录权限,避免误操作和网络攻击等。

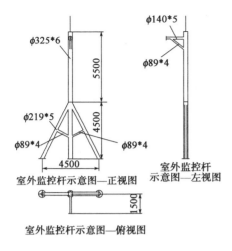

图4 监控杆设计

图5 监控杆现场安装效果

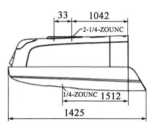

图6 DS-2CD7A827FWD-XZS(8-32/4)筒型网络摄像机

DS-2CD7A827FWD-XZS(8-32/4)筒型智能网络摄像机参数表 表1

分类	技术参数	数值
图像	最大分辨率	4096×2160(800万像素)
	视频格式	H.265/H.264/MJPEG
	帧率	25FPS
系统	多码流技术	码流平滑技术
	最大取流路数	20路
	防护措施	防雷、防浪涌、防静电
接口	视频输出	-S型号支持： 1 Vpp Composite Output(75Ω/CVBS)
	接口协议	开放型网络视频接口,ISAPI,SDK, Ehome,ISUP,GB28181,视图库
安全	安全管理	三级用户权限
	安全认证	HTTPS,SSH
	安全登录	用户登录锁定机制

  镜头采用高清镜头,实现与摄像机的合理适配。通过8～32mm的广域变焦,实现从近到远的长距离高清拍摄,由于光圈自动调节,在阴暗条件下仍能获取清晰影像。
  最后是附属部分,包括室外护罩和安装支架,分别如图7、图8所示。室外护罩将摄像机完全保护,避免雨水入侵和阳光暴晒等;通过支架对摄像机进行可靠安装,保证摄像机不发生晃动。

图7 DS-1331HZ-H/C/HW 室外护罩　　　　图8 DS-1293ZJ 长壁装支架

4.3 数据采集

对于桥梁侧边的摄像头拍摄的白天与夜晚的视频,制作数据集,通过透视校正、间隔采样的方法,获得侧拍条件下的车辆图像。使用 Labelimg 开源图像标注工具对得到的 4017 张 1920*1080 的彩色图像进行标注,图像包括白天和夜间的 5 类车辆(轿车、面包车、公共汽车、卡车、重型卡车),标注过程及结果如图9、图10 所示。

图9 Labelimg 标注各类车辆

a)轿车　　　　b)面包车　　　　c)公共汽车　　　　d)卡车　　　　e)重型卡车

图10 数据集各类车辆示意图

此外,整个数据集中共包含 9928 个车辆样本,其中轿车占 64.1%,卡车占 16.7%。各类样本的数量分布相对均匀,且标注精度较高,数据质量良好。

4.4 数据集划分与模型训练

将全部 4017 张图像按 9∶1 的比例随机抽样,划分为训练集和测试集,即 3615 张图像作为训练集以训练检测网络,而 402 张图像作为测试集以测试网络性能。

使用 DarkNet 框架,训练过程使用命令提示符操作,通过记录每次迭代的损失下降曲线(图11)。可见,整个训练过程中损失在不断下降,表示模型不断更新,网络参数不断优化。

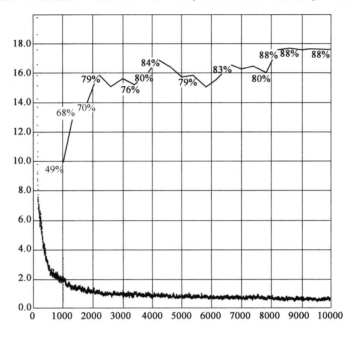

图11 平均精度(mAP)和损失(Loss)变化曲线

4.5 识别效果与车流分析

对于轿车、公共汽车和卡车,模型具有较高的平均精度(AP值),表示检测网络对于这3种类型车辆具有更好的精度和泛化能力。而对于面包车,检测网络的泛化能力比较一般,这是由于原数据集的车辆类型并不均匀,面包车的数量很少,导致模型对于面包车的认知能力受限。最终平均F1-score为0.91,平均精度(mAP)达到0.879,其中小汽车类与重型卡车类的识别精度(AP)分别达到0.986和0.960。具体见图12、图13。

图12 YOLOv4模型检测车辆效果

图13 车辆跟踪效果展示

由于夜间无灯光,监控视频无法识别车辆,所以本研究对2021.11.22(周一)7:00—19:00的数据进行了车流分析。

在12小时内,桥面共行驶过10460辆车,其中各车道车辆数量分别为3259(31.1%)、3629(34.6%)、1759(16.8%)、1789(17.1%)、35(0.2%),如图14所示。

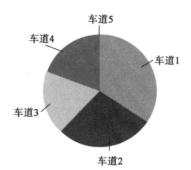

图 14 各车道车辆分布统计

不同车道的车辆数据有不同的特征。车道 1 和车道 2 以轿车为主,几乎没有重车驶过。车道 3 为过渡车道,其中轿车占比为 38%,卡车占比为 35%,重型卡车占比为 20.8%,车道 4 为重车主要行驶的车道,其中重型卡车占比为 57.3%(表 2)。

各车道的车辆类型分布(单位:辆)　　　　　　　　　　　　　　　　　表 2

车道	轿车	面包车	公共汽车	卡车	重型卡车
车道 1	3031	227	0	1	0
车道 2	3218	365	0	27	2
车道 3	670	99	6	618	366
车道 4	105	14	0	645	1025
车道 5	9	0	0	2	13

车速方面,其中轿车的车速最快,平均车速为 133.308km/h;卡车平均车速为 94.14km/h;重型卡车平均车速为 85.176km/h(表 3)。各车道车辆类型分布示意图见图 15。

各车道各类型车辆车速分布表(单位:km/h)　　　　　　　　　　　　　表 3

车道	轿车	面包车	公共汽车	卡车	重型卡车
车道 1	136.44	133.596	0	132.912	0
车道 2	133.38	127.512	106.128	109.44	108
车道 3	124.74	114.66	107.1	98.604	92.016
车道 4	96.12	94.536	0	89.136	82.656
平均值	133.308	127.008	106.38	94.14	85.176

分析结果如下:

(1)由表 2 可得,车道 1 和车道 2 中的车辆以轿车和面包车为主,由表 2 可得,在车道 1 与车道 2 中,轿车和面包车的车速平均值都高于 120km/h,即大部分轿车和面包车在白天超速行驶。在表 2 中,只有 1 辆卡车在车道 1 上行驶,但其超速行驶。综上所述,行驶在该段桥梁之上的车辆超速现象较为严重,存在较大的安全事故隐患。

(2)由表 2 可得,有部分车辆在应急车道上行驶,其中包括 13 辆重型卡车、2 辆卡车、9 辆轿车。车辆行驶存在不规范行为。

(3)在 12 小时内,共 1406 辆重型卡车、1293 辆卡车驶过桥梁监测段,需要对重载车辆进行重量监控,并且需要关注长期重载交通下结构的疲劳损伤。

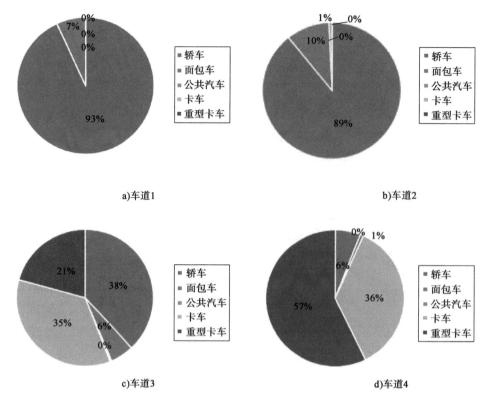

图 15　各车道车辆类型分布示意图

5　结语与展望

5.1　结语

（1）本研究结合山东京台高速公路的一支河大桥的实际工程条件，布置了桥梁车辆摄像系统，设计了基于 YOLO-V4 目标检测框架的车辆检测算法，最后通过建立数据集训练深度神经网络模型，实现了桥面车辆的高精度检测，得到了重载车辆的车道分布规律、驾驶员驾驶偏好。

（2）本研究基于桥侧的单目视觉监控，建立了一套基于 SORT 算法的车辆检测与跟踪框架，实现了基于时空的桥面车辆粗粒度特征跟踪，实现了车速、轮载位置、行驶车道以及横向位置的实时计算。

5.2　展望

（1）继续完善之前的车辆数据处理工作，将一天的数据维度进行扩展，形成更完善的车辆荷载统计信息，并进一步探究各车道不同水平荷载对桥梁结构安全的影响。

（2）基于计算机视觉的检测系统在精确度上仍有进步空间，后续可以通过加强硬件设备以及提升算法能力来提高检测结果的精确性和稳定性，进一步提高其工程价值。

参 考 文 献

[1] 殷岳,梅深.交通运输部发布《2021 年交通运输行业发展统计公报》[J].水道港口,2022,43(3):346.

[2] 周旭东,李毅,朱尧于,等.基于计算机视觉技术的桥梁管养应用综述[J].公路,2021,66(12):389-394.
[3] 庞娜,赵启林,芮挺,等.基于机器视觉的桥梁检测技术现状及发展[J].现代交通技术.2015,12(6):25-31.
[4] 邓露,李树征,淡丹辉,等.桥梁动态称重技术在中小跨径混凝土梁桥上的适用性研究[J].湖南大学学报(自然科学版).2020,47(3):89-96.
[5] 吴海军,陈泓玮,屈浩然.中小跨混凝土梁桥和大跨径桥梁健康监测差异初探[J].中外公路,2021,41(4):157-163.
[6] 叶肖伟,张小明,倪一清,等.基于机器视觉技术的桥梁挠度测试方法[J].浙江大学学报(工学版).2014,48(5):813-819.
[7] 左小晗.多主梁公路桥多车荷载动态识别方法与试验研究[D].合肥:合肥工业大学,2020.
[8] HE, ZHANG, REN, et al. Spatial Pyramid Pooling in Deep Convolutional Networks for Visual Recognition[J]. IEEE Transactions On Pattern Analysis And Machine Intelligence. 2015, 37(9): 1904-1916.
[9] PAN, WANG, DONG, et al. A Novel Vision-Based Framework for Identifying Dynamic Vehicle Loads on Long-Span Bridges: A Case Study of Jiangyin Bridge, China[J]. IEEE Transactions on Intelligent Transportation Systems. 2022, 23(8): 10441-10457.
[10] 王凌波,王秋玲,朱钊,等.桥梁健康监测技术研究现状及展望[J].中国公路学报,2021,34(12):25-45.
[11] 樊健生,刘宇飞.在役桥梁检测、健康监测技术现状与时空融合诊断体系研究[J].市政技术,2022,40(8):1-11+40.

钻孔灌注桩施工工艺及技术管理研究

孙衍臣　史立强　刘洪喜　杨　勋

（山东省公路桥梁集团有限公司，山东济南250013）

摘　要：钻孔灌注桩施工作为建筑工程建设的关键环节，对工程的整体建设质量和安全有着至关重要的作用，所以为了保证钻孔灌注桩的施工质量，施工前必须明确施工的工艺流程及技术管理。本文以黄河大桥工程钻孔灌注桩施工为例，从测量定位、钻机就位、埋设护筒、泥浆调配、成孔施工与检测、清孔、钢筋笼制作与安装、浇灌混凝土等方面介绍了钻孔灌注桩施工工艺，提出了钻孔灌注桩质量控制措施，为类似工程施工提供参考。

关键词：钻孔灌注桩　施工工艺　技术管理　质量控制

1　引言

钻孔灌注桩具有施工噪声小、可建造超长桩、大直径桩、适用于多种复杂地层等特点，在公路桥梁桩基施工中被广泛应用。但是灌注混凝土时质量难控制，成孔慢，泥渣不易处理容易造成环境污染。为了使施工过程中钻孔灌注桩的整体质量得到保证，施工和技术人员不仅要掌握相关的施工工艺，还要采取有效的方法和技术措施对施工质量进行控制。

2　工程概况

京台德齐段改扩建高速徒骇河大桥工程起止桩号 K365+106.5-K366+103.5，全长997m。主桥采用(75+130+75)m 波形钢腹板悬浇变截面预应力混凝土连续梁跨越徒骇河，北侧引桥采用30m、25m 预应力混凝土小箱梁，南侧引桥采用30m 预应力混凝土小箱梁和55m 钢-混凝土组合梁，全桥共分8联。

全桥桩基共288根（φ1.2m桩32根、φ1.5m桩48根、φ1.6m桩160根、φ2.0m桩48根），穿过的地质覆盖层为粉土、粉质黏土、强风化石灰岩、中风化石灰岩等。

3　气象气候条件

工程沿线属于暖温带大陆性气候区，年平均气温14.7℃，年平均降水量671mm，年日照时数2616.8小时。最冷月为1月，月平均气温为-0.4℃，最热月为7月，月平均气温为27.5℃。大气降水、陆水、地下水等为本区水资源主要来源，其特点是：区域分布不均，丰枯变化悬殊。

4 施工准备

本工程桩基均位于陆地之上,要求桩基施工位置现场场地整平压实,施工便道畅通,适宜施工钻机、吊车、混凝土罐车出入施工现场建80和120拌和站负责供应混凝土,对进场原材料严格按照规范和监理要求的检测频率和检测手段进行检测,确保原材料合格。

本桥桩长的跨径较大,2号墩桩长8m,46号墩桩长100m,由于冲击钻施工速度较慢,所以对于桩长大于40m以上的桩基优先采用旋挖钻机和回旋钻机施工。同时,对于持力层为中风化石灰岩的桩基,由于岩石强度较高,对旋挖钻的性能要求过高,优先采用冲击钻和回旋钻施工。根据各桩位的地质情况,拟采用的钻机类型见表1。

钻机类型表   表1

墩号	主要特点	钻机类型
1~21号、69~72号	桩长<40m,嵌岩桩	冲击钻施工
22~26号、48~68号	桩长≥40m,上部为粉砂层和粉质黏土层,底部约有2~3m中风化石灰岩	回旋钻反循环施工
27号~45号	主要由粉砂层和粉质黏土层构成	旋转钻施工

5 钻孔灌注桩施工工艺

5.1 测量定位

测量墩位处高程,一般墩位处高于周围地面30cm。由全站仪放出桩的中心位置并使用GPS测量仪进行复核,引护桩,并用"十字线"定位,以作就位和复核之用。(图1)钻机就位前,技术人员应检查原固定桩的位置,放桩位置偏差应小于10mm。测量桩位时必须对相邻桩位的相对位置进行复核。

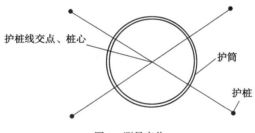

图1 测量定位

5.2 钻机就位对中

旋挖钻机就位:履带旋挖钻机有自动行走系统,旋挖钻机行进并进行对中,对位完成后,设置并锁定桩基中心相对坐标为(0,0,0),并将数据导入旋挖钻机计算机系统。使用全站仪或经纬仪仔细检查钻杆的垂直度。

回旋钻机就位:钻机支垫必须安装牢固,钻尖对中(偏差小于20mm),钻杆垂直,用具有准确度的水平仪进行测量。为保证钻孔垂直度,中心滑轮架、磨盘中心、桩中心3点必须在一条直线上,磨盘必须水平,钻进必须随时检查,保证钻机垂直。钻机安装就位后,要对钻机进行加固和限位,保证钻机在钻进过程中不产生位移。底座和顶端应平稳、牢固,在钻进过程中不致产生倾斜位移。钻机顶部吊装的中心装盘滑轮与钻孔中心保持同一垂直度,钻进过程中经常检查,如有问题,应在规定时间内纠正。

5.3 埋设护筒

采用10mm厚的钢板制作护筒,护筒直径应比桩径大20～30cm,入土深度不小于2m。护筒优先采用挖埋法:①先在桩位处挖出比护筒预埋深度深0.3～0.5m、直径比护筒大0.4～1.0m的圆坑;②在坑底填0.3～0.5m厚的黏土并夯实;③在坑底下标出钻孔中心,将护筒放进坑内,找到护筒中心位置,使护筒中心与坑底中心重合,其中心轴线与桩位偏差不应大于200mm,且应保证护筒的垂直度;④用铅垂线校直护筒;⑤在护筒四周对称均匀地回填、夯实黏土。

在黏性土中埋设护筒时深度不应小于1.0m,砂土中不宜小于1.5m;其高度应满足孔内泥浆面高度的要求。当地下水位高、孔口土质差时,应在地下水位以下切入,或适当增加埋深,护筒上口一般宜高出地面300mm。

如护筒线面的土层不是黏性土,底部开口易渗漏塌陷,应深挖换土,回填压实黏土后放置护筒,厚度为300～500mm。

5.4 泥浆调制

施工前选定泥浆池及沉淀池位置。泥浆池应高于护筒,以便泥浆经过泥浆槽流入孔内。根据桩基孔的直径和深度确定泥浆池和沉淀池的大小,泥浆池宜为井孔体积的1.5倍。泥浆池旁边设置沉淀池,泥浆循环利用,施工完毕回填泥浆池基坑。在造浆过程中对泥浆的各种性能指标进行抽检,符合规范要求时再投入使用(图2)。

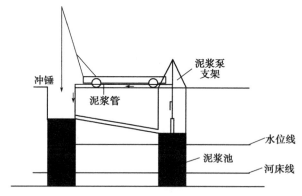

图2 泥浆循环

5.5 成孔施工

用全站仪或经纬仪检查钻杆垂直度,开始旋挖钻进,宜低挡慢速钻进,在钻进砂层时,应放慢钻进速度。每钻进2m或地层发生变化时,应从钻筒取土查明土质并记录;在钻进时,定期检查泥浆的主要指标,特别是泥浆的比重和含砂率。在旋挖钻井时,使用泥浆泵将泥浆从泥浆池中注入孔内,以保持孔内水头的高度。

5.5.1 成孔垂直度控制

成孔垂直度控制是灌注桩顺利施工的重要条件,否则无法安装钢筋笼和导管。为保证成孔垂直度,应扩大钻机支承面积,加强锚固等措施,使钻机稳固;经常校核钻架,经常检查磨盘是否水平、钻杆是否垂直。原则上,每次换班时要检查钻机是否平移、锚固是否牢固;磨盘的水平度在每次接钻杆后都要检查,并记录。对于不符合要求的孔,要及时停止钻进,提钻到一定高度进行扫孔作业。

5.5.2 钻进控制

刚开钻时,一定要控制好钻速,进尺一定要慢,控制好钻压,采用小钻压钻进。钻进的前30m是控制成孔垂直度的关键,相关技术人员要加强检测和控制。钻进控制遵循分地层控制原则,针对不同的地层,采用不同的钻进方法。在地层变换时,尤其是从软弱地层进入较硬地层时,要慢速钻进,上下来回扫孔,以防出现斜孔。接长钻杆前,应先提起钻头离孔底30cm以上,继续排渣4～5分钟,再将钻具上提接长钻杆。钻杆连接端面要涂防水油,放橡胶止水圈,螺栓要对称平衡拧紧上牢。严格要求钻杆接头的密封性,保证泥浆全部送达孔底。防止泥浆冲刷井壁。

5.6 成孔监测

成孔后,使用JJC-1D型灌注桩孔径检测系统对孔径、孔深、沉淀厚度、倾斜度等指标进行检查。成孔检测仪全套设备包括井径、沉渣、垂直度的测量探头及绞车、电缆、井口滑轮等主要部件。工地现场另做一套检孔器备用,检孔器用螺纹钢筋做成。

5.7 清孔

检孔完成后,用筒钻进行去渣清孔,在清孔过程中速度要慢,并保持孔内的水头高度。

回旋钻机钻孔后,将钻头从孔底提升10～20cm,旋转钻头,注入含沙量低、密度相对较低的泥浆,清除钻孔中漂浮的钻渣和泥浆,更换较稠密的泥浆。清孔时需保持孔内水头,使其不会塌陷。

冲击钻成孔后,钻头会继续向孔内注入泥浆。通过低冲程的冲击锥反复搅拌,使孔内泥浆和沉渣下沉,通过泥浆的循环从孔中排出,为灌注混凝土创造良好的条件。

5.8 钢筋笼安装

钢筋笼加工完毕,成孔检验合格后,方可开始钢筋笼的吊装施工。用吊车将钢筋笼竖起并吊入孔内,如果钢筋笼长度过长无法竖起,可将钢筋笼截成两段起吊。当第一段下放至孔口外留1m左右时将两根钢管穿过钢筋笼,使其担于孔口上。下一步将吊起第二段钢筋笼,并按照规范要求将桩基焊接牢固并补上所缺钢筋,规定整个钢筋笼上下必须保持顺直,最后将整个钢筋笼下入孔中(图3)。

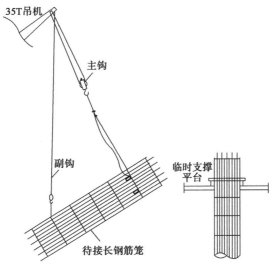

图3 钢筋笼安装

5.9 二次清孔

灌注混凝土前,复测孔内沉淀厚度,如果沉淀厚度不超过10cm,则直接灌注水下混凝土;反之,则利用导管进行二次清孔。

二次清孔根据桩长情况和钻机类型选择不同的方式,采用冲击钻施工的桩基桩长较短,可采用泥浆正循环法进行清孔;采用回旋钻施工的桩基,桩长普遍在40m以上,采用泵吸反循环法进行施工,其中桩长>70m的桩基采用气举反循环法进行施工;旋挖钻采用正循环法进行施工。

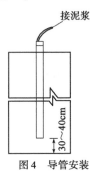

图4 导管安装

二次清孔时间应控制在1~2h。在泥浆比重及含砂率符合施工要求后马上进行桩基水下混凝土灌注。

5.10 灌注混凝土

采用 $\phi 30 \sim 40$ cm 的钢导管灌注混凝土,(图4)浇注前检查水泥、砂石料的质量和数量,混凝土配合比按试验室提供配合比进行,开始前要检修拌和设备,确保计量系统准确,经常检查用水计量系统,避免其对混凝土强度产生影响。同时,拌和前要对骨料含水量进行测量,以调整后期用水量。混凝土的坍落度应控制在180~220mm,每10~20m³测定一次。

6 钻孔灌注桩技术管理措施

钻孔灌注桩施工过程中很重要的一个部分就是成孔,如果在施工中控制不好,就会出现塌孔、缩颈、断桩、桩孔倾斜和沉渣过厚等问题。这些问题的出现将会影响整个桩身的质量,给整个工程带来不必要的隐患,因此在施工中要控制好以下几方面。

(1)钻孔灌注桩施工开始前,为了保证成桩的质量要提前制订专项施工方案;钻孔灌注桩的质量检测应该满足规定要求,并且符合验收标准。如果桩孔垂直度出现问题,将会影响钢筋笼的吊装和导管的安装。因此,第一要保证钻井施工平台的平整、稳固,严格控制桩孔垂直度问题。第二在施工过程中要时常检查钻机冲孔锥,使其符合要求,如果未符合要求要进行修复或更换。

(2)清孔的首要目的是清除孔底钻渣,因此,在泥浆配制过程中要严格控制含砂率,在灌注混凝土之前,要复测孔底钻渣厚度,并且采取有效的方法进行二次清孔,给混凝土的灌注质量提供保障。

(3)混凝土必须连续灌注,直至浇筑的混凝土高于图纸规定的截断高度才可以停止,以确保截断面以下的所有混凝土均符合强度标准;浇筑时必须采取防止钢架上浮的措施,灌注混凝土顶面距钢架底部1m时,应降低浇筑速度;当出现非连续浇筑时,漏斗中的混凝土下落后,拉动导管,并观察从孔口返回的浆液,直至孔口不再返浆;最后,要核对混凝土的灌注量,适当增加漏斗高度,使混凝土有更大的冲击力,以增加混凝土的压力,提高混凝土密实度。

(4)为防止断桩、堵泥、堵管等现象,必须控制好混凝土的搅拌时间和坍落度。随时了解混凝土面的高程和导管的埋深,并确保防止导管的下端被抬出混凝土表面。在施工过程中,需要掌控好灌注工艺和管理措施。

7 结语

(1)钻孔灌注桩施工工艺对现场环境的适应性较强,可以同时满足多种要求,如安全、质量、效率等,并且具有较高的可行性和推广价值。

（2）钻孔灌注桩施工整个流程中一个重要的环节就是混凝土浇筑,应该加大质量控制力度,如拌和高性能混凝土、控制下料距离等。

（3）成孔灌注桩施工中,加强桩身质量检测,如声波透射法、低应变法等,可以根据实际情况中的具体需求用钻芯法辅助,方便判断成桩质量。

参 考 文 献

[1] 简靖坤.浅谈旋挖钻孔灌注桩施工工艺特点及质量控制分析[J].江西建材,2019(11):138-139.
[2] 曹掌霞.浅谈钻孔灌注桩施工工艺[J].农业科技与信息,2021(1):122-123+125.
[3] 谢凤娇.钻孔灌注桩水下混凝土施工工艺[J].交通世界,2019(33):32-33.
[4] 张兵兵.浅谈钻孔灌注桩施工质量控制及一钻成孔工艺[J].中国金属通报,2020(6):28-29.
[5] 冯迎春.钻孔灌注桩施工工艺与质量控制[J].新材料·新装饰,2021,3(9):91-92.

钻孔灌注桩塌孔原因探析及处理应用研究

邵坤厚　曹波涛　兰超鹏　江士清

（山东省公路桥梁建设集团有限公司，山东济南250013）

摘　要：本文通过对桥梁桩基钻孔灌注桩施工过程中塌孔事故的原因进行分析，针对塌孔的事故提出了钻孔灌注桩施工过程中的预防与处理措施，并作工程案例分析，为钻孔过程中塌孔事故预防与处理提供参考。

关键词：钻孔灌注桩　塌孔　原因分析　预防与处理

1　引言

钻孔灌注桩作为我国应用较普遍的一种桩型，具有单桩承载力高、孔底沉渣易控制、桩深质量好等特点。就地钻孔灌注桩主要就是在施工现场使用各种钻孔工艺，在地层中设计直径的桩孔，达到一定的设计高程后将钢筋笼放入桩孔内，再进行混凝土浇筑成桩，与承台相连形成桩基础。就地钻孔成桩能适应各种不同的复杂地层，是目前桥梁工程中常用的一种基础形式，特别是跨越河流的桥梁中。我国的钻孔工艺已经相对较为成熟，已经被桥梁技术人员和施工人员所掌握。但在实际的施工过程中，由于各种原因仍会出现钻孔事故，其中塌孔就是常见的钻孔事故之一。其主要是由各种施工材料、机械和人为造成的。实际上，钻孔质量的优劣主要与孔壁的坍塌有关。本文针对钻孔灌注桩施工过程中出现塌孔的原因与预防处理措施进行分析与阐述。

2　案例背景及地质特征

2.1　案例背景

哈大客专某桥在初期施工阶段，施工项目均为桩基钻孔灌注桩。钻孔工艺主要采取反循环旋挖钻，混凝土采用直升导管法灌注。某天在现场施工钢护筒埋设、泥浆制备、钻机就位等准备工作完成后，经过专业工程师对钻机位置、垂直度、水平度及钢筋笼等检验合格后，对某桩进行开钻。该桩长21.8m，桩径1.2m，当钻进10.3m时，发现孔内水位突然下降，孔口冒出较多水泡，出土量显著增加，进尺量很小。经监理人员指导，现场钻机立刻停止钻进，技术人员检查后，确认该孔壁发生了坍塌现象。

2.2　地质特征

根据路线区岩层坚硬程度、抗风化能力和基本物理力学性质的相似性与差异性，并考虑岩层组合特征,该单元岩性以粉质黏土、黏性土、粉土及粉砂为主,局部含碎石及粗砂,部分地区为淤泥、淤泥质土,黏性土、粉砂、细砂等地层的存在给桩基成孔带来了较大的困难。各土层详述如下:

(1)(Q4al+pl)粉土:松散,稍湿,摇振反应迅速,刀切面无光泽,手捻有砂感,0.50~15.5m为回填土,该层钻孔揭露厚度为1.8m。

(2)(Q4al+pl)黏土:软塑,土质均匀,干强度,韧性高,刀切面较光滑,含有铁锰质氧化物,该层揭露厚度为3.2m。

(3)(Q4al+pl)粉砂:密实,饱和,砂纸不纯,级配差,含有少量粉质黏土薄层,该层的揭露厚度为6.10m。

根据地下水的赋值特征,第四系松散层孔隙水广泛分布于场区内,含水层较发育,岩性主要为中砂、细砂及粗砂,其顶板埋深一般为4~16m,厚度3~15m,地下水位埋深1~7m,由山前向下游厚砂层厚度逐渐增加,颗粒逐渐变细。基岩裂隙水主要赋存于砂岩、砾岩的风化裂隙、节理裂隙中。场地内上层滞水主要以大气降水补给为主。

3 塌孔原因分析

塌孔作为桩基施工过程中较常见的事故,在施工过程中或是在成孔后都有可能发生。钻孔灌注桩在施工过程中桩基发生塌孔事故的原因有很多,一般是由于施工的方法、现场工程地质条件、泥浆的配制、护筒的埋设或人为因素等各方面的原因造成的,要预防塌孔事故的发生就要从根本上做好预防措施。具体的塌孔原因与预防措施主要包括以下几个方面。

(1)施工中一些操作方法不对引起塌孔事故。主要原因包括以下几点:施工现场钻孔附近有大型的车辆或是设备在振动;钻孔过程中由于提升钻头或安放钢筋笼时发生碰撞导致孔壁失稳,或是由于护壁防护措施未落实在地质较差的孔桩处,同时钻进速度太快、在松散地层中向孔内注浆或是加水时流速过大、进尺过快,泥浆护壁形成过慢,孔壁渗水等。为了避免上述事故的发生,要求施工前对所有施工人员、监理人员及技术人员进行考核;在施工过程中,要求严格按照操作过程进行。例如,在清孔时要求专业人员及时进行补水,避免钻孔内水流失造成水头高度不够;清孔后及时灌注混凝土,不能放置时间过长;在提升钻头或安置钢筋笼时要控制好速度,避免其与孔壁发生碰撞(图1)。在松散粉砂层或流砂层施工时要保证钻孔速度适宜。

图1 下放钢筋笼

(2)在钻孔过程中,钻到较深位置时,地下水位以下的孔壁土体会因为受到静水压力的作用而向孔内发生坍塌的情况,更严重的甚至会出现流砂现象。因此,在钻孔时中途不能停钻时间较长,要使孔内水头保持在孔外水位或地下水位线以上2.0m,增加水头对孔壁的压力,从而防止塌孔现象的出现。另外,还可以通过埋设护筒和使用稠度较大的泥浆来护壁,防止塌孔。

(3)泥浆的稠度较差,护壁效果不好,出现漏水,或者是钻孔内泥浆水位高度较低,对孔壁产生的压力过小。在利用旋挖法钻孔时要合理利用泥浆进行护壁,从而达到防止塌孔的目的。这就要求在钻孔时采用优质泥浆,适当增大泥浆稠度,对泥浆指标进行实时检测,选用比重、黏度、胶体率较大的泥浆,根据钻孔深度、地层条件等及时作出调整。孔内泥浆水位要足够。泥浆的稠度一般可以根据钻孔直径的大小、地层松软程度、地下水位高低、流速大小以及正反循环法的不同来选择,对于钻孔直径大、地下水位高或流速大、地层性质较松软的,按照规范要求的指标取稍高一点,反之取低。通常采用优质膨润土或者塑性指数大于25、粒径小于0.002mm、颗粒含量大于50%的黏土,通过泥浆搅拌机或人工调和而成,护壁效果较好。另外,在施工过程中要求技术人员定期对泥浆的各项性能指标进行检测,根据实际情况对泥浆的各项性能指标进行调整,保证泥浆比重持续在规范范围内。

本工程发生塌孔(图2)的原因有以下两点:

(1)施工过程中使用的泥浆不符合规范指标要求。在使用反循环旋挖钻孔工艺时,泥浆由黏土和水拌制而成,而且泥浆必须满足规范要求指标:比重1.05~1.2,黏度16~22秒,含砂率4~8%。可是对本工程泥浆的检测发现,该泥浆比重为0.8~0.9,严重不足,无法起到泥浆护壁的作用。而且孔内的水位高度不够,低于地下水位,致使孔内水位压强低。

(2)通过对钻机带出的高程处的土质分析,发现该处土质多为黏性土地质层。旋挖钻孔冲击速度过快,再加上忽视泥浆的密度,而且泥浆比重严重不足,泥浆护壁效果不好,导致了这次塌孔事故的发生。

图2 塌孔现场

4 塌孔处理方法

4.1 换填法

换填法的对象是塌方严重且不能成孔的区域,通过大开挖的方式将区域内的土体全部挖出运走,回填上可塑性较好的黏性土,然后采用机械进行分层压实。该方法适用于人工填土、湿陷性黄土等地基中,但其成本会相对增高,如土方采购或堆放、施工机械台班等费用,且施工速度较为缓慢。

4.2 冲击成孔法

用片石在塌孔位置处填满并超出1~2m,运用冲孔打桩机成孔。实际冲击中,孔壁在反复挤压下会更加密实,能有效避免桩孔塌孔现象的发生。该方法涉及大量片石和多台冲孔打桩机的应用,也会增加成本,且减缓施工速度。

4.3 下钢护筒法

将桩心点预先放出,等钢护筒送达后,应用长臂履带式挖掘机,结合振动锤将钢护筒装夹并与点位对准,振动下沉至适当位置后对桩位复查,将桩位误差控制在允许范围内,(图3)钢护筒内旋挖钻机钻孔至桩底设计高程,下放钢筋笼并浇筑混凝土成桩,初凝前借助振动锤拔出长护筒。该方法施工速度快,但是要借助长臂履带式挖掘机的使用、钢护筒的制作,会使成本增高。

图3 下钢护筒

4.4 多次灌注低标混凝土法

孔位出现严重的塌孔时,旋挖钻机无法开孔。塌方土体用挖掘机清除后,用低标混凝土回填,常温下一天待混凝土凝结硬化后,用旋挖钻机继续钻进,如果出现塌孔现象采取相同的工序进行处理至成孔为止,这样在塌孔处的孔壁就会形成混凝土护壁,以防止塌孔。该施工方法速度快,但是需要重复钻孔,会产生较高的旋挖钻机费用,成本相对增高。

5 塌孔事故的处理

(1)如果在钻孔开始时发生孔口坍塌,需要及时拆除护筒,然后进行回填土,重新埋设钢护筒。

(2)如果在浇筑混凝土过程中发生塌孔,首先确定是否因为严重塌孔致使孔底沉渣过多,如果影响桩身的混凝土浇筑质量时,需要采用混凝土浇筑后事故处理方法。

(3)如果在钻孔过程中发生塌孔现象,首先确定塌孔位置深度,如果不深,可采用深埋护筒来解决;如果塌孔较轻,可以调整泥浆的一些指标,如加大泥浆的比重和黏度,将孔内水位提高,增大孔内静水压力从而加强泥浆的护壁效果,防止出现更严重的塌孔事故;如果塌孔较严重,可将黏土泥浆投入,等孔壁稳定后再低速钻进;在地下水位变化过大的时候,可以将护筒升高,增加水头,用虹吸管等方法来保证水头的稳定,防止塌孔现象发生。

通过对本工程塌孔事故原因进行分析,施工单位采取了以下处理措施:

(1)将坍塌的地方进行回填,并将回填土密实后重新开始钻进。吸取之前事故的经验,在钻机钻进过程中,时刻观察地质土层的变化,当钻头触及软土地层或不同土质时,需要降低钻速,低速慢进,控制进尺速度,及时调整泥浆指标,达到更好的泥浆护壁效果,并且始终保持泥浆水位高于地下水位。

(2)现场施工和技术人员对塌孔事故进行分析和探测,确定孔内发生塌孔的深度在10.2m处,然后用砾石夹黏土进行回填,将高度回填至塌孔位置以上2~8m处。

(3)对泥浆指标进行检测,重新配制泥浆,在规范规定范围内,调高了泥浆的比重和黏度,并在钻进过程中时刻检测泥浆的性能指标,当钻头钻到不同的土质地层时,对泥浆指标及时作出调整,充分发挥泥浆的护壁效果。

6 结语

通过对钻孔灌注桩塌孔原因与预防处理措施进行分析后,积累了处理塌孔事故的大量经验。旋挖钻机成孔目前已经成为一种非常成熟的用于成孔作业的施工工艺,但是在成孔时,如果遇到地层土质不良的状况,出现塌孔的概率是极大的,会导致工期延长、成本增高。面对塌孔事故,应该以现场的实际情况为依据选择合理的处理方案,在综合考虑施工进度、施工成本的基础上,保证塌孔处理方案的合理性、科学性,为桩基的施工奠定基础。

通过对哈大客专某桥桩基塌孔事故的分析可知:

(1)在施工过程中,当塌孔现象出现时,要分析产生这种事故的具体原因,检查设备和具体塌孔程度,采用合理的施工工艺,避免发生新的塌孔事故,避免浪费工程费用。

(2)施工过程中要做到"预防为主",严格按照规范要求和施工流程进行,施工前对施工现场的工程地质条件、水文和施工条件做好充分了解,并且做好充足的施工准备,工作塌孔事故是可以预防的。

参 考 文 献

[1] 简靖坤.浅谈旋挖钻孔灌注桩施工工艺特点及质量控制分析[J].江西建材,2019(11):138-139.

[2] 姚志伟.厚砂层钻孔灌注桩泥浆护壁稳定性研究[D].武汉:武汉理工大学,2012.

[3] 陈庆华.钻孔灌注桩塌孔原因探析及预防措施[J].河南建材,2014(1):124-125.

[4] 贾欣媛,岳大昌,李明,等.易塌孔地层长护筒+冲抓+旋挖钻孔灌注桩施工工法[J].四川建筑,2021,41(1):239-241.

[5] 赵楠.旋挖钻孔灌注桩桩基施工中的细节把控[J].交通世界,2020(15):54-55.

[6] 赵时举,甘亚林,王东,等.高填方区旋挖钻孔灌注桩塌孔处理技术[J].施工技术,2019,48(S1)135-137.

波形钢腹板连续梁桥施工控制技术研究

刘 波

(烟台大学,山东烟台 264006)

摘 要:随着我国桥梁建设数量的增加,桥梁建设经验的积累,以及施工环境越来越复杂,我国在建桥梁的跨径越来越大。随着桥梁跨径的增加,传统的预应力混凝土箱梁桥的截面高度也不断增大,桥梁自重成为限制跨径的主要因素之一。为减轻箱梁自重,将箱型截面的混凝土腹板采用波形钢腹板代替;为保证桥梁成桥线形及内力符合设计规范要求,确保施工安全,必须对新建桥梁进行监控。本文以京台高速公路徒骇河大桥工程为背景,通过现场实测和理论计算对比分析线形、应力监测与调整方法,总结出影响施工控制的主要因素和有效措施。

关键词:波形钢腹板 悬臂施工 施工监控

1 引言

新材料的不断涌现,结构设计方法和手段的不断完善,施工技术的显著发展和提高,使得组合截面的发展成为可能。波形钢腹板组合体系桥梁作为桥梁发展的一个新突破,由钢筋混凝土顶板底板、体外预应力束及波形钢腹板三部分组成,是钢材料与混凝土结合的一种组合体系结构,也是一种经过优化的体外预应力混凝土箱梁结构(图1)。相对于普通的钢筋混凝土箱梁桥来说,采用了波形钢腹板的 PC 组合箱梁能够使得钢材、混凝土结合在一起,既很好地利用了混凝土顶底板抵抗弯矩的能力,又充分发挥了钢腹板抵抗剪力的能力。

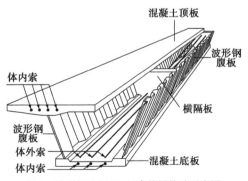

图 1 波形钢腹板 PC 组合箱梁构造示意图

2 工程概况

京台高速公路徒骇河大桥主桥(图2)采用(75 + 130 + 75)m 波形钢腹板悬浇变截面预应

图2 主桥效果图

力混凝土连续梁,全桥总体跨径布置为 2×(4×30)m 预应力混凝土小箱梁 +(3×30+25)m 预应力混凝土小箱梁 +(75+130+75)m 波形钢腹板悬浇变截面预应力混凝土连续梁 +55m 钢-混凝土组合箱梁 +(4×30)m+2×(3×30)m 预应力混凝土小箱梁。

主梁采用单箱双室截面,节段划分为18种,0号梁段为中墩顶支架现浇段,长11.6m;1~14号梁段为挂篮悬臂浇筑段;15号梁段为中跨合龙段;16号梁段为边跨合龙段;17号梁段为边跨支架现浇段,长8.24m。1~6号梁段长3.2m,7~16号梁段每段长4.8m,合龙梁段长3.2m。

单幅箱梁顶板宽20.5m,底板宽14.5m。根部梁高8.2m,跨中梁高3.5m,按照1.8次抛物线过渡。顶板厚35~80cm,翼缘板厚20~80cm,翼缘板悬臂长3m;跨中底板厚32cm,根部底板厚160cm,按照1.8次抛物线过渡。

3 施工控制主要内容

3.1 控制方法

随着桥梁结构形式、施工特点及具体控制内容的不同,其施工控制方法也不相同。目前,对于悬臂浇注大跨径桥梁而言,已经应用于工程实践中的方法有参数识别法、灰色预测控制系统、卡尔曼滤波法、无应力状态法、零弯矩法、自适应控制法以及最二乘法等。

其中,自适应控制又称自组织控制,该方法克服了闭环控制法的局限性,即在施工误差产生以后,用被动的调整措施减小已经产生的结构状态误差对最终结构状态的影响。图3为本桥施工过程控制框图。通过施工中的主梁高程、应变、温度、截面尺寸和弹性模量等数据采集,在对所得到的数据进行误差分析后,不断修正设计参数,使高程的计算与实测值之差不断缩小,从而使计算程序把握住目前的施工过程,进而预估将来的施工状况,达到施工控制的目的。

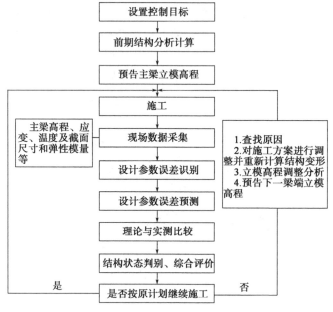

图3 施工过程控制框图

3.2 施工控制结构分析

新建徒骇河大桥整体结构为变截面主梁结构,采用挂篮悬臂浇注法施工,结构的最终形成必须经历一个漫长而又复杂的施工过程。对主跨施工过程中每个阶段进行详细的变形计算和受力分析,是施工控制中基本的内容之一。为了达到施工控制的目的,首先必须通过施工控制计算来确定桥梁结构施工过程中每个阶段在受力和变形方面的理想状态(施工阶段理想状态),以此为依据来控制施工过程中每个阶段的结构行为,使其最终成桥线形及受力状态满足设计要求。

3.3 结构计算分析

计算程序采用了 midascivil 对结构进行实体有限元建模,建立了大桥的主梁结构,计算单元均为空间梁单元结构形式,全桥共 115 个节点,78 个单元,限于篇幅,本文仅给出部分建模,如图 4 所示。

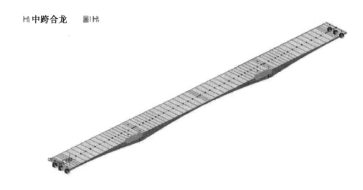

图 4 有限元模型图

模拟包含每个节段的混凝土浇筑、预应力张拉、安装腹板、安装挂篮、挂篮移动、混凝土的养护共 76 个工况。

3.4 位移监测

3.4.1 测试内容

变形监测包括梁段变形(主梁挂篮及波形钢腹板定位)监测和主墩沉降监测。梁段变形(主梁挂篮及波形钢腹板定位)监测和主墩沉降监测一般采用几何水准测量法,测出已施工各节段的节段控制水准点的绝对高程,再根据各节段竣工时测得的其与梁底的高差,推算出相应节段的梁底高程。为消除日照温差引起的梁体的不规则变化,线形测量应选择在温度变化小、气温稳定的时间段进行,测量工作持续的时间越短越好。

3.4.2 测试方法

波形钢腹板定位采用在波形钢腹板上加工时焊接临时固定耳板,用定位支架精确定位。梁段挂篮定位控制点高程采用精密水准仪进行测量。通过测出混凝土浇筑前立模高程,再测出后续工况梁顶控制点高程变化量,最终得出各工况梁段控制点绝对高程。

需要注意的是,为消除日照温差引起的梁体的不规则变化,线形测量选择在温度变化小、气候稳定的时间段进行,并尽可能缩短测量工作持续的时间。

3.4.3 测点布置

由于波形钢腹板是一块空间的板,其空间位置控制方法采用空间坐标进行定位。根据 3 点确定面的原则,每个阶段钢板测试点为 P1~P6,如图 5 所示。

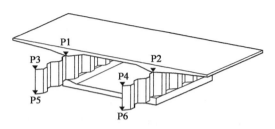

图 5 波形钢腹板定位点图

每个悬臂浇注节段前端挠度测点布置如图6所示,每个截面布置6个测点,其中梁顶两侧位移测点应尽量避开挂篮布置。高程控制点布置在离块件前段10cm处,采用φ16圆钢筋,垂直方向与顶板的上下层钢筋焊牢并要求竖直,测点钢筋露出箱梁混凝土表面2cm,测点磨平并用红油漆标记。双幅共计528个位移观测点。

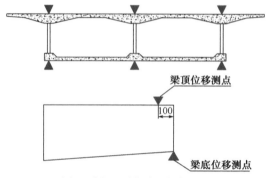

图 6 主梁监测位移测点布置图

3.5 应力控制

3.5.1 应力测点布置

主梁纵向应力测点布置在0号块边缘、中跨1/4跨处、中跨合龙段处、中跨3/4跨处、边跨1/2跨处、墩顶、边跨合龙段处,共计15个应力测试断面。

桥墩根部测试截面均采用如图7所示的测点布置,其他1/4、1/2跨等截面的测试形式如图8所示的测点布置。注意:在图7中的翼缘板两端再布置一个纵向应变测点,可以检验一下整个断面的纵向应力分布均匀性和剪力滞效应。

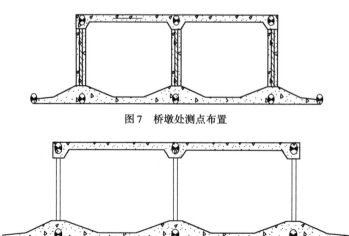

图 7 桥墩处测点布置

图 8 其他截面测点布置

波形钢腹板剪应力测试需要采用应变花测点,测点布置在靠近支座处悬臂根部截面、内衬混凝土过渡段、边跨1/4跨处、边跨3/4跨处、中跨1/4跨、中跨3/4跨处。截面测点布置在一侧波形钢腹板上大约一半高度的位置处,如图9所示。

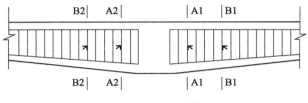

图9 应变花布置示意图

3.5.2 应力监测操作流程

应力监测操作流程为传感器标定、在结构中预埋传感器并记录、按规定施工阶段测、理论值与实际值对比分析,判定是否继续施工、箱梁阶段施工。

4 徒骇河大桥监控结果

4.1 实测参数

在进行施工控制时,为准确地对结构的实测状态进行计算及监测,本次监控过程中对混凝土的弹性模量、挂篮的加载变形等均进行了实测。

(1)混凝土弹性模量在施工箱梁各块段时,施工单位制作了足够数量的试块,实际测量了混凝土的弹性模量,结果见表1。

实测混凝土弹性模量　　　表1

混凝土使用部位	龄期(天)	C55混凝土弹性模量平均值
箱梁主体	7	32800
	14	33980
	28	35710

(2)挂篮荷载试验为检验新拼装的挂篮结构的强度及刚度是否符合施工规范的要求、消除挂篮各节点的塑性变形,同时为确定立模高程提供挂篮变形值,现场对挂篮进行了预加载。挂篮荷载试验结果见表2。

挂篮荷载试验结果　　　表2

荷载大小(t)	德州侧变形(mm)	齐河侧变形(mm)
225	20	20

4.2 主梁线性挠度控制结果

线形控制是本桥施工控制中最重要的项目。为了达到良好的高程控制效果,选取波形钢腹板悬臂端节段处顶作为控制和复测的点位箱梁每一节段悬臂施工过程中,进行以下3个工况的挠度测量和高程控制测量:

(1)波形钢腹板安装完毕后挂篮就位,浇筑箱梁混凝土前。
(2)浇筑混凝土顶底板后,纵向预应力钢束张拉前。
(3)纵向预应力钢束张拉后。
图10为部分实测值和理论值对比。

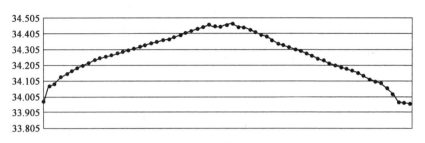

图10 浇筑混凝土后高程对比图

4.3 大桥应力监控结果

监测数据表明,徒骇河大桥主梁所埋设的应力传感器大部分工作性能正常,分析结果表明在各施工阶段主梁整体应力数据正常、规律一致,且在理论数据控制范围之内,结构处于安全状态。

图11为混凝土应力测点横断面点位布置图。

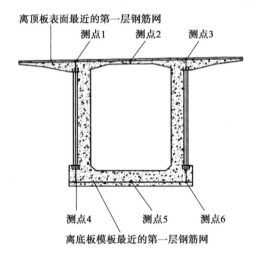

图11 混凝土应力测点横断面点位布置图

限于篇幅,本文仅给出部分截面实测应力与理论应力对比表,见表3。表中应力受压为负,受拉为正。表中所列实测数据为截面测点平均值。

14号墩左幅边跨截面实测应力与理论应力对比表(单位:MPa) 表3

测量位置 施工阶段	顶板应力测试结果			底板应力测试结果		
	理论值	实测值	差值	理论值	实测值	差值
1号块	-8.7	-8.9	-0.2	0.2	0.2	0
2号块	-8.1	-8.2	-0.1	0.1	0.3	0.2
3号块	-9.5	-8.9	0.6	-0.7	-0.8	-0.1
4号块	-7.7	-7.8	-0.1	-0.5	-0.6	-0.1
5号块	-6.2	-6.9	-0.7	-0.2	-0.1	0.1
6号块	-4.5	-5	-0.5	0.1	0.2	0.1
7号块	-2.3	-2	0.3	0.2	0.3	0.1

5 结语

各阶段主梁线形实测数据与理论数据相比,数值基本吻合;左、右幅主跨合龙段高差分别为10mm、9mm,从成桥后的线形实测数据与理论数据的对比来看,主桥测点差值都处于±20mm之内,符合《公路桥涵施工技术规范》(JTG/T 3650—2020)的要求。

主桥成桥后线形流畅,预拱度设置合理,施工控制效果良好。

在各施工阶段,主梁应力实测数据与理论值相比个别数据存在偏差。总体来看,主梁截面处于全截面受压状态,应力数据正常,规律一致且无突出异常状况出现,结构整体处于安全状态。

参 考 文 献

[1] 国家市场监督管理总局、国家标准化管理委员会.预应力混凝土用钢绞线:GB/T 5224—2023[S].北京:中国标准出版社,2023.

[2] 中华人民共和国交通运输部.公路桥涵地基与基础设计规范:JTG 3363—2019[S].北京:人民交通出版社股份有限公司,2020.

基础工程篇

高速公路桩基施工技术研究

郭宗瞳

(中交路桥华北工程有限公司,北京 101100)

摘 要:高速公路桥梁具有上部荷载较大、对沉降有严格要求等特点,因此桩基是桥梁施工过程中的重中之重。然而在近年来,有些施工单位对桩基施工中的一些技术要点及施工质量把控不到位,导致施工事故的发生。本文通过介绍钻孔桩每一环节的施工技术及质量控制要点,对钻孔桩施工技术进行系统的归纳,以确保高速桥梁基础的施工安全及施工质量。

关键词:施工技术 质量控制 钻孔灌注桩

1 前言

早在7000~8000年前的新石器时代,人们为了防止猛兽侵袭,曾在湖泊和沼泽地里栽木桩筑平台来修建居住点。这种居住点称为湖上住所。在中国,最早的桩基是在浙江省河姆渡的原始社会的遗址中发现的。到宋代,桩基技术已经比较成熟。桩基是一种古老的基础型式。桩基技术经历了几千年的发展过程。20世纪70年代,中国曾发生了几次大地震。以其中的唐山大地震为例,凡采用桩基的建筑物一般受损轻微。这说明桩基在地震力作用下的变形小,稳定性好。钻孔灌注桩作为桩基的基础形式之一,其用途十分广泛,可以在各种基础施工中用到。同时它的特点也是显而易见的,如施工速度快、占用面积小、对于周围的其他施工影响较小等。钻孔灌注桩的相关施工所涉及的内容很多,其中有测量方面的工作,还有机械相关操作方面的工作,以及钢筋的加工、混凝土的搅拌等多种工作。这些工作的种类相对较多,工作中的技术含量也较高,因此受到的制约因素也很多,这样就会给施工带来一些问题。如果不对这些问题进行关注的话,这些问题可能会使成桩难以满足设计要求,且桩的质量直接关系到建筑结构及施工人员的安全性。所以,在施工过程中,要加强对施工准备、成孔等各个环节的技术把控,确保钻孔灌注桩的成桩质量。

2 桩基护筒的埋设

桩基护筒的作用:
①定位;②保护孔口,防止地面石块掉入孔内;③保持泥浆水位(压力),防止坍孔;④桩顶标高控制依据之一;⑤防止钻孔过程中的沉渣回流。

施工前先通过测量进行放点定位,再放出钢护筒边线,将桩位放置完毕后,埋设护桩,引线确定桩基点位,然后进行人工挖孔,在埋置钢护筒后,孔壁与护筒之间应当回填黏土进行压实,确保护筒埋置牢固。护筒埋置完毕需要引线确定护筒位置偏差不超过5cm,垂直度误差小于0.5%。

3 钻孔施工

泥浆循环系统:在钻孔桩施工过程中,为了保证桩基质量与安全,本项目桩基施工大部分采用膨润土泥浆护壁,考虑各桩基公用的原则,泥浆池在墩位附近合适位置开挖,保证总容量超过30m³,并且配备储浆池用来储备泥浆。泥浆循环采用反循环工艺,泥浆池应做好围挡防止人员失足。为保护施工现场的环境,严禁将泥浆及废渣排入就近河道以及沟渠,由翻斗车运往指定的弃土场排放。

在反循环钻机就位之后,应利用护桩拉引线进行桩位的校核,保证钻孔桩位的精确。造浆结束后,钻机需低速开钻,待钻头进入土层后再正常钻进。

钻孔完成之后,经测孔检验达到设计高程后,进行清孔处理,以免泥浆沉淀过多造成钢筋笼无法正常下放,以及二次清孔无法清理干净。清孔完成后,用伞形检孔器检测桩孔直径、桩中心偏位以及桩孔垂直度,并检测沉渣厚度,达到规范规定之后挪开钻机进行钢筋笼下放。

在钻孔过程中发生孔口坍塌时,需要立即拆除护筒并回填钻孔,如发生孔内塌孔,应判明塌孔位置,然后回填黏性土,至塌孔处往上1~2m,坍塌严重时应全部回填,待回填沉淀密实后再重新埋设护筒进行钻孔。

钻孔时发生缩孔的原因有两种:一种是钻头损坏或磨耗,此时需要及时修补钻头,重新钻进扩孔;另一种是地层中有软土(俗称橡皮土),遇水膨胀后使孔径缩小,此时应使用失水率较小的优质泥浆护壁,快钻慢进,并复钻2~3次,直至使发生缩孔部位达到设计要求为止。

4 钢筋笼制作及下放

钢筋笼在现场或刚进场时进行分节加工,在制作钢筋笼时要注意钢筋主筋与螺旋筋的钢筋间距,校正加劲筋与主筋的垂直度,然后焊接牢固。加工钢筋笼时要确保主筋在同一搭接区断面内接头不大于50%,接口处需要设置同心弯,主筋搭接采用单面焊,焊接长度不小于10倍钢筋直径,并且钢筋笼每隔2m需要设置内撑,防止钢筋笼存放、转运、吊装时变形,在钢筋笼制作过程中需要将声测管或压浆管固定到主筋上,管间距设置均匀。

钢筋笼安装时采用一台25t吊车两点起吊,同时使用吊车主副钩,先将钢筋笼水平吊起,离开地面至一定高度后,一边提主钩,一边放副钩,使钢筋笼在空中保持竖直,挪至桩基孔口扶正缓慢下放,注意不要摇晃钢筋笼以避免刮碰孔壁,钢筋笼主筋焊接采用单面焊,确保钢筋笼中心在同一竖直轴线上,钢筋笼下放至设计高程后,需要通过护桩拉引线,将钢筋笼中心定位至桩中心,为了防止钢筋笼骨架在灌注混凝土时上浮或者偏位,需要用钢筋焊接至护筒确保钢筋笼稳固。下放钢筋笼完成后需要用钢板或管塞将声测管封死,防止泥浆进入管内。钢筋笼下放完成后,马上下放导管进行二次清孔。

5 水下混凝土灌注

桩基混凝土采用导管法水下灌注。混凝土在拌合站搅拌后通过混凝土搅拌车运输至现场直接灌注。

灌注前进行二次清孔,待清孔后的泥浆比重及沉渣厚度达到规范和设计要求后进行水下混凝土灌注。导管直径为300mm，在第一次使用和使用一段时间之后需要进行水密性实验，确保导管接头良好，不漏气。导管需定期更换胶垫，防止胶垫老化。导管下口距孔底应在300～500mm，并且混凝土集料斗容量要满足首批混凝土灌入后导管埋深超过0.8m。

水下混凝土要求坍落度在180～220mm，首批混凝土灌入后应立即测量孔内混凝土高度，计算导管埋置深度，待确认符合要求后即可正常灌注水下混凝土。当混凝土面接近钢筋笼底部时，为防止钢筋笼挪动，可使导管保持稍大埋深，以此来减少混凝土的冲击力。灌注一定高度之后需要拔出部分导管，保证混凝土顺利灌入，此时要控制拔出后导管埋深在2～6m，保证灌注桩质量。灌注结束时，应保证混凝土面在设计高程之上0.5～1.0m，以便对上部浮浆及松散混凝土部分进行破除。最终拔出导管及护筒时应缓慢吊出，防止对上部混凝土质量造成影响。清理场地，进行下一根桩基施工。

6 检桩

桩基混凝土达到一定龄期时需进行检测，桩基检测需要第三方用专业仪器通过声测管进行超声波检测，在检测之前需要对声测管进行注水，并且确定桩的各项数据，来保证检桩过程的顺利。待桩基检测后若质量良好，可进行下一步施工。

7 断桩处理

在施工过程中发生断桩时，应及时认真组织人员进行补救处理，准确测量断桩混凝土面，重新计算埋置导管长度，将导管下沉到已灌混凝土面以上10cm左右，储备足够的混凝土，待漏斗内混凝土下落填满导管的瞬间，将导管压入已灌混凝土面以下，即完成二次插管。若断桩发生时间较长还无法进行补救处理，灌注混凝土超过初凝时间，且断桩位置距桩顶较近，可采用比桩径略大的混凝土管或钢管一节一节连接起来直到沉到断桩下0.5m处，清除泥浆及掺杂泥浆的混凝土，露出良好的混凝土面并对其凿毛，清除钢筋上泥浆，然后以混凝土管或钢管为模板浇筑混凝土。若断桩无法接桩，则需要冲击钻进行处理。

8 结语

总之，钻孔灌注桩整个过程属于隐蔽工程，质量控制以及检查比较困难，要保证灌注桩的施工质量，需要现场管理人员具有较强的责任心以及实践能力，只有如此才能正确判断以及处理桩基施工过程中发生的工程质量问题。高速公路桥梁桩基施工中，要提高对于钻孔灌注桩施工泥浆制备以及钻机就位等各方面的重视程度。施工企业要在实践中对涉及的施工内容进行不断完善和优化，这样才能从根本上保证高速公路桥梁桩基施工质量的提升。

参 考 文 献

[1] 李清平.高速公路桥梁工程桩基施工技术及质量控制研究[J].工程建设与设计,2023(9):202-204.
[2] 王志.山区高速公路桥梁桩基施工技术研究[J].运输经理世界,2022(35):113-115.
[3] 刘鑫.高速公路桥梁工程桩基施工技术控制[J].运输经理世界,2022(4):109-111.

预应力混凝土管桩的实际应用

薛继源

(中交路桥华北工程有限公司,北京 101100)

摘　要:近年来,在"一带一路"倡议背景下,我国交通基础设施建设规模逐步扩大,高速公路改扩建快速发展。本项目通过两侧拼宽,将原有双向四车道改造成双向八车道高速公路,由于新路基两侧路基地基的力学性质与老路基下地基固结程度差异较大,为避免新老路基出现较大的差异沉降,以及尽量减少拼接路基荷载对老路基的影响,两侧拼宽路基软基处理采用先张法预应力混凝土薄壁管桩(PTC 管桩)的处理方法,各路段管桩拟采用锤击法施工。

关键词:改扩建　拼宽路基　管桩　锤击法

1　工程地质及作业条件

项目路线所经区域属鲁北黄泛平原较稳定工程地质区。对拟建公路建设有直接影响的主要为第四系全新统地层,主要为冲积层,其岩性为粉质黏土、粉土、粉砂、细砂、黏土。

2　施工方法及工艺

2.1　管桩概述

预应力混凝土管桩是一种空心圆筒形细长的混凝土预制构件,由专业厂家大批量自动化生产,工艺采用先张法预应力和掺加磨细料、高效减水剂等,将混凝土离心脱水密实成型,然后进行高压蒸汽养护而成,是一种新型建筑工程基础用桩。

锤击法是利用桩锤的反复跳动冲击力和桩体的自重,克服桩身的侧壁摩阻力和桩端土层的阻力,将桩体沉到设计高程的一种施工方法(图1)。

图1　管桩施工工艺

2.2 设计概况

本项目采用先张法 PTC 薄壁预应力管桩(图2),直径为 0.4m,壁厚 60mm,桩身采用 C60 混凝土预制,接长采用焊接法接桩,两端需设置端板,端板材质采用 Q235B,厚度不少于 18mm。桩位布置均匀向外呈正方形布设,K301+824.060~K301+886.894 左侧,桩中心间距 $S=2.9$ m。处理长度 62.83m,处理宽度 10.9m,设计桩长 $L=7$ m,台阶上增加桩长 44m,总桩长 669m。桩顶设预制桩帽,通过桩塞混凝土与管桩连接,桩帽呈正方形,边长 140cm,为 C30 钢筋混凝土。

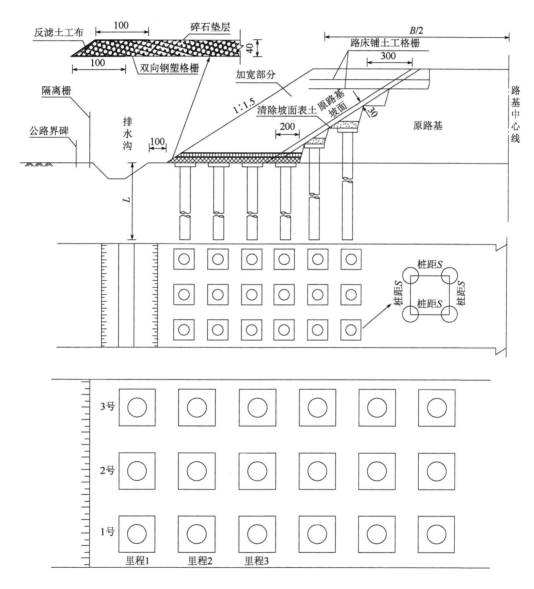

图2 管桩设计示意图(单位:cm)

在施工时为保证放样准确,便于施工检测,对管桩进行编号,编号采用里程+编号的形式以保证桩体不重复。

当路基高度>2m 时,柱体从距老路边缘 3m 处开始向外布设。对于布设在老路基坡面上的桩体,应将加宽路基填筑至此桩位对应的开挖台阶底面高程时开始打设,布设在老路基坡面上的桩长等于拼宽部分桩长+此桩位对应的开挖台阶底面相对于原地面高程差,计算出的桩长应为整数,如结果不为整数,桩长向下取最接近计算桩长的整数,施工完成后,单桩承载力不小于200kN。

2.3 工艺流程

PTC管桩锤击法施工工艺流程图如图3所示。

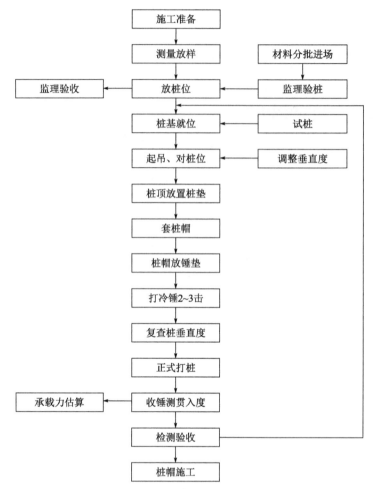

图3 PTC管桩锤击法施工工艺流程图

2.4 施工方法

2.4.1 施工准备

(1)调查施工区域及毗邻的地下管线及建(构)筑物,并提出相应的安全措施。

(2)在打桩前,清理施工场区内影响打桩的高空及地下障碍物。

(3)对施工场地进行平整,保证排水通畅,坡度不大于1%,承压能力应满足打桩机稳定和预制管桩运输堆放的要求。

(4)调配好材料等物品的堆放,保证施工顺利进行。

2.4.2 测量放样

(1)放线前根据设计图纸对施工平面、高程控制点进行复核,验收合格后方能进行现场放线。

(2)根据复核好的施工控制点结合设计图纸计算测量数据成果,施工按照计算数据测出桩位,用白石灰标上记号,并测出施工现场高程,在现场四边用木桩放出纵、横轴线控制桩,并在木桩上标记轴线编号。

(3)放好的桩位经自检无误后请监理工程师复查一遍,确认无误后才开始正式试压桩。桩位的放样允许偏差如下:桩位施放误差≤30mm。

2.4.3 桩机组装、就位

柴油打桩机运至施工现场后,由专业人员现场组装,调整好桩机的水平度,并进行试运行。

2.4.4 起吊、就位及调整垂直度

(1)桩机水平后吊桩,预制管桩在吊运过程中应轻吊轻放,避免激烈碰撞。

(2)预制管桩应按规定的起吊点吊装,单根桩长≤5m时,可采用钢丝绳绑住桩身单点起吊(图4),单根桩长>5m时,采用专用吊钩钩住两端内壁水平起吊(图5)。

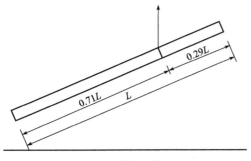

图4 单点起吊　　　　　　　图5 双点起吊

(3)在使用的预制管桩上每米划线作标记,便于观察和记录。

(4)当桩对位后,用全站仪进行垂直度调整,过程中线锤应配合使用。

(5)油缸移动桩机调整桩身垂直度,桩的垂直度偏差不得大于桩长的0.5%。确认调整好后,再重新核对一次桩位,保证桩位偏差不大于30mm,确定桩位误差满足规范要求后进行施压。

2.4.5 锤击沉桩

(1)为了检验沉桩机械选用的合理性,确定沉桩控制参数及沉桩标准,根据规范要求施工前须进行不少于5根的试锤桩。

(2)入土30~50cm后检查和校正垂直度,垂直度控制在0.5%以内,桩机要求调至水平。宜用长条水准尺或其他测量仪器校正;必要时,应该拔出重插。桩顶放置桩垫,然后套上桩帽,在桩帽上设置弹性衬垫,即锤垫,减少直接锤击对桩头的损坏。

(3)每根桩宜一次连续锤击到位,送桩期间不应停歇,尽量缩短停歇时间。

(4)在锤桩过程中应多次复核桩位和辅线,保证垂直度。

(5)在桩身标记以米数为单位的高程标记,记录员必须认真、及时做好施工记录,记录经监理人员验证签名后方可作为有效施工记录。观测桩顶及施工场地有无隆起以及桩体水平位移。

(6)每根桩开始锤击时,要打冷锤2~3次,目的是确认机械运转是否正常,且需复查桩的垂直度;锤击沉桩时,要求采用"重锤低击"(指在相同的锤击能量下优先采用重的锤、小的落距),且始终保持桩轴心受压,若有偏移应及时纠正。在锤击桩过程中,应检查桩的垂直度,以保证施工质量。

(7)当一根桩终锤完后,若有露出地面的桩段,应在移机前用专用截桩机截去,严禁利用锤桩机强行扳断。

(8)当管桩需要接长时,其入土部分桩段的桩头宜高出地面0.8~1.0m,便于接桩焊接操作。接桩时上下节桩段应保持垂直,错位偏差应≤2mm。对接前上下端板表面要用铁刷子清刷干净,坡口处刷至露出金属光泽。端板接口一般为"U"形坡口,焊接时宜先在坡口圆周上对

称点焊 4~6 点,再分层施焊,施焊由 2 个焊工对称进行。焊接层数应≥2 层,焊缝应饱满连续。焊接结束后,停歇时间应≥8min,焊缝质量经检查合格后再进行沉桩。焊缝严禁用水冷却。为缩短接桩时间,本管桩接头采用二氧化碳气体保护焊。

2.4.6 终锤标准

(1)桩端达到持力层内 50cm,贯入度满足要求。

(2)终锤的技术参数一般采用双控,根据设计要求确定贯入度及高程。

(3)贯入度达到要求而设计高程未达到,应继续锤击 3 阵,每阵 10 击的贯入度为 20~30cm 为宜。

每根桩总锤击数不宜超过 1800 锤,最后 1m 锤击数不宜超过 200 锤。

送桩器宜做成圆筒形,外部尺寸与预制管桩相匹配,并有足够的强度、刚度,长度约为送桩深度的 1.2 倍,送桩前用水准仪测量地面高程,在专用送桩器上做记号,送桩过程中进行跟踪,动态检查送桩深度。送桩器下端设置桩垫,桩垫厚度均匀并与桩顶全断面接触,下端面应设置排气孔,使桩身内腔与外界相通。

2.4.7 桩机移位

在预制管桩压至设计高程或者桩端承压力达到设计要求后,经监理工程师现场确认无质量问题后,方可将桩机移位,进行下一根桩的施工。

2.4.8 桩帽施工

预制管桩施工结束后,报请监理验收及进行复合地基承载力检测,合格后再进行预制桩帽施工安装。在桩头位置按设计要求的桩帽尺寸及高程开挖到位后立桩帽四周侧模,桩帽采用正方形,边长 1.4m,C30 主体采用混凝土预制,部分采用 C30 混凝土现浇。具体尺寸及钢筋设计如图 6 所示。

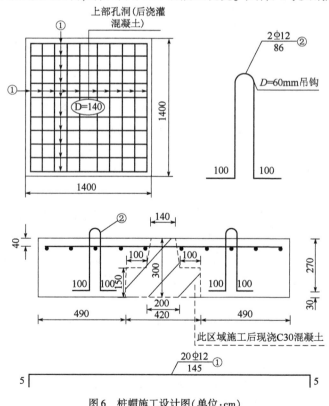

图 6 桩帽施工设计图(单位:cm)

3 质量检验

3.1 管桩进场检验

(1)管桩产品合格证的检查,合格证内容包括:
①合格证编号及证明资料;
②采用标准编号;
③管桩品种、规格、型号、长度及壁厚;
④产品数量;
⑤混凝土强度等级;
⑥制作日期或管桩编号;
⑦制造厂厂名、出厂日期;
⑧检验员签名或盖章。

(2)运入工地的管桩,应抽查管桩的外观质量和尺寸偏差。抽查数量不得少于2%的桩节数,且不得少于2节。当抽检结果出现一节管桩不符合质量要求时,应加倍检查,如再发现不合格的管桩,该批管桩不得使用,必须撤离现场。

(3)运入工地的管桩,还应抽查套箍和端板的质量,重点检查端板的材质、厚度和电焊坡口尺寸。抽检端板厚度的桩节数不得少于2%的桩节数量,且不得少于2节。电焊坡口尺寸必须逐根检查,凡是端板厚度和电焊坡口尺寸不合格的桩严禁使用。

(4)管桩结构钢筋抽检:对于管桩预应力钢筋的数量和直径,螺旋筋的直径、间距、加密区的长度以及钢筋的保护层厚度进行抽检,抽查数量每施工段不得少于2根。

3.2 管桩检测指标

(1)管桩的检查验收标准见表1。

预制管桩的外观质量要求　　　　表1

序号	项目	外观质量要求
1	粘皮和麻面	局部粘皮和麻面累计面积不应大于桩总外表面的0.5%;每处粘皮和麻面的深度不得大于5mm,且应做有效的修补
2	桩身合缝漏浆	漏浆深度不应大于5mm,每处漏浆长度不得大于300mm,累计长度不得大于长度的10%,或对称漏浆的搭接长度不得大于100mm,且应做有效修补
3	局部磕损	局部磕损深度不应大于5mm,每处面积不得大于5000mm^2,且应做有效修补
4	内外表面露筋	不允许
5	表面裂缝	不得出现环向或纵向裂缝,但龟裂、水纹和内壁浮浆层中的收缩裂缝不在此限
6	桩断面平整度	端面混凝土和预应力钢筋镦头不得高出端板平面
7	断筋、脱头	不允许
8	桩套箍凹陷	凹陷深度不应大于5mm
9	内表面混凝土塌落	不允许
10	桩接头及桩套箍与混凝土接合处	漏浆深度不应大于5mm,漏浆长度不得大于周长的1/6,且应做有效修补,不允许出现空洞和蜂窝
11	桩内壁浮浆	离心成型后内壁浮浆应清除干净

(2)预制管桩的实测项目质量要求应符合表 2 规定。

预制管桩的实测项目质量要求　　　　　　　表 2

序号	项目	允许偏差(mm)	备注
1	外径	±5	
2	壁厚	±5	
3	保护层厚度	+5~0	
4	桩体弯曲	不大于 $L/1000$,且不大于 20	
5	桩尖中心线	<2	
6	桩身长度	$+0.7\%L$ ~ $-0.5\%L$(L 为桩长)	
7	端部倾斜	$\leqslant 0.5\%D$(D 为直径)	
8	桩端板允许偏差	断面平整度,≤0.5;外径,[-1,0];内径,[-2,0];厚度,正偏差	

(3)其余项目应按表 3 的要求检验。

管桩质量标准　　　　　　　表 3

项次	检查项目	规定值或允许偏差	检查方法及频率
1	桩距	±100mm	抽检 2%,尺量
2	桩长	不小于设计值	查施工记录并结合吊绳测量检查,吊绳量测 5%
3	垂直度	0.5%	查施工记录或经纬仪
4	完整性	符合规范要求	不少于 10%

4 结语

预应力混凝土管桩单桩承载能力较强,外界地质环境和施工设备对其影响较小,因采用预应力技术,所使用的钢筋强度大,管桩良好的抗裂性和抗弯性刚度使得在施打过程中能保证桩身完整,且不需要 28d 龄期就可以检测桩基,大大提高了施工效率,具有较高的经济效益。

某深基坑施工难点与对策探讨

段同军 郑帅

(山东省路桥集团有限公司,山东济南 250014)

摘　要：在深基坑施工过程中,既要保证深基坑的安全,还要保证相邻建筑物的变形检测符合要求和地下管线等设施的安全。关于深基坑支护、边坡支护与土层开挖不协调、地下水位情况等方面的问题,提出了支护结构优化、加强施工管理、施工监测等应对措施。

关键词：深基坑　土方开挖　基坑支护　对策

1　前言

目前,虽然我国建筑行业需求的增加,带来了建筑行业各种技术的发展和完善,但深基坑支护的技术和质量仍存在诸多问题,这也给我国工程建设的进一步发展带来了障碍。高层建筑、地下工程、大跨径桥梁等大量出现,基础填埋越来越深,同时地下空间开发规模也越来越大,推动了基础工程施工技术水平的发展。深基坑工程属于危险性较大的分部分项工程,基坑事故极易引起安全生产事故,对此应认真思考和反思深基坑支护工程中发生的一些质量事故,制作深基坑支护工程档案,通过工程案例中的实践掌握深基坑施工过程中的重点难点,为今后深基础深基坑支护工程施工提供经验,以期改善我国深基坑支护工程施工情况。

深基坑支护技术是一种支撑、保护技术,以确保深基坑的稳定、安全。深基坑为基坑开挖深度在5m以上的基坑工程。除此以外,开挖深度在5m内,但施工环境与地质条件较复杂,不利于土建基础施工稳定与安全的基坑工程也可称为深基坑。总体而言,深基坑的施工会在一定程度上影响到土建基础施工的安全与稳定。基于此,深基坑支护技术就显得尤为重要。在土建基础施工中运用深基坑支护技术能最大限度地确保土建基础施工的安全与稳定。

建筑工程施工质量与关键技术密切相关,在实际施工中,应当针对各施工内容采用适宜的技术类型,提升施工效率,保证施工质量。深基坑支护施工方式较多,各类技术的应用条件有所不同,比如,放大坡开挖施工方式的应用较为常见,但是容易受到施工现场环境因素的影响,为保证施工质量,必须结合施工现场实际情况,采用适宜的技术类型,充分发挥支护技术的重要作用,保护周边生态环境,提高建筑工程结构稳定性。

2　工程概况

某高层住宅工程,包括7栋24层住宅楼,3层地下车库,建筑面积8966.44m²,框架剪力墙结构,抗震设防烈度为8。建筑场地类别为Ⅱ类,场地粗糙度类别为B类。根据前期地质勘察资料,深基坑施工内地层由上至下依次为建筑杂填土、粉土夹薄层粉砂、淤泥质粉质黏土。基坑开挖范围内大部分开挖深度在7.65~7.85m之间,局部地区开挖深度较深。基坑所处区域地下水位高,土质较为松软,为典型的深基坑工程。

3 深基坑特点分析

(1)深基坑工程属于临时性结构,施工过程中事故发生突然,来不及调整,具有较大风险。

(2)深基坑支护规模越来越大,支护结构体系设计复杂等一系列问题导致施工难度越来越大,人员安全管理问题突出。

(3)深基坑工程一般具有很强的区域性特点,受到水文地质、岩土地质和周围环境的影响,其设计、施工和勘测等方面必须结合所在场地的特点,选择合适的方案。

(4)深基坑工程量大、工程技术复杂、涉及面广、造价高,是土木工程中最具难度的技术环节。

(5)深基坑支护具有时空效应,具有时间性和空间性,支护结构会随着时间发生改变,在土质松软且降水量大的地区及复杂地下工程中尤为明显。

(6)深基坑开挖对相邻建筑物沉降和周围环境的影响也随之增大。基坑开挖时,降水必然引起周围场地土的应力和地下水位变化,对相应的建筑物地下基础设施、地下附属物和道路造成极大的影响,危及建筑物的安全。

4 深基坑施工中存在的问题

4.1 基坑支护

基坑支护环节是深基坑工程中最为重要的一个环节。根据工地实际情况和支护方法的原理和作用合理选择一个安全可靠又经济实用的支护结构体系尤为重要。但是深基坑施工技术难度越来越大。

结合地区土木施工现场条件,采用地下连续墙支护施工。施工人员应根据深基坑支护实际情况,细化把握墙体结构、钢筋混凝土结构,合理控制导流墙的宽度、厚度,满足地下连续墙支护要求。应重视应用于支护施工的泥浆,准确把握材料的质量、比例,避免支护中地表出现涌水等情况。地下连续墙应具有较好的防水效果。

4.2 边坡支护与土层开挖不协调

目前,建筑企业盲目追求施工进度以求效益,在深基坑施工中缩短施工周期,忽视了土层开挖与边坡支护的协调性。部分深基坑工程会被发包出去,而承包单位施工质量无法做到与实际标准质量相符,可能会产生大量问题和瑕疵。深基坑土方施工顺序选择方案不妥当,会导致深基坑局部土层变形,局部荷载增大,假如深基坑一点挖方过深,深基坑周围的结构土层应力集中在一处,容易造成原有支护体系结构失稳,还会造成深基坑局部塌陷。需要将监测技术与先进的施工设备相结合,保证整个深基坑施工质量。

4.3 地下水位问题

该项目施工区域土质松软,地下水位较高,又于雨季施工。当地下水位线以上覆土重不足以平衡地下水向上的渗流力,土颗粒会发生悬浮、移动现象,坑底泥沙呈流动状态,随地下水涌入基坑,产生流砂现象;基坑坑底以下存在承压水时,在主动土压力和上部荷载加大情况下导致安全厚度不足而引发基坑突涌现象;土层存在强透水层,随着深基坑开挖,上部土体自重难以支撑,产生管涌现象。

5 深基坑施工中问题的解决措施

5.1 支护体系的优化设计

在该项目土方施工前,准备一定数量的应急支撑材料,做好深基坑失稳的抢险工作。当深基坑支护结构出现失稳征兆时,在深基坑出现滑移的坡脚处堆放弃土来阻止深基坑边坡滑移,当深基坑边坡稳定后,重新加固土层。当深基坑底部出现隆起现象时,可采取分段开挖的方式,减小土的回弹系数;在基坑底部浇筑混凝土,抵消基底土隆起的应力,加大基坑降水量;同时,加大边坡支护的强度,通过加大锚固深度、加密锚索和消除基坑上部外荷载达到目的。

对于基坑变形可以采用有限元软件 ABAQUS 模拟深基坑开挖过程,对支护结构及临近土体位移进行研究。以深基坑中轴线的一边为基准线,建立坐标系,用测小角法进行模拟,基坑支护结构侧移时,检测图像会在计算机上显示测点为 S 形的侧移曲线,根据变形及时加大锚杆预应力来抵消最大侧移。

5.2 协调边坡支护与开挖工作

(1)根据施工现场实际情况,施工队伍制定科学合理的施工方案和施工计划。

(2)距离支护结构较近的土层大型开挖设备无法开挖,应采取人工开挖避免扰动边坡土层,影响支护结构稳定性。一旦发现变形的风险,施工队伍就需要制定切实可行的应急方案,提高深基坑工程的安全系数。

(3)做好勘察设计之前的"五通一平"等工作,记录施工前场地相关资料,以备后期施工及时查找问题。

5.3 处理地下水位问题的措施

(1)在雨季进行深基坑施工。旱期的地下水位较低,基坑内外压力差小,动水压力小,有效防止流砂的出现;延长渗流路径。将板桩沿深基坑四周打入不透水层或打入坑底面计算深度,可以截住地下水流或增加渗流时间及长度,改变动水压力方向。

(2)降低深基坑水位。采用井点降水法不间断抽水,把地下水位降低到深基坑坑底以下,不仅降低了水位差,改善地下水情况,还提高了边坡的稳定性。在本工程中,为解决坑底隆起变形问题,采取了增加钢筋数量或者加厚钢筋的方式来有效避免坑底暴露于外部环境中。

6 结语

本项目深基坑施工比较复杂,应针对深基坑工程在一般土方开挖方法下基坑支护、边坡协调、地下水位等方面的问题进行分析总结。基于深基坑工程施工中存在的问题,针对深基坑工程支护、自然状况以及施工监测方面的不足,需要建立完整有效的事前预测、事中安全、事后加固程序,并预设事故发生给深基坑施工带来的困难,从而保证深基坑工程施工顺利进行。

参考文献

[1] 谷秀玲.深基坑支护施工关键技术研究[J].中国新技术新产品,2022(24):97-99.

[2] 江满意.市政工程深基坑支护的难点与解决措施[J].中国建筑金属结构,2022(11):43-45.

[3] 王新华.市政施工中深基坑支护技术的运用分析[J].城市建设理论研究(电子版),2023(13):161-163.

管桩土塞效应影响因素及承载性能试验研究

郑 帅

(山东省路桥集团有限公司，山东济南 250014)

摘 要：预应力混凝土薄壁管桩(PTC 管桩)施工时会产生土塞效应，从而对其施工难易程度及承载性能产生重要影响。基于开口管桩土塞效应及其承载机理，通过统计现场试验中 PTC 管桩总锤击次数、平均沉桩速率、土塞高度及沉桩深度等数据，结合地基静力触探和管桩静载试验，建立了土塞率与上述各因素之间的关系。结果表明：随单桩总锤击次数增加，管桩土塞率呈减小趋势，且沉桩前期减小幅度较小而后期较大；随平均沉桩速率增大，土塞率呈增长趋势，且前期增长幅度较大而后期较小；土塞高度与土塞率呈线性正相关关系，土塞高度越大，土塞率越大，且不受桩机单击锤击能量的影响。静载和静力触探试验表明，桩顶累计沉降量和回弹量随土塞率的增加而增大，但桩端阻力随土塞率减小而增大；土塞率越小，管桩承载性能越好，两者呈负相关关系。研究成果可为类似公路地基处理工程施工提供借鉴。

关键词：管桩 现场试验 土塞效应 影响因素 承载性能

1 引言

近年来，预应力混凝土薄壁管桩由于具有桩身强度高、水平及竖向承载性能好、易于施工等优点，已广泛应用于诸如公路、铁路、高层建筑等软土地基处理工程中。在管桩施工过程中存在着明显的施工效应，具体表现为土塞效应及挤土效应。其中，土塞效应是指桩端土一部分进入管桩内部形成"土塞"。土塞的发展直接影响到打桩阻力及单桩承载力，进而对复合地基的承载性能产生显著影响。

目前，在管桩土塞效应影响因素研究方面，周健等基于室内试验及颗粒流软件 PFC2D 分析了管桩施工中土塞的形成过程，从微观角度探讨了土塞的形成演化规律，并得出桩径越大、砂土相对密实度越小，土塞高度越大的结论。雷国辉等通过现场试验的方式对管桩锤击施工时的土塞效应进行了研究，得出管桩从松散粉细砂地基打入密实的粉细砂地基，随着入土深度增加其闭塞效应逐渐减弱的结论。王腾等通过数值模拟方式研究了摩擦系数及桩径对土塞形成的影响，得出土塞效应随桩土间摩擦系数增大、桩径减小(壁厚相同)而增强的结论。在土塞效应对管桩承载力影响规律研究方面，Doherty 等通过现场试验方式提出土塞闭塞程度是影响管桩竖向承载力的直接因素。Kenneth 等、施松华和谢永健等也分别通过室内试验、数值模拟及现场试验等方式，得出土塞效应对管桩的竖向承载性能具有重要影响的结论，但上述研究均未给出土塞效应与管桩承载性能之间的定量关系。应该说,目前关于土塞效应的影响因素及其对管桩竖向承载性能作用机理的研究成果还很少见,而土塞效应又在很大程度上影响着管桩竖向承载力,因此开展相关研究具有一定的工程应用价值。

本文基于黄泛区 PTC 管桩的现场试验,通过统计分析管桩沉桩时总锤击次数、平均沉桩速率、土塞高度和沉桩深度等参数下的土塞数据,结合静力触探和静载试验,探讨了土塞率与上述各因素、管桩承载性能和桩顶累计沉降量之间的关系。研究成果可为类似工程现场桩基承载力评价提供理论依据。

2 开口管桩土塞效应及其承载机理

预应力混凝土开口管桩的承载机理远比闭口桩复杂,这是因为开口管桩在沉桩过程中桩端土体的一部分进入管桩内形成土塞。随着沉桩过程的进行,涌入管桩的土塞不断增加,当达到一定长度后,会由于土塞与管桩内壁之间侧摩阻力的作用而出现闭塞现象。此时土塞承担了部分桩端承载力,这种现象称为"土塞效应"。

管桩土塞效应越强,即土塞的闭塞程度越高时,管桩的承载性能越显著。为量化土塞的闭塞程度,引入土塞率(PLR)参数以分析桩内土塞的闭塞程度。PLR 为土塞高度(桩长减去土塞顶端至桩顶的距离)与桩贯入深度之比。PLR = 0 时,说明土塞已达到闭塞状态,桩端土体不再进入管桩,土塞高度不发生变化;当 PLR = 1 时,土塞处于完全非闭塞状态。

土塞效应会影响到管桩荷载的传递及其竖向承载力。开口管桩荷载传递是通过管桩内外壁及其环形底面 3 个途径实现的,而其竖向承载力则由桩内外壁与土体之间的侧摩阻力和端阻力组成(图1),具体如公式(1)所示。

$$Q = Q_u = Q_s + Q_i + Q_p \quad (1)$$

式中:Q_s——桩外壁与桩周土的侧摩阻力;
Q_i——桩内壁与土塞的侧摩阻力,即土塞效应值;
Q_p——管桩管壁的端阻力;
Q_u——管桩的单桩承载力。

由于管桩内土塞高度、土塞密实程度、土塞与管桩内外壁之间的侧摩阻力均随打桩的进程处于不断变化中,因此影响管桩竖向承载力计算的其中一个难点是如何考虑土塞效应。该问题的存在也使得管桩竖向承载力计算成为工程

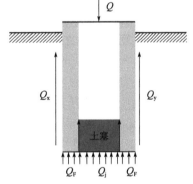

图1 管桩承载力构成

中的一个难题。另一方面,在工程实践中,现场施工时单桩总锤击次数、平均沉桩速率、沉桩深度等因素均会对开口管桩所产生的土塞效应造成较大影响,而目前对此方面的研究成果还很少见。故本文基于现场试验方式,开展上述因素影响下管桩土塞效应变化规律及其承载性能研究,以期为单桩竖向承载力计算提供参考。

3 现场试验简介

3.1 工程概况

京台高速公路德州(鲁冀界)至齐河段改扩建项目,所经区域为黄河冲积平原区。现场试验场地位于德州市平原县境内。试验场地土层从上往下 10m 范围内依次为粉质黏土、粉土、淤泥质粉质黏土和粉质黏土。上述各土层深度及土质特点见表1,各层土体物理力学参数见表2。

试验场地各土层深度及土质特点　　　　　　　　　　表1

层号	土层名称	深度(m)	特点
1	粉质黏土	0~1.5	黄褐色,稍湿,软塑,黏性中等,韧性中等,干强度中等,局部夹粉土薄层,切面光滑
2	粉土	1.5~6.6	黄褐色,稍湿,稍密,含少量锈斑及贝壳碎片,局部夹粉质黏土薄层,多为河湖相沉积软弱土
3	淤泥质粉质黏土	6.6~8.5	灰褐色及灰黑色,软塑,主要以黏粒为主,局部夹粉土薄层,切面光滑,偶见贝壳碎片,具有腥臭味
4	粉质黏土	8.5~10.6	黄褐色及灰褐色,硬塑,黏性中等,韧性中等,干强度中等,切面光滑,局部夹粉土薄层,偶见贝壳碎片,含少量锈斑

各层土体物理力学参数　　　　　　　　　　表2

层号	土层名称	含水率(%)	重度(kN·m^{-3})	孔隙比	液性指数	黏聚力(kPa)	内摩擦角(°)	压缩模量(MPa)
1	粉质黏土	32.8	17.64	1.077	0.58	27.2	15	3.41
2	粉土	23.1	19.6	0.659	0.55	—	—	8.02
3	淤泥质粉质黏土	36.3	18.4	0.966	0.84	26.5	9.4	3.37
4	粉质黏土	26.4	19.23	0.78	0.55	32.3	14.5	4.35

现场施打的PTC管桩桩身混凝土强度为C60,桩径为400mm,壁厚为60mm,采用锤击法打入。根据上覆路基荷载大小,管桩长度分别为9m或10m。打桩完毕后,桩端均位于表2中第4层。

3.2　现场试验方案

为分析相关施工参数(如单桩总锤击次数、单击锤击能、平均沉桩速率、土塞高度等)对管桩土塞率的影响规律,现场对27根管桩锤击贯入后的土塞数据进行了监测,并结合现场静力触探和管桩竖向承载力静载试验,建立了土塞率与上述各因素、管桩承载性能和桩顶累计沉降量之间的关系。

静载试验采用油压千斤顶施加荷载,加载反力装置为压重平台反力装置(图2),沉降量检测采用大量程百分表。试验加载方式为慢速维持荷载法,每级卸载值为每级加载值的2倍,单桩设计承载力为200kN,试验中最大加荷为400kN。

图2　现场静载试验

现场监测的27根管桩中,9m长管桩有9根,10m长管桩有18根。由于锤击9m长和10m长管桩的桩机不同(9m长管桩较10m长管桩的锤击能量小),故本文对两种长度管桩分别进行了数据处理。

4 结果分析

4.1 总锤击次数与土塞率的关系

结果分析中涉及的土塞率均为桩打入后的总土塞率。根据每根管桩打入时的总锤击次数及对应土塞数据,分别得到9m及10m长管桩总锤击次数与土塞率的关系曲线,如图3和图4所示。根据图3和图4中拟合曲线得到总锤击次数所对应的土塞率数据,见表3。由图3和图4可知,不论是9m还是10m长管桩,其土塞率均随总锤击次数增加而呈现减小趋势,且两种长度的管桩的土塞率相比较而言,9m长管桩的较小。对于总锤击次数较少的10m长管桩而言,现场试验还表现出单次锤击沉桩深度大、沉桩速率快、土塞总高度和土塞率均较大等特点。然而对于总锤击次数较多的9m管桩,上述试验数据则呈现出完全相反的特点。另外分析表3数据可知,9m长管桩的总锤击次数由140次增加到170次时,每增大10次,土塞率分别减小5.9%、12.5%和28.6%,10m长管桩的总锤击次数由40次增加到60次时,每增大10次,土塞率分别减小10.5%和20.6%。这说明在不同锤击能下,随着总锤击次数的增加其土塞率均呈减小趋势,且前期减小幅度较小,后期减小幅度较大。

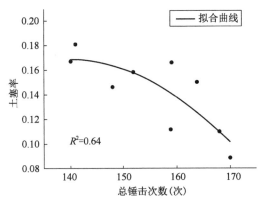

图3 9m管桩总锤击次数对土塞率的影响　　图4 10m管桩总锤击次数对土塞率的影响

表3试验数据表明,管桩总锤击次数较多时,土塞率相应较小。而现场施工表明:锤击能较小的桩机打入桩的总锤击次数较多。因此,在保证施工工期的前提下,为更好地提高地基整体承载性能,可选用锤击能较小的桩机,以减小管桩的土塞率,提高土塞的闭塞程度,从而增强管桩的承载性能,以达到预期设计效果。

管桩总锤击次数与对应土塞率　　　　表3

桩长(m)	总锤击次数(次)	土塞率	减小率(%)
9	140	0.17	—
	150	0.16	5.9
	160	0.14	12.5
	170	0.1	28.6
10	40	0.19	—
	50	0.17	10.5
	60	0.135	20.6

4.2 平均沉桩速率与土塞率的关系

根据管桩贯入深度及沉桩时间计算得出每根桩的平均沉桩速率,并结合相应土塞数据,绘制得到管桩平均沉桩速率与土塞率的关系曲线,如图5和图6所示。根据图5和图6中拟合曲线得到平均沉桩速率所对应的土塞率数据,见表4。由图5和图6可知,无论是9m还是10m长管桩,其土塞率均随平均沉桩速率的增加呈现增长趋势,且10m比9m长管桩的土塞率略大。对于平均沉桩速率较小的管桩,现场试验显示其土塞总高度和土塞率均较小;但对于平均沉桩速率较大的管桩,上述土塞数据则呈现出相反的特点。由表4可知,9m长管桩的平均沉桩速率分别为0.052m/s、0.059m/s和0.066m/s时,对应土塞率分别为0.1、0.15和0.165,其土塞率从0.1增大到0.165,分别增大了50%和10%;10m长管桩的平均沉桩速率分别为0.15m/s、0.195m/s和0.24m/s时,对应土塞率分别为0.115、0.165和0.185,其土塞率从0.115增大到0.185,分别增大了43.5%和12.1%。上述数据说明,随平均沉桩速率增大,土塞率均呈增长趋势,且前期增长幅度较大、后期增长幅度较小。因此,在实际工程中,选用锤击能较小的桩机,以减小管桩平均沉桩速率,可在一定程度上减小土塞率,从而提高管桩的承载性能。这与前述结论是一致的。

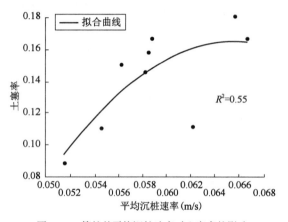
图5 9m管桩的平均沉桩速率对土塞率的影响

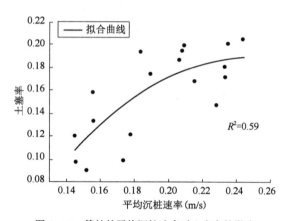
图6 10m管桩的平均沉桩速率对土塞率的影响

管桩的平均沉桩速率与对应土塞率　　　　　表4

桩长(m)	平均沉桩速率(m/s)	土塞率	增大率(%)
9	0.052	0.1	—
	0.059	0.15	50
	0.066	0.165	10
10	0.15	0.115	—
	0.195	0.165	43.5
	0.24	0.185	12.1

4.3 土塞总高度与土塞率的关系

土塞总高度较小的管桩,其管桩内土塞的总体积较小,故其在打桩过程中排开周围土的总体积较大。桩内土塞的总体积与桩排开土的总体积之比越小,其土塞效应越明显。根据每根管桩的土塞总高度及其贯入深度数据,绘制土塞总高度与土塞率的关系曲线如图7和图8所示。根据图7和图8中拟合曲线得到土塞总高度所对应的土塞率数据见表5。可以看出,无论是9m还是10m长管桩,土塞总高度与土塞率均呈线性关系,相关系数接近1.0。拟合曲线斜率越大,说明土塞总高度影响越显著。由表5可知,对于单击锤击能较小的9m长管桩,土塞总高度由0.85m增大到1.72m,土塞率由0.09增大到0.18,两项数据均增大了约100%;对于单击锤击能较大的10m长管桩,土塞总高度由0.97m增大到2.06m,增大了112.4%,而土塞率由0.09增大到0.2,增大了122.2%。上述数据说明,土塞总高度与土塞率呈线性正相关关系,土塞总高度越大则土塞率越大。这与Paik等得出的结论一致,且该规律不受桩机单击锤击能大小的影响。

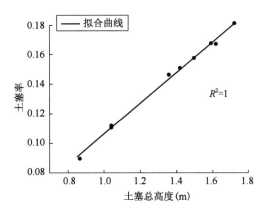
图7 9m桩土塞总高度与土塞率关系曲线

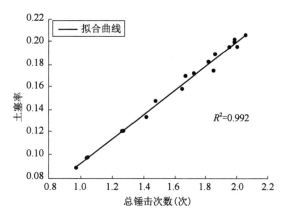
图8 10m桩土塞总高度与土塞率关系曲线

土塞总高度与对应土塞率　　　　表5

桩长(m)	土塞总高度(m)	总高度增大率(%)	土塞率	土塞率增大率(%)
9	0.85	—	0.09	—
	1.72	102.4	0.18	100
10	0.97	—	0.09	—
	2.06	112.4	0.2	122.2

4.4 管桩累计沉降量与土塞率的关系

汤斌等发现,对同尺寸的开口桩和闭口桩施加相同荷载时,其沉降量是不同的。其主要原因是土塞的作用。因此,研究土塞效应影响下管桩累计沉降规律具有重要意义。根据3根试桩静载试验绘制得到其荷载 Q-位移 S 曲线如图9所示。其桩顶最大沉降量及回弹量见表6。可以看出,随荷载增加,累计沉降量逐渐增大,且曲线呈现前期斜率小、后期斜率逐渐变大趋势。荷载达到400kN时,3根试桩累计沉降量分别为5.5mm、6.52mm和6.81mm。卸载过程中由于桩体回弹,3根试桩累计沉降量持续减小,卸载完成后其最终累计沉降量分别为3.9mm、4.84mm和4.93mm。而根据3根试桩卸载完成后测得的土塞数据可知,1~3号管桩土塞率分别为0.057、0.115和0.12。可以看出,随管桩土塞率的增加,其最终桩顶累计沉降量和回弹量也逐渐增大。分析其原因,作者认为,当被打入管桩的土塞高度越大时,其挤土效应越不明显,而土体被管桩所排开的体积也将越小,这种挤土效应与土塞效应的耦合作用最终导致其累计沉降量也越大。另外,随土塞率的增大,桩壁内侧与土体之间的接触面增大,桩顶卸荷后桩内土的回弹作用一定程度上增大了其桩顶回弹量,但该量值占桩身回弹量的比值较小。因此,增大管桩内土塞的闭塞程度,可有效减小其桩顶累计沉降量及其桩顶回弹量。这对于提高管桩单桩承载力及受荷稳定性大有裨益。

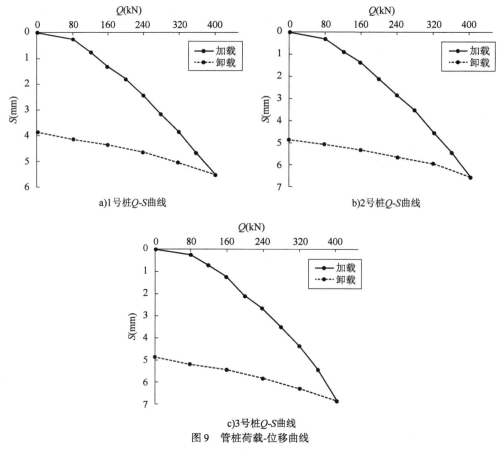

图9 管桩荷载-位移曲线

静载试验结果　　　　　　　　　　　　　　　　　表6

桩号	最大加荷(kN)	最大沉降量(mm)	最大回弹量(mm)	最终累计沉降量(mm)
1	400	5.50	1.60	3.90
2	400	6.52	1.68	4.84
3	400	6.81	1.88	4.93

4.5 管桩承载特性与土塞率的关系

上述3根试桩在加载到400kN后均未达到极限荷载（图10），无法建立单桩极限承载力与土塞率之间的相关关系。而张忠苗等发现，在管桩贯入过程中，桩端阻力与静力触探试验的锥尖阻力具有极为相似的变化规律，且两者比值不随土塞高度或沉桩深度的变化而变化。因此，本文采用静力触探试验的锥尖阻力代替桩端阻力，以研究土塞率对管桩承载特性的影响规律。其中，静力触探点位分别位于距离相近的3个管桩外径0.2m范围内。

在静力触探试验过程中，带有探头的探杆刚刺入土体时，其贯入阻力仅由锥尖阻力提供；随刺入深度增加，侧摩阻力逐渐增大，贯入阻力转变为锥尖阻力和侧摩阻力共同提供。试验得到的10m深时锥尖阻力（q_c）、侧摩阻力（f_s）及其对应土塞率数据，见表7。由表7中数据可以看出，锥尖阻力均远大于侧摩阻力，而侧摩阻力约占贯入阻力的3%，对其承载性能影响不大，说明管桩承载力主要由桩端阻力承担。表7中，其相邻桩的土塞率由0.21减小到0.09时，锥尖阻力由0.9MPa增大到1.7MPa，增大了约88.9%，说明随土塞率减小，管桩承载力呈增长趋势；也说明桩内土塞效应越明显时，开口桩越向闭口桩特性发展，其承载力也就越大。上述数据及分析表明，管桩桩端阻力受土塞效应影响较大，土塞率与管桩桩端阻力之间呈负相关关系。

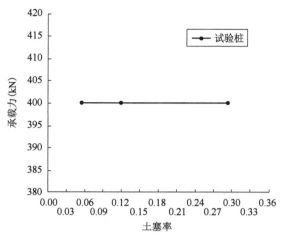

图10 管桩单桩承载力随土塞率变化

10m深度时锥尖阻力和侧摩阻力及对应土塞率 表7

土塞率	锥尖阻力(MPa)	锥尖阻力增大率(%)	侧摩阻力(kPa)
0.21	0.9	—	35.7
0.13	1.1	—	—
0.09	1.7	88.9	48.6

5 结语

通过分析现场试验中管桩总锤击次数、平均沉桩速率、土塞高度及沉桩深度等数据,结合地基静力触探和管桩静载试验,建立了土塞率与上述各因素之间的关系,主要结论如下。

(1)不同锤击能下,土塞率均随总锤击次数增加呈现减小趋势,且前期减小幅度较小、后期减小幅度较大。当管桩施工总锤击次数较多时,其土塞率也相应较小,因此在保证施工工期的前提下,为更好地提高地基整体承载性能,可选用锤击能较小的桩机,以减小管桩的土塞率,提高土塞的闭塞程度,从而达到增强管桩承载性能的目标。

(2)随平均沉桩速率增大,土塞率均呈增长趋势,且前期增长幅度较大、后期增长幅度较小。因此,减小管桩平均沉桩速率,也可在一定程度上提高管桩的承载性能。

(3)管桩土塞高度与土塞率呈线性正相关关系,土塞高度越大,土塞率越大,且该规律不受桩机锤击能量大小的影响。

(4)随管桩土塞率的增加,其最终桩顶累计沉降量和回弹量均逐渐增大。因此,增大管桩内土塞的闭塞程度,对于提高管桩单桩承载力及受荷稳定性大有帮助。

(5)静力触探数据表明,管桩侧摩阻力占单桩承载力的比重较小,单桩承载性能主要桩端阻力影响,而土塞率与管桩桩端阻力之间呈负相关关系。

参 考 文 献

[1] 汤范杨.土塞对管桩纵向振动的影响研究及试验分析[D].苏州:苏州科技大学,2019.
[2] 张思峰,任国彰,刘乾等.管桩土塞效应影响因素及承载性能试验研究[J].公路,2022,67(10):75-82.
[3] 李雨浓,曹锦楼.饱和黏土中考虑土塞效应的柱孔扩张分析[J].应用力学学报,2020,37(4):1549-1555+1860.

湿陷性黄土对工程影响及措施

周高军 赵玉蕊 张 雷 张景铨

(山东省公路桥梁集团有限公司,山东济南250013)

摘 要:由于特殊的物理力学性质,湿陷性黄土区域在附加荷载下,被水浸湿后,土层结构发生破坏,土层产生压缩变形,对地基易造成不均匀下降的负面影响。本文在分析湿陷性黄土的特征和产生原因的基础上,分析总结了湿陷性黄土影响因素之间的关系,总结了湿陷性黄土地基处理常见的一些措施。根据工程不同的实际情况,提出了不同破坏情况下的解决方案,有效地抑制了对工程不利影响,减少对工程的破坏,保障黄土地区工程的安全实施。

关键词:湿陷性黄土 湿陷成因 防治措施

1 引言

湿陷性黄土60%以上为粉土小细颗粒,是一种在第四纪以来沉积成土壤的地质体,为黄色或黄褐色土,颗粒较均匀,具有孔隙率大、结构疏松、压缩性较低、透水性强、抗水性弱、塑性较弱等物理特征。黄土分布广泛,多集中于西部地区,山西、西安、陕西、甘肃等省份是典型的黄土分布地区。湿陷性黄土是受水湿润形成的,所以在我国靠近河流、河谷等多水地形容易发育湿陷性黄土。

水分和一定压力缺一不可,只有两者相互作用才会产生湿陷性。当沉淀变形时,一部分产生普通挤压变形,另一部分产生附加沉积变形,而这沉淀变形则被称为湿陷变形。湿陷变形是在施加特定的荷载以及被水浸湿的共同作用下产生的。

2 湿陷性黄土成因

(1)黄土湿陷性的根本成因在于湿陷性黄土特殊的粒状架空结构体系,其骨架颗粒主要由集粒和碎屑颗粒组成,颗粒与颗粒之间有大量的架空孔隙。从其组成状况看,骨架颗粒是构成黄土结构的支柱,起骨架支撑作用,一般由大于0.05mm的碎屑粉粒以及大于0.01mm的粗粉砂颗粒构成。不同集料颗粒的形状不同,如圆润状和棱角状,不同的集料形状对于黄土的排列方式和力学性质的影响不同,与细微颗粒之间胶结状况也不同。集料颗粒越圆润,颗粒之间胶结能力越强,强度越高,湿陷性越差。黄土的微观结构决定了其组成成分之间的空隙大小、集料之间的接触面积、颗粒之间的结合程度。

(2)石英、伊利石、长石是构成湿陷性黄土的主要矿物成分。石英、长石在结构中起骨架支撑作用,细集料中伊利石主要影响的是颗粒与颗粒之间的填充情况和胶结作用,当黄土受水浸湿或受到外界施加较大的荷载时,会破坏其胶结状态。

(3)黄土被水浸润后,集料之间起联结作用的可溶盐溶于水,可溶盐被水带走,使集料颗粒之间孔隙变大,其连接胶结能力减弱,黄土结构之间结合力减小,到达一定程度会使颗粒之间连接部分断裂,使得黄土强度减小,体积缩小,发生陷落,表现为湿陷性。

(4)湿陷性黄土中孔隙率越大,其黄土中含水率越高,孔隙率越小,黄土中含水率越低。但是黄土中含水率与湿陷性并不是呈正相关,恰恰相反,黄土含水率与湿陷性呈负相关。湿陷性黄土联结方式和不同的土体结构受自然降水的影响,当降水充足时,土体内部很容易渗入水分,在黄土中可溶凝胶物易溶解,土体完整性会受到破坏。黄土的毛细水在水分作用下颗粒间大幅度降低,荷载作用随之加大,因此在众多因素的影响下,黄土路基的湿陷状况严重。车辆通行并伴有降水时,车辆荷载震动作用对路基路面的影响很大。大型荷载车辆通行时,水分入侵黄土路基后,土体结构会迅速塌裂破坏,如果仍有超载车辆继续通行,路基达到极限承载后,会明显加重路基地基沉降情况。

3 湿陷性黄土对工程的影响

建筑周边土体可能会出现一些自然灾害或者工程地质的问题。工程建设不仅受自然地质现象的多个方面的影响,还受人类工程活动的多方面的影响。

(1)对地基承载力的影响。在干燥气候条件下,黄土具有一定的强度,产生的形变小,承载力较强,作为地基时比较稳定。但当黄土受水浸湿后,会产生湿陷性,土体结构遭到破坏,土体颗粒间联结作用减弱,会产生下降沉陷,强度降低,承载力减弱。此时建筑物施加的荷载通过基础传递给地基,使黄土土层的应力状态发生变化,产生剪切、竖向、侧向变形。

(2)对房屋建设的影响。在房屋建造后,土体在水和压力共同作用下产生湿陷性。在黄土湿陷性作用下,地基产生横向剪应力,由于建筑物抗剪能力较弱,造成地基出现细微裂缝,甚至蔓延到建筑主体的薄弱地位。湿陷性发生突然,沉降量大,不仅造成地基不均匀下沉,甚至造成墙柱裂缝。

4 湿陷性黄土的工程处置措施

4.1 垫层法

垫层法地基处理就是将地面以下一定范围的软弱土、不均匀土、湿陷土替换成高强度、高性能、高稳定性的材料,并夯实挤密,形成垫层的地基处理方法。通过替换高强度的垫层,更能承载上部建筑荷载,提高了地基承载力,避免了湿陷性黄土造成的建筑物的不均匀沉降。此地基处理方法可以节省工期,经济效益高且成本较低,适用于处理厚度为6m的土体,是一种处理浅层湿陷地基的方法。垫层设计示意图如图1所示。

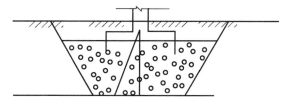

图1 垫层设计示意图

垫层法反铲挖掘机,土方开挖至留置地下设计标高上15cm～20cm厚的土层,再由人工开挖至基底设计标高,避免扰动地基土。回填材料,选择粗集料、嵌缝料和封面料,保证地基后期承受荷载时均匀受力。

4.2 碾压夯实法

碾压夯实的地层处理是一种常用的方法,利用夯锤从高处下落携带的势能,将地基夯实。借助提升机将夯锤提升到一定的高度,循环往复,让夯锤做自由落体,并利用这种冲击势能将地基夯实。各点位置要保证夯实到设计的密实度,夯实遍数达到土层击实要求,杜绝漏夯、夯实不密实、夯实不充分等不利于施工的疏漏,从而达到湿陷黄土地基处理的标准。根据冲击能量的大小,夯实种类分为强夯和重夯两类。

采用重锤处理地基的方法挖、填土方少,成本较低,机械化程度高,施工周期较短,但缺点是不能夯实含水率高的地层(图2)。冲压法的优势在于:成本低、人工操作简单、施工时间短、夯实度良好,具有高效的技术保证快速的施工速度。借夯锤从高处下落时携带的强大冲击力和接触地面产生的震动,将夯面以下的地基土夯压密实,从而消除地基土的湿陷性,改善地基土的工程性能。强夯法处理地基噪音较大,且施工机械大而复杂,在施工过程中会产生大量尘土,污染生活环境,靠近市区周边住房会严重影响居民生活,所以应该应用于远离居民生活社区、机场、高速公路、铁路及高铁等区域。通过强夯法夯实地基达到密实状态,提高地基土承载力,以降低湿陷性的发生,保证建筑的安全稳定,维护人民财产安全。

图2 重锤夯实法

4.3 挤密桩法

利用锤击打入、爆破或振动沉管将桩打入土层,使地基土体在桩或者沉管作用下挤密土,将准备好的渣土或灰土等回填料在最佳含水率分层填入。施工前应夯实地基,确定填料量和夯击次数。挤密桩法适合处理地下水位线以上的湿陷性黄土,处理深度可达10m,从桩的角度挤密改变土层的湿陷性,提高地基承载力。常用的是DDC桩挤密法。DDC法用灰土来进行夯实工作,采用钻孔机打桩成孔,将2∶8或3∶7灰土混合填料回填孔内,桩孔的直径一般在350～450mm之间,桩孔布置位置不应太稀疏也不应太紧凑。采用强夯法,使得填料与周围土层压缩挤密形成新的加固体,从而提高地基现有的承载力。该方法成本较低,加固效果好,适用性强。

4.4 排水固结法

排水固结法是在黄土地基中预先设置排水带等,预先在建筑施工前施加压力,使土体中的孔隙水排出,土层发生沉降,待剩下土体慢慢密实固结,同时强度慢慢提高的方法。

排水固结法主要用于解决地基的不均匀沉降和不稳定问题。它已经运用了十几年,人们积累了相当丰富的经验。在建设过程中,为提高排水整合,缩短排水距离,加速基础土壤全段强度增长,应保证基础承载容量始终保持基础稳定性,高于建筑荷载增长率。排水整合的方法适合于饱和弱土层的处理,但对于通透性很低的泥炭土壤,必须慎重对待。按照技术措施的不同,排水固结法可分为堆载预压法、真空预压法、降水预压法、电渗排水法。排水固结法的优点有经济效益高、成本低、工期时间短等。沉降量预估见表1。

沉降量预估　　　　　　　　　　　　　　　　　　　　　　　　　　表1

取土深度(m)	常规压实			挤密桩处理	
	压实填土(cm)	松散填土(cm)	总沉降(cm)	松散填土(cm)	总沉降(cm)
4	3	33.7	36.7	27.0	27.0
8	5.6	81.5	81	40.7	40.7
12	7.6	45	52.6	35.9	35.9
16	8.7	61	69.7	29.8	29.8
20	10.5	78.2	88.7	28.0	28.0

4.5 桩基础分为端承桩和摩擦桩

由于摩擦桩是利用桩侧摩阻力与土体之间的摩擦力来承载上部附加荷载,当黄土出现湿陷性,受水侵蚀后,土体胶结能力变差,土壤结构发生改变,土体流失,桩身与土体之间摩擦阻力减少,危害上部结构的安全。因此,湿陷性黄土地区不能使用摩擦桩。当采用端承桩时,上部建筑荷载由坚硬岩层承担,直接由桩尖的向上支持力分担。但是其缺点是施工周期长,地层情况复杂,桩的质量无法保证。

5　工程案例

5.1　概况

规划工程场地为典型的湿陷性黄土场。前期经过改造后,最初的地形环境和地质条件和之前大为不同。拟建住宅区,建筑结构为框架剪力墙结构,地面以上18层,地下1层,室内外高差为0.45m。地基处理面积约为1800m³。自重湿陷性黄土场地,湿陷系数在0.016~0.026之间,地基湿陷等级为Ⅳ级。湿陷性黄土力学参数见表2。

黄土力学参数　　　　　　　　　　　　　　　　　　　　　　　　表2

含水率	重度(kN/m³)	孔隙比	液限	塑限	压缩模量(MPa)	地基承载力(kPa)
18.1	14.8	1.054	29.9	18.6	6.7	170

5.2　处理措施

地基处理采用灰土挤密桩法。在进行桩位放样之前,施工单位需要及时清理施工现场的全部杂物,根据桩位平面设计图,标定施工顺序与施工编号,施工人员严格按照平面图标准来进行桩位放样施工。选用冲击沉管方式来挤压地基,以形成桩孔,配置DD-25锤击式柴油打桩机,锤的重量应大于桩管的重量,土料与石灰是主要施工材料,桩身填料为3:7灰土,在充分混合土料与石灰以后,对填料进行分层回填,每一层的厚度应控制在0.4m以内,以能够产生胶泥的作用,严格检查灰土挤密桩的垂直度与孔径大小。当灰土挤密桩成型以后,施工单位需要铺设塑料薄膜来有效养护灰土挤密桩,养护7d左右。

本工程灰土挤密桩总桩数为2800根,桩顶标高为-6.36m,设计桩长为20.0m,成孔直径

400mm,夯扩后桩径不小于550mm,桩中心距0.85m,按等边三角形布置。设计要求桩身灰土压实系数不小于0.97,桩间土平均挤密系数不小于0.93,湿陷性应消除,地基处理后复合地基承载力特征值不小于330kPa。

5.3 湿陷性黄土对工程沉降影响

根据室内试验成果数据,按分层总和法对各探井位置取土,进行沉降量预估,结果见表1。分层厚度2m,压缩模量取值按各深度自重压力大小参照各探井试样试验值选取;考虑到工作重点为填土,简化起见,未考虑填土层下黄土状粉土层压缩变形。

从表1中可得:压实填土后期沉降量较小,一般为3～10.5cm,松散填土层后期沉降量较大,按其厚度、密实程度不同为33.7～81.5cm不等,总沉降较大。采用灰土挤密桩总沉降提高36%～100%。

5.4 效果评价

灰土挤密桩承载力特征值需进行单桩承载力静载试验加载来确定,抽检比例为总桩数的0.4%,选取10个测试点,加荷分为9级,首次加荷132kPa,以后每级以66kPa的压力递增,试验终止荷载为660kPa(等于设计值的2倍)。路基沉降4mm时的承载能力为330kPa,完全满足设计要求。

黄土湿陷性的消除检测是通过对桩间土样的室内土工试验来实现的。桩间土样的选取方式是从设计桩顶下0.5m处开始,在探井周边3根桩桩体上各取灰土试样1件。分别在两桩中间处、三桩形心处各取桩间土样1件,对桩间土进行试验分析。各土样的湿陷系数均小于0.015,表明经地基处理后,处理深度范围内地基土的湿陷性已消除。

6 结语

本文总结黄土湿陷性的成因。黄土结构中大颗粒的表面形状与黄土的湿陷性有关,从微观结构分析,由于大颗粒间没有进行填充,胶结力越小,大粒径颗粒之间的孔隙越大,使孔隙不利于填充。孔隙比越大,黄土湿陷性越大,两者之间呈正相关。采用垫层法、碾压夯实法、挤密桩法、换填法等方法处理湿陷性黄土地基,可有效地减少黄土的湿陷性,得到土质良好、符合工程建设要求的合格地基。分析工程实例,采用挤密桩法分析地基预估沉降,对挤密桩法效果进行评价,地基处理效果满足建筑物的正常使用要求。

参 考 文 献

[1] 张雯,辛亚娟,周娜.浅谈湿陷性黄土对工程施工的影响以及应对措施[J].建材与装饰,2016(37):42-43.

[2] 贾林,康富,梁瑞,等.湿陷性黄土地基主要特征及工程地质问题[J].散装水泥,2020(3):50-51.

[3] 黄涛,韩秋石.湿陷性黄土工程特性及路基病害防治措施[J].四川理工学院学报(自然科学版),2013,26(6):56-59.

[4] 张博.湿陷性黄土地区市政道路路基沉陷及其防治[J].造纸装备及材料,2020,49(2):227.

[5] 闫志芳.湿陷性黄土地区建筑物地基处理方案优选研究[D].西安:西安建筑科技大学,2014.

MJS 工法在地下商场加固工程中的应用

姚里昂[1]　林　强[1]　敬　枭[1]　丁何杰[2]

(1.四川公路桥梁建设集团有限公司,四川成都 610041；2.山东农业大学,山东泰安 271018)

摘　要：MJS 工法广泛应用于施工条件较差的加固工程中,并取得了良好效果。本文以某实际地下商场加固工程为例,对 MJS 工法的原理、特点以及工程应用中的施工步骤、施工参数等进行了深入分析,对类似条件下 MJS 工法施工参数的选择具有一定的参考价值。

关键词：MJS 工法　加固工程　注浆

1　引言

随着城市建设的不断发展,地铁作为高效便捷的城市公共交通工程得到越来越多人的青睐。然而,随着地铁线网的不断完善,下穿既有地下建筑物的工程、交叉穿越施工日益普遍。目前针对既有建筑物的基础加固措施主要有压密注浆法、双轴搅拌法、三轴搅拌法、高压旋喷法等,然而这些方法对于难度和复杂程度越来越大的工程项目已较难适用,从日本引进的 MJS 工法逐渐崭露头角。MJS 工法(Metro Jet System)最初在日本使用,适合垂直、倾斜、水平等多角度施工,MJS 工法因其独特的多角度技术施工优势,又被称为全方位施工法,我国在 21 世纪初引进 MJS 工法,之后逐渐推广。大量的实验和模拟证明了 MJS 工法对环境影响小、加固效果好的特点。近年来,在各地轨道交通工程建设中,MJS 工法成功解决了各类对既有建(构)筑物的保护问题,很好地保护了既有建(构)筑物安全和周边环境的稳定。影响 MJS 工法成桩质量的关键因素是地层条件和水文地质条件。实践证明,MJS 工法在淤泥、淤泥质黏土、黏性土地层中应用较多,且具有较好的成桩质量。

2　MJS 工法原理

MJS 工法又称全方位高压喷射工法,最初是为了解决水平旋喷施工中的排浆和环境影响问题而开发出来的,之后由于其独特优势和工程需要,又应用到倾斜和垂直施工上。

MJS 工法在传统高压喷射注浆工艺的基础上,采用了独特的多孔管和前端造成装置(习惯称之为 Monitor),实现了孔内强制排浆和地内压力监测,并通过调整强制排浆量来控制地内压力,大幅度减少对环境的影响,而地内压力的降低也进一步保证了成桩直径。

MJS 工法桩施工技术主要有以下特征:第一,此项技术可以实现全方位的注浆喷射施工;第二,此项技术可达到非常大的加固深度;第三,此项技术具有非常好的成桩质量,第四,此项技术在应用的过程中不会对周边环境产生较大影响;第五,此项技术所造成的泥浆污染非常少。凭借着这些优势,近年来 MJS 工法桩技术在我国地铁工程建设施工中得到了越来越广泛的应用。

3 MJS 工法特点

3.1 常规高压喷射施工的不利影响

3.1.1 环境污染

(1)施工现场地面污染。借助气升作用,废弃泥浆通过钻杆周边的间隙,从地面自然排出。

(2)土与地下水污染。无法控制喷射注浆形成的较高地内压力,水泥浆沿地层缝隙向四周无规则游走,易在较大范围内造成对地下水与深部土层的污染。(譬如地墙外侧接缝处施工旋喷桩时,坑内降水井内冒浆,表明水泥浆的水平游走距离大。)

3.1.2 加固效果与可靠度差

(1)加固深度有限。目前,常规高压旋喷桩加固深度不超过 40m。

(2)深部土层的加固效果与可靠性差。深部排泥困难,气升效果随施工深度加大而减弱;喷射效率下降,无法消除超深处排泥困难,产生较高的地内压力,导致喷射效率下降;深部喷嘴堵塞,降低喷射效率。

3.1.3 相邻地面隆起量大,影响周边建筑环境

地内压力偏高的原因为排泥不畅;钻孔四周的空隙被泥浆封闭,地内压力无释放途径;无控制地内压力的专用设备。地基内部的泥水压力偏高,是导致地面隆起的主要原因,也容易导致毗邻地下结构物的侧向变形。

3.2 MJS 工法优势

3.2.1 全方位施工

MJS 工法可以进行水平、倾斜、垂直各方向、任意角度的施工。特别是其特有的排浆方式,使得在富水土层需进行孔口密封的情况下进行水平施工变得安全可行。

3.2.2 施工对环境影响小

废弃泥浆通过专用排泥管输送至地面排泥箱或泥浆池内,经处理后运出场地,避免场地环境污染。通过调整排泥量,控制地内压力,控制喷射注浆引起的地基隆起与下沉,有效控制施工对相邻建(构)筑物的影响。通过集中排泥与控制地内压力,保证水泥浆在加固范围内扩散,避免对地下水与土体的污染。MJS 工法通过地内压力监测和强制排浆的手段,对地内压力进行调控,可以大幅度减少施工对周边环境的影响,并保证超深施工的效果。采用专用排泥管进行排浆,有利于泥浆集中管理,保持施工场地干净。同时对地内压力的调控,也减少了泥浆"窜"入土壤、水体或是地下管道的现象。

3.2.3 有效加固深度大、加固效果可靠

最大有效加固深度可达 100m。有施工案例表明,有效加固深度可达 62m。喷射条件始终处于最佳状态:前端切削装置配备了地内压力传感器、多功能多孔管(强制排泥)。加固体直径大、强度高,加固效果良好。

3.2.4 加固截面形状多变

加固体截面形状可任意设定,对施工条件的适应性强。(任意角度的扇形截面:5°~360°)

3.3 MJS 工法应用特性

(1)适用于黏性土、砂性土等软土层中的地基加固。
(2)变形条件苛刻的复杂施工环境中的各类软基加固。
(3)空间狭小的复杂施工场地条件下的各类软基加固。
(4)深厚砂性土层中止水帷幕补强(超深地墙外接缝处止水帷幕补强,各类受损止水帷幕的修补等)。
(5)地面无施工条件的各类软基加固(水平与倾斜施工)。

4 MJS 工法加固实例

4.1 工程背景及施工条件

某地下商城向下加层围护及加固工程,场地所处地质条件差;加层处于淤泥质黏土内,上海典型的软土地质,施工风险高。环境要求高;紧靠运营地铁1号线车站,仅一墙之隔。施工空间小;地下室层间净高4.1m。原无梁楼盖;顶板和底板单薄。向下增加层;暗挖净尺寸67m×31m,面积2077m^2,暗挖5.15m,地铁车站底板比向下加层深5.38m。

4.2 施工参数

水灰比为1:1,浆压力≥38MPa,空气压力0.5~0.7MPa,空气流量1.0~2.0m^3/min,地内压力1.3~1.6的系数(视地质情况适当进行调节和控制),水泥用量约3.3t/m,提升速度40min/m,浆液流量85~100L/min。

4.3 施工步骤

(1)先底板开孔,分节压入700mm×300mmH型钢,桩长15m×1.2m。
(2)H型钢间采用MJS旋喷止水,桩径2600mm,桩深16m,采用全圆和半圆两种桩型。
(3)MJS工法可水平、垂直、斜向360°旋喷,依靠独有的排泥系统,在旋喷过程中设定地层内应力,从而减少了对1号线结构的影响。
(4)机架满足了低净空的要求,机架竖立高度3.85m,适合地下加层净空4.1m的要求。平面尺寸2.02m×3.5m。
(5)土方开挖后确认加固直径达到2.6m,加固土体自立性好,加固体强度满足设计要求。
(6)经MJS施工阶段监测分析,完工后由MJS施工引起的地下商场结构最大抬升2.9mm,1号线上行线抬升0.64mm,下行线沉降0.36mm。
(7)MJS施工方量9800m^{3}左右,外排泥浆110000m^{3}左右,每小时排浆量约18m^3。通过配套压滤机的处理将泥浆分离为水和土渣,将土渣装车外运,保证了商业区的环境卫生。

5 结语

该技术可以克服传统施工技术的诸多弊端,在有限的施工空间中发挥出良好的作用与优势,保障工程施工质量、效率、安全。而在MJS工法施工过程中,施工单位一定要全面了解工程概况以及建设需求,根据施工现场的实际情况,对MJS工法施工技术加以合理应用,做好各项施工步骤与技术参数的控制,并通过合理的措施来确保施工质量。这样才可以让MJS工法施工技术充分发挥出其优势,进一步促进MJS工法施工技术的合理应用,实现地铁工程的良好建设、应用和发展。经MJS工法加固后,加固体强度满足设计要求,沉降监测符合规范要求,达到了预期效果,大幅度减少了施工对周边环境的影响,保证了场区内环境卫生。加固结果拓宽了 MJS 工法的应用范畴,对类似工程条件下 MJS 工法施工参数的选择具有指导意义。

参 考 文 献

[1] 张雁,田增林,曹海东,等.MJS 工法在砾石层中的应用及成桩差异性[J].煤田地质与勘探,2020,48(2):147-151+160.

[2] 周朋.MJS 工法在砂卵石地层盾构近距离下穿运营地铁隧道的应用[J].都市快轨交通,2018,31(6):122-128.

[3] 张志勇,李淑海,孙浩.MJS 工法及其在上海某地铁工程超深地基加固中的应用[J].探矿工程(岩土钻掘工程),2012,39(7):41-45.

[4] 孙克钦.浅析 MJS 工法桩施工质量控制要点[J].城市道桥与防洪,2019(4):153-157+20.

[5] 张天宇,李卓文,张秀川,等.MJS 工法桩在软土地区复杂深基坑止水帷幕中的应用[J].天津建设科技,2020,30(2):49-51.

地下室挡土墙裂缝分析及防治措施

孙朝阳[1] 许恩宾[2] 范基兴[2] 岳 新[2]

(1.山东高速工程项目管理有限公司,山东济南 250013;
2.山东省公路桥梁建设集团有限公司,山东济南 250013)

摘 要:挡土墙是地下室围护结构的主要构成部分,但常会成为设计人员忽视细节的一个地方。对挡土墙裂缝进行研究,具体分析在地下室挡土墙施工中形成这些裂缝的主要原因,有施工、设计、混凝土原材料及后期养护等。通过严格把控原材料、保证施工质量、优化设计,以及加强后期养护等具体的措施防治裂缝。

关键词:地下室挡土墙 裂缝 防治措施

1 引言

挡土墙是指支撑路基填料、防止填料土壤变形和不稳定的建筑结构。地下室挡土墙是指支撑地下室外侧的土层的结构,它是地下室围护结构的重要构件,其主要作用是承受上部建筑结构产生的竖向荷载以及产生对土体压缩的水平压力。

挡土墙有五种常见形式,即直立式、倾斜式、台阶式、重力式、悬臂式。较高的挡土墙,如果采用重力式,要保证其稳定性,势必造成体量较大,材料用量较多,不太经济,还可能造成基础肥大。在总体比较紧凑的情况下,过大的基础将影响到各种地下管线的布置及单体建筑工程基础的设计和施工,因此,较高的挡土墙适宜用钢筋混凝土悬臂式或扶壁式。对于墙体高度在5m以下的采用浆砌毛石挡土墙,墙体高度大于5m、小于10m的则用钢筋混凝土悬臂式挡土墙,这样更为经济。挡土墙的材料的选用除了与受力有关外,主要应考虑经济因素,如果场地平整,土石方工程中石方较大,可以就地取材,选用毛石或块石挡土墙,以减少工程造价,如果地基土质差,当地缺少石材,又或是重要工程,选用截面尺寸较小的钢筋混凝土挡土墙则更为适合。

2 地下室挡土墙裂缝的特征及危害

大部分挡土墙的裂缝为竖向裂缝,裂缝宽度一般都在0.3mm以下,竖向裂缝一般呈规则分布,沿水平方向开裂,间距为2~3m。墙体特殊结构部位如附墙柱两侧一般均有裂缝产生并非常明显,沿长墙方向两端裂缝较少,中间附近一般会产生许多裂缝。在模板拆除后,会发现有的细小裂缝。这些小裂缝随着时间的推移和温度的变化,会逐渐增大、增多。挡土墙外回填完成后,随着地下水位的升高,一些裂缝处会出现渗水现象。

挡土墙裂缝的危害主要是影响建筑物的功能性、整体性。裂缝的产生会加剧地下室墙体的渗漏，这将严重影响地下室的使用，给建筑物的使用者带麻烦。混凝土在浇筑后，如果有贯通裂缝产生，将会严重影响建筑结构的安全性和整体性。贯穿裂缝对混凝土结构造成的损伤是难以修复的，有很大的危害性。混凝土在浇筑后出现大量裂缝，会大大降低挡土墙的刚度，并且由于这种裂缝的存在，建筑物的整体结构刚度也将在一定程度上降低，从而使得建筑物的整体安全性大大降低。

3 地下室挡土墙裂缝成因

3.1 原材料方面

不同品种的水泥，其水化反应的速度与水化反应所产生的水化热也不同，采用不同品种水泥配置的混凝土，其水泥用量也不同，使得混凝土结构内部的热量也不同，以致混凝土结构产生裂缝的时间与大小也不同。目前，我国的建筑结构大部分采用的是高强度混凝土，因此，这些建筑结构的水泥用量都会大大增加，其结构部水化反应产生的热量也就较高，这就加剧了混凝土结构的温度收缩作用，易导致裂缝的产生。

混凝土的浇筑质量与混凝土搅拌过程中的配合比息息相关。在混凝土中起主导作用的是砂石的级配，即粗细集料的选用。若粗集料的粒径过小，会使其比表面积增加，导致混凝土中水泥及用水量的增加，使得混凝土中的水化反应增大，导致裂缝的产生。若细集料过多，会导致水泥浆的量增多，对混凝土抗裂性有极其不利的影响，结构容易产生裂缝。工作人员应当依据施工现场情况严格控制各材料的掺量，设计符合要求的混合比，配置出适合施工方案的混凝土，从而提高施工质量，减少混凝土开裂的现象。

我国用于建筑的大部分混凝土中都添有外加剂。在进行混凝土配合比设计时，施工人员为了增强混凝土某种性能以及满足施工环境的要求，在混凝土中掺加一定数量的外加剂，以减少混凝土中的水泥用量以及用水量，同时使混凝土保持其良好和易性，降低混凝土的水化热，减少内外温差，减少混凝土内部裂缝的产生。外加剂必须依照工程环境所需来使用，大量使用外加剂虽然能够节约成本，但也会导致混凝土性能的降低，例如在混凝配置时掺加过量的粉煤灰等材料后，混凝土的早期抗拉强度会有所降低，浇筑后很容易产生裂缝。

3.2 设计方面

地下室挡土墙设计不当会导致出现竖向裂缝。工程建设中有很大一部分钢筋混凝土挡土墙的竖向裂缝，是由于地基不均匀沉降而产生的。例如，在软土地基下采用填挖基础，软土地基本身具有强度低、内聚力小等性质，对于住房条式楼来说，保证其沉降均匀是最重要的。

配筋率是影响混凝土开裂的重要因素之一。在一些特殊加固部位增加钢筋数量可以有效地减少混凝土开裂。有相关资料显示，配筋率的增加使混凝土裂缝的宽度明显变小，但是过高的配筋率则又会使裂缝数量增加。选择一个恰当的配筋率对于减少裂缝尤为关键。在混凝土中选用较细的钢筋密集布置，能够增大对混凝土塑形变形的约束力，提高钢筋混凝土的抵抗裂缝的能力。钢筋直径过粗时，混凝土与钢筋之间接触变少，钢筋对混凝土的约束力将会大大减小，混凝土很容易产生塑性变形，墙体会开裂。钢筋直径过粗还会影响混凝土的振捣，导致粗集料无法均匀分布，堆积在钢筋上部，使下部出现漏震现象，导致贯穿裂缝的产生，严重损害墙体抗压抗剪能力。

变形缝可保证主要挡土墙不会因温度应力而开裂。墙体中部受到温度变化的影响，混凝土容易因温度变化发生膨胀或收缩变形，挡土墙也会变形缝留置不合理产生裂缝。

3.3 施工问题

混凝土是挡土墙建造的主要使用材料,在混凝土施工过程中,由于操作工人经验不足或技术不完善等原因,可能会出现搅拌时间过长、模板未刷油过于干燥以及较粗集料未沉落,形成一定厚度的砂浆层分层、离析等各类现象,这些现象会使地下室的挡土墙容易产生竖向裂缝。

(1)支模拆模不合理。支模时,模板的使用不规范,如模板的尺寸偏差过大,截面不符合形状,对拉螺栓型号的使用与其布置位置不对,还有外侧支护不牢固的等原因都会影响浇筑混凝土的成型质量,容易导致墙体开裂。冬季施工采用的木模板未作保温或保温未达到预期效果,使混凝土内部温度和环境温差未保持在20℃以内,很容易造成墙体混凝土裂缝。拆模时混凝土的强度还未达到1.2MPa,拆模时间过早,由于外部荷载的作用,墙体容易产生裂缝。还有在拆模时,对于一些与混凝土紧密结合的模板,使用撬棍强行拆模,容易使墙体产生裂缝。冬季施工时在混凝土温度未降至5℃以下时工人就将模板拆除,并且未采取有效的保护措施,导致混凝土内外温差过大而收缩,使墙体产生裂缝。

(2)混凝土浇筑不规范。在浇筑过程中,施工土方量大但未进行分层分段浇筑,而是采取增加振捣时间来增加混凝土的密实度。施工人员把握不好时间会出现过度振捣的现象,使得粗集料下沉,细集料浮于表面,混凝土内的空气和水分被挤出,级配变差,使表面出现泌水,形成表面砂浆层,表面很容易形成冷凝裂缝。还有当墙体的厚度和高度较大时,混凝土的振捣不足,由于收缩应力,对拉螺栓之间会产生裂缝。

(3)失水干燥是引起墙体裂缝的一个重要原因。混凝土在浇筑4~12h后,水泥的水化反应处于一个高峰期,水分急剧蒸发而引起干缩导致裂缝的产生。特别是混凝土表面养护不良的部位,如图1a)所示,会出现表面裂纹,其分布密集且没有规则。裂缝会随时间推移慢慢增大,如图1b)所示裂缝。

 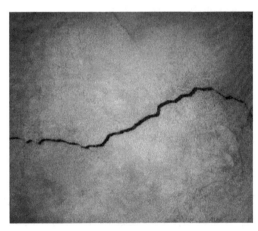

a)   b)

图1 墙体裂缝

4 地下室挡土墙裂缝的预防措施

4.1 合理选择原材料

(1)选用中低热水泥。为减少由于温度应力产生的裂缝,可选用中低热水泥品种来降低混凝土施工时产生的水化热。所以,混凝土配合比设计应多采用矿渣硅酸盐水泥、粉煤灰水泥或低水化热抗硫酸盐水泥作为胶凝材料。根据有关文献统计,对22项工程中地下室混凝土进行调查,有 5 项工程使用矿渣硅酸盐水泥配置混凝土,它们的墙体均未出现严重裂缝。

(2)选择级配良好集料。混凝土中砂率过高或者含沙量过高都会导致水泥浆用量的增多,这对混凝土的抗裂性能很不利。因此,应当在满足可泵性的条件下,尽可能降低砂率或者减少含沙量。粗集料的粒径越大,它的比表面积就越小,水泥用量和用水量也就越少。这样新浇筑的混凝土结构内部水泥的水化热将大大降低,能有效预防和控制裂缝的发生。

(3)合理添加外加剂。混凝土中外加剂种类有很多,可分为膨胀剂、减水剂和泵送剂,一定量的外加剂会使混凝土性能得到很大的提升,大体积混凝土施工中外加剂尤为重要。掺入膨胀剂可使混凝土产生预压应力,从而减少因混凝土收缩而产生的裂缝。合理使用外加剂,不仅能够改善混凝土的黏结性、流动性等,还可以减少水泥用量及混凝土中的水化反应,更可以达到降低施工成本的目的。当前在我国的混凝土工程中,外加剂已经成为混凝土中不可缺少的组成因素。

4.2 优化配筋

(1)优化方案。在设计配筋时应严格按照《高层建筑混凝土结构技术规程》,将地下室墙的水平与竖向钢筋双向两层布置,控制间距不超过 150mm,保证配筋率在 3% 以上。有扶壁柱处应另外加设直径 8mm 短钢筋,长度为柱宽加两侧各 800mm,间距 150mm。

(2)合理留置变形缝。在设计中,应合理划分变形缝。按照《水工挡土墙设计规范》,挡土墙的设缝长度是由建筑结构和地基状况以及建筑材料性质决定的。以混凝土挡土墙为例,若地基为坚实或中等坚实,其分段长度不小于 20m,若地基为岩石,则分段长度不大于 15m。在挡土墙设计过程中,应考虑到伸缩缝的控制变形作用。要求每隔 10~20m 设置一道伸缩缝,伸缩缝宽度为 20~30mm,在缝内沿墙的内外顶三边填充沥青麻筋或者涂沥青木板,塞入深度不应小于 200mm。同时设置排水装置。为提高挡土墙的整体性,伸缩缝与沉降缝往往在一起设置,还有助于提高施工速度。

4.3 加强施工配置

(1)合理支模拆模。挡土墙的墙体应采用木质模板。凝土浇筑前要对墙体模板平整度、垂直度以及其位置进行检测核对。冬季施工时,必须提前制定模板的保温保修方案,在支模前与拆模后需要将使用的模板及时保温,防止模板导致挡土墙漏水,要及时进行维修。墙体混凝土的强度达到 1.2MPa 以上时才能拆模,严禁提前拆模。在冬季施工墙体拆模时必须严格测试混凝土自身的温度,其温度若在 5℃ 以下严禁拆模。

(2)提高浇筑质量。在混凝土的浇筑过程中,若工程量较大采用振捣密实则应该进行分层分段浇筑,浇筑时第一层浇筑高度不应超过 50cm,以后每次浇筑高度不应超过 1.0m,振捣第二层混凝土时,振捣棒应伸入前一层混凝土内 5cm,避免混凝土出现漏震导致的墙体空洞。混凝土的浇筑工作尽可能连续作业,避免间歇作业,以保证建筑结构的整体性。在雨天的情况下,尽量不进行混凝土的浇筑工作。当冬季浇筑混凝土时,可以采用热水拌和混凝土,用热水加热集料。

(3)加强后期养护。为保证墙体拆模后混凝土的内外温差不受天气、气温急剧变化的影响,需要对墙体立即进行保温保湿,如在墙体上刷养护剂或粘贴薄膜。如有必要,可根据工程情况采用暖棚法。在高温天气,条件允许时,储水和维护也是一个好方法。混凝土最终凝固后,表面一般储存不小于 80mm 的水,具有良好的保温、保湿效果。通常情况下,在混凝土浇筑后要进行洒水养护。混凝土开始养护的时间是由天气、气温所决定的,当气温在 25℃ 以上时,应在浇筑完成后的 6h 内进行洒水养护,当气温在 25℃ 以下时,应在浇筑完成后的 12h 内进行洒水养护。

5 结语

本文从设计方面展开研究,通过对钢筋配筋、变形缝留置以及混凝土强度的研究,给出优化配筋方案、合理留置变形缝以及提高设计强度等措施,来预防挡土墙裂缝的产生;通过原材料方面展开研究,分析水泥、配合比以及外加剂对于地下室挡土墙裂缝的影响原因,针对其影响机理给出相应的防治措施;施工质量不合格更是导致墙体开裂的重要原因,通过对支模拆模、混凝土浇筑以及后期养护的研究,给出保证施工质量的措施。

参 考 文 献

[1] 任光跃.地下室挡土墙竖向裂缝的分析和防治措施[J].建筑工程技术与设计,2017(36):142.
[2] 陈义雄.某住宅楼地下室裂缝分析及加固[J].建筑技术开发,2005,32(11):92+100.
[3] 王瑞金.浅析地下室挡土墙开裂原因[J].山西建筑,2018(25):67-68.
[4] 郭海生.混凝土工程中温度裂缝的成因及防治对策[J].建筑技术开发,2017(3):144-145.

道路工程篇

高速公路改扩建施工中保通方式分析探讨

公晓旭

(中交路桥华北工程有限公司,北京 101100)

摘　要:随着我国经济社会的高速发展,高速公路网络基本成型,中东部及沿海地区高速公路建成较早且普遍规模偏小,已不能适应当前经济高速发展带来的车流量快速增长,通车年限的增加带来的路桥病害已经威胁到高速公路正常使用的安全性,高速公路扩容改造施工已成为当今我国高速公路施工的主旋律。然而为满足人民群众的正常通行需求和国家经济建设的需要,现阶段改扩建施工很难做到封闭施工,如何做好在满足经济、安全、质量需求的同时边通车边施工的保通工作,成为当下高速公路改扩建施工的重中之重。现结合京台高速公路德齐段改扩建工程中的服务区改造及拼宽桥涵保通措施对此问题做探讨。

关键词:保通形式　拼宽桥梁　保通箱涵　保通路

1　引言

随着交通强国建设的稳步推进,高速公路发展迅速。一些修建较早的高速公路已不能满足现有车流通行要求。为适应社会发展、跟进交通强国的建设,最近几年,高速公路改扩建工程项目逐渐增多。在高速公路改扩建施工期间,车道压缩甚至断交,由于既有线车流量大,导致本来就拥堵的道路更加拥挤,加之施工干扰,在高速公路改扩建施工过程中交通事故频发。因此,针对高速公路改扩建项目,对施工安全保通问题进行重点研究分析是很有必要的。安全保通方案可实施性强,既能保证施工期间车辆的顺畅通行,也能确保施工的稳步推进,有效降低事故发生概率,某种程度也为项目降本增效奠定了扎实的基础。

改扩建高速公路一般具有交通流量大、沿线出行依赖程度高等特点,对区域内交通具有举足轻重的影响。与新建道路不同,高速公路改扩建会对局部乃至区域路网交通出行产生影响。为减轻道路改扩建带来的通行能力下降等不利影响,保障施工期道路的正常通行,施工交通组织必不可少。制定合理的交通组织方案,最大程度保证施工期间通行效率,是改扩建高速公路保通成功的关键因素。

2　项目概况

京台高速公路为原京福高速公路,2013 年国务院批准对国家高速公路网进行调整,原京福高速公路延伸至台北,调整为京台高速公路。京台高速公路为国家高速公路网中的放射线,构成了北京向南辐射的快速主干通道。京台高速公路德齐段位于山东省中西部,连接了德州、平原、禹城、齐河等市县区,本项目起自山东省与河北省分界处的主线收费站,经德州市德城区、德州市经济开发区、德州市陵城区、德州市禹城市、德州市齐河县,终点位于齐河县晏城枢纽立交,全长93.138km。其中,德州服务区位于德城区马颊河北侧,采用左右对称布置,考虑区域内自然条件,同时采用较高的平纵线形指标,新建四条进出服务区匝道,且均与旧有匝道部分重合,在保通行前提下改建施工难度很大。主线桥涵拼宽多以两侧拼宽为主,个别桥梁全部拆除,扩孔施工,涉及地方道路下穿而过,保通结构形式成为影响施工进度的关键因素。京台高速公路德齐段改扩建施工分三个阶段进行。第一阶段,A幅通过拼宽路基路面、修建保通桥涵,达到四车道通车标准。第二阶段,所有车辆通过渠化导改全部转移至A幅双向四车道通行,B幅封闭施工,进行正常拼宽、扩孔桥涵施工及旧路病害处理,至B幅具备双向四车道通车条件结束。第三阶段,将车辆导改至B幅已经修筑完成的双向四车道高速公路后,封闭施工A幅扩孔桥涵、旧路病害等,而后双向八车道恢复正常通车,改扩建施工结束。

3 德州服务区匝道保通施工

德州服务区作为德州市境内高速公路最大的服务区,素有"京台第一区""山东北大门"之称。为保证其正常运营,为旅客提供方便,完成经营目标,服务区匝道改扩建施工,经与业主、设计、高速交警路政等多方沟通,确定如下分三个阶段的施工方案,既保证服务区管理单位的运营与经营目标的完成,又能如期完成匝道开扩建施工,同时节约施工成本。

第一阶段:在原C匝道左侧拼宽2m,此阶段A,B,C,D匝道开始施工建设,进出服务区的车辆仍旧使用原服务区匝道,靠近原匝道的主线部分保持原状。

第二阶段:第一阶段施工完成后,A,B,C,D匝道投入使用,原匝道停止使用,靠近原匝道的主线部分开始施工。

第三阶段:德州服务区主线半幅封闭施工。

3.1 右幅同行,左幅封闭施工

(1)首先A,B,C,D匝道在此阶段应完全修建完毕。

(2)在服务区小里程主线中央分隔带设置长度为150m的开口。开口采用40cm厚度C30混凝土浇筑,内部铺设钢筋网片。开口作为D匝道的入口,利用标志标线提前预告入口位置。

(3)在服务区大里程主线中央分隔带设置长度为150m开口,开口采用40cm厚度C30混凝土浇筑,内部铺设钢筋网片。开口作为C匝道的出口,利用标志标线提前预告入口位置。

(4)待右幅施工完毕后,车辆转移至左幅通行,右幅封闭施工,并拆除相应的标志标线等设施。

3.2 左幅通行,右幅封闭施工

(1)在服务区小里程主线中央分隔带设置长度为150m的开口。开口采用40cm厚度C30混凝土浇筑,内部铺设钢筋网片。开口作为A匝道的出口,利用标志标线提前预告入口位置。

(2)在服务区大里程主线中央分隔带设置长度为150m的开口,开口采用40cm厚度C30混凝土浇筑,内部铺设钢筋网片。开口作为B匝道的出口,利用标志标线提前预告入口位置。

(3)待右幅封闭施工完成后,封闭临时的中央分隔带开口,拆除相应的标志标线,恢复互通匝道的正常通行,服务区匝道改扩建施工结束。

4 主线拼宽桥梁保通施工

京台高速公路德齐段改扩建施工中,主线桥梁拼宽以两侧拼宽为主,正常拼宽路段首先在A幅(保通幅)旧有桥梁外侧施工8m宽拼宽桥梁,永久拼宽桥梁采用同旧有桥梁相同结构形式,分桩基础施工、系梁承台施工、墩柱盖梁施工、梁板架设、桥面系施工等常规施工工序,使桥梁全宽具备四车道通车条件。其中新老梁板接缝处,为减少现有高速通车对拼宽桥梁影响,湿接缝处采用临时连接,待第三阶段施工时旧有梁板拆除更换重新施工永久湿接缝。为避免新老桥梁不均匀沉降,采用桩端压浆技术,对新建拼宽桥梁桩基桩端进行压浆处理。老桥涵墩台采用加固措施以保证其使用寿命,部分病害严重梁板直接更换。对于纵向抬高路段及扩孔桥涵路段,为保证第二阶段能够正常双向四车道通行,采用修建临时保通桥梁措施,保通桥涵形式原则上与旧有桥涵一致,包括位置、形式、高程,这样既能保证高速公路上面四车道平稳转序通车,也能保证下穿地方道路的通行。保通桥涵虽只使用一个阶段,但施工措施及质量上完全按照高速公路等级要求建设,确保质量正常验收方能交付使用。对于个别扩孔桥梁,可采用直接拼宽8m作为永久桥梁使用,个别乡村道路下穿的涵洞,在确实不需要保通的前提下,可在第一阶段直接封堵,这样既经济实惠又可加快施工进度。

现就桥梁保通形式进行简单对比分析:

临时保通桥梁、箱涵:临时保通桥涵可最大限度满足现有高速公路在不封闭通车的前提下进行改扩建施工,因结构形式与旧有桥梁完全一致,可最大限度减少保通阶段四车道通车的行车安全与舒适性,且能够满足地方村民通行的需求。缺点是临时保通桥涵只在高速公路改扩建施工的第二阶段发挥使用价值,在第三阶段要全部拆除,造成了成本的增加及物资上的浪费。

永久拼宽桥涵:永久拼宽桥涵只适用于非抬高路段且无扩孔需求的桥梁结构形式,利用永久拼宽桥涵作为二阶段保通的结构形式,其优点在于一次施工即为永久结构物,既节约经济成本,又不增加社会负担,做到物资高效利用。在条件允许的情况下,尽量采用永久拼宽桥梁作为保通桥梁。

5 结语

综上,改扩建施工作为当前我国高速公路施工的大势所趋,未来将逐渐成为主流形式。如何做到在保证通行并最大限度满足国民通行需求及地方经济需求的前提下,在保证质量、安全、施工自身经济效益的同时加速完成改扩建施工,已经成为目前高速公路建设从业者们迫切需要思考的问题。保通问题涉及技术是否达标、安全是否有保障、经济是否最优化,需要所有从业者多方案对比、多角度出发,集思广益。找到最优解,是所有高速公路建设者的最终追求与奋斗目标。

参 考 文 献

[1] 付晓奋,毕凯华.高速公路改扩建施工安全保通施工组织与重点分析[J].价值工程,2023,42(11):25-28.

[2] 巩跃龙.晋阳高速改扩建中周村互通设计及保通方案的研究[J].四川建材,2022,48(1):173-174+189.

[3] 邹晓宏.高速公路改扩建工程保通道路施工组织要点[J].低碳世界,2021,11(5):267-268.

高速公路改扩建沥青路面全断面摊铺利弊分析

孔令方

(中交路桥华北工程有限公司,北京 101100)

摘 要:近年来,在"一带一路"倡议的引导下,我国交通基础设施规模逐步扩大,高速公路改扩建快速发展和交通量逐步增多,大断面公路路面工程将日益增加,从而推进了沥青路面全断面施工技术的发展。但是,双向八车道(或单向四车道)沥青路面全断面摊铺施工的实践并不多。因此,有必要分析沥青路面全断面施工的优缺点,在施工过程中扬长避短,完善施工方案和优化人员组织,提高和改进机械配置。在保证施工质量的前提下,尽可能保证经济效益最优比,提高沥青路面施工速度,保证高速公路顺利通车。本文依托京台高速公路德州(鲁冀界)至齐河段改扩建工程JTSG-1标段双向四车道改造成为双向八车道高速公路,针对沥青路面中上面层全断面施工方案总结提炼。

关键词:高速公路改扩建 沥青路面 全断面摊铺 利弊分析

1 引言

高速公路大规模改扩建已成为国家快速发展交通基础设施的必然趋势,而沥青路面的全断面施工是改扩建路面工程中的关键环节,对其现场施工过程中的利弊分析十分重要,能够为今后编制沥青路面全断面施工方案提供依据,对实现方案的经济性、可行性及科学性具有重要参考意义。

2 工程概况

2.1 工程简介

既有京台高速公路德州(鲁冀界)至齐河段改扩建工程JTSG-1标段起点位于鲁冀两省交界的德州市德城区梁庄村北的省际收费站,向北与京台高速公路河北段连接,起点桩号K298+967.417,终点位于德州市陵城区赵家庙村,终点桩号K327+400,路线长28.433km。目前为双向四车道高速公路技术标准,设计速度120km/h,规划按双向八车道高速公路技术标准扩建。

本标段设互通立交3处、服务区1处、分离式立交12处、特大桥1313.7m/1座、大桥441.6m/2座、中桥195.6m/3座、涵洞通道62座。设计速度120km/h,采用两侧拼宽的加宽方式,标准路基宽度42m,施工内容包括路基土方、路面、桥梁、涵洞、防护、排水、绿化、交安等。

2.2 路面结构设计

主线路面结构设计见表1。

主线路面结构设计表　　表1

序号	结构层	厚度(cm)	材料
1	上面层	4	改性沥青玛蹄脂碎石混合料(SMA-13)
2	中面层	6	中粒式改性沥青混凝土 AC-20
3	下面层	8	粗粒式沥青混凝土 AC-25
4	柔性基层	11	沥青碎石 ATB-25
5	封层		SBS 改性沥青+预拌碎石
6	透层		透层油为喷洒型阳离子乳化沥青(PC-2)
7	基层	36	水泥稳定碎石
8	底基层	19	低剂量水泥稳定碎石
	合计	84	

2.3 路面横断面结构

路面横断面结构如图1所示。

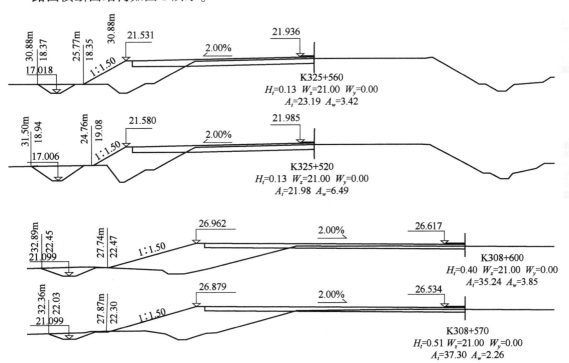

图1　路面横断面结构(单位:m)

2.4 路段特殊性

本项目路线、路段具有特殊性:有老路拼宽,有抬高新建,路段不同横坡也有所变化。这给全断面沥青摊铺增加了难度。特别是老路拼宽路段,老路的不均匀沉降导致拼宽路面铺至下面层后与老路拼接处会出现不规则的高差,对沥青中面层的全段面施工技术提出了更高的要求。

3 沥青全断面施工优点

3.1 避免了并机摊铺出现的纵向接缝离析

(1)并机摊铺纵向接缝离析原因分析。

①虽说并机摊铺纵向接缝为热接缝,但在接缝搭接处的局部离析很难避免,这主要由摊铺机末端的大料集中导致。

②搭接处温度统一性难以保证,在接缝碾压时会出现开裂推移现象,从而出现离析带。

③增加了跨缝碾压的特殊工序,对压路机操作手技术经验要求较高,碾压方式、时机稍有差错都会影响接缝的质量。

(2)全断面摊铺过程中单机作业直接避免了纵向接缝的出现,从而消除了接缝离析带。

3.2 保证了路面横坡的精确性

(1)单台摊铺机全断面施工保证了摊铺断面的整体统一性,从而增强了横坡调整的可操作性。

(2)消除搭接纵缝也对保证路面横坡的统一起到了积极作用。

(3)由两台摊铺机并机摊铺变为单台摊铺机施工,简化了调整横坡的操作工序,从而使横坡调整变得高效精确。

3.3 提高了沥青路面的平整度,保证了行车的安全性和舒适性

(1)消除纵向接缝后,摊铺过程中通过挂线调整摊铺断面,实现了摊铺断面的整体统一,为提升碾压成型路面的平整度提供了良好的基础保证(图2)。

图2 调整摊铺断面

(2)单台摊铺机整体摊铺保证了摊铺速度的统一,避免了因摊铺速度的不统一而影响摊铺平整度(图3、图4)。

因改扩建特点,在施工下面层时许多桥面系都没有施工完成,导致下面层没有形成连续摊铺,加上桥头下面层摊铺又形成了之后的断点施工,使得其下面层平整度很难达到规范要求。全断面施工可以减小因下承层平整度差对后续面层摊铺质量的影响。具体有以下两点原因:

图 3 全断面梯队式碾压

图 4 平整度检测

第一,单台摊铺机施工减少了平衡梁的探测线路,从而减轻了人工处理不平整下承层(图5)的工作量,解放了部分劳动力,进而保证了现有平衡梁探测器下找平处理的全面性和及时性。确保了摊铺统一断面,可满足整体平整度要求。

图 5

图 5 下承层找平处理

第二,因老路拼宽出现的不规则高差,需在全断面施工前铺筑调平层。然而因调平层厚度变化不规则,所用混合料种类也有变化。但是实际现场施工在混合料切换时机的把控上无法做到足够准确。因而确定调平层铺筑完成后新旧路面的整体平整度不会很好,甚至同一断面横坡也不同,这都给后续中面层施工增加了难度。当中面层摊铺采用全断面施工摊铺时可以很好地弥补下承层的施工缺陷。

3.4 保证施工过程中摊铺的连续性

(1)可根据拌合站的产量变化、运输车数量的变化、运距的变化调整摊铺速度,比起多台摊铺机施工的机动性和灵活性更强。

(2)在调整好摊铺断面和横坡后,全断面施工不用考虑最后因预估摊铺到统一断面而导致的卡料停机,不会因不必要的中断影响最终路面平整度。

4 沥青全断面施工的缺点

由于沥青的全断面施工技术在国际上的应用并不广泛,在国内也只是近几年才推广开,技术应用上还不算成熟,在实际施工过程中还存在诸多缺点和不足。具体表现在以下几个方面:

4.1 机械缺陷

(1)摊铺机的预热系统没有实现智能化,导致熨平板的加热温度不均匀,在摊铺机起步过程中会出现局部离析(图6)严重、摊铺平整度差、施工缝处理质量差等缺陷。

(2)平衡梁下探头传感器灵敏度差,导致一旦遇到桥头(找平工作量大)停机起步、行驶跑偏重新调整、拌和站或运输车原因引起的停机起步这些情况后,重新起步到调整到正常摊铺状态需要的时间较长,这期间所摊铺的断面平整度不能得到很好保证,在不断调整过程中还会伴有局部离析,需要人工找补(图7)的情况。

(3)加宽路段和活板摊铺机并机摊铺时走滑靴稳定性差。表现为以下几点:

①全断面摊铺机滑靴探测器在摊铺过程中抖动性较大,有"掉仪器"(传感器松动掉落)的风险,加之其出现情况后调整速率慢,使其在摊铺加宽路段时难以保证满足平整度要求。

②纵向搭接的宽度调整没有实现自动化,人工调整搭接宽度时容易出现搭接不均、离析度高的情况。

③走滑靴的熨平板挡板端部易出现大料堆积,导致出现熨平板的挡板前混合料高度不均衡、布料不均匀的情况,从而出现摊铺机方向跑偏、摊铺平整度差、离析严重的现象。

图6　局部离析　　　　　　　　　　　图7　人工找补离析带

(4)摊铺机拼装工序复杂,拼装工作量大。一旦出现更换工作面摊铺机转场的情况,就会因拆装摊铺机的周期长而影响到施工进度。

(5)摊铺机全断面拼装挠度调整精确度差,在施工过程中的挠度调整没有实现自动化,调整的及时性和精确性都还有很大改进和提升的空间。

4.2　施工经验

部分施工班组人员对沥青全断面摊铺技术认知不够成熟,施工经验不够丰富。在施工过程中思路不够统一,在工序衔接上易出现一些低级错误从而影响施工质量和施工进度。

4.3　现有施工方案的缺陷

(1)方案缺乏可行性,施工现场出现问题后没有切实有效的处理问题的工法。

(2)方案缺乏科学性,面对施工过程中机械缺陷带来的质量问题,方案中缺乏切实可行的技术措施。

5　结语

通过对沥青全断面摊铺技术的利弊分析,结合本项目改扩建特点和现场施工遇到的现实问题。我们可以得出沥青路面全断面施工优缺点都比较突出的结论。在施工过程中要充分利用其优势,通过改进和优化技术方案,调整班组人员结构,加强对作业人员的技术培训,完善技术交底内容等措施弥补机械设备上的缺陷,提升施工质量和缩短施工周期。当然最重要的还是我们需要联络大断面摊铺机生产厂家,督促指导机械设备需要改进和优化设计的方向,加大科研投入,争取在不久的将来自主研发出智能化、集成化、自动化程度更高,技术更加成熟稳定的新设备,为我国今后的高速公路改扩建路面施工保驾护航。

参 考 文 献

[1]　中华人民共和国交通部.公路沥青路面施工技术规范:JTG F40—2004[S].北京:人民交通出版社,2004.

高速公路改扩建沥青路面施工技术

高瑞龙

(中交路桥华北工程有限公司,北京 101100)

摘 要:"十三五"规划以来,我国交通基础设施建设规模逐步扩大,在"五纵七横"的基础上,高速公路改扩建快速发展。在四改六或四改八施工时,新旧路基连接部位成为重点,质量问题多会反映到沥青路面上来,路床是路面结构层的基础,路床质量的优劣对于路面整体稳定性及耐久性的影响至关重要。本文依托京台高速公路德州(鲁冀界)至齐河段改扩建工程 JTSG-1 标段四改八高速公路,针对拼宽路床处理进行的一系列施工措施进行提炼总结,说明沥青路面施工的技术要求、施工工艺以及施工过程中易出现的问题和解决方法,在优化施工设计、提高工效的同时避免影响高速公路通车后期运营安全,并为今后高速公路改扩建拼宽沥青路面施工提供参考。

关键词:四改八高速公路 沥青施工 技术方法

1 引言

当前我国私家车辆增长过快,导致道路拥挤,堵塞严重,山东大部分高速公路由于建设年代较早、技术标准低,路面及部分桥梁的桥面铺装出现了不同程度的病害,养护任务日渐繁重,大大降低了车辆的行驶速度和道路的通行能力,高峰时段道路服务水平已明显下降,现有技术标准远远不能适应未来交通发展需求,迫切需要进行改扩建,以减少交通拥堵情况。因此,大规模的高速公路改扩建已迫在眉睫,高速公路改扩建工程的施工技术也成为施工重点,沥青施工作为重要的一个环节,进一步加强对其的研究非常必要。

2 工程概况

京台高速公路山东段位于山东中西部,纵贯山东省南北,沿线连接了德州、济南、泰安、济宁、枣庄等 5 个大中城市和 17 个县市区,是山东省高速公路网布局规划"九纵、五横、一环、七射、多连"中的重要组成部分。根据相关统计资料,2017 年京台高速公路山东段全线平均交通量为 53162pcu/d(大型货车约占 26.2%),2003 年以来年均增长约 3.2%。根据京台高速公路德州(鲁冀界)至齐河段现状与交通发展需求及通道资源的可利用方案,抓住有利时机对本项目实施改扩建不仅是必要的也是非常紧迫的。因此,既有京台高速公路德州(鲁冀界)至齐河段改扩建工程将目前双向四车道高速公路技术标准按双向八车道高速公路技术标准扩建,设计速度 120km/h。

本项目通过两侧拼宽,将原有双向四车道改造成为双向八车道高速公路。项目路线所经区域属鲁北黄泛平原较稳定工程地质区。对拟建公路建设有直接影响的主要为第四系全新统地层,主要岩性特征为冲积层,其岩性为粉质黏土、粉土、粉砂、细砂、黏土。根据设计取土场土质试验结果,为适当提高路床强度,并考虑路床应采用最小强度(CBR)和最大粒径指标满足规范要求的填料,主线路床顶面以下 0~40cm 采用 4% 水泥处治土,路床顶面以下 40~80cm 采用 3% 水泥处治土;一般填方路段,路床顶面以下 80~120cm 使用合格的路床填料(不单独处治),低填路段采用 40cm 级配碎石处治;部分路床填料采用满足路床填筑要求的 3% 水泥稳定铣刨料填筑。原则上,对于旧路铣刨料,考虑将铣刨料集中用于某一区间路床顶 40cm 填筑。施工时具体的无机结合料掺配剂量根据不同路段的填料性质,通过配合比试验确定。

路床主要验收标准:

(1)回弹模量值:路基建成后,应在不利季节实测各路段路床顶面回弹模量代表值,填方路床顶面动态弹模量值 $E_0 \geq 100\mathrm{MPa}$。

(2)弯沉值:当用贝克曼梁测定计算各路段的路基弯沉代表值时,应考虑不利季节和路基干湿类型的综合影响,填方及土质挖方路床顶面弯沉代表值 $L_s \leq 150.2(0.01\mathrm{mm})$。

(3)压实度:拼宽路基路床压实度为 97%(比新建路基路床高一个百分点)。

路面拼接断面如图1所示。

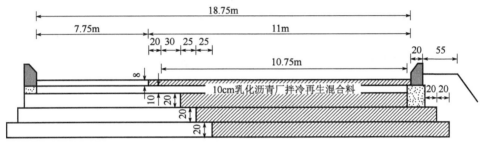

图 1 路面拼接断面图

3 施工机械配置

主要作业人员见表 1,施工机械配置见表 2。

主要作业人员数量及职责表　　　　表 1

序号	工种	人数	职责
1	机械操作手	8	负责各种摊铺、压实机械的操作
2	运输车驾驶员	20	负责混合料运输车的操作
3	摊铺工人	10	负责现场的清扫、机后处理等工作

施工机械配置表　　　　表 2

序号	设备名称	规格型号	数量	备注
1	冷再生拌和设备	800 型	1 套	
2	沥青摊铺机	宝马 BF800	2 台	
3	大型双钢轮压路机	卡特 CB564D	1 台	
4	单钢轮压路机	BW220D-40	2 台	
5	胶轮压路机	徐工 XP303K	2 台	

续上表

序号	设备名称	规格型号	数量	备注
6	小型双钢轮压路机	宝马120AD-5	1台	
7	洒水车	东风DF-153	1辆	
8	装载机	临工LG930	1台	
9	挖掘机	Sany三一	1台	
10	自卸车	一汽解放重卡	6辆	
11	智能型沥青洒布车		1辆	
12	清扫车	山猫	1台	

4 施工工艺

4.1 施工工艺

下承层准备→测量放样→混合料拌和→混合料运输→混合料摊铺→混合料碾压→接缝处理→养生→取芯→封层施工(图2)。

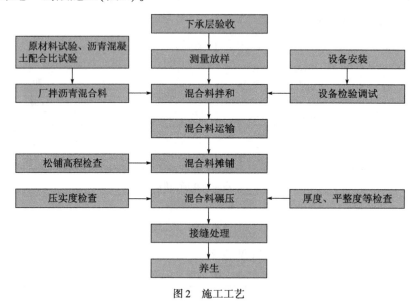

图2 施工工艺

4.2 施工准备

(1)建立沥青冷再生生产场站,可利用水稳拌和设备进行改造,调试合格后进行试拌,确定设备稳定后方可大规模进行生产。

(2)对现场铣刨料进行筛分,确定冷再生生产配合比,经检测单位和监理同意后投入使用。

(3)对RAP料、新集料、乳化沥青、水泥、矿粉和水等原材料进行检测,原材料必须满足要求。

4.3 下承层准备

(1)下承层为水泥稳定碎石基层,冷再生施工段落封层移至冷再生基层顶面,水稳基层仅洒布透层。

(2)提前 1～2h 对施工段落下承层表面进行冲洗、清扫,保持表面湿润。然后由装载机配合人工用铁锹洒水泥,水泥用量为 1～2kg/m²,洒布后人工用扫帚扫开、扫平。(图3、图4)

图3 洒水车洒水冲洗、清扫

图4 水泥均匀洒布

(3)水泥洒布后,当看见第二辆冷再生运输车到达现场时,在水泥表面继续洒一遍水(图5),然后开始采用洒布车洒布冷再生专用乳化沥青(图6),洒布量为 2kg/m²,一次性洒布长度为 50m,边铺边洒,防止破乳。

图5 洒水车喷洒第二遍水

图6 乳化沥青洒布

4.4 测量放样

冷再生采用挂线法摊铺,混合料摊铺前,测量人员每隔 10m 放样出冷再生层松铺高程,两侧打钢钎挂钢丝绳,作为摊铺自动找平基准线。

4.5 混合料运输

冷再生混合料必须在乳化沥青破乳前和水泥凝结前运抵施工现场并完成摊铺,运输混合料时,必须保证车厢覆盖严密,防止混合料见光破乳、污染、中途遭受雨淋,影响混合料施工质量。

4.6 混合料摊铺

(1)摊铺时现场采用2台同型号沥青摊铺机前后错开约8~10m进行梯队式摊铺(图7),摊铺前根据预定松铺系数设定熨平板高度。

图7 冷再生混合料摊铺

(2)考虑到乳化沥青工作时间较短,摊铺时每台摊铺机前保持1车混合料等待即可。

(3)摊铺时摊铺宽度与已铺部分重叠2~3cm,局部缺料的边角部位人工填补细料,确保纵向接缝密实。

4.7 混合料碾压

(1)碾压采用紧跟慢压的方式,碾压时预留约20cm不进行碾压,待整个断面摊铺完成,跨缝进行碾压。

(2)初压时采用1台双钢轮振动压路机静压1遍,振压1遍,压路机前进后退压完为一遍(图8)。

图8 双钢轮初压碾压

(3)复压时首先采用2台单钢轮压路机(图9)振压共3遍(弱振1遍,强振2遍),紧跟着采用2台胶轮压路机(图10)揉压6遍,单钢轮压实速度约为2km/h,胶轮压路机压实速度为3km/h。后30m复压时直接采用2台胶轮压路机碾压8遍,复压必须采用单钢轮压实。

(4)对于纵向接缝处及路缘石边角等压实不到位的地方采用小型双钢轮压路机(图11)碾压直至表面无明显轮迹为止。

图9 单钢轮复压碾压

图10 胶轮复压碾压

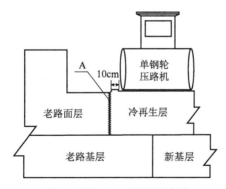
图11 小型双钢轮碾压边部

(5)终压时采用1台双钢轮压路机静压2遍,终压速度约为3km/h。以消除轮迹和获得一定的压实度。

(6)碾压完成后及时进行压实度检测。

4.8 纵向接缝处理

(1)纵向接缝位于冷再生层与老路沥青层之间,双钢轮碾压时预留10cm不予压实(图12),人工用水壶沿接缝灌注界面处理液,界面处理液为水泥:冷再生专用乳化沥青:水=1:2:1混合液,灌注时以恰好灌入冷再生层底部为止。

图12 预留10cm未压实示意图

(2)界面处理液灌注完成后,采用单钢轮压路机沿接缝碾压,碾压时前静后振,胶轮压路机碾压工序不改变。

4.9 养生

施工完成后,采用事先准备好的一布一膜进行覆盖,自然封闭养生。冷再生层在满足以下两个条件之一时,可以结束养生:①再生层可以取出完整的芯样;②再生层含水率低于2%。

5 结语

本项目在冷再生技术的方面的成功实施,有效地利用了铣刨料,减少弃方,冷再生替代柔性基层(ATB)后在很大程度上减少了环境污染,最主要是在地材价格飞涨的局势下,很大幅度地节约了施工成本。通过不断学习,我们总结了经验,需注意以下几点:

(1)乳化沥青生产过程中,蒸发残留物含量控制较困难。生产过程中抽样检测合格,但最终成品含量偏低。原因为乳化沥青生产间断后,用皂液冲洗胶体磨,致使皂液进入已生产的乳化沥青中,造成乳化沥青被稀释。在后续的生产过程中,需避免皂液直接排进乳化沥青中,或者减少生产的间断次数。

(2)为了避免乳化沥青起皮,在生产过程中使用了换热器;乳化沥青在储存罐内使用螺旋充分搅拌,有效避免了起皮、堵塞滤网等现象。

(3)在冷再生混合料拌制过程中,发现传送皮带沾细料的现象比较突出。在生产过程中,需要严格控制加水,避免混合料过湿;适当调整刮板与传送皮带间距。

(4)运输过程中必须采用帆布覆盖,避免水分蒸发造成混合料破乳。不能采用自卸车自带料棚直接遮挡的方式。

(5)施工现场与拌和站加强联系,尽量缩短混合料在施工现场的等待时间。在卸料过程中需要有经验的管理人员指挥,加快卸料的速度。

(6)碾压过程中,必须使用单钢轮,以保证压实度达到要求。碾压时,压路机每次停车位置需要向前进方向增加一米左右距离,不得每次停车在同一位置,避免出现拥包。

(7)严格控制乳化沥青每次撒布长度,撒布完后立即进行洒水,防止破乳。

(8)与老路拼接处,需人工对老路台阶上的混合料进行清理,除去粗料,便于接缝处的压实。

(9)施工中需准备好防水物资(复合式土工布),遇到雨天及时覆盖。为确保施工效率现场配备一台挖机,便于卸料。

(10)碾压后及时对压实度进行检测,若发现压实度不足的情况,及时组织补压。

参 考 文 献

[1] 中华人民共和国交通运输部.公路沥青路面再生技术规范:JTG F41—2008[S].北京:人民交通出版社,2008.
[2] 董泽蛟,谭忆秋,曹丽萍.乳化沥青冷再生混合料的室内设计与性能评价研究[J].公路交通科技,2006(2):43-47.
[3] 何彩云,唐金艳.沥青路面冷再生技术应用现状[J].市场论坛,2012(3):74-76.
[4] 何金海,蒋士伦.论沥青路面的冷再生施工技术特点及工艺[J].民营科技,2011(2):263.

黄河冲积平原区静压管桩超静孔隙水压力时空效应试验研究

郑 帅 张 弛

(山东省路桥集团有限公司,山东济南 250014)

摘 要:依托京台高速公路德州至齐河段改扩建工程管桩处治软土实例,通过在管桩不同深度、不同径向距离处埋设孔隙水压力计,对黄河冲积平原区管桩沉桩过程中引起的超静孔隙水压力的时空效应进行了研究。结果表明:管桩沉桩过程中产生的超静孔隙水压力是影响桩基承载力的重要因素。超静孔隙水压力的消散率随深度增加呈线性减小,随水平距离增加呈指数形式衰减,其有效影响范围约为 9 倍桩径;超静孔隙水压力的上升主要体现在桩体贯入的中前期,后期随沉桩速率减小到 3m/min 时基本保持稳定。

关键词:黄河冲积平原区 静压管桩 超静孔隙水压力 时空效应 消散率 沉桩速率

1 引言

管桩属于挤土桩,在其沉桩过程中,土体在桩底及桩侧荷载的扰动下,表现为原有物理力学性能的衰减、破坏及后期重塑,这些影响均称为管桩的施工效应。而管桩施工效应中产生的超静孔隙水压力上升现象,对于透水性差的土层来说,由于其超静孔隙水压力会长期存在,一定程度上会降低桩体的承载能力,甚至产生负摩阻现象。在超静孔隙水压力的产生与消散规律方面,李亚津等指出桩周产生的超静孔隙水压力与地表处所施加的有效应力有关。在超静孔隙水压力随距离变化规律方面,黄明华等通过现场试验的方式指出超静孔隙水压力会随径向距离的增加而减小;万梦华等通过理论推导和现场试验的方式得到其减小呈指数形式衰减的规律;而雷华阳等基于现场试验得出超静孔隙水压力随径向距离的增加呈线性减小的结论。在桩周土体的后期固结方面,裴圣华等研究认为:超静孔隙水压力的消散过程,亦是桩周土体再固结使得管桩承载力得以提高的过程。

目前对管桩施工过程中超静孔隙水压力的时空效应认识还不统一,但对于超静孔隙水压力的产生和消散规律进行研究有助于提高管桩承载力,其工程意义重大。挤土类桩体在黄河冲积平原区应用时间较短,对沉桩过程中的时空效应的研究少有文献报道。本文结合京台高速公路德州至齐河段改扩建工程管桩处治软土地基工程,通过在管桩不同深度、不同径向距离处埋设孔隙水压力计,对沉桩过程中引起的超静孔隙水压力的时空效应进行研究,研究成果可为黄河冲积平原区类似工程的设计与施工提供参考。

2 现场试验

2.1 工程概述

京台高速公路德州至齐河段改扩建工程位于山东省中西部,属黄河冲积平原区,道路沿线土质以粉质黏土、粉土为主。沿线地下水位深度大多在地表以下 4.0～5.0m。典型地质剖面如图1所示。相应各土层物理力学参数,见表1。

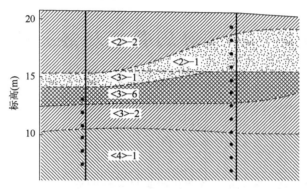

图1 典型地质剖面

各土层物理力学参数 表1

土层	含水率(%)	重度(kN·m^{-3})	孔隙率(e)	黏聚力(kPa)	内摩擦角(°)	压缩模量(MPa)
<2>-1 粉土	23.1	19.60	0.659			8.02
<2>-2 粉质粉土	32.8	17.64	1.077	27.2	15.0	3.41
<3>-1 粉土	24.8	18.90	0.896			
<3>-2 粉质粉土	26.4	19.23	0.780	32.3	14.5	4.35
<3>-6 淤泥质粉质粉土	36.3	18.40	0.966	26.5	9.4	3.37
<4>-1 粉土	23.5	19.63	0.667	33.4	10.6	6.94

由于土体承载力低,压缩系数大,为避免道路改扩建后不均匀沉降的发生,设计中采用预应力管桩进行处理。管桩桩位沿老路路基坡脚向外各布置 3～4 排,桩中心间距 $D = 2.3 \sim 2.9$m,平面形式为矩形,管桩型号为 PTC-400,管桩内径为 340mm,外径 400mm,管体壁厚 60mm,桩长 10.0m。为减少对土体的扰动,施工中部分路段采用静压法施工。

2.2 现场试验方案及渗压计埋设

监测地点位于山东省平原县前曹镇附近,桩号为右幅 K348+450 处。监测仪器采用 JZXM-7000 型号的测试仪与 JZXM-5540HAT 智能弦式数码渗压计,如图2、图3所示。

现场试验对7根管桩沉桩过程所引起的超静孔隙水压力进行监测,监测点设置2处,平面布置,如图4所示。编号1～7为管桩施工顺序,监测点分别位于3号、4号管桩的中心轴线两侧对称位置上,距两管桩的中心轴线各 50cm。两监测点的孔径均为 110mm,孔深分别为 10m、8m,其中 10m 监测点(Ⅰ号)埋设渗压计3支,埋设深度分别为 3m、6m、9m。8m 监测点(Ⅱ号)

埋设渗压计 2 支,埋设深度分别为 4m、7m。各渗压计按照点位及埋设深度分别标注为Ⅰ-3、Ⅰ-6、Ⅰ-9、Ⅱ-4、Ⅱ-7。

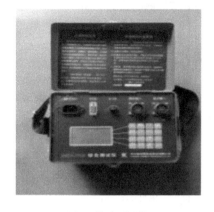

图 2　综合测试仪

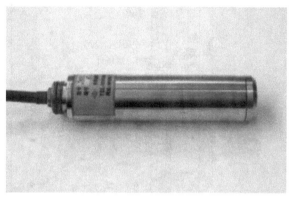

图 3　智能弦式数码渗压计

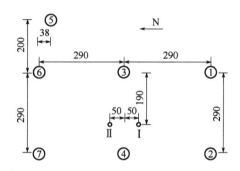

图 4　监测点平面布置(单位:cm)

为防止钻孔中产生的泥浆堵塞渗压计透水石,埋设前将渗压计透水石部位置于装满中粗砂的滤水网中,并用细绳缠绕捆绑以保证渗压计防堵效果,且孔位中分别回填透水材料和隔水材料,透水材料及隔水材料分别选用中粗砂和膨润土泥球,泥球直径15~20mm,风干的泥球遇水崩解,从而达到封孔的目的,使埋设渗压计处的水位与其上部和下部隔离。透水材料和隔水材料回填用量计算式为

$$V = \frac{Ah\pi d^2}{4} \tag{1}$$

式中:V——拟回填材料体积(m^3);
　　A——回填系数,依据回填材料形状和粒径、回填工艺等而定,取 0.80~1.20;
　　h——回填高度(m);
　　d——监测点位孔径(m)。

渗压计根据各层材料的埋设深度确定埋设用量,埋设示意如图 5 所示。埋设完毕后,孔口原地面以下 0.3m 内用水泥黏浆土填实封严。静置 24 小时后连接测试仪,待读数稳定后记录其数值,重复 3 次,以测得数据的平均值作为基准值,即初始值。

为研究桩体贯入深度对超静孔压的影响,施工前,在桩身标定刻度,待各桩分别贯入 4m、7m、10m 时,测量两监测点位内各渗压计的实时数值。

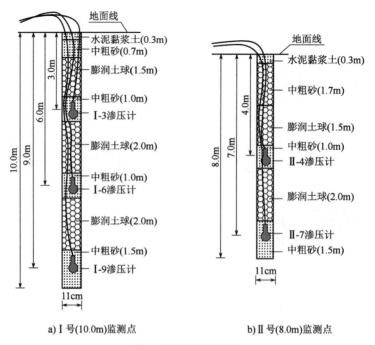

a) Ⅰ号(10.0m)监测点　　b) Ⅱ号(8.0m)监测点

图5　渗压计埋设示意

3　超静孔隙水压力的时空效应分析

3.1　超静孔隙水压力随时间变化规律

孔隙水压力随时间变化曲线,如图6所示。上轴表示7根管桩各自沉桩完毕时的时间节点。各深度处的超静孔隙水压力变化规律基本一致,即孔隙水压力随管桩的压入有所上升,但距离监测点越近,其超静孔隙水压力上升越明显,其中4号管桩因其与两个监测点的距离较小(约1.0m左右),其施工所引起的超静孔隙水压力变化幅度最大。

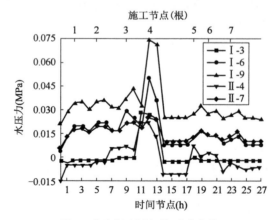

图6　孔隙水压力随时间变化曲线

记录各个渗压计的初始值、最大值、最终值、消散率,最终值为孔隙水压力基本保持恒定值超过48小时以上的一稳定值,见表2。消散率计算式为

$$k = \frac{|P_{max} - P_2|}{P_{max}} \tag{2}$$

式中：k——孔隙水压力消散率；
P_{max}——孔隙水压力最大值；
P_2——孔隙水压力最终值。

孔隙水压力记录　　　　　　　　　　表2

监测点	初始值(MPa)	最大值(MPa)	最终值(MPa)	消散率(%)
Ⅰ-3	−0.002	0.028	−0.002	107.14
Ⅰ-6	0.004	0.050	0.008	84.00
Ⅰ-9	0.021	0.074	0.024	67.57
Ⅱ-4	−0.015	0.027	−0.003	111.11
Ⅱ-7	0.006	0.025	0.010	60.00

位于3m、4m深度处的Ⅰ-3，Ⅱ-4号初始值及最终值均为负值。由于试验现场地表以下4m以内无明显地下水位，而渗压计埋设前已在清水中浸泡，压桩过程中也有超静孔隙水压力出现，在渗压计埋设后及沉桩结束后其内部水分可能通过透水石流向周围土体，故出现负值。另外，其初始值普遍小于埋设位置处的正常水压，考虑为钻孔中形成的泥浆对渗压计透水石有一定程度上的淤堵。

Ⅰ号及Ⅱ号监测孔超静孔隙水压力消散率随深度变化曲线如图7所示。黄河冲积平原区以粉土或粉质黏土为主要土质的地区，孔隙水压力的消散率与深度呈反比，深度越深，其超静孔压消散率越小。这是由于随深度的增加，土体密实度增大，相应的土体渗透系数减小，导致排水速率与消散率不断减小。但总体来说，超静孔隙水压力上升与消散的速度均较快，7m以内的超静孔隙水压力在沉桩结束3小时以内，基本可消散60%以上，且没有累计叠加现象。这从图6中4号桩压桩结束到5号桩压桩前的孔隙水压力基本呈水平直线可明显看出。

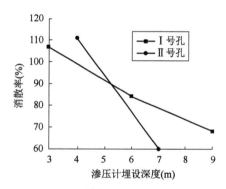

图7　消散率随深度变化曲线

另外，通过对比各深度下超静孔隙水压力初始值和最终值可发现，两者数值差异均较小，这也说明超静孔压在较短时间内(一般2天)可消散较完全，后期将不会对桩体承载力产生较大影响。

3.2　超静孔隙水压力随距离变化规律

以Ⅰ号孔位的3个渗压计为观测对象，分别分析1~7号管桩静压施工所引起的超静孔隙水压力的产生及消散规律。1~7号桩中心离Ⅰ号监测孔的距离，见表3。

1~7号桩中心离Ⅰ号监测孔距离　　　　　表3

管桩编号	1	2	3	4	5	6	7
距离(cm)	306	260	196	112	493	389	354

不同径向距离的管桩施工完毕后所引起的Ⅰ号监测孔不同深度处的孔隙水压力值，如图8所示。

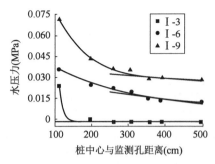

图8 孔隙水压力随距离变化拟合曲线

根据现场实测数据拟合出孔隙水压力随距离的关系曲线可采用指数函数 $y = a + be^{-cx}$,a、b、c 为常数。Ⅰ-3,Ⅰ-6,Ⅰ-9 三条曲线的拟合优度 R_2 分别为 0.99、0.97、0.98,说明该指数函数能够较好反映超静孔隙水压力随水平距离变化规律。

各桩施工完毕后所引起的Ⅰ号孔位的超静孔隙水压力数值随水平距离的增大而减小,其曲线斜率也逐渐减小并最终趋于零,该现象在表层3m处尤为明显,与万星等人的现场试验结论相类似,说明施工所引起的孔隙水压力上升主要发生在土体深部,对浅层土体影响较小。在距桩中心350cm处,其曲线斜率已接近水平,可认为超静孔隙水压力在水平距离上的有效影响范围约为350cm,即9倍桩径左右。故在以粉土或粉质黏土为主的黄河冲积平原区,为避免超静孔隙水压力上升对邻近桩体承载力产生不利影响,在考虑复合地基承载力的基础上,桩间距宜取8~9倍桩径以上。

3.3 超静孔隙水压力随桩体贯入度的变化规律

选取1、2号桩在贯入4m、7m、10m时的实测数据进行分析,孔隙水压力在桩体不同贯入度时的变化曲线,如图9所示。

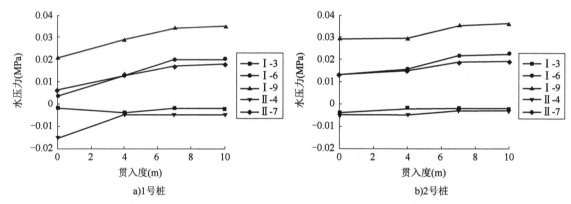

a)1号桩   b)2号桩

图9 孔隙水压力随贯入度变化曲线

随桩体贯入度增加,超静孔隙水压力逐渐上升,但上升速率不断减小;在桩体贯入后半段,超静孔隙水压力增幅很小甚至不再变化。说明超静孔隙水压力上升主要发生在桩体贯入中前期,贯入后期,由于桩侧摩阻力的增大导致沉桩速率降低,使超静孔隙水压力的上升速率下降,在排水速率保持不变的情况下,超静孔隙水压力可基本保持稳定。

3.4 超静孔隙水压力随沉桩速率变化规律

分别计算1、2号管桩在贯入0~4m、4~7m、7~10m时的沉桩速率,各贯入段前后超静孔隙水压力差值随沉桩速率变化曲线,如图10所示。

随静压沉桩贯入度增加,沉桩阻力逐渐增大,沉桩速率随之减小。以1号桩为例,在0~4m、4~7m、7~10m三个贯入段的平均沉桩速率分别为11.5m/min、4.5m/min、3.1m/min。在静压沉桩速率逐渐减小的情况下,其超静孔隙水压力差值也随之减小。1、2号桩沉桩速率达到3.0m/min左右时,此时超静孔隙水压力基本无变化,说明工程中适当降低沉桩速率,有助于减小超静孔隙水压力的上升。

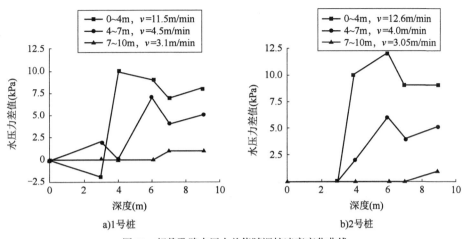

图10 超静孔隙水压力差值随沉桩速率变化曲线

4 结语

通过在预应力管桩施工现场埋设孔隙水压力计,对黄河冲积平原区管桩静压施工中超静孔隙水压力的时空效应进行了研究,主要结论:

(1)管桩静压施工会引起超静孔隙水压力的上升,但黄河冲积平原区超静孔隙水压力的上升与消散速率均较快,一般7m以内的超静孔隙水压力在沉桩结束3小时以内,基本可消散60%以上,且没有累计叠加现象。其消散率与深度呈反比,深度越深,超静孔隙水压力消散率越小。

(2)超静孔隙水压力值随距离压桩点水平距离的增大而不断减小,基本呈指数形式衰减,且该现象在表层3m以内表现尤为明显。根据拟合曲线斜率可认为,管桩静压施工所引起的超静孔隙水压力有效影响范围约为9倍桩径,故设计中在考虑复合地基承载力的基础上,宜将桩间距取8~9倍桩径或以上。

(3)超静孔隙水压力随桩体贯入度的变化规律为在桩体贯入的中前期,超静孔隙水压力大幅上升,而在桩体贯入的后期,由于沉桩速率的减小,超静孔隙水压力变化幅度较小;当静压沉桩速率控制在3m/min左右时,超静孔隙水压力可基本保持稳定。

参 考 文 献

[1] 于永堂,郑建国,张继文,等.黄土高填方场地孔隙水压力的变化规律[J].土木与环境工程学报(中英文),2021,43(6):10-16.

[2] 李亚津,巫锡勇,蒲大攀,等.西南山区岩溶水文地质结构类型及地下水动力特征分析[J].路基工程,2020(6):13-18+24.

[3] 成英才,樊建房,胡朋.孔隙水压力监测在强夯施工中的应用研究[J].交通世界,2020(26):55-57.

[4] 黄明华,胡可馨,赵明华.分数阶黏弹性地基中洞周超孔隙水压力消散特性分析[J].岩土工程学报,2020,42(8):1446-1455.

[5] 崔圣华,裴向军,黄润秋,等.强震过程滑带超间隙水压力效应研究:大光包滑坡启动机制[J].岩石力学与工程学报,2020,39(3):522-539.

路基注浆试验与仿真分析

李 强 林占胜 裴福才

(山东省路桥集团有限公司,山东济南 250014)

摘 要：路基注浆可使路基沉陷、松散、空洞等病害得到有效充填或压密,显著提高路基的承载力。从室内试验与数值模拟两个方面研究了路基注浆对路基路面的影响。室内试验部分采用平面尺寸 140 cm × 140 cm、高度为 50 cm 的钢箱,分层填筑路基土和水泥稳定碎石基层,养护 28 d 后,进行路基注浆。通过探地雷达和开挖相结合的方法观测水泥浆分布,进而分析注浆对路基的加固机理。数值模拟部分采用 ANSYS 有限元软件建立路基路面三维模型,考虑注浆半径、注浆区域模量、注浆横向位置及注浆深度 4 个因素,分析了局部注浆和道路纵向多点连续注浆对行车荷载作用下路基路面受力变形的影响。结果表明,注浆半径对道路受力变形的影响最显著,注浆区域模量影响较小,注浆位置在行车道中间下方且靠近路基顶面时较有利。

关键词：路基加固 局部注浆 浆液分布 层底拉应力 半刚性基层

1 引言

随着中国经济高速发展,人车流量使公路面临较为严峻的挑战。路基病害尤为严重,路基注浆技术凭借工艺简单、设备灵活等优点在路基病害治理中得到广泛应用。

路基病害情况较为复杂,同时受注浆工艺的限制,很难保证注路基注浆加固的精确控制,国内外学者对注浆机理及注浆技术展开了深入研究。Yang 等基于计算流体动力学-离散单元方法(computational fluid dynamics-discrete element method, CFD-DEM)耦合算法对路基微观灌浆机理进行了研究,从微细观层面模拟了浆液注浆过程和扩散机理。陈学喜等分析了不同注浆技术的适用性,在此基础上提出了精细化袖阀管注浆加固技术,并在实际工程中证明了该技术的有效性。蒋功化等依据太沙基一维固结理论对工程黏土段压密注浆补偿效率进行了研究,结果表明注浆补偿效率随着时间变化呈现先减小后稳定的规律。随着注浆技术的发展,注浆效果的检测显得尤为重要,如樊齐旻对比了 3 种检测路基深层注浆效果的方法,结果表明钻芯取样只能对注浆效果进行半定量分析,而标准贯入试验只能定性反映土体强度,只有旁压试验能够得到注浆前后土体性质参数的变化,对于检测注浆效果适用性良好。李圣林等则通过试验研究证明了采用瞬态面波法与电测深法相结合的综合物探技术对岩溶路基注浆质量进行检测是完全可行的。

许多学者对注浆材料也有一些研究,王川等研究了煤矸石-矿粉作为注浆材料,试验结果表明当煤矸石掺量为30%~40%时,浆体28d强度要高于P.O32.5水泥,符合路基充填材料的技术要求。刘晓贺、Corson等进行了复合注浆材料的试验研究,通过室内试验对复合注浆材料的力学及耐久性能进行研究,得出性能最佳的复合注浆材料种类及含量。Zheng等对慢凝水泥基灌浆膏的配方及性能进行了正交试验,得出水灰比和膨润土掺量对流动度和泌水率的影响较其他因素更为显著。

综上所述,路基注浆加固影响因素众多且复杂,这就需要针对具体路基病害建立不同的注浆方案,继而对具体注浆过程进行内在机理的深入研究,以此来指导实际工程。现主要通过室内注浆试验模拟真实工程概况,在此基础上进行数值仿真,双重分析路基注浆过程中的浆液流向及注浆对路面结构受力,探究注浆渗透规律以及影响因素,为实际工程提供借鉴。

2 路基注浆室内试验

2.1 室内试验路基路面铺筑

制作钢制模板,长、宽、高分别为140cm、140cm、50cm,试验时首先填筑35cm厚土层,为保证压实度分3次填铺,从下到上厚度分别是15cm、10cm、10cm,每次填铺完以后用小型击实仪振动夯实,夯实时间分布为4~6min/m²。从第二层起,以注浆口为中心的直径为20cm的圆形区域不进行夯实,以模拟路基疏松状态。在路基上表面距离注浆管左右两侧分别为20cm和30cm处一共埋设4处土压计,如图1所示,从左到右依次编号为1号~4号,在路基注浆过程中用来监测基层与路基之间受力情况,分析路基注浆过程对路基及基层的影响。路基填筑完毕后依次填筑水泥稳定碎石基层,基层料采用人工拌和方法,主要控制拌和均匀,减少离析,摊铺完成后及时人工整平,采用击实仪振动整平。

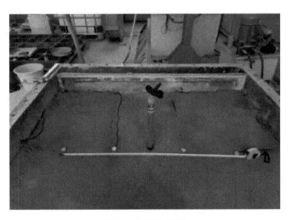

图1 土压计埋设

2.2 注浆试验

试验采用水灰比1:1的水泥浆液作为注浆材料。将水泥在搅拌桶中充分搅拌,使液体达到悬浊状态。试验采用一整套的恒压注浆装置,水泥浆液搅拌桶、空气压缩泵、注浆泵、压力调节阀、压力容器、泄压阀和压力表等构成了恒压注浆装置的主要部分。注浆过程中,将水泥浆液在搅拌桶中充分搅拌混合均匀后,打开注浆泵,将搅拌桶中的浆液输送至压力容器中,空气压缩泵采用压缩空气的方法提高压力向压力桶中的浆液施加压力把浆液压入渗透装置。整个注浆过程在10s内注浆压力达到0.6MPa,直到注浆结束注浆压力维持稳定。

开始注浆时同步开启监测系统,对注浆过程中的受力情况进行数据采集,采集频率为1s/次。渗透装置出口设置在路基下10cm处,泄压阀和压力调节阀可以实现在注浆过程中保持注浆压力恒定。

2.3 注浆试验结果分析

2.3.1 注浆土压力

通过模型内部埋设的压力监测元件,在注浆过程中对不同位置处的土压力进行监测。用静态应变仪量测土体压力,可能由于铺设原因,土压计1数据不显示,其他3个可以正常监测到数据。监测系统每秒采集一次数据,注浆总时长234s,各压力计数据随时间变化结果如图2所示。可以看出注浆过程中土压力随着时间的变化呈线性增长,尽管在整个注浆过程中出现小范围的波动,但不影响整体变化趋势。注浆结束时土压力达到最大。压力计2号、3号最大应力几乎相同,压力计4号埋设位置比2号、3号距注浆管远20cm,最大应力相对较小。

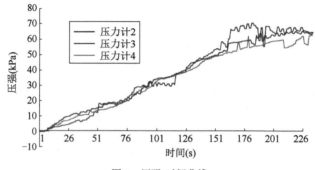

图2 压强-时间曲线

2.3.2 浆液分布特性

浆液分布测试采用两种方法,其一采用地质雷达进行无损检测分析,其二采用开挖验证方式。采用地质雷达检测时,需要在注浆前后分别对结构层进行雷达检测,以比较注浆前后的雷达图像差异。在水泥稳定碎石基层铺筑并养护28d后,首先采用探地雷达进行数据检测,在注浆完成后7d待水泥浆液抗压强度达到80%后,对道路结构层进行第二次雷达检测。采用软件resWin2进行处理,对原始数据进行滤波和线性增益等,得到较为清晰的波形图案,如图3、图4所示,从处理后的雷达图像可以看出基层与土基层间的分界、结构层的厚度等。由图3、图4对比可以看出注浆之后的土基层注浆管周围雷达图像与注浆之前有不同之处:注浆前土层与基层间图形分层明显,土层顶部图像呈波纹状,下部均匀。注浆后受水泥浆分布影响,基层与土基分界面不太明显,呈现过渡区域,另外注浆管周围的土层受到注浆压力的作用对周围的土体进行挤压让周围土体变得密实,改变了注浆管周围的土体密度,注浆区域的介电常数发生改变及水泥浆液分布具有非均匀性,土基靠近顶部的图像有些杂乱,但整体呈层状分布。探地雷达用于检测路基注浆效果时,应首先标定不同状态下的图像特点,建立典型图像库,以较好地用于注浆效果识别。

雷达检测完成后,对试验结构层进行开挖,开挖时发现注浆管周围区域开挖困难,距离注浆管越近开挖越困难。以注浆管为中心浆液扩散半径大约在35cm,注浆区域土体颜色泛白,如图5所示。基层与路基接触面处发现以注浆管为中心向四周扩散的水泥浆液,有明显的浆脉走向,扩散面积较大,水泥浆液注入的路基层土体颜色发白,强度较高,如图6所示。

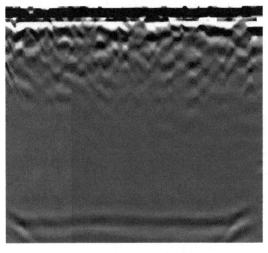
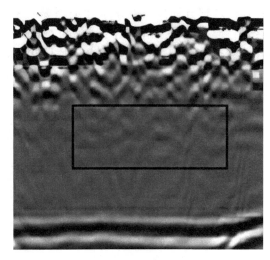

图3 注浆前雷达检测图像　　　　　　　　图4 注浆后雷达检测图像

图5 层间接触面图　　　　　　　　　　　图6 路基开挖

根据上述分析可推断:在注浆过程中由于土体压实度较好,水泥浆液沿着注浆管向上流动,在土基层和基层之间界面处进行渗透,层间有明显的浆脉层分布。在模型拆模开挖过程中发现在注浆管35cm左右范围内土体密度增加,开挖困难,分析原因可能是在注浆过程中尽管水泥浆液受到土的压实度影响无法完全进入到土体中,但注浆管周围土体受到来自注浆泵的0.5MPa压力影响,迫使注浆管周围土体进一步向四周挤压,对周围土体起到挤密作用,同时,浆液在注浆管周围固化膨胀产生较大膨胀压力,对土体也有挤密效果。

3 路基注浆仿真计算及分析

3.1 道路模型的建立

为模拟路基注浆对路面结构受力的影响,建立道路注浆仿真模型进行分析。仿真模型采用双轮组单轴载100kN作为标准轴载,采用静态模型路基路面模型材料参数。土基弹性模量取40MPa。沥青面层弹性模量取2000MPa,水泥稳定碎石层弹性模量取3000MPa。土基的泊松比为0.35,其余各层的泊松比均为0.25。数值模拟时考虑注浆区域模量、注浆半径、注浆横向位置及注浆深度4个方面的变化对道路力学响应的影响。仿真模型采用双向行车道,路面宽12m,机动车道宽3.75m,边坡坡率1:1.5,面层采用18cm厚沥青混凝土,基层用38cm厚水泥稳定碎石基层。

建模过程分局部单点注浆和道路纵向多点连续注浆两种情况,对比局部单点路基注浆和区域性路基注浆加固差异,同时为对比注浆质量的影响,仿真模型将注浆区的模量变化也作为一个变化因素。有限元网格划分时路面部分采用规则划分,沿厚度均分为3层,路基部分采用自由划分形式,设置单元尺寸为0.2m,路基注浆区域局部加密处理,网格模型如图7所示。

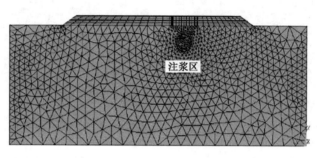

图7 ANSYS 三维模型

3.2 局部注浆结果分析

3.2.1 注浆区模量影响

固定注浆区半径为0.5m,位于路基顶面以下1m。对注浆区域取三组模量,分别为600MPa、1200MPa、1800MPa,计算沥青面层底部与水稳基层底部的应力状态,如图8所示。可以发现,在路面行车荷载影响下,沥青面层底部受到的纵向应力为负,故在以下的仿真模拟中不予考虑,水稳基层底部水平拉应力变化也很小。由此可知,局部注浆时注浆区模量的变化对基层和沥青层的影响较小。这是因为单点注浆区域相对较小,而车辆荷载扩散至注浆区时分散面积已较大,尽管注浆区模量相对于路基模量大很多,但较小的注浆区域对路基整体的变形影响不大,故沥青层和半刚性层应力响应变化较小。

3.2.2 注浆半径影响

固定注浆区位置在路基顶面以下1.0m,注浆区弹性模量为600MPa,对注浆区域取三组注浆半径,分别为0.2m、0.5m、0.8m,计算水稳基层底部的应力状态,如图9所示。可以发现:在路面行车荷载作用下,局部注浆半径对水稳基层底部受拉应力有一定影响,注浆半径由0.2m增加至0.5m和0.8m时,水稳层底部拉应力分别减小1.8%和13.3%。这是因为随着注浆半径增加,其注浆区域顶部逐渐接近路基顶面,对车辆荷载的扩散作用增加,降低了路基路面整体变形,因而使水稳层底部拉应力明显减少。

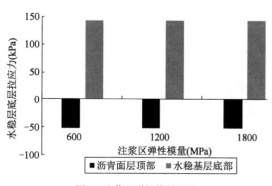

图8 注浆区弹性模量影响

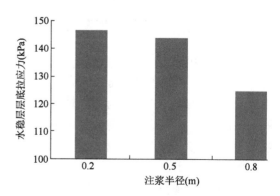

图9 注浆半径的影响

3.2.3 注浆横向位置影响

固定注浆半径 0.5m,深度 1.0m,注浆区域取三组不同的横向位置,注浆位置 1 位于道路行车道轮迹带中心正下方处,注浆位置 2 位于右侧荷载正下方,注浆位置 3 球心点位于位置 1 右侧 1.8m 处,位于两荷载之外,具体注浆位置如图 10 所示,计算结果绘于图 11。可以发现:注浆位置横向变化时基层底水平应力变化幅度很小,差别不足 1.5%。相对来讲,注浆横向位置在行车道中间下部的 1 号位置时基层底部拉应力最小,其次是轮迹带正下方,3 号位置基层底部拉应力最大。

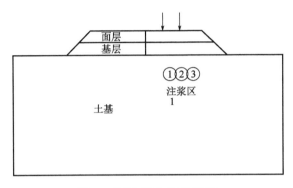

图 10 注浆区横向位置示意图　　图 11 注浆区横向位置影响

3.2.4 注浆深度位置影响

固定注浆区半径为 0.5m,注浆区模量 600MPa,取三组不同的注浆深度,分别位于基层底面以下 1m、2m、3m,计算水稳基层底部的应力变化,如图 12 所示。可以发现:随着注浆区深度方向的增加,水稳基层底部纵向应力逐渐变大,注浆区深度由 1m 增大到 3m 时,水稳层底部拉应力增加 4%。这同样与车辆荷载沿路基深度的扩散规律有关,注浆位置越深,荷载扩展至注浆区时单位应力越小,注浆区承担的荷载越小,对路基路面变形的影响越小,且注浆区域相对较小,因而注浆区达到一定深度时,局部注浆对路面的影响可忽略。

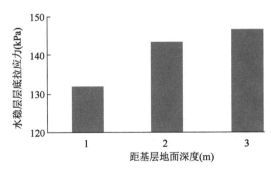

图 12 注浆区深度影响

3.3 连续多点注浆

道路纵向多点连续注浆模拟实际加固过程中的区域性路基注浆,即沿道路纵向以一定间隔通过注浆孔连续注浆加固。道路连续注浆仿真计算时,假定一定尺寸的注浆范围沿道路纵向连续存在,相当于局部注浆首尾相连沿道路纵向连续无间隔分布。

3.3.1 注浆区模量影响

对于纵向连续注浆,注浆位置同局部注浆位置相同,但其沿道路纵向连续分布,注浆区模量同样取600MPa、1200MPa、1800MPa三种情况,计算结果绘于图13中。可以看出水稳基层底部水平拉应力随注浆区模量增加而逐渐减小,但整体变化幅度较小,注浆区模量由600MPa增加到1800MPa时,水稳基层底部纵向拉应力降低不足4%。这是因为注浆区模量远高于路基模量,相当于在道路一定深度连续埋设混凝土管,虽对行车荷载有一定的支撑分散作用,但注浆区域相对较小,四周被模量较小的路基填料包裹,因而对行车荷载的分散能力较弱。

3.3.2 注浆区半径影响

对注浆区域取三组注浆半径,分别为0.2m、0.5m、0.8m,计算水稳基层底部的应力状态变化,如图14所示。可以发现:在路面行车荷载作用下,注浆半径对水稳基层底部受拉应力影响较大,注浆半径由0.2m变化至0.8m时,水稳基层底部受拉应力减小幅度达28.5%,远高于局部注浆时降低幅度。这是因为,随着注浆半径的增加,注浆区域距离荷载作用点越来越近,更加有效地分散车辆荷载,同时纵向连续注浆区域相当于弹性地基上圆形梁,纵向也可起到良好的荷载承担作用,因此,纵向连续注浆区半径的增加对水稳层底部的拉应力降低作用比较明显。

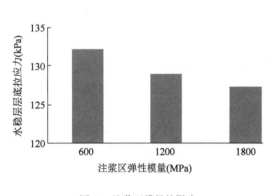

图13 注浆区模量的影响

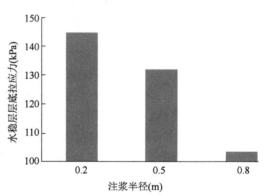

图14 注浆区半径影响

3.3.3 注浆横向位置影响

对连续注浆取3个不同的横向位置进行对比,横向位置与前文局部注浆横向位置相同,连续注浆情况下,注浆位置横向变化对半刚性层层底拉应力的影响如图15所示。可以发现,横向注浆位置的变化对基层底面水平拉应力有一定影响,与局部注浆结果类似。当注浆位置位于车道中间(横向位置1)时,基层底面纵向拉应力最小,相比较于横向位置2、3基层底部拉应力分别减少8.3%和7.0%,说明注浆位置位于车道两轮迹带的中间位置正下方区域比较有利。这一结论与局部注浆结果相同。

3.3.4 注浆区深度影响

与局部注浆相同,选取三组不同的注浆深度,分别为基层底面以下1m、2m、3m,分析连续注浆深度不同时的影响,计算结果如图16所示。可以发现:随着注浆区深度方向的增加,水稳基层底部纵向拉应力依次增大,增加幅度为8.1%和11.4%,说明处理路基病害时注浆位置尽量靠近路基顶面位置对降低基层弯拉受力比较有利。纵向连续注浆深度的影响规律与局部注浆时相似,但影响幅度变大。

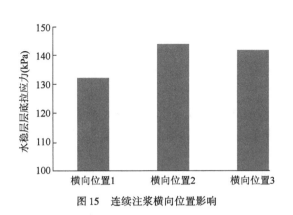

图 15 连续注浆横向位置影响

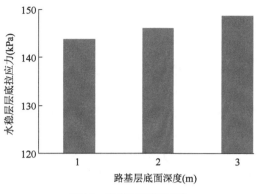

图 16 连续注浆深度影响

3.3.5 局部注浆与道路纵向多点连续注浆对比对

比较局部注浆与纵向连续注浆仿真结果,从考虑的注浆区模量、注浆区半径、注浆区横向位置和注浆深度4个因素影响来看,两种注浆方式对半刚性基层底部拉应力整体影响规律相似,注浆区模量的影响相对较小,而对注浆区半径影响相对明显,注浆区横向位置和深度对半刚性层底拉应力也有一定影响。具体表现为注浆区半径增大、注浆区横向位置靠近行车道中间下部、注浆深度靠近路基顶面位置时,对降低半刚性层底拉应力的比较有利。相对于局部注浆,纵向连续注浆对层底拉应力的影响幅度显著大于局部注浆,如注浆半径由0.2m增加至0.8m时,局部注浆法使水稳层底部拉应力降低13.3%,而纵向连续注浆可降低28.5%。注浆区深度由1m增大到3m时,局部注浆使水稳层底部拉应力增加5%,而纵向连续注浆使水稳层底部拉应力增加了11.4%。因此,纵向连续注浆对半刚性层底拉应力的影响要显著大于局部注浆,但需要注意注浆半径、注浆横向位置和注浆深度之间相互影响。本文在考虑某一因素影响时,固定了其他因素,并未做交叉影响分析,实际中可根据路基的病害位置及程度选择合理的注浆方式。

4 结语

采用室内模型试验和数值仿真两种方法研究了路基注浆的加固机理及影响因素,通过分析得出以下结论。

(1)通过室内试验可以看出,在注浆开始阶段浆液会向四周松散土体有压渗透,同时沿着注浆管外壁在压力作用下向上运动,在路基与基层接触面以注浆管为圆心发生扩散,并在重力作用下对路基土发生渗透。但水泥浆液的扩散路径受到路基土土质类型、疏松状态、注浆压力等多个因素的影响,具有不确定性,需要结合具体情况开展研究。

(2)路基注浆对路基土体的孔洞具有填充作用,对局部疏松处具有挤密加固作用,水泥浆液在路基和基层间界面处的渗透扩散还可加强层间黏结和抗水损能力。

(3)探地雷达图像能够反映路基土注浆前后的区别,但对路基孔洞、局部疏松的注浆状态很难做到定量描述,实际应用时应结合具体工程首先建立典型图像,然后通过图像对比确定注浆状态。

(4)数值仿真结果表明注浆区半径、注浆区横向位置和注浆区深度对降低半刚性基层层底拉应力都有一定的影响,其中注浆区半径大小的影响更为显著。注浆的横向位置在车道轮迹带中间下方、深度靠近土基顶部时对降低半刚性层层底拉应力较有利。纵向连续注浆和局部注浆对半刚性层底拉应力的影响规律相似,但纵向连续注浆的降低作用更显著。

参 考 文 献

[1] 郑仲浪,吕彭民.多轴大货车对路面的动作用力研究[J].郑州大学学报(工学版),2009,30(4):44-47.
[2] 邵华.三维探地雷达在道路裂缝检测中的应用[J].工程建设与设计,2022(2):73-75.
[3] 陈学喜,楼梁伟,闫宏业,等.运营铁路路基沉降整治精细化注浆加固技术[J].铁道建筑,2020,60(7):89-92.
[4] 蒋功化,向洲辰.黏土压密注浆补偿效率评估方法研究[J].铁道科学与工程学报,2021,18(4):942-948.
[5] 樊齐旻.无砟轨道铺轨后路基注浆效果检测方法的对比[J].铁道建筑,2019,59(2):12-14+30.
[6] 李圣林,张平松,桂昊,等.利用综合物探方法检测高铁岩溶路基注浆质量[J].地球物理学进展,2018,33(6):2541-2545.

水泥混凝土路面大件运输车辆轴线荷载限值研究

段同军 郑 帅 裴福才

(山东省路桥集团有限公司,山东济南250014)

摘 要:大件运输一般是指大型设备的运输配送,具有体积大、重量大的特点,对运输工具和道路承载能力都有严格的要求。现行水泥混凝土路面设计时未充分考虑大件运输车辆多线多轴的荷载特点。该文首先采用有限元方法建立不同等级公路水泥路面模型,考虑大件运输车辆轴线数及多线多轴的荷载变化,对大件运输荷载作用下水泥路面的受力特性进行了分析。然后依据水泥路面设计的极限状态方法反算了不同等级和公路区划公路的极限荷载应力。进而对比大件运输车辆作用下水泥路面应力响应与水泥路面的极限承载能力,确定了大件运输车辆的轴线荷载限值。该研究从水泥路面承载能力的角度为规范大件运输车辆的轴线荷载提供指导。

关键词:水泥混凝土路面 大件运输 有限元模型 轴线荷载限值

1 引言

近些年来,中国经济稳定快速发展,在基础建设过程中,对大型设备运输的需求日益增加。有些大型设备的形状不规则且尺寸大,单件重量可达数百吨,一般情况下,这些大型设备需要从生产地通过各种运输方式运至安装现场。大设备的运输配送会导致路面产生各种各样的损坏,特别是水泥路面的断裂病害。

大件是指运输重量、体积上占有优势的物品,一般情况下可归类为特重荷载。聂敏指出特重荷载具有轴多轴重的特点,通过进行有限元分析,提出了特重荷载交通的定义,并给出特重荷载交通轴载界限公式和水泥混凝土板的合理尺寸;王选仓等通过试验验证推荐了适合不同公路等级、不同交通量的水泥混凝土路面典型结构供有关部门选用;田森等通过试验和有限元分析了解到水泥混凝土路面动荷载加大对路面的作用,起到变相增加荷载的作用;陈雨林通过现场荷载试验、有限元数值理论研究得出多轴化交通荷载使路面的动态响应在轴间产生叠加,路面板处于持续受拉状态,且轴数越多,叠加效果越明显;蒋应军等则从材料及结构上系统地提出了重载混凝土路面结构组合原则及设计方法,使得荷载应力结果更加准确;Knoflacher H 基于经验数据研究了卡车超载对道路养护成本的影响;Kilareki Walter P 使用理论模型研究了刚性路面和柔性路面上不同轴重对路面的影响;亓祥宇等经过计算得出,减少单轴载荷可改善路面受力状态;周华等建立3D路面模型,得出了重载车对水泥混凝土路面的影响;辛勤等建立有限元模型,分析得到重载作用下超载率对水泥混凝土路面板的影响,以及超载率对路面板弯沉值及应力值脱空尺寸的影响;孙吉书等指出对于部分车型来说,总重并未超重,但可能一个或者多个轴荷载超出设计的最大值,相比较对总重和尺寸加以限制,对车辆轴线荷载进行规范更为科学;杨永刚等运用 Ansys 有限元软件对单轮和温度荷载作用下新旧道面之间的黏结应力进行计算分析,研究了尺寸和厚度等因素对水泥混凝土道面修补的效果;侯海元等研究了道路混凝土细观结构损伤与抗冻性能之间的量化关系,建立了界面区参数与抗冻性间的复合多元线性模型。

现行水泥路面设计考虑了极限荷载作用,但还未完全考虑大件运输车辆的特点。根据大件运输的荷载特性,分析水泥混凝土板的应力分布,确定大件运输的轴线荷载限值,有利于对大件运输车辆荷载进行规范,防止大件运输导致水泥路面出现极限破坏。该文利用 Ansys 软件建立有限元模型,计算不同轴线组合的荷载应力,依据不同等级水泥混凝土路面的承载能力,研究大件运输车辆的轴线荷载限值,从路面承载能力的角度为大件运输车辆轴线限值提出限定标准。

2 大件运输车辆主要形式

大件运输车辆的轴线数根据货物的尺寸和重量而定,货物较宽时,车辆横向也设置多轴形式。轴型布置如图 1~图 4 所示,具体可分为以下几种情况:一线一轴,车宽通常取 2.5m 左右,轴线间距 1.2~1.8m。不同轴线间距时,单块混凝土板容纳的轴线数不同。例如:混凝土板长度为 5m,轴线间距为 1.2m 时,最多可布置 5 轴线;轴线距离为 1.3~1.6m 时,可布置 4 轴线;轴线距离为 1.7~1.8m 时,可布置 3 轴线。根据调查,一线两轴车宽 3.0m 左右。一线三轴车,车宽 5.4m 左右,因横向第三轴作用在另一块板,此种情况不予考虑,按照一线两轴考虑。一线四轴车,车宽大于 6m,左右两轴分别位于相邻板块,此种车型仅考虑作用于一块板上的两轴,因而车辆作用与一线两轴车类似,具体荷载作用效应可参考一线两轴车。下面分析轴线重量和轴线间距变化对水泥路面板层底弯拉应力的影响。

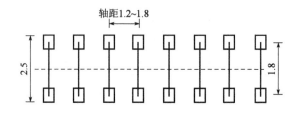

图 1 一线一轴车计算模型简图(单位:m)

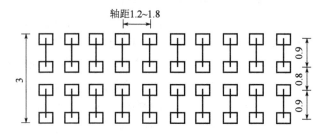

图 2 一线两轴车计算模型简图(单位:m)

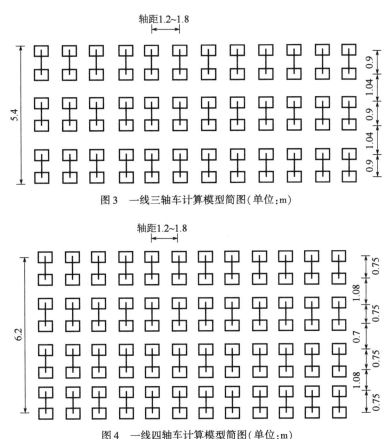

图3 一线三轴车计算模型简图(单位:m)

图4 一线四轴车计算模型简图(单位:m)

3 大件运输水泥路面有限元模型及荷载应力

3.1 典型路面结构及材料参数

根据中国水泥路面的使用情况,高速公路、一级公路以及二级公路、三级公路水泥混凝土路面结构及其厚度如图5、图6所示。高速公路、一级公路水泥混凝土板厚度为28~30cm,基层采用两层水泥稳定碎石层,厚度为36~40cm,底基层采用石灰稳定、二灰稳定或级配碎石材料,厚度为16~20cm。二级、三级公路水泥混凝土板厚度为24~26cm,基层采用一层水泥稳定碎石层,厚度为18~20cm,底基层采用石灰稳定、二灰稳定、级配碎石材料,厚度为16~20cm。该文以此为典型结构进行水泥路面受力分析。

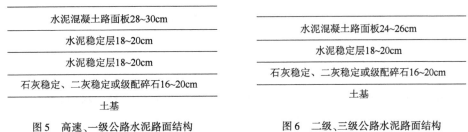

图5 高速、一级公路水泥路面结构　　图6 二级、三级公路水泥路面结构

3.2 水泥路面结构有限元模型

假定水泥混凝土面板与半刚性基层间竖向位移连续,水平方向设置为滑动状态。水泥混凝土板与基层层间接触使用弹簧单元实现,具体弹簧单元如图7所示,仅考虑弹簧的法向刚

度。水泥混凝土面层板和基层单元划分时,需要使面层底部和基层顶面设置的单元尺寸一致,且节点所在位置一致,这样可使处于同一位置的上下节点建立一个接触对,使用弹簧单元对其进行连接。接触单元设置为仅有竖向的刚度,且刚度应设置为较大值。为保证竖向位移的连续性,不设置横向接触参数。这样可实现层间的光滑状态且竖向位移连续。

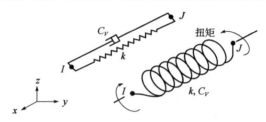

图7 弹簧单元

混凝土板与板之间的接缝处传荷能力通过设置竖向剪切弹簧实现,如图8所示。若沿混凝土块体宽度为 b 的区域上分布着一列共 n 个节点,每个节点都布置弹簧单元。下面推导弹簧弹性系数 k_s 的取值范围。为便于推导,假设块体间接缝宽度为0。若块体间剪应力为 τ,则有关系式:

$$\tau \cdot b \cdot h = n \cdot k_s \cdot \Delta \quad (1)$$

$$\Delta = \gamma \cdot h \quad (2)$$

式中:k_s——弹簧弹性系数;

Δ——接缝处两侧板体对应结点竖向位移差;

γ——相邻板间剪切应变;

h——混凝土板厚度;

b——混凝土板宽度。

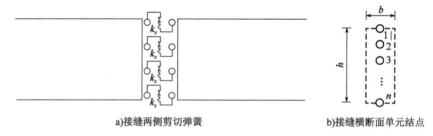

a)接缝两侧剪切弹簧 b)接缝横断面单元结点

图8 接缝传荷弹簧单元

将式(2)代入式(1)得:

$$\tau \cdot b \cdot h = n \cdot k_s \cdot \gamma \cdot h \quad (3)$$

移项得:

$$k_s = \frac{\tau}{\gamma} \cdot \frac{b}{n} = G \cdot \frac{b}{n} = \frac{e}{2(1+\mu)} \cdot \frac{b}{n} \quad (4)$$

因此,当 k_s 值达到式(4)中数值时,可认为接缝处材料与两侧混凝土材料相同,荷载作用下接缝两侧无竖向位移差。将混凝土材料参数代入式(4),k_s 值接近 $1 \times 10^8 \text{N/m}$,因此 k_s 取值区间为 $0 \sim 1 \times 10^8 \text{N/m}$,代表接缝由无传荷能力至完全传荷的状态。

通过设定不同的接缝弹簧单元弹性系数和基层顶面的综合模量,对水泥路面进行计算。在图9中单块板周围建立混凝土板,并加入接缝弹簧单元,车辆荷载加至中间板表面纵缝中间位置。以一线一轴100kN为例进行计算,接缝处变形如图10、图11所示。由图10可以看出:接缝传荷能力的大小对接缝处弯沉规律影响很大,特别是k_s从1×10^5N/m增加至1×10^7N/m区间时影响更为明显。考虑到高速和一级公路接缝处设置传力杆和拉杆,传荷能力较好,接缝弹簧弹性系数k_s取1×10^7N/m;对于二级及以下公路,接缝处传荷能力相对较弱,接缝弹簧弹性系数k_s取1×10^5N/m。

图9 有限元网格图

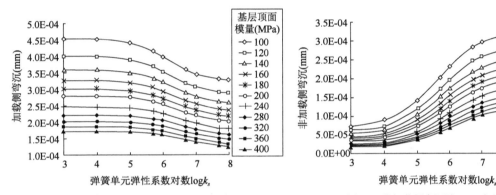

图10 加载侧弯沉随$\log k_s$变化规律　　图11 非加载侧弯沉随$\log k_s$变化规律

3.3 水泥路面板受力分析

通过有限元模型计算,考虑轴线数量、轴线间距和轴线重的变化,高速及一级公路荷载应力计算结果如图12、图13所示,二级及三级公路计算结果如图14、图15所示。由计算结果可以看出:多轴线作用下混凝土板底的弯拉应力相比于单轴线作用时呈下降趋势。这是因为相邻轴同时作用下,轴之间相互作用在纵缝中间边缘底部会产生负弯矩,降低板底拉应力。因而,该文仅分析了纵向两轴、三轴同时作用下板底最大应力,用以确认是否存在负弯矩的影响。结果表明多轴计算意义不大,最终确定单线多轴作用下的板底弯拉应力为最不利状态。

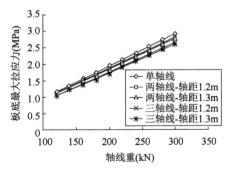 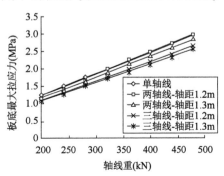

图12 一线一轴荷载板底弯拉应力(高速、一级公路)　　图13 一线两轴荷载板底弯拉应力(高速、一级公路)

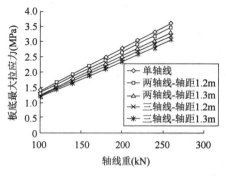
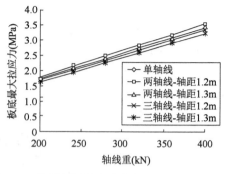

图 14　一线一轴荷载板底弯拉应力(二级、三级公路)　　图 15　一线两轴荷载板底弯拉应力(二级、三级公路)

4　水泥路面温度应力

最大温度梯度时混凝土面层板最大温度应力 $\sigma_{t,max}$ 参照现行水泥路面设计规范设计方法计算,具体如式(5):

$$\sigma_{t,max} = \frac{\alpha_e E_e h_e T_g}{2} B_L \tag{5}$$

式中:α_e——混凝土的线膨胀系数;

T_g——公路所在地 50 年一遇的最大温度梯度;

B_L——综合温度翘曲应力和内应力的温度应力系数;

E_e——水泥混凝土面层板弯拉弹性模量;

h_e——水泥混凝土面层板厚度。

最大温度应力计算结果见表 1。

典型结构最大温度应力　　表 1

公路自然区划	最大温度梯度（℃·m^{-1}）	最大温度应力(MPa)	
		高速公路、一级公路	二级公路、三级公路
Ⅱ、Ⅳ	85.5	1.427	1.629
Ⅲ	92.5	1.544	1.762
Ⅴ、Ⅵ	89.0	1.486	1.696
Ⅶ	95.5	1.594	1.820

5　水泥路面极限荷载应力反算

5.1　极限状态校核方法

大件运输车辆对水泥路面的影响以最大轴线荷载下的极限状态为原则,以在行车荷载和温度变化的综合作用下,不产生极限断裂作为设计标准。因此,以最重轴线荷载和最大温度梯度综合作用下,不产生极限断裂作为验算标准。其极限状态设计表达式为:

$$\gamma_t (\sigma_{p,max} + \sigma_{t,max}) \leq f_t \tag{6}$$

式中:$\sigma_{p,max}$——最重轴线荷载在临界荷位处产生的最大荷载应力(MPa);

$\sigma_{t,max}$——最大温度梯度在临界荷位处产生的最大温度翘曲应力(MPa);

γ_t——可靠度系数;

f_t——水泥混凝土 28d 弯拉强度标准值(MPa)。

5.2 极限荷载应力反算

5.2.1 可靠度系数取值

根据 JTG D40—2011《公路水泥混凝土路面设计规范》可查得可靠度系数。该文在进行典型结构分析时,考虑水泥路面实际应用情况,对高速公路和一级公路采用了相同的结构,二级和三级公路采用了相同的路面结构。为道路设计安全考虑,可靠度系数取值时采用保守的做法,高速公路和一级公路都采用高速公路可靠性标准,可靠度系数取 1.64,二级公路和三级公路都采用二级公路可靠性标准,可靠度系数取 1.04。

5.2.2 极限荷载应力反算

根据可靠度系数、不同自然区划的最大温度应力和弯拉强度标准值,可根据式(6)反算荷载应力最大值。水泥混凝土弯拉强度标准值高速公路、一级公路取 5.0MPa,二级、三级公路取 4.5MPa。极限荷载应力反算结果见表2。

荷载应力极限值反算结果　　　表2

自然区划	极限荷载应力(MPa)	
	高速公路、一级公路	二级公路、三级公路
Ⅱ、Ⅳ	2.541	2.425
Ⅲ	2.424	2.292
Ⅴ、Ⅵ	2.482	2.358
Ⅶ	2.374	2.234

6 大件运输轴线荷载限值确定

将荷载应力仿真结果与表3中荷载应力结果进行对比,将不超过表3中荷载应力极限值对应的最大轴线荷载作为轴线荷载的限值。以高速、一级公路的一线一轴和一线两轴为例,对最大轴线荷载求取方法进行说明。取前文图12、图13仿真结果,将表2中最大荷载应力作为水平线,与仿真数值线相交处对应的横坐标数值即最大轴线荷载值,具体方法绘于图16、图17中。其他公路等级及大件运输轴线组合情况下的轴线荷载限值求取可参照上述方法进行。具体轴线荷载限值见表3、表4。

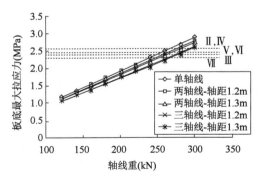

图16 一线一轴轴线荷载限值(高速、一级公路)

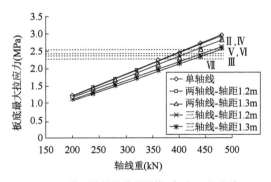

图17 一线两轴轴线荷载限值(高速、一级公路)

最大轴线荷载限值(高速、一级公路) 表3

公路等级		最大轴线荷载(kN)			
		Ⅱ、Ⅳ	Ⅲ	Ⅴ、Ⅵ	Ⅶ
高速公路 一级公路	一线一轴	260	250	260	240
	一线两轴	410	390	400	380
	一线三轴	615	585	600	570
	一线四轴	820	780	800	760

最大轴线荷载限值(二级、三级公路) 表4

公路等级		最大轴线荷载(kN)			
		Ⅱ、Ⅳ	Ⅲ	Ⅴ、Ⅵ	Ⅶ
二级公路 三级公路	一线一轴	180	170	175	160
	一线两轴	280	260	270	250
	一线三轴	420	390	405	375
	一线四轴	560	520	540	500

7 结语

大件运输车辆整车重量大、体积大,具有多线多轴荷载形式,行驶于水泥路面时可能超过路面板的极限承载能力导致断板发生。该文从水泥路面承载能力的角度,研究了大件运输车辆的轴线荷载限值,得到主要结论如下:

(1)混凝土路面板块间的传荷能力对接缝处弯沉和受力有较大影响,仿真计算时接缝单位长度内剪切弹簧弹性系数可取值区间为 $0 \sim 1 \times 10^8 \text{N/m}$,对于设置传力杆和拉杆的接缝可取 $1 \times 10^7 \sim 1 \times 10^8 \text{N/m}$。

(2)大件运输车辆纵向的轴线数量、横向轴数和轴线重量的变化都对混凝土路面板底拉应力产生一定的影响。纵向轴线的增加对板底应力产生负弯矩作用,可仅考虑单轴线。横向多轴时会产生明显的应力叠加作用,根据车辆宽度和板宽的关系,仿真计算时应至少考虑一线两轴荷载。轴重对板底影响最显著,板底应力随轴线重量增加而线性增加。

(3)依据水泥路面现行设计规范的极限状态反算板底最大弯拉应力,以大件运输车辆产生的板底弯拉应力不大于板底弯拉应力极限值为判断方法,确定得到不同轴线形式车辆的轴线荷载限值。实际应用时可根据大件运输车辆轴线类型、货物重量和所经路段水泥路面结构等,综合判断轴线荷载是否处于限值以内,防止轴线荷载过大导致水泥路面损坏。

参 考 文 献

[1] 聂敏.特重荷载交通作用下重型水泥混凝土路面结构研究[D].武汉:武汉理工大学,2011.
[2] 王选仓,王新岐,李春平,等.重载水泥混凝土路面研究[J].中国公路学报,1999(1):16-22.
[3] 杨三强,武文秀,刘娜,等.特重荷载下水泥混凝土路面承载能力有限元仿真分析[J].河北大学学报(自然科学版),2017,37(6):561-566.
[4] 田淼.重载车辆作用下普通水泥混凝土路面破坏机理研究[D].济南:山东交通学院,2019.
[5] 郑仲浪,吕彭民.多轴大货车对路面的动作用力研究[J].郑州大学学报(工学版),2009,30(4):44-47.

掺橡胶颗粒透水混凝土性能研究

裴福才 李 强

（山东省路桥集团有限公司,山东济南250014）

摘 要：选用三种粒径目数分别为10、30、80的橡胶颗粒,其掺量分别以水泥用量的5%、10%以及等体积替代细集料粒径为2.35~4.75mm的15%为添加标准,展开了橡胶颗粒对透水混凝土透水性、力学性能及耐久性能的影响研究。得到以下结论：橡胶颗粒粒径对透水混凝土的透水性及抗压强度起到促进作用,随着粒径增加,空隙率及抗压强度逐渐增大,而抗冻融性则呈现出随着橡胶颗粒粒径的增大而逐渐降低的规律,橡胶颗粒目数为80时,透水混凝土性能最优。随着橡胶颗粒掺量的增多,相同条件下透水混凝土的抗塑性变形能力均逐渐提高,抗压强度均逐渐降低,但空隙率随10目橡胶颗粒掺量的增加而逐步提升,其余粒径橡胶颗粒则随掺量增加而逐渐减小；掺橡胶颗粒的透水混凝土抗冻融性能明显优于普通透水混凝土,10%掺量的橡胶颗粒透水混凝土抗冻融性能最好,且掺加较细的80目橡胶颗粒效果最优。

关键词：橡胶颗粒 透水混凝土 透水性能 抗压强度 抗冻融性 变形能力

1 引言

随着海绵城市的蓬勃发展,透水混凝土因具有透水、透气等优异性能而备受关注,其不仅可以缓解城市道路内涝,补充地下水分,还起到调节城市温度以及湿度的作用,可有效缓解城市热岛效应。因此,对透水混凝土性能的研究具有极其重要的现实意义。

为了改善其性能,加入各种掺加料一直是重要的方法,如加入硅粉、外加剂、纤维等。本文主要展开了橡胶颗粒对透水混凝土性能影响的研究。

刘秋美研究表明橡胶颗粒在提高混凝土弹性模量的同时会降低混凝土的强度以及透水性。Ganjian研究表明随着橡胶颗粒掺量增加,混凝土抗拉压强度呈现先增加后降低的规律。类似试验,陈永锋得出结论：橡胶颗粒的掺入使透水混凝土的强度大幅度降低,但其柔韧性得到提升,对于透水混凝土透水性影响较为不明显。张登祥的试验研究表明橡胶颗粒的掺量较为显著地影响透水混凝土的耐磨耗性能,其耐磨性与自身力学性能没有明显的联系。毛阿妮试验研究了橡胶颗粒的掺量与粒径对透水混凝土耐磨耗性能以及抗冻融性能的影响,结果表明：橡胶掺为3%时效果最好。解伟等试验发现透水混凝土的透水性能和力学性能随橡胶颗粒掺量的增加均逐渐降低。范程程展开了对橡胶再生透水混凝土的研究,研究表明橡胶颗粒的掺入降低了透水混凝土的力学性能,但其可明显提高透水混凝土的韧性。杨春风研究表明较细橡胶颗粒能够提高了混凝土的强度。秦金洲等研究了不同因素对透水混凝土的性能的影响,结果表明橡胶颗粒细度影响对抗压强度及透水系数最为显著,其次为锤击次数、SR增强剂掺量。JianYang等采用三组单种大小的橡胶颗粒样品(3mm、0.5mm和0.3mm)和一组连续尺寸分级的样品来代替20%的天然细集料,研究发现与单一尺寸的橡胶颗粒相比,具有连续分级的橡胶混合物具有更好的水渗透性。

Zhang等发现橡胶颗粒的柔软特性有利于减少水泥砂浆的干收缩,还可大大提高混凝土的耐冻性。TrilokGupta将橡胶聚合物加入混凝土,提高了在酸腐蚀下对质量损失的抵抗力。为了更好地提高橡胶颗粒透水混凝土的性能,不少研究人员将橡胶进行化学处理改善。周游将废旧橡胶用NaOH溶液和氧化-尿素加工改性,发现其与水泥浆有更好的黏结作用,界面裂缝缩小明显。陈永锋发现使用硅烷偶联剂对废旧橡胶颗粒进行改性处理能够极大地改善橡胶透水混凝土的强度性能。Pelisser发现将橡胶经氢氧化钠处理后再加入硅粉有助于混凝土强度的恢复。Khern同时用氢氧化钠和次氯酸钙溶液对废弃轮胎橡胶进行处理,混凝土强度显著增大。

由此可知,以往文献研究了掺入橡胶及橡胶混合物对透水混凝土各种性能的影响,但在橡胶颗粒粒径及掺量对透水混凝土力学性能影响方面的研究还不系统,而橡胶粒径及掺量是橡胶掺入的重要参数。因而,本文选用10目、30目和80目三种橡胶粒径,系统性研究橡胶粒径及掺量对透水混凝土透水性、强度及抗冻融能力的影响。

2 掺橡胶颗粒透水混凝土试件制备

2.1 试验的原材料

试验所用水泥为P.O42.5硅酸盐水泥,产地为山水水泥集团有限公司。粗集料为临沂产玄武岩碎石,集料粒径梯度分别为2.36~4.75mm、4.75~9.5mm、9.5~13.2mm。橡胶颗粒为青岛某橡胶有限公司生产,如图1所示,橡胶颗粒密度为1.12g/cm³,吸水率小于10%。

图1 三种橡胶颗粒

2.2 透水混凝土组成材料用量

依据实际施工经验,水灰比通常控制在0.25~0.4,本次试验水灰比取0.3。为确保透排水功能,目标空隙率设定为18%。集料粒径采用2.35~4.75mm、4.75~9.5mm、9.5~13.2mm三个梯度,用量比例为2∶7∶10。试验首先确定集料间隙率,进而依据目标空隙率,采用体积法确定水泥及水用量。掺入橡胶颗粒时,以水泥质量的比例确定,取代同体积2.35~4.75mm集料,各组成部分质量配合比见表1。

透水混凝土各材料用量 表1

试块分类	橡胶含量	用水量（kg/m³）	水泥用量（kg/m³）	集料用量（kg/m³）	橡胶用量（kg/m³）
基准		99.59	331.95	1676.38	0
10目	5%	99.59	331.95	1635.87	16.60
	10%	99.59	331.95	1595.36	33.20
	15%	99.59	331.95	1554.85	49.80
20目	5%	99.59	331.95	1630.10	16.60
	10%	99.59	331.95	1583.81	33.20
	15%	99.59	331.95	1537.52	49.80
30目	5%	99.59	331.95	1625.40	16.60
	10%	99.59	331.95	1574.42	33.20
	15%	99.59	331.95	1523.44	49.80

2.3 试件制备方法

试块尺寸为100mm×100mm×100mm。为了使混合料充分混合,采用二次投料法,首先按配比称出各材料,后将集料与水(三分之一)倒入搅拌机混合,搅拌30s后倒入水泥、橡胶颗粒等材料,搅拌60s后将剩余的水加入搅拌机中,再搅拌60s后停止。为了使混合料的集料充分嵌锁,装料后对试件进行击实成型,保证材料处于紧密堆积状态。将密实后试件在标准养护条件下养护,24h后脱模,标准养护条件7d、28d后进行相关试验测试(图2、图3)。

图2 掺橡胶透水混凝土拌合料

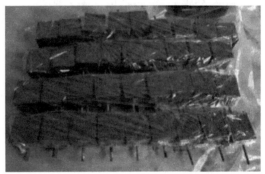

图3 成型试块

3 橡胶颗粒透水混凝土的透水性能

对养护28d的试件进行空隙率和渗水能力测试,其中渗水测试采用无压力渗水仪,如图4所示,模拟自然降雨条件下试件的渗水能力,测试结果如图5所示。

由图5可以发现,橡胶颗粒粒径对透水混凝土的空隙率有较大影响,掺量一定时,随着颗粒粒径增加,连通空隙率增大,透水速率提高。橡胶颗粒目数为10时,连通空隙率随着掺量的增加而显著

图4 无压力渗水仪

增大,而橡胶颗粒目数为30及80时,连通空隙率随橡胶掺量的增大而显著减小。由此可知,较大粒径的橡胶颗粒不利于透水混凝土试件密实成型,其富有弹性的性质对成型功起到缓冲耗散作用,影响集料的嵌锁密实。较小粒径的橡胶颗粒可起到集料间空隙填充作用,降低空隙率。试块的渗水能力与连通空隙率变化规律基本保持一致,对于掺加10目橡胶颗粒试件,掺量由0%增加到10%时,渗水速率由7.75mm/s增加至8.23mm/s,增幅为6.2%。对80目橡胶颗粒试件,掺量由0增加到10%时,渗水速率降低了8.77%。

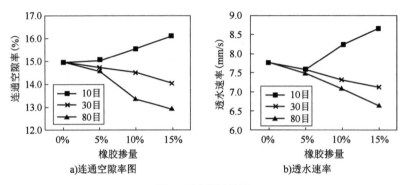

图5 透水测试结果

4 橡胶颗粒透水混凝土的力学性能

4.1 掺橡胶颗粒透水混凝土抗压强度

以7d和28d的透水混凝土试块抗压强度为评价指标,分析橡胶颗粒粒径以及掺量对透水混凝土性能的影响,试验结果如图6所示。

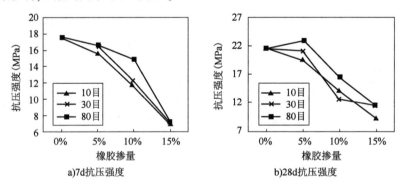

图6 7d、28d抗压强度试验结果

由图6结果可知,透水混凝土试块抗压强度整体随着掺量增加呈现逐渐降低的规律,且随着掺量的增加,试块抗压强度下降幅度不断提升。7d抗压强度下降相比28d抗压强度下降较为明显,如橡胶颗粒粒径为30目,掺量分别为10%、15%时,相比于普通透水混凝土试件7d抗压强度分别下降5.4MPa和10.5MPa,28d抗压强度分别下降8.9MPa和10.2MPa。橡胶颗粒粒径对透水混凝土抗压强度也有一定的影响,相同条件下,随着粒径增大,透水混凝土强度越高,如掺量为10%时,28d橡胶颗粒为80目的混凝土试块抗压强度为16.5MPa,橡胶颗粒粒径为10目的混凝土块抗压强度为14.04MPa,提高了14.9%。

需要说明的是,对于掺加80目橡胶颗粒的透水混凝土试块,掺量5%时7d抗压强度较对于未掺橡胶颗粒试件变化不大,而28d抗压强度却有一定程度提升。随着橡胶颗粒掺量的继续增加,透水混凝土抗压强度会出现快速下降。分析其原因:适量的细橡胶颗粒能够密实透水混凝土粗集料间的空隙,增大了粗集料间的黏结面积,进而提升了透水混凝土的抗压强度。但是,由于橡胶颗粒刚度低,且与水泥的结合能力差,在橡胶颗粒含量较大时,大量水泥浆裹覆在橡胶颗粒表面,造成集料周围的水泥浆包裹厚度降低,致使透水混凝土抗压强度降低。

4.2 掺橡胶颗粒透水混凝土变形能力

橡胶颗粒具有变形能力优异等优点,将橡胶颗粒加入透水混凝土中,会提升透水混凝土的变形能力,如图7所示,试块破坏形态表现出明显的塑性特征。由上述试验可知,透水混凝土橡胶颗粒粒径为掺加80目时,强度最高,考虑到透水混凝土的使用场合多为非机动车道、广场和停车场等场合,作用荷载不大,此时变形能力对透水混凝土开裂能力有重要影响,因而,选取养护7d的80目橡胶颗粒试件,研究荷载作用过程中透水混凝土的变形能力,结果如图8所示。

a)未掺橡胶颗粒破坏形态

b)掺橡胶颗粒的破坏形态

图7 透水混凝土的破坏

由图8结果可知,随着80目橡胶颗粒掺量增加,最大荷载时的变形值逐渐增大,且荷载-位移曲线形状有显著差异。当橡胶颗粒掺量较低,如5%时,荷载-变形曲线与未掺加橡胶颗粒相似,两者的主要区别在加载初期,掺橡胶颗粒试件初始位移增加较快,但荷载值增加相对较慢,随着荷载继续增加,荷载变形曲线的斜率与未加橡胶试件比较接近,因此少量掺入橡胶颗粒可适当增加透水混凝土的抗变形能力,但对弹性模量及抗压强度的影响不明显。随着橡胶颗粒掺量增加,抗压强度显著降低,同时最大荷载对应的变形值显著增大,如10%橡胶掺量的混凝土强度降低了2.9MPa,相应的最大变形增加了0.9mm。

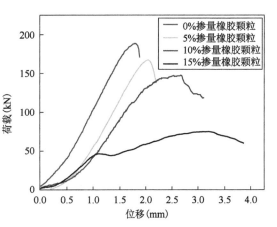

图8 掺80目橡胶颗粒荷载-位移曲线

由此可见,橡胶颗粒的加入可提升透水混凝土韧性,进而提升其变形能力。橡胶颗粒相对于集料和硬化水泥浆体来说模量较低,但其具有高弹性特点,变形恢复能力强。橡胶颗粒加入透水混凝土中,被水泥浆体包裹形成水泥胶浆,当橡胶颗粒较少时,橡胶颗粒间距离较远,水泥胶浆的性质主要由水泥硬化产物性质决定,而当橡胶颗粒较多时,橡胶颗粒间逐渐形成骨架,水泥胶浆的性质将明显受到橡胶颗粒性质的影响。因而,橡胶颗粒的掺量应有合理的范围,该范围与橡胶颗粒粒径有关,本文中80目橡胶颗粒掺入5%时对透水混凝土强度和变形比较有利。后续应进一步研究更细的橡胶颗粒如何影响透水混凝土性能,以确定不同颗粒粒径橡胶颗粒对应的合理掺量。

4.3 掺橡胶颗粒透水混凝土抗冻性

对掺入橡胶颗粒的试件进行不同冻融循环次数试验,比较橡胶颗粒粒径和掺量对透水混凝土抗冻性能影响。冻融试验前首先测试各组试件的初始抗压强度,以不同冻融循环次数后的抗压强度与初始强度的比值作为强度比,作为抗冻融能力的评价指标。考虑到透水混凝土空隙率大,空隙被水填满的情况较少,因而冻融试验时先浸水24h,然后取出放置10min使部分水自由流出,然后进行冻融试验,此时试件处于部分饱水状态(图9),相关结果如图10所示。

图9 冻融循环试块

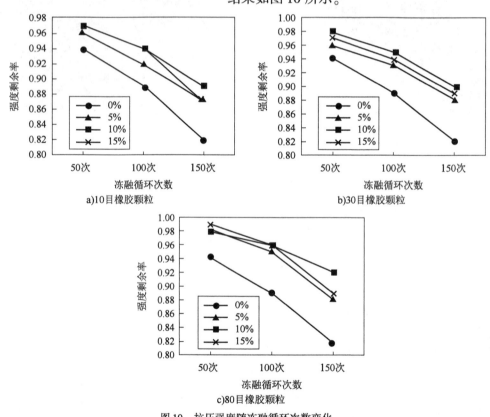

图10 抗压强度随冻融循环次数变化

由图10可以看出,橡胶颗粒对透水混凝土的抗冻性有明显的改善作用。橡胶颗粒粒径对冻融强度剩余率影响规律类似,都表现为强度随冻融次数增加而降低。从橡胶颗粒掺量角度来看,10%的掺量对改善冻融强度最有利,其次为15%和5%的掺量,但橡胶颗粒从掺量5%增加至15%过程中强度剩余率变化不大。例如,透水混凝土橡胶颗粒粒径为80目时,150次冻融循环后,普通混凝土的强度剩余率为0.82,掺量为5%、10%和15%的混凝土强度剩余率分别为 0.88、0.92 和 0.89。由此可见,从抗冻性角度来看,橡胶颗粒掺加量控制在 10% 比较有利,过多的掺量将不利。

透水混凝土中宏观空隙较多,冻融过程中可消耗一部分水分体积膨胀造成的压力,但水泥硬化浆体本身及其与集料之间界面过渡区也会产生冻融微细观损伤,加入橡胶颗粒后,水泥浆体内微小空隙及浆体间的封闭空隙中水分结冰膨胀力会由橡胶颗粒的弹性变形承担一部分,从而减少浆体及界面的损坏。当橡胶颗粒太多时,水泥浆体对橡胶颗粒的包裹厚度较小,两者的界面黏结作用变弱,冻融作用下易在水泥浆-橡胶颗粒两项材料界面产生损害,造成透水混凝土整体抗冻融能力降低。

5 结语

以不同粒径和掺量橡胶颗粒等体积取代透水混凝土中细集料,进行了体积参数和力学性能测试,还研究了其耐久性和透水性。得出以下主要结论:

(1)橡胶颗粒粒径和掺量对透水混凝土的空隙率和渗水能力都有明显的影响。对于粒径相对较小的 30 目和 80 目橡胶颗粒,随着掺量的增加,透水混凝土连通空隙率显著较低,渗水能力也降低。对于粒径较大的 10 目橡胶颗粒,随着掺量的增加,透水混凝土试件不易密实成型,连通空隙率呈增大趋势。

(2)掺入橡胶颗粒会导致透水混凝土抗压强度降低,掺量越大抗压强度越低越多,相同掺量下粒径较小的 80 目橡胶颗粒透水混凝土强度较高。加入橡胶颗粒后透水混凝土抗变形能力显著提高。综合抗压强度和变形能力两方面,橡胶颗粒替代细集料 5%~10% 较为合理,此时透水混凝土抗变形能力提高了 30%~50%。

(3)透水混凝土随着冻融次数增加,抗压强度逐渐降低,变化幅度较为显著,一定量的橡胶颗粒可以提高透水混凝土的抗冻融能力。冻融环境下,从透水混凝土强度和强度衰减速率两方面考虑,应添加较细的 80 目橡胶颗粒,掺加量应控制在 10% 左右。后续应进一步研究更细橡胶颗粒的合理掺量及其与水泥浆体的相互作用机理。

参 考 文 献

[1] 邹容,周卫军,李轩宇,等.城市热岛效应的产生及研究方法[J].农村经济与科技,2007(3):113-114.
[2] 焦楚杰,张传镁,张文华.橡胶混凝土研究进展[J].重庆建筑大学学报,2008(2):11-20.
[3] Pieter J. H. van Beukering, Marco A. Janssen. Trade and recycling of used tyres in Western and Eastern Europe[J]. Resources, Conservation & Recycling, 2001(4):235-265.
[4] Yi Fang, Maosheng Zhan, Ying Wang. The status of recycling of waste rubber[J]. Materials and Design, 2000(2):123-128.
[5] 张承志.建筑混凝土[M].北京:化学工业出版社,2007.

浅析公路绿化生态恢复与绿化养护技术

苏本凯

(山东鸿林工程技术有限公司,山东济南 250013)

摘 要:高速公路的绿化和美化是高速公路建设的一个主要工作,也是高速公路建设的一个主要方面。高速公路的绿化美化工作是一个备受社会瞩目的工作,它是一个区域的文明形象,当人们的生活水平不断提高时,传统的简单的栽植方式已不能满足人们的需要。高速公路的绿化工作,若不加以科学规划,将在某种意义上大大削弱其生态效应,并使其产生较高的维护费用。本文深刻地剖析了高速公路绿化过程中所存在的问题,并对这些问题进行了探讨,以期能够促进高速公路绿化施工技术的迅速发展。

关键词:公路绿化 维护管理 总体规划 生态环境

1 公路绿化范围

道路绿化工作既包含中心分隔带绿化,也包含保护带和边坡的绿化,它们之间可以相互融合,形成一个有机整体。在整个中央分隔带绿化工作中,要采取草树与乔树相结合的方法,根据景观的要求,在视觉上进行更为科学的布局。在中央分隔带的安装中主要有两种方式,一是整体式,二是局部式。在安装绿化时,要注意对前照灯的遮挡,另外,在拐道处也要专门安装,以避免对行人的视线造成阻碍。在植物的选取上,大部分会选用较为稠密的树木,并对植物的高度进行适当的选取,以达到一定的要求。在整个防护带绿化工作中,要选取最优的栽植方式和栽植技术。另外,要选取抗风能力较强的树木,将乔木、灌木结合起来栽植,以达到一定的隔音效果。

2 公路绿化作用

2.1 视线诱导功能

对于驾驶员和其他的行人而言,高速公路绿地的设置并不仅仅是为了让他们感受到一种美感,更主要的是可以提醒他们高速公路线路的改变,从而让行车更加安全。

2.2 缓冲功能

灌木与乔木的结合可以让道路变得更简单,让驾驶员在行车时不会受到过多的影响,这样也可以减少事故的发生,保障驾驶员的安全。

2.3 防眩光功能

晚上开车的时候,驾驶员的视野会有很大的局限性,而且各类灯光也会让驾驶员产生视觉上的错觉,这对驾驶员来说是一种很大的威胁。利用灌丛和乔木,可以对视野进行增强,从而保证驾驶员在夜晚行车的安全。

2.4 遮蔽功能

高速公路绿地系统的布置,可以有效地遮挡影响交通的不利因素,不仅可以提高高速公路的风景质量,还可以保证驾驶员的交通安全。高速公路绿化能对刺眼的建筑物、广告、垃圾焚烧厂等起到很好的遮蔽作用。

3 公路绿化植物品种的选择

3.1 土质良好的沥青混凝土路面

土质良好的沥青混凝土路面可以选择油松、垂柳、国槐等,一年四季都是绿色的,观赏价值很高。对于砂石路面的路段,也可以选用云杉等针叶树种,其适应性更好,抗尘性更好,而且外形更好看。在栽植时要注意选择合适的距离,丰富树种的种类,这在某种意义上可以减少投资,也能创造出更为美丽的景观效果。在选择植株的时候,可以选择具有较强抗旱性的植株,或者选择花期长、颜色鲜艳的植物。

3.2 土质比较贫瘠的公路

土质比较贫瘠的公路可以挑选耐旱性好的树种,但一次最多只能种植一棵,不然外面的树种存活率会很低,而且看起来也不美观。在某些通过村子的路段上,还可以设置绿栅等与之有关的美化设施,这样不仅可以将道路分割开来,还可以达到很好的绿化美化效果。

3.3 盐碱区域

盐碱区域可以选用耐盐碱、耐水湿的浅根性树种,以利于植株的生长,从而达到改良土壤的目的。在风沙较大的地方,可以种植柠条、沙棘、黄柳等,它们的生存能力更强,抗旱性也更强。对于某些不适宜种植植被的路段,可以播种一些天然的花籽、草籽,这样做不会形成一大片的植被,但也可以作为一种装饰。

4 公路绿化科学栽植

4.1 起运苗木

在选择幼苗的时候,由于松柏的幼苗一般都很大,所以很难运送,所以在运送的时候,必须缠绕住树根。乔木品种的幼苗育苗3d后出圃,出圃后立即进行假植。所谓的假植,就是把幼苗放进水里,一般要泡2~3d,这样幼苗就可以吸收到足够的水,从而增加幼苗的存活率。在运送幼苗时,需要用一些别的东西来覆盖,如草帘、草席等,这些都可以起到遮蔽阳光的作用,起到一定的防护作用。

4.2 浇灌扶正

幼苗在种植完毕以后,要进行灌溉,但要控制在一个合适的量,因为在灌溉以后,幼苗会发生倾斜。所以,在对幼苗进行划线和扶正时,要严格遵守有关规范。建造一个土丘,该土丘较为湿润,要想减少土壤中的水分,就必须在树洞上覆盖一层薄膜。将花卉栽植到柏油水泥路两侧,应选用自然降水,保证苗木被挖出后存活,花卉依靠路面排水即可保持正常成长。

4.3 后期管理要做好

若遇上连续的干旱,则应适时地对苗木花卉进行灌溉,并定时清除高速公路上的植被,对土壤较为贫瘠的路段,应不断施肥。在道路绿化植被的成长过程中,要对其进行及时的养护,从而有效地提升植被的成长效率,并要对那些枯黄、扭曲的枝条进行及时修剪,还要注意观察植被病害,一旦发现问题,要立即采取措施加以解决,并定期对树木进行石灰浆的涂刷,以避免细菌引起的腐烂。

5 公路绿化施工及养护管理

5.1 公路绿化施工技术

对土地进行清理,对绿色植物区内的垃圾进行清理,建立一个更规范的绿色植物区,对所要种植的植物进行清理。按照设计图纸进行放线定位,保证图纸中的数量设置点与现场施工的位置相对应,并结合现场的施工环境和实际需要,对某些紧急情况进行有效的处置。在解决问题时,应征得监理工程师的许可,对高速公路的绿化树种进行优化与调整。针对不适宜栽培的土壤,要及时换土,播种后要定时施肥,为植株提供一个更好、更稳固的生长环境。在进行脱苗的时候,要保证幼苗的土壤质量,幼苗的尺寸要均匀,要定时进行幼苗的修剪,对于有病害的枝条要及时去除。在进行修剪时,要保证植株整体的形状,在中心的主干苗上要保留顶芽。育苗在播种后可以保持竖向生长,若主干不显著,则需将其他的枝条截干栽种,并将某些多余的枝条进行修剪,以保证植株主干的生长。在播种的时候,要保证播种的完整性和土壤的完整性。在种植常绿树种时,可以适量加入生根粉,从而进一步提升幼苗的总体存活率,使愈伤组织快速形成。在植株种植完毕后,要进行灌溉,要保证灌溉透彻,要按照气候变化来实施灌溉工作,在灌溉工作结束后,要对有歪斜问题的苗木及时挂线扶正。

5.2 公路绿化养护管理

春天要对高速公路的绿化植株进行维护,幼苗上的抗寒物要拆除,但也要注意时机,如果抗寒物被拆除得太早,也会对植株的正常成长造成一定的影响,所以可以采用一种过渡的方法,逐渐拆除抗寒物。在对植株进行灌溉、施肥时,要适当升高表层温度,添加有机肥。进行灌溉、施肥,在一定程度上可以增强植株的抗病性,加速植株的发芽。在夏天,对于植株要进行适时的修剪,同时要注意水分和肥料的供应。对于不同的植株,可以根据不同的情况来进行相应的修剪。加强对害虫的预防和控制,对园林植物的生长有很大的作用。公共部门要关注所用的药物对行人及环境的影响。目前,生物防治的应用较为普遍,在预防疾病害虫方面获得了很好的成效,对生态环境的影响也相对较小。在秋冬天,可以用冰冻的水来养护。在某种意义上,它可以给植株表层根部补充足够的水分,有助于植株顺利度过冬天,并为来年的正常生长奠定坚实的基础。浇冻水要根据地区的天气情况,不宜太早也不宜太迟,要适当掌握浇水的频率。春天要做好给植株的施肥工作,使植株可以更快地生长,平安过冬。在进行养护工作的时候,若处在冬天,则要注意大气对流和高速行驶,在这种特殊的季节,不管是气候还是行驶,都会对幼苗产生不同程度的影响。在这一时期,幼苗的水耗速度相对加快,植株已经没有了较强的耐寒和耐冻能力,因此,工作人员必须做好防冻和保温工作。例如,雪松的生存环境会受到很大的影响,所以可以建造一道防风屏障,保证它们在冬天的时候安然无恙。在继续进行培土工作的时候,要对其进行浇水作业,以减少水分的蒸发,并对植株的根部进行保护,在绿化带上覆地膜。

5.3 公路绿化草坪养护

春天要注意给草地浇水,同时要注意施肥,对枯草进行合理的清理,去掉腐烂的草木,加入复合肥,促进草的根系萌发及重新生长。夏天的时候,草坪的修剪间隔一般是15d,修剪完后要喷上农药,有必要的话要做好灌根的准备工作。在气温较高的时候,由于温度较高,草坪会进入休眠期,这个时候草坪的维护很困难,必须经常清除枯草。当杂草数量过多时,就会对草地造成不同程度的损害,从而导致草地的清洁度下降。秋天降雨量多,草地上也会有一些病菌滋生,要注意及时处理。

6 结语

在整个实施的过程中,高速公路的绿化工作是相当复杂的,必须有系统地进行计划和设计。在高速公路的绿化工作中,如果只是单纯地设置分隔带和行车遮挡带还远远不够,还必须使其与整个高速公路的总体构成一个系统,以保证高速公路的绿化工作可以与整个高速公路的总体相协调。高速公路绿化工作不仅要与周围相协调,而且要符合居民的生活环境需要,对高速公路进行更合理的规划,从而降低高速公路对环境的冲击,在一定程度上为驾驶员起到视觉引导的作用,降低在高速公路行驶过程中的紧张感和压抑感,为人们提供更美好、更舒适的行车环境。高速公路的绿化工作,既可以为人们提供一个更为安全的行驶环境,又可以对高速公路进行保护和修复,让人们的工作空间变得更有生气。

参 考 文 献

[1] 张学智.高速公路绿化养护工程施工要点研究[J].交通世界,2023(12):18-20.
[2] 沈亚奇.生物多样性在公路绿化养护中的应用[J].大众标准化,2022(24):113-115.
[3] 张振华.精细化管理视角下的高速公路绿化养护技术[J].交通世界,2022(Z1):17-18.
[4] 赵亮.高速公路绿化养护施工中的智能喷灌技术[J].交通世界,2021(34):145-146.
[5] 梅晓峰.高速公路绿化养护管理模式和管养技术分析[J].中国公路,2021(11):134-135.

京台高速公路改扩建中大体积高强混凝土配合比设计方法

郭永智

(山东省交通科学研究院,山东济南250031)

摘 要:京台高速公路改扩建德齐段的减河桥、徒骇河大桥等桥梁采用C55大体积混凝土,有张拉要求,常规做法易产生温度裂缝,采用基于温度反馈的大体积高强混凝土配合比设计方法优化配合比,有效降低了混凝土温升,减少了温度裂缝,提升结构耐久性,低碳环保,同时降低了成本。

关键词:大体积高强混凝土　温度匹配养护　温度裂缝

1 前言

京台高速公路改扩建德齐段的减河桥(86m+142m+86m)和徒骇河大桥(70m+130m+70m)均为波形钢腹板连续梁,梁体为单箱双室、变高度、变截面结构,腹板采用波形钢腹板,其余部分为混凝土结构,0号块施工工艺采用支架现浇。墩顶0号块节段长度11.6m,墩顶实心段长3.6m,中心线处梁段高度8.2m,混凝土强度等级55MPa,单次浇筑800m³,有预应力张拉要求。

混凝土强度高、有早期强度要求,常规做法是提高水泥用量、降低水灰比。但这种做法会造成混凝土水化热高,混凝土内外温差大,造成温度裂缝。温度裂缝一般贯穿构件,加速氯离子的侵入,导致钢筋过早地开始锈蚀,缩短钢筋混凝土构件的服役年限。为预防温度裂缝需降低水化热,采取大掺量矿物掺合料的技术路线,但随之而来的是混凝土试块早期强度低,难以达到张拉强度要求。

混凝土配合比设计是指以适当比例的水泥、水、粗细集料、外加剂和矿物掺合料配合以获得符合工程要求和合乎规范的混凝土。混凝土配合比设计的有两个目的,一个是要获得符合性能要求的混凝土,另一个是在尽可能低的成本下获得满足性能要求的混凝土。混凝土配合比优化设计的目的是得到性能更优、造价更低的混凝土。混凝土配合比设计的任务是确定满足设计性能要求的、经济的混凝土中各组成材料数量之间的比例关系。因此混凝土配合比设计是一个能够使相互抵触的因素相互平衡的技术。

杨海成、阎培渝、孙家瑛等分别研究了不同养护温度下混凝土强度的发展、机制砂混凝土强度及水泥石孔结构特征。郭永智等提出一种基于温度反馈的大体积高强混凝土配合比及设计方法,基于该方法进行配合比设计、验收,降低了水化热,减少了温度裂缝,混凝土5d达到张拉强度,提升结构耐久性、低碳环保、同时成本降低。

综上所述,为确保特大断面隧道高性能大体积高强度混凝土施工质量,首先要做好混凝土配合比原材的优选,其次应做好配合比设计,最后还需做好现场施工温度控制,避免由于温度应力而引起混凝土开裂。在工程实际施工中,做好特大断面隧道高性能大体积高强度混凝土配合比设计及现场温控技术相关研究,可为特大隧道高性能大体积高强度混凝土施工积累宝贵的施工经验,对类似工程具有借鉴意义。

2 混凝土配合比优化

2.1 实测结构物混凝土温度

前期采用常规配合比设计路线设计混凝土,2020年11月6日,实测零号块浇筑混凝土内部温度曲线,如图1所示。

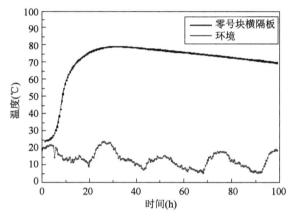

图1 零号块横隔板处混凝土温度

混凝土入模温度24℃,内部温度33h达到峰值79.5℃,最大升温速率达到8℃/h,温升55.1℃。由此可见,亟须优化混凝土配合比,降低结构物内部温升。

2.2 试验原材料

水泥采用万华公司生产的P.O 52.5级水泥,密度为$3.11g/cm^3$,比表面积为$353cm^2/g$,抗压强度3d为8.4MPa,28d为54.2MPa。粉煤灰(FA)为华能电力的I级粉煤灰,密度为$2.28g/cm^3$,细度(45微米筛余)为5.3%,烧失量4.53%,需水量比91%。矿渣粉为济南鲁新公司生产的S95级,其密度为$2.92g/cm^3$,比表面积为$424cm^2/g$,活性指数3d为84%,28d为103%。细集料选用河砂,表观密度为$2660kg/m^3$,堆积密度为$1520kg/m^3$,细度模数为2.9。粗集料含泥量为0.7%,表观密度为$2730kg/m^3$,堆积密度为$1380kg/m^3$,5~20mm连续级配,针片状颗粒含量为7.3%。

2.3 优选水泥

选取相同型号(P.O 52.5及P.O 42.5)但品牌不同或相同品牌厂址不同的水泥进行绝热温升试验[文中混凝土绝热温升试验,依据《水工混凝土试验规程》(SL 352—2020),设备采用NELD-TV810型混凝土绝热温升试验箱,下同]试验配比见表1,结果如图2、图3所示。

绝热温升用对比混凝土配合比   表1

项目	水泥	粉煤灰	矿粉	砂	5~10石	10~20石	水	减水剂
J	480	0	0	785	230	785	168	适量

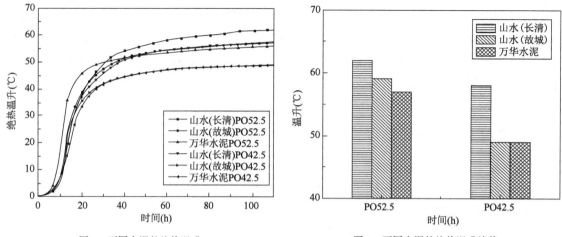

图2 不同水泥的绝热温升　　　　　　图3 不同水泥的绝热温升峰值

由试验结果可见不同品牌甚至不同厂址水泥的水化温峰相差很大,水化放热速率也有较大区别。其中,山水(长清)的水化放热最大,万华水泥的放热小,故选择万华PO 52.5进行对比试验及现场应用。

2.4 不同胶凝材料组成配合比对比

优化混凝土的胶凝材料组成,对比两组配合比JTA和JTB绝热温升及其他性能指标,配合比见表2,结果如图4所示。

不同胶凝材料组成混凝土配合比　　表2

项目	水泥	粉煤灰	矿粉	砂	5~10石	10~20石	水	减水剂
JTA	495	0	0	785	230	785	160	适量
JTB	192	96	192	785	230	785	168	适量

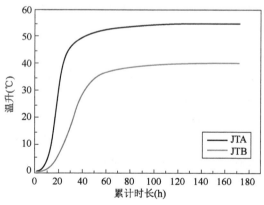

图4 JTA与JTB配合比绝热温升

JTA配合比混凝土达到温峰时,温升54℃,JTB配合比达到温峰时,温升值40℃,比JTA组降低了14℃,降低了25%,且升温速率变缓,达到了削温峰的效果。

2.5 JTB配合比的性能试验

2.5.1 JTB配合比的强度结果分析

按JTB配合比成型试块,进行标准养护与匹配养护(数据系列分别后缀加BY和PP),本次匹配养护温度历程如图5所示(该温度为20℃+绝热温升值),其结果如图6所示,可见该配合比,3d时标准养护强度仅29.7MPa,而同龄期的匹配养护强度达到了48.9MPa,是标准养护强度的165%;7d时标准养护强度46.1MPa,而同龄期的匹配养护强度达到了66.3MPa,是标准养护强度的144%,满足张拉条件;28d时标准养护强度仅57.5MPa,而同龄期的匹配养护强度达到了65.8MPa,7d到28d期间匹配养护混凝土强度没有增长。该结果显示,若采用标准养护手段,7d时混凝土不满足预应力施工条件,而匹配养护试块,7d已达到张拉条件,且28d的试块强度是标准养护条件下的114%,即实体结构中,因温度高,混凝土的强度增长较快,矿渣、粉煤灰较早参与强度贡献。

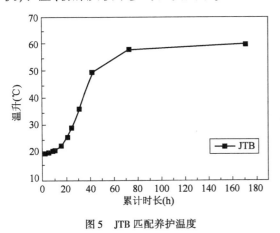

图5　JTB匹配养护温度

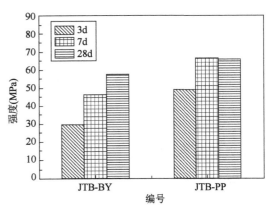

图6　JTB标准养护及匹配养护强度

2.5.2　JTB配合比的抗冻结果分析

本结构物处于冻融循环条件,因此对拟采用配合比进行了抗冻性试验,试验方法采用《普通混凝土长期性能和耐久性能试验方法标准》(GB/T 50082—2009)抗冻试验(快冻法),养护制度分别采用标准养护和匹配养护,试验结果如图7所示,经过300次冻融循环以后,JTB试块标准养护及匹配养护试块相对动弹模在99%~100%之间,质量损失小于1.0%。表明JTB配合比混凝土均具有较好抗冻性能,标准养护及匹配养护对其影响小。

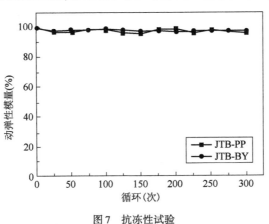

图7　抗冻性试验

2.5.3　JTB配合比的抗渗结果分析

对JTB配合比进行抗渗性试验,试验方法采用《混凝土结构耐久性设计与施工指南》(CCES 01—2004)混凝土中氯离子扩散系数快速检测的NEL方法,养护制度分别采用标准养护和匹配养护,试验结果划分依据为《混凝土结构耐久性设计与施工指南》(CCES 01—2004)。试验结果如图8所示,试验JTB混凝土表明原配合比混凝土采取标准养护与匹配养护后均具有较好抗渗性能,电通量法测试均处于 Qs-II 区,NEL 法测试处于很低区间。

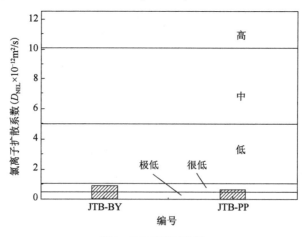

图 8 NEL 法测试结果

3 工程应用

该配合比设计方法在京台高速公路改扩建德齐段、济南绕城高速西环黄河桥 C60 塔柱应用,配合比使用矿渣粉和粉煤灰,具有早期水化热低、后期强度持续增长等特点,优化复合配制混凝土,实现"优势互补",具有降低混凝土水化热、减少温度裂缝的作用。同时采用该方法进行配合比设计、验收,可满足张拉强度要求。有效降低了混凝土温升,减少了温度裂缝,提升了结构耐久性,低碳环保,同时降低了成本。

济南绕城高速西环黄河桥 C60 塔柱使用该方法设计混凝土配合比,使用矿物掺合料达到 47%,实测温升如图 9 所示,温峰时温升 50.2℃。

进行标准养护和匹配养护(匹配养护温度采用图 9 所示温度),强度如图 10 所示,匹配养护强度符合预期,28d 时现场回弹检测,强度推定值 71MPa,实体合格。

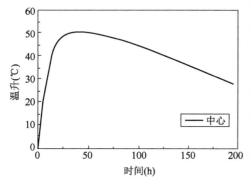

图 9 黄河桥 C60 塔柱 46 号墩第四节塔柱混凝土实测温升

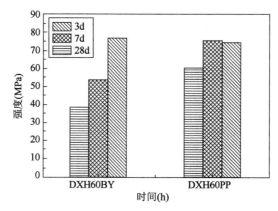

图 10 黄河桥 C60 塔柱混凝土标准及匹配养护强度

参 考 文 献

[1] 王甲春,阎培渝.温度历程对早龄期混凝土抗压强度的影响[J].西北农林科技大学学报(自然科学版),2014,42(7):228-234.

[2] 张兴志,杨海成,于方.基于等效龄期的机制砂高性能混凝土强度快速评价方法与工程应用[J].新型建筑材料,2020,47(9):135-138.

[3] 耿健,彭波,孙家瑛.蒸汽养护制度对水泥石孔结构的影响[J].建筑材料学报,2011(1):116-123.

[4] 郭永智,姜瑞双,郭保林,等.一种基于温度反馈的大体积高强混凝土配合比及设计方法:CN202010586786.5[P].2022-08-26.

基于柔性固化的黄河冲积粉土温缩变形特性试验研究

张 磊[1] 韩洪超[2] 孙兆云[1] 户桂灵[3]

(1.山东省交通科学研究院,山东济南 250102;2.山东高速股份有限公司,山东济南 250014;
3.山东建筑大学,山东济南 250102)

摘 要:山东黄泛区属于季节性冻土区,昼夜温差较大时土体易产生开裂,进而影响路面的完整性和连续性。黄泛区粉土本身颗粒级配较差,强度较低,需要通过改性处理。选择柔性固化材料与粉土混合形成的无机结合料,通过温缩试验研究其温缩性能,得到以下结论:掺加柔性固化剂可有效提高粉土的温缩特性,减小温缩应变和温缩系数,且随着掺量的增加,提高效果也更加明显;温缩系数无论是最大值还是平均值,均呈以下大小顺序排列:柔性固化土<水泥改性土<常规水稳材料<素土。柔性固化剂对粉土有一定的固化作用,可减少其随温度变化导致的不均匀体积收缩,增加固化土的耐久性,可用作基层材料使用。

关键词:粉土 柔性固化 温缩试验 粉土固化 温缩系数

1 引言

山东省存在大量的黄泛区,在该地区建设道路时,不可避免地运用到大量的黄泛区粉土,但是黄泛区粉土本身颗粒级配较差,且颗粒磨圆度较高,强度较低,在公路建设中容易导致路基失稳及塌陷等病害的产生。为了避免资源浪费,必须将黄泛区粉土进行改性处理运用到道路建设中去。改性的方法大致可以分为两类:物理改性和化学改性。物理加固是利用机械方法,如碾压、强夯等技术以及在土中掺加纤维等对土体进行加固,土体本身的特性实质上并未改变,也没有产生新的化学物质。化学加固就是通过向土体中掺入特定的外加剂(水泥、高分子材料等),使其与土体中的矿物发生相互作用从而改善土体的工程性质。目前化学改性起步较早,且有些技术已经成熟并广泛应用到实际工程中。

山东黄泛区属于季节性冻土区,无机结合料稳定材料用于路面结构中,昼夜温差较大时易产生开裂,进而影响路面的完整性和连续性,使道路发生结构性破坏,缩短道路的使用寿命。固化土收缩开裂的主要原因在于室外环境温度变化引起的不均匀体积收缩及固化剂中无机结合料的水化收缩。收缩开裂是影响固化土耐久性的主要原因之一。路基路床填料的抗裂性主要是通过室内温缩试验测得的温缩系数进行评价。本文将选用水泥和沥青粉制备成的柔性固化材料对黄河冲积粉土进行改性处理,对其温缩性能进行系统的研究,并与传统固化材料粉土温缩性能比较,验证其改进效果,同时对比传统水稳基层材料,验证固化材料作为基层材料的适用性。

2 温缩试验

2.1 试验材料

本文所使用黄河冲积粉土,来自京台高速公路四标段,根据《公路土工试验规程》(JTG 3430—2020)进行击实试验及液塑限试验测定试验用土的基本物理参数,见表1。

试验粉土基本物理性质　　　　表1

最大干密度ρ_d ($g \cdot cm^{-3}$)	最佳含水率 (%)	液限WL (%)	塑限WP (%)	土的分类
1.79	13.93	29.66	19.63	低液限粉土

本文选取的水泥是济南产的山水牌P.O42.5基质水泥。水泥的物理力学性能见表2。

水泥的物理力学性能指标　　　　表2

密度 ($g \cdot cm^{-3}$)	比表面积 ($m^2 \cdot kg^{-1}$)	凝结时间(min)		抗压强度(MPa)		抗折强度(MPa)	
		初凝	终凝	3d	28d	3d	28d
3.18	369.7	180	320	6.8	8.9	36.3	55.8

柔性固化剂主要制作原材料为赤泥、沸石粉、70号基质沥青。配合比为赤泥:沸石粉:70号基质沥青 = 22:1:100。

2.2 试验方案

为了验证固化材料对粉土收缩性能的影响及效果,设计三种不同比例的固化材料与水泥共同对粉土进行改性处理,同时把只添加水泥的改良土和粉土作为对照组;为了验证固化材料作为基层材料的适用性,选择常规水稳材料进行对比。具体试验方案见表3。

试验方案　　　　表3

试验方案	水泥(%)	固化剂(%)	粉土(%)
1	6	2	100
2	6	4	100
3	6	6	100
4	6	0	100
5	0	0	100

常规水稳材料采用表4设计级配,水泥含量为5%

水稳设计级配　　　　表4

矿料尺寸	20~30mm	10~20mm	5~10mm	0~5mm
百分含量(%)	15	39	18	28

3 试验结果分析

3.1 试件制备

温缩试验所用试件的成型方法参照JTJ E51—2009《公路工程无机结合料稳定材料试验规

程规程》,在室内成型尺寸为10cm×10cm×40cm的中梁试件。制件步骤如下:根据击实试验得到材料的最大干密度和最佳含水率,按98%压实度计算所需结合料、集料及水的用量;装入中梁钢模模具并放到压力机上压实成型,脱模后放入标准养护室内,在温度20℃±2℃,湿度≥95%的标准养护条件下养护7d,并在养护期的最后一天,将试件泡水;养护结束后,将试件放入105℃的烘箱中烘10~12h至恒量,使试件中没有自由水的存在。

3.2 温缩试验方法

将烘干至恒温的试件安放到收缩仪上(图1、图2),在试件两端粘贴玻璃片,收缩仪底部放置三根涂了润滑油的玻璃棒,将试件的较光滑面向下放在玻璃棒上,将千分表固定于收缩仪上,把千分表顶到一个较大的读数然后记录读数。将试件移入高低温交变试验箱内,设置控温程序,从50℃开始,以10℃为一个级别的温度差,直到-10℃结束,降温速率为0.5℃/min,当降到设定温度后,保温3h。在保温结束前5min内读取千分表读数。

 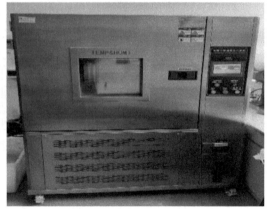

图1 试件及收缩仪　　　　　图2 可程式高低温交变试验箱

温缩性能通常采用温缩系数α_T来表示,温缩系数是指单位温度变化下材料的线收缩系数。

$$\alpha_T = \frac{\Delta \varepsilon}{\Delta T} \tag{1}$$

式中:ΔT——温度变化量;

$\Delta \varepsilon$——对应于ΔT时应变的变化值。

3.3 试验结果分析

六种材料的温缩试验结果见表5。

六种无机结合料温缩系数试验结果　　表5

温度区间(℃)	50~40	40~30	30~20	20~10	10~0	0~-10
材料类型	温缩系数($10^{-6} \cdot ℃^{-1}$)					
素土	25.15	35.58	36.76	46.94	41.26	43.07
水稳	20.52	25.65	32.96	42.19	37.89	38.76
水泥土6%	18.79	29.71	31.83	40	35.32	38.94
柔性固化土2%	15.3	25.11	32.23	37.3	34.43	36.47
柔性固化土4%	13.72	21.9	29.94	35.06	32.31	34.37
柔性固化土6%	10.86	20.72	24.34	33.07	23.5	33.45

通过图3发现,不同材料的温缩系数变化规律较一致。随着温度的下降温缩系数呈增长的趋势,当到10℃~0℃温度区间时,温缩系数都呈下降趋势,到达0℃~-10℃温度区间时,温缩系数又呈增长趋势。固化土随温度变化的收缩现象,主要由材料内部固相和液相的体积变化导致。随着温度的降低,材料孔隙中残留的孔隙水流失,毛细管内的弯液面张力降低,使孔隙内中原本的结构平衡被打破,导致温缩系数增加;当温度下降到0℃左右时,材料毛细管内水分由液态转变为固态,体积有所增加,抵抗了部分毛细管壁颗粒内部的联结力,导致温缩系数有所下降,当温度持续下降到-10℃时,毛细管壁颗粒内部的联结力持续增大,同时温缩系数也开始提高。

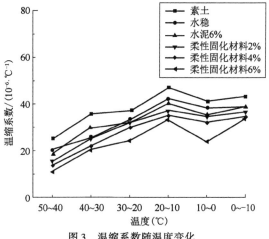

图3 温缩系数随温度变化

材料在各温度区间内温缩系数的平均值,反映了材料关于温度变化的收缩特性总体水平。从材料角度分析,可以发现素土的平均温缩系数最大,水稳的平均温缩系数大致和6%掺量的水泥土相当,分别比素土下降了13.5%和14.9%。而柔性固化土的平均温缩系数最小。说明水泥和柔性固化剂对粉土的温缩系数有明显的改进作用。对比素土,6%掺量的柔性固化土平均温缩系数下降了36.2%,提升效果明显;同样,对比水稳材料,6%掺量的柔性固化土平均温缩系数下降了26.3%,作为基层材料使用优势明显(图4)。

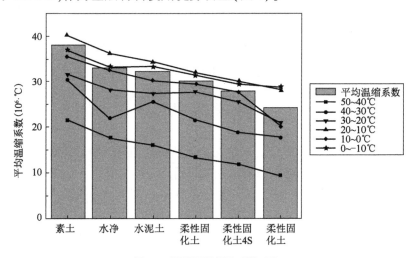

图4 不同材料的温缩系数对比

对于柔性固化土而言,随着掺量的增加,温缩系数越来越小,柔性固化剂对材料的温缩性能的改善作用越明显,温缩系数与掺量之间有良好的负相关性。水泥中的组分在固化土中发生水化反应,产生大量的水化产物,如纤维状和絮状的水化硅酸钙凝胶,这些水化产物能够填充到土颗粒中的孔隙里,增强土颗粒之间的联结力。柔性固化剂中的赤泥成分中含有大量的活性CaO、SiO_2,它们与水泥发生水化反应,可以促进水化硅酸钙凝胶的形成,形成致密的三维空间水泥石结构,同时柔性固化剂内含有沥青组分,沥青组分与水化产物、土粒吸附黏结效果明显,沥青组分软化后发生扩散与重组进一步填充内部孔隙和微损失裂缝,恢复至常温状态可实现稳定土体的损伤修复和结构补强(图5)。

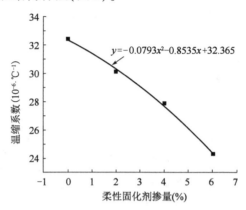

图5 柔性固化剂掺量对温缩系数的影响

4 结语

选择柔性固化材料与粉土混合形成的无机结合料,通过温缩试验研究其温缩性能,得到以下结论:

(1)通过温缩试验发现,各种材料的温缩变化规律相似。随着温度的降低,温缩系数呈现先增加后下降再增加的趋势。随着温度的下降温缩,系数呈增长的趋势,当到10~0℃温度区间时,温缩系数都呈下降趋势,到达0~-10℃温度区间时,温缩系数又呈增长趋势。

(2)掺加柔性固化剂可有效提高粉土的温缩特性,减小温缩应变和温缩系数,且随着掺量的增加,提高效果更加明显。

(3)温缩系数无论是最大值还是平均值,均按以下大小顺序排列:柔性固化土<水泥改性土<常规水稳材料<素土。柔性固化剂对粉土有一定的固化作用,可减少其随温度变化导致的不均匀体积收缩,增加固化土的耐久性,可作为基层材料使用。

参 考 文 献

[1] 屠晨阳.水泥固化砂质粉土的强度试验及其机理研究[D].杭州:浙江理工大学,2018.
[2] 姚占勇.黄河冲淤积平原土的工程特性研究[D].天津:天津大学,2006.
[3] 毛玮芸.浅析道路工程建设中软弱土壤固化技术的研究进展[J].科技创新导报,2017(1):52-53+56.
[4] 王加龙,何兆益,黄维蓉.无机结合料和固化剂稳定粉土收缩性能研究[J].重庆交通学院学报,2005(2):83-89.
[5] 屠晨阳.不同外掺剂时砂质粉土的固化试验研究[J].低温建筑技术,2018,40(5):98-102.
[6] 李迎春,钱春香,刘松玉,等.粉土固化稳定机理研究[J].岩土工程学报,2004(2):268-271.
[7] 洪雁平,陈春.多种粉土稳定材料的对比试验探讨[J].公路交通技术,2010(4):12-16.

服役期沥青路面矿物集料的颗粒参数与演变规律

张 新[1] 樊 亮[2] 胡家波[2]

(1. 山东高速股份有限公司,山东济南 250014;2. 山东省交通科学研究院,山东济南 250012)

摘 要:本文基于试验室数据和文献数据,开展了沥青路面铣刨回收料的颗粒参数研究,从集料的特征粒度、均匀性两个指标,研究了新集料与回收料的颗粒特征差别、回收料抽提前后宏观颗粒组成的变化,以及路面服役时间内沥青混合料级配的衰减规律。结果表明,基于 RRS 方程,可以实现对集料、RAP 料和混合料的颗粒分布模拟,得到特征粒度和均匀系数两个表征参数。在同样粒度范围内,相对新集料,RAP 料特征粒度更小,均匀性得到提高,粒度分布范围变得狭窄。RAP 料抽提前后的特征粒度、均匀系数存在良好的数学关系,抽提后的 RAP 料特征粒度进一步降低,均匀系数进一步减小。随着年限的延长,混合料的特征粒度和均匀系数均呈现显著的线性衰减规律。为了保障再生混合料的质量稳定性,在实际再生设计和应用过程中,要加强 RAP 料的分档和管理工作。

关键词:沥青路面 铣刨回收 集料 颗粒参数 特征粒度

1 引言

循环经济发展理念促进了交通行业路面再生技术的发展。随着我国高速路面进入大中修期,每年约有 10% 甚至更高比例的沥青路面需要翻修,中国目前拥有公路沥青路面 150 多万千米,每年产生的废旧沥青料高达 2.3 亿吨,如何更好地消耗废旧沥青料成了行业普遍关注的问题[1]。基于此背景,沥青路面热再生、冷再生技术无疑具有巨大的经济效益和社会效益。在沥青路面再生技术中,RAP 回收料的质量直接影响着混合料设计和应用效果,其来源、应用年限等不同会导致再生混合料整体性质偏离预期值,导致 RAP 回收料的掺配比例低、再生混合料的质量波动大,形成一系列的再生利用缺陷。一般情况下,研究者多注重 RAP 回收料中的沥青老化程度、旧料应用比例,并将 RAP 料当成一档集料进行配比设计,忽略了 RAP 料的真实粒度的组成、变化特点,这对发展沥青路面的再生技术是不利的。

本文基于实验室数据和文献数据,开展了沥青路面铣刨回收料的颗粒参数研究,从集料的特征粒度、均匀性两个指标,研究了新集料与回收料的颗粒特征差别、回收料抽提前后宏观颗粒组成的变化,以及路面服役时间内沥青混合料级配的衰减规律,以期对沥青路面回收料的颗粒特点有更好的表征和认识。

2 颗粒参数模型

由于颗粒的粒度分布范围很宽,且明显不符合正态分布特征,可基于颗粒累积频率曲线,利用 RRS 函数方程来描述粒度的分布情况[6]。RRS 方程为 Rosin、Rammler 和 Sperling 等人归纳出的用指数函数表示粒度分布的关系式[7]。

$$R(D) = 100 \times e^{\left[-\left(\frac{D}{D_{ch}}\right)^n\right]} \tag{1}$$

其中,$R(D)$ 为大于某一粒径 D 的累积频率;D_{ch} 为特征粒度,标识颗粒群宏观上的粗细程度;n 为颗粒均匀性系数,标识粒度分布范围的宽窄,与物料性质和粉碎设备有关;n 值越小,粒度越均匀,粒度分布越宽。这个公式与混合料的最大密度理论和级配分形理论模型[8~10]有相似之处。

该模型可以很好地模拟沥青混合料的矿粉,本文利用最小二乘法模拟发现,该公式也能对集料、连续密级配混合料的颗粒分布进行模拟,相关系数优良。本文采集的集料数据共有54组,涵盖新集料、RAP 料、原状未分档的 RAP 料,以及抽提前后 RAP 料粒度数据等。表1显示绝大部分的模拟结果相关性系数 R^2 均能大于0.9。

RRS 模拟结果的相关性系数　　　表1

个案数	最小值	最大值	平均值	标准差	偏度		峰度	
统计	统计	统计	统计	统计	统计	标准误差	统计	标准误差
54	0.80	1.00	0.99	0.03	-6.93	0.32	49.63	0.64

3 新集料与 RAP 料颗粒特征

图1、图2为基于 RRS 模型计算得到的新集料和分档后 RAP 料的颗粒参数对比。

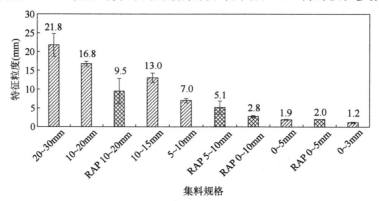

图1 不同规格集料的特征粒度对比

在特征粒度方面,即使拥有同样粒度范围,RAP 料的特征粒度远小于新集料的特征粒度。例如,图1中10~20mm 范围内的集料,新集料特征粒度为16.8mm,标准差较小,稳定性好;而 RAP 料的特征粒度为9.5mm,标准差大,变异性显著更大。

同样,对于粒度范围5~10mm 的集料,RAP 料的特征粒度仅为5.1mm,小于新集料的特征粒度7.0mm,且具有较大的标准差。图2表明,RAP 料细化后,其均匀系数 n 值是降低的,意味着集料的粒度分布更为狭窄,粒度范围0~10mm 的 RAP 均匀性达到了粒度范围0~5mm 的细集料状态。

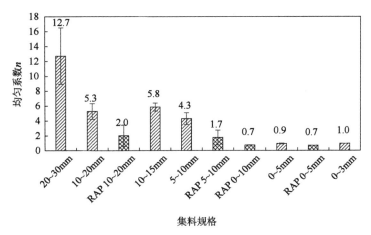

图2 不同规格集料的均匀系数对比

图3为新集料和RAP料特征粒度与均匀系数的关系曲线。一方面表明均匀系数与特征粒度存在良好的线性关系,另一方面说明在同样粒度分档条件下,RAP料特征粒度更小,均匀性得到了提高,粒度分布范围变得狭窄。这是再生混合料中RAP料需要和新集料进行配比设计的原因之一。

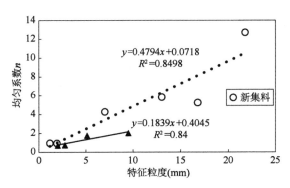

图3 特征粒度与均匀系数的关系

4 RAP料抽提前后的粒度变化

实际级配设计中,需要考虑抽提后的RAP料级配数据。图4表明了抽提前后RAP料颗粒分布的变化。图5、图6表明,抽提后的RAP料特征粒度进一步降低,均匀系数进一步减小。抽提后的RAP料特征粒度减小范围在1.1~5.3mm,平均为3.8mm。

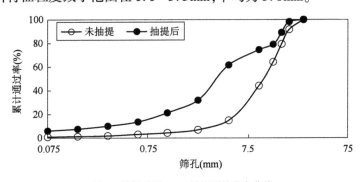

图4 抽提前后RAP料的颗粒分布曲线

305

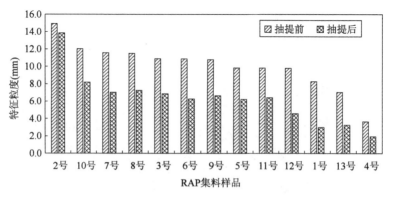

图 5 抽提前后 RAP 集料的特征粒度对比

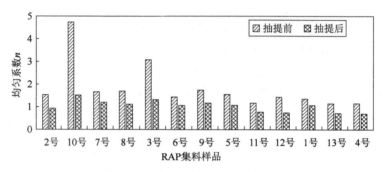

图 6 抽提前后 RAP 集料的均匀性系数对比

图 6 表明，RAP 料抽提后的均匀系数得到更大程度上的衰减，衰减幅度在 21%~68%，平均为 38%。这就造成在 RAP 料再生混合料设计中保证材料稳定性的困难。图 7 表明 RAP 料抽提前后的特征粒度、均匀系数存在良好的关系。

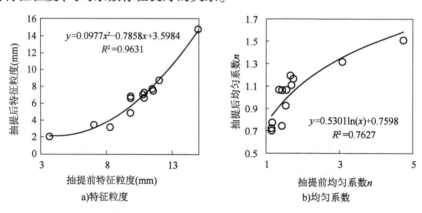

a) 特征粒度　　　　　　　　　　b) 均匀系数

图 7 抽提前后 RAP 集料颗粒参数关系

5 RAP 料颗粒参数随时间的变化

沥青路面受到行车荷载作用，集料的细化程度会随着时间发生改变。图 8 显示出随着年限延长，混合料粉料增多，体现更大的集料细化效果；这在再生利用中体现出 RAP 料分档的重要性。图 8 中，沥青混合料为连续密级配 AC16 型混合料，根据规范规定的级配上下限，可以计算出 AC16 混合料上下限对应的特征粒度和均匀系数，详见表 2。

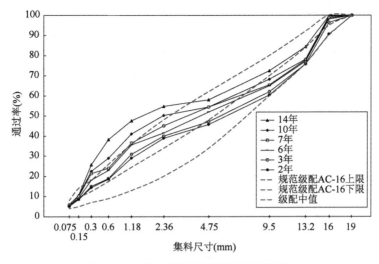

图 8 AC16 混合料随着年限带来的级配变化

AC16 型沥青混合料上下限对应的颗粒参数　　　　表 2

下限			上限			中值		
Dch	n	R^2	Dch	n	R^2	Dch	n	R^2
9.04	1.19	0.986	4.04	0.66	0.987	6.28	0.82	0.982

根据不同年限的级配,计算得到特征粒度和均匀系数变化曲线。图 9 表明,随着年限的延长,混合料的特征粒度呈现线性衰减规律,拟合曲线的相关系数高达 0.9888;混合料的均匀系数也呈现线性衰减特点,拟合相关系数为 0.9722。这就说明沥青混合料由于服役年限的不同,会带来 RAP 料的细化程度不同。实际再生设计和应用过程中,尤其要注意 RAP 料的分档和管理工作,这样可以保证再生混合料的质量稳定性。

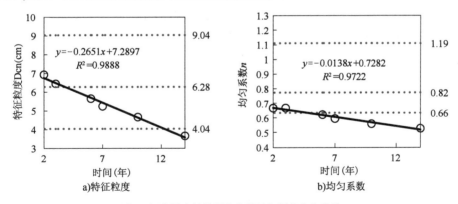

图 9 沥青混合料的颗粒参数随年限的变化曲线

6 结语

(1)基于 RRS 方程,实现了对集料、RAP 料和混合料的颗粒分布模拟,得到特征粒度和均匀系数两个参数共同表征集料颗粒分布状态,且相关性系数优良。

(2)在同样粒度范围条件下,相对新集料,RAP 料特征粒度更小,均匀性得到提高,粒度分布范围变得狭窄,这是再生沥青混合料需要补充新集料的原因之一。

（3）在实际级配设计中,需要关注抽提后的 RAP 料级配。抽提后的 RAP 料特征粒度进一步降低,均匀系数进一步减小。RAP 料抽提前后的特征粒度、均匀系数存在良好的数学关系。

（4）随着年限的延长,混合料的特征粒度和均匀系数均呈现显著的线性衰减规律,意味着不同服役年限带来不同的 RAP 料细化程度。为了保障再生混合料的质量稳定性,在实际再生设计和应用过程中,要加强 RAP 料的分档和管理工作。

参 考 文 献

[1] 沈锡勇.废旧沥青路面材料再生利用技术的推广应用[J].交通节能与环保,2006(4):46-47.

[2] 王杰,秦永春,黄颂昌,等.沥青混合料回收料变异性[J].北京工业大学学报,2018,44(2):244-250.

[3] 张明杰,祁文洋.铣刨工艺对 RAP 变异性和级配的影响[J].石油沥青,2016,30(4):12-17.

[4] 张明科.RAP 变异性与再生混合料路用性能效果研究[D].重庆:重庆交通大学,2013.

[5] 杨建萍.沥青回收料指标和再生混合料性能研究[D].重庆:重庆交通大学,2015.

[6] 张少明,翟旭东,刘亚云.粉体工程[M].北京:中国建材工业出版社.1994.

[7] 王亮,杨云川,唐宏新,等.Rosin-Rammler 分布的实验拟合曲线优化[J].沈阳理工大学学报,2015,3(5):58-61+75.

[8] 常宇捷.沥青混合料级配曲线模型的分形特征与应用[J].黑龙江工程学院学报,2018,32(6):6-10.

[9] 丁一,冀卫东,王旭东.颗粒级配对混合土力学性质影响的试验研究[J].南京工业大学学报(自然科学版),2018,40(1):127-132.

[10] 杨瑞华,许志鸿,张超,等.沥青混合料分形级配理论[J].同济大学学报:自然科学版,2008(12):1642-1646.

公路桥梁路基路面施工技术问题及应对措施

何坚强

(山东高速工程项目管理有限公司,山东济南 250013)

摘　要:近些年来,国家以及社会各界越来越注重公路桥梁等基础公共交通的建造问题,对公路桥梁路基路面的施工进行了研究,探讨了公路桥梁路基路面施工管控的意义,对公路桥梁路基路面施工技术问题以及应对措施进行深入探讨。

关键词:公路桥梁　路基　施工技术

1 重视公路桥梁路基路面施工管控的意义

在路基路面的施工过程中,做好对施工技术的控制和管理是保证整体工程质量符合要求的前提,也是国家和社会对施工企业和建筑行业的基本要求。良好的控制和管理包括对施工技术和质量的管理,对成本和进度的把控以及对施工队伍的管理和监督等方面,贯穿整个施工过程的始终,包括提案、设计、审核、施工、验收等环节,为路面路基提供最基本的安全保障。具体意义表现如下:

(1)有效保障公路工程强度符合质量标准。通常情况下,公路工程路基和路面的压实施工质量直接决定了公路工程整体的施工质量,因此提高公路工程路基和路面的压实施工质量是非常重要的。施工人员在施工的过程中通过应用压实技术,能确保公路工程路面强度符合质量标准,从而提高公路施工的整体质量。总而言之,施工人员在施工的过程中,通过应用压实技术,对确保公路工程路面强度符合质量标准产生了积极的推动作用。

(2)提高公路工程路基和路面的耐久性。公路工程路基和路面的耐久性直接影响了公路的使用寿命。如果公路工程路基和路面缺乏良好的耐久性,势必会缩短公路的使用寿命。因此为了延长公路的使用寿命,必须通过应用压实技术来达到加强公路路基和路面耐久性的目标。

(3)保证路面平整度。路基路面的压实度是保证路面平整度的关键因素。如果公路路基路面的压实效果存在问题,就会导致路基填料的高度不一,从而在路基固结的过程中形成不均匀沉降,使得公路路面凹凸不平,影响行车的舒适度。因此,公路工程施工企业应加强路基路面的施工管控,采用适宜的施工方案,提高路基路面的压实效果,减少上述问题的发生。

(4)保证路面稳定性。公路工程路基路面的压实施工对于保证路面稳定性具有重要意义。如果路基的压实质量不高,就会导致各种公路病害的发生,增加公路的养护负担。因此,通过加强路基路面的施工管控,可以保证路面的稳定性,减少公路工程路基路面的病害。

2 公路桥梁路基路面的施工技术应用

2.1 路基土石方填筑技术

作为路基路面精细化管控环节之一的土石方填筑是路基施工的重要流程之一,而土石方填筑涉及很多方面的管理。路基填料的选择便是填筑管理首先要面对的第一个管理和控制要点。填料的选择首先要能够满足使用的要求和规范,其次要对填料进行分析和检测以保证填料的质量能够用于土石方填筑。在路基的填筑过程中要分层进行压实动作,保证每层填料的平整性和密实性,以确保路基的稳定性和压实效果。另外,在压实施工过程中还要注意排水系统的设置,包括临时排水系统和供以后使用的排水系统,要能保证排水系统的正常使用,避免出现导致雨水天气排水不畅的填筑效果,减少边坡遭受积水冲刷的现象。在路基土石方的填筑过程中,还要注意路基其他相关的道路配套工程相应的功能正常运行,如在路基的填筑中要注意其边线和曲线的特点,保证坡面的平顺和稳定。通过使用特定的土石方填筑技术,可以使路基更加坚实,大大增强路基的承载能力,减少路面损坏的情况。对于一些地基比较软的区域,使用土石方填筑技术可以有效地减少地基软弱对路面的影响。相比其他路基处理方式,土石方填筑技术不需要进行较深的挖掘,可以节约挖掘量,从而降低施工成本,加快工程进度。总之,路基土石方填筑技术具有增强路基承载能力、降低路基地基软弱带来的影响、降低施工成本等优点,在路基施工中应用广泛。

2.2 砌体和排水工程技术

砌体作为路基路面的一项大工程,在混凝土砌石与坡脚衔接前,要注意按照图纸设计的深度要求,将坡脚与护坡嵌入基槽,然后使用坐浆和打毛的处理方式对衔接面的表层进行处理。需要使用又大又平的石块在砌体外露的部分进行砌筑,且需要使用坐浆处理第一层的石块。在砌石的过程中,按自下而上的原则进行铺设,大石块一般不用于此类砌体上,铺设的石块要错落有致,最后使用砂浆或碎石等填料进行错石之间的缝隙填补,以保证砌石的牢固。路基路面的排水系统对于路面的防护来讲意义重大,良好的排水系统能够避免排水不畅引起的路基下陷、边坡滑塌等现象。要做好排水系统的管理工作。管材、边沟、急流槽等是排水系统一般会选用的材料。要做好选用材料的质量管理,如选用管材就要注意其是否存在裂缝或其他损坏等影响排水管道的铺设和排水系统的问题。在管道的铺设过程中要注意管道的平整度,以及管道之间的连接和固定等。

2.3 沥青路面施工技术

在沥青路面的施工管理中,施工工程的管理到位才能保证各项指标达到标准要求,才能保证路面的压实性、厚实行和平整性等。沥青路面的平整度是公路所具备的最基本的要素,路面的平整不仅可以保证车辆的运行速度和运行安全,还可以减少道路颠簸,有效延长道路的使用寿命。对平整度的基本管理中,需要对使用材料进行有效的管控,包括混合材料的搭配比例、用水量以及压实设备和技巧等。在施工现场进行及时的检测和调整,当路面出现不平整时,立即停工进行整改,保证路面的平整再进行下一步施工。在施工完成后,使用专业化的设备精细化地量测路面平整度,对于不合格的路段进行整改,使用专业的机械进行纵缝处理和横缝处理,之后进行碾压,最后再次量测路面的平整度,进行精细化的管控。

2.4 路缘石的施工技术

在公路路基路缘石的施工过程中,使用挤压件能减少脱皮现象的发生,从而使路基路面外观的质量得到提升,也有利于延长道路的使用寿命。而在路缘石的施工管理中,首先面对的是材料的选择,要对材料的供货厂商进行资质的调查和审核,对其材料进行质量检验,包括外观、硬度、尺寸、强度等,采购符合要求的原材料。在施工过程中要注意对施工材料的管理,注意材料的存放,避免出现因随意丢弃导致工业垃圾的出现,破坏当地的环境。

3 加强路基路面防水技术管理

3.1 合理选择防水材料

路基路面各层之间的黏结力对于其防水能力具有重要影响。根据防水材料黏结力的不同,选择适合路基黏合的种类,从而提高防水层的施工质量,提高防水效果;防水材料还应该具备一定的强度和延展性,防水层能够经受路基路面各层的膨胀,从而降低损坏的可能性;防水材料种类繁多,企业在防水材料的选择上拥有很大的自由,防水材料的价格相差也比较大,施工单位应根据路基路面施工的需要,选择适合的防水材料,既满足防水的需求,也节省资金,促进施工进程的推进。

3.2 提高路面拉毛施工技术

在进行道路建设时,会使用大量的混凝土材料,以提高道路的稳定性,但在进行混凝土路面施工时,应考虑路面防滑性能,对其进行拉毛处理,从而为防水性能的提升奠定基础。对路面上的杂质进行处理,最大限度地保持路面的整洁,利用小型电动磨面机进行抹面,先粗光后精光,重复抹面步骤,保证抹面的平整光滑,拉毛时要一次成型,从而使得拉毛后的表面更加美观,有利于混凝土路面的排水。

3.3 增强道路路基路面施工规范

混凝土路面在进行初凝时,应加强拉毛处理,借助机械化手段,增加路基表面的毛躁度,从而增强混凝土路面和道路防水层的黏合强度,提高路基路面的防水性能;在为施工现场运送防水材料时,应合理地安排运送路径,减少车辆对路面的直接碾压;防水路基路面施工时,应最大限度地保证路基表面的平整度与牢固度,对于不平整的地方、有垃圾的地方进行及时清理;在涂料中添加表面活性剂溶液,从而稀释防水涂料,按照要求在路基表面进行喷涂,为了更好地提高防水效果,可以进行多次喷涂;在道路防水层设置完毕后,应对沥青混凝土面层采取合理的保护措施,在混凝土面层彻底干燥后进行施工,避免防水路面受到更大的破坏。

4 结语

公路桥梁路基路面施工是公路桥梁工程建设的重要组成部分,为确保路基路面的施工质量,施工中需强化施工技术操作,严格质量管理,保证按施工标准规范进行施工,为我国的公路桥梁建设贡献力量。

参 考 文 献

[1] 聂彦军.公路桥梁路基路面施工技术问题及应对措施[J].山西建筑,2018,44(3):140-141.
[2] 杨亚锋.公路路基路面施工技术中常见问题及应对措施[C]//《建筑科技与管理》组委会.2017年3月建筑科技与管理学术交流会论文集.陕西隆邦建设有限公司,2017:2.
[3] 武建军.公路路基路面施工技术中常见问题及应对措施分析[J].中国科技信息,2011,(24):66.

公路施工中路基加固技术施工要点

魏保同

(山东高速工程项目管理有限公司,山东济南 250013)

摘 要:随着社会经济的进步,我国的公路建设也在不断发展,方便了人们的出行。公路建设的持续增长对公路的施工技术与质量提出了更高的要求,特别是路基方面的施工。当前,路基承载力不足导致沉降量过大,进而引发路面病害,严重影响到公路正常使用。为了避免这些问题的出现,必须从路基施工建设入手加强管理,从施工前准备阶段做好相关工作,合理应用各类施工技术,这样才能保证公路桥梁工程的安全性和稳定性。

关键词:路基加固 施工技术 加固防护

1 公路工程施工中路基加固处理工艺

公路工程路基加固处理首先要全面评估公路工程状况,估测公路路基的稳定性和存在的风险,从而明确公路路基的承载能力,依据公路的实际状况制订出科学的加固方案。一般情况下,对于公路工程路基问题,加固处理主要有以下几种方案:第一,替换有问题的土体;第二,改造有缺陷问题的路基;第三,对公路路基实施补强处理。替换主要是利用高强度的土壤替换松软土壤。进行公路路基改造,主要是通过薄膜或者板桩等材料对路基进行约束,从而确保路基强度达到相关标准。公路路基的补强处理主要是在公路路基上添加抗拉强度比较高的白露,从而提升公路路基的强度。另外路基加固施工人员要全面检测公路路基的石头水泥等材料,确保石头的颗粒直径不能超出公路厚度的70%。利用石头和水泥回填的过程中要从中间向两侧集中进行回填,注意控制回填速度。开展摊铺作业时要选用和公路相符合的压路机,反复碾压填好的路面,同时要确保碾压的稳定性和平整性。最后,要使用比较细小的材料填筑公路压实后的空隙处。

2 公路工程施工中路基加固处理技术

2.1 换填法和胶结法

换填法,顾名思义就是用稳定性比较好的碎石、矿渣等材料来替换稳定性不好的土层。在物质结构稳定的土层作用下,路面的排水性能和固化能力有着很好的提升。在路面铺设水泥的过程中,有湿法和干法两种方法来对水泥进行搅拌,湿法就是在水泥搅拌的过程中加入相应的添加剂,从源头来加强水泥的固化作用。而干法则是在水泥铺设之后,利用石灰、碎石等物质铺设在水泥的表面,形成一层保护层,由此来保护水泥路面的结构。这种方法对于黏土路面、湿化路面等路面施工条件下的路面层有着非常好的固化效果,在实际施工过程中建议推广此种方法。在铺设路面时,利用泵机将泥浆加压,使其均匀喷射在铺装路面上,这样能让路面结构更加紧实,防止形成空腔造成塌陷。在搅拌完成之后,水泥会均匀地形成土层,再在其中加入一些必要的元素来保证水泥的固性,增强路面的防水效果。胶结法是一种常用于处理软弱地基的方法。在此方法中,在部分土体内掺入水泥、水泥砂浆以及石灰等物,形成加固体,与未加固部分形成复合地基,以提高地基承载力和减小沉降。在具体操作上,胶结法首先需要将水泥或其他化学浆液用压力泵注入土体,以增强地基的承载能力、减小沉降、防渗、堵漏等。

2.2 强夯法路基加固

在施工过程中可以使用工程用重锤对路面进行夯实处理。重锤需要从高处落下,利用产生的重力势能对土层产生冲击,从而达到加固土层的目的。采用这种方法还可以有效地去除土壤中多余的水分,通过冲击来让土壤迅速固化,让土层中的水分通过地下渗透排出,不仅从根本上解决了地面容易塌陷的问题,还可以有效提升路面的最大承载能力。在利用强夯法对路基进行加固之前,施工人员应该事先计算好路基对于重锤的最佳受力点,以求让施工效果达到最佳。施工过程要严格按照事先制定好的施工过程来完成,对于夯锤击打路基的次数也要精准控制。在此阶段施工结束后要立刻对夯坑进行回填以保证路面硬度,并且测量土壤参数。除此之外,也可以使用地膜来进行覆盖保护,让填充物与路基表面产生充分摩擦,来达到加固路基的目的。此外,还可以在土层内放置高韧性纤维,让地基土层形成网状结构,以让土层具有更好的拉伸性,这样就可以提高地基的稳固性。

2.3 加固桩基法

在公路工程路基加固过程中加固桩基法是一项重要的加固技术,主要分为两种:振冲碎石桩加固工艺和生石灰桩加固工艺。在实际施工过程中要选用科学的桩基的加固处理。其中振冲碎石桩加固工艺加固桩基具备成桩质量高的特点,除此之外,这种桩基施工技术方便操作,广泛应用于公路路基加固工程。该项原理主要是通过振冲碎石桩高于路基土体的应力,依据公路路基的具体情况,振冲和排列碎石桩,在加强公路路基的强度的基础上可以确保路基应力分布状况。而生石灰桩加工工艺,其加固原理主要是生石灰遇到水可以溶解比较低的熟石灰,除此之外,在出现反应的时候,可以通过路基中的多余水分吸收和释放出很多的热量,对软土路基起到挤密作用。

2.4 机械碾压法

在公路路基加固处理过程中机械碾压是一项物理处理方法,通过推土机、压力机、羊角碾等设备压实公路路基,这种压实方法是一种浅层化处理方式。其操作比较简单,主要是做到以下几个方面:首先,要运输和摊铺混合料,当完成摊铺后再进行碾压加固处理,碾压过程中要从两边向着中间过渡碾压。其次,在碾压过程中在公路表层比较干燥时要做好湿润处理,以确保公路土壤的含水量。最后,在碾压作业的过程中,要充分做好安全警示措施,保证施工作业的安全性。

2.5 深层搅拌法

此方法与注入浆液法有异曲同工之处,即利用石灰、水泥等材料作为固化剂的主要剂料,通过特质的深层搅拌机械,在原油路基的深处将软土与固化剂强制搅拌,搅拌过程中软土和固化剂之间会产生一系列物理、化学反应,最终使二者结合,形成软土硬结,从而得到具有稳定性、整体性及一定强度的优质路基。旋喷法的实现原理基本同上两种方法,浆液则以水泥浆为主。

以上常见的路基加固方法,固然会增强路基的强度与稳定性,但无论哪种理论和技术,其存在发展或多或少具有一定的局限性,这就要求设计、施工单位具体应用时,要避免盲目套用、不切实际,要在对路基具体情况、地质条件、周边环境、处理指标及范围、材料来源、工程费用、工程进度等方面综合考虑的基础上,因地制宜、统筹规划,科学合理地选择适宜的加固方法。

3 公路路基工程加固防护管理

3.1 制订合理的施工方案

科学的施工方案可以确保公路路基加固施工质量,依据路基的具体状况制订出施工方案。例如:通过路基土体状况明确加固方法。在路基施工过程中要合理调整施工方案,特别是土质条件比较复杂区域要分段制订出施工方案,从而保证良好的加固效果。

3.2 公路路基排水

对于公路施工的养护工作来说,排水工作是至关重要的一环,很多路面塌陷和破损都是由于排水不到位所致的。因此,要想做好路基的防护管理,就要将路基的排水系统的构建放到第一位。在路基工程施工过程中,施工人员要高度重视路基排水工作,以防止意外情况的发生。在公路路基排水系统的构建过程中,要注意与自然条件和市政排水系统相结合,最大限度地保证积水能够顺利排出,保护路基的质量安全。

3.3 公路路基防护

在公路的施工过程中,为了保证路基的安全经常要因地制宜采取适合的路基防护技术。在施工过程中难免会对路基周围的地质环境造成破坏,这样就极有可能导致路基结构的不稳定。另外,一些人为因素也会对路基的结构稳定性产生一定的影响。所以,在路基防护的建设中,一定要注意以下两点:①要合理利用路基围挡墙,充分发挥墙体对路基的保护作用。对于围挡墙的设计也要有所研究,注重其实用性,提高围挡的利用效率;②必要时可以使用生态防护,采用植被加固水土的方法来保证路基的稳固,也可采用韧性纤维的植入来加固路基机构。

4 结语

总之,近些年来,随着公路交通通行量日益增大,公路路基在正常运营过程中负载逐渐增大,甚至无法满足机动车的通行需要。所以,为了提升公路工程施工质量,施工人员要重视对路基处理技术的研究。

参 考 文 献

[1] 高峰.公路工程施工中路基加固技术的应用[J].交通世界,2021(28):47-48.

[2] 姜文晓.公路工程施工中路基加固处理的工艺与技术措施分析[J].运输经理世界,2021(27):28-30.

[3] 杨进传.公路施工中填石路基施工技术要点[J].黑龙江交通科技,2021,44(7):20+22.

高速公路改扩建路基搭接施工方案及管理

周高军 李永生 赵全伟 孙 衡

(山东省公路桥梁建设集团有限公司,济南 250013)

摘 要:高速公路在投入运营后,出于交通量增长、使用功能要求等原因,需要对其进行改扩建施工,掌握高速公路改扩建路基拼接关键技术,能够满足高速公路改扩建工程的实际需要。同时,需要提高高速公路改扩建施工过程中路基工程的施工质量管理工作。

关键词:高速公路 改扩建 搭接技术

1 引言

随着国民经济的飞速发展和交通量的激增,社会公共设施的建设也不断完善,高速公路改扩建已经成为我国高速公路工程建设方面的重要部分。从目前高速公路改扩建施工的情况来看,路基拼接对高速公路改扩建工程的施工质量和施工效果有重要的影响。因此,提高高速公路改扩建工程中路基拼接施工的技术水平,在高速公路改扩建施工中全面应用路基拼接技术十分必要。

2 工程概况

国家高速公路京台高速公路德州(鲁冀界)至齐河段北起德州的德城区梁庄村北(鲁冀界),南至德州市齐河县晏城枢纽。拟扩建公路位于山东省中西部地区,地理坐标为东经 116°47′,北纬 37°项目路线所经区域为鲁西北黄泛平原,是华北黄河冲积平原的一部分。京台高速公路于 1997 年建成通车。通车以来,京台高速公路一直保持良好的运营状态。该高速公路按平原微丘区技术标准设计采用双向四车道高速公路标准[路基宽度 26m,行车道 2×(2×3.75)m,中央分隔带 3m,两侧路缘带 2×0.75m,硬路肩 2×2.5m,土路肩 2×0.75m]。

3 路基设计方案

路基设计针对扩建工程特点,根据沿线的地形、地貌、地质构造、水文地质、地基土的性质等,结合老路基现状,确保扩建工程路基的强度和整体性,满足高速公路各项功能要求。

原主线双向四车道改扩建拼宽为 8 车道,整体式路基断面宽度采用 42m,具体为:2×0.75m,土路肩+2×3.0m,硬路肩(含 2×0.5m 路缘带)+8×3.75m,行车道+4.5m,中间带(2×0.75m 路缘带+3.0m 中央分隔带),填方路基路段,填高小于 10m 时,设置一级边坡,坡率1:1.5,填方护坡道宽1m,边沟外70cm设置隔离栅,边沟外100cm为用地界。一般路段的行车道和硬路肩采用2%的路拱横坡。

4 路基压实度控制标准

新建路段基底部分压实度≥90%,拓宽部分基底压实度≥91%。

当对震动敏感的管线或构造物与征地红线的距离W_g>20m时,压实范围采用25KJ的冲击压路机冲击碾压,压实范围外开挖深度>1.5m、宽度>0.5m的隔震沟;当3m<W_g≤20m时,采用高速液压夯实机夯压,夯实范围外开挖隔震沟;当W_g<3m时,采取可靠保护措施后采用重型压路机压实。

一般填方路段时,路堤边坡高度H>3m时,正常路段清表填前压实后,达到压实度后,然后进行预应力混凝土管桩或高压旋喷桩施工。当路堤边坡高度3m≥H>2.04m时,正常路段清表填前压实后,地表铺筑40cm碎石后,连续长度大于100m时采用冲击压实补强,空间受限,段落较短的路段采用高速液压夯实补强,然后进行路基填筑。

当路堤边坡高度H<2.04m时,开挖至路床底标高,填前压实后,连续长度大于100m时采用中击压实补强,空间受限,段落较短的路段采用高速液压夯实补强。当地下水高,冲击碾压难以实现时,铺筑40cm碎石后再进行压实及补强。

5 新旧路基搭接技术

为增加新旧路基的整体协调性,避免或减少横向错台和纵向裂缝的发生,在加宽填筑路基前,先对老路基边坡和加宽路基的基底进行30cm(垂直于坡面方向)的清坡处理,并对基底进行填前夯实处理,验收标准按现行规范的压实度提高1%验收。

根据保通期间减少对原路基扰动的要求,参照我国成功经验,本项目拟采用自下而上挖台阶的方式。考虑到本路段路基填料中有大量粉质黏土和砂土,台阶高度不宜太大,坡脚处第一级台阶以宽200cm、高162cm开挖,上部台阶均为宽100cm、高81cm。开挖后及时进行拼接填筑,自下而上开挖一阶并及时填筑一阶。开挖拼接至路床底面的台阶时根据路基填高确定台阶高度和宽度,台阶顶面距离路床底面小于70cm时应将其作为一个台阶开挖回填,距离路床底面大于70cm时应分成40cm和≥30cm两个台阶高度开挖回填。路基高度小于4m时,上路床底面铺设一层土工格栅,并用钢筋钉固定;路基高度大于4m时,在路床顶以下40cm、120cm各设一层土工格栅,并用钢筋钉固定。

5.1 低填路段

原老路基边坡清坡30cm,开挖一级台阶,为减小新老路基不均匀沉降及提高新老路基衔接性,清表后若未达到路床底标高则继续挖至路床底,拼宽部分采用冲击碾压、高速液压或强夯处理后开始填筑,路床顶以下40cm铺设一层土工格栅。

5.2 一般路段

原老路基边坡清坡30cm,自下而上第一级台阶采用200cm宽、高162cm,第二级台阶及第二级台阶以上采用100cm×81cm,开挖一级填筑一级,直至路床底面,清坡面与挖台阶同步。填筑路基时在最下一级台阶铺设一层高强土工格室,路床顶以下40cm铺设一层土工格栅。

5.3 填高>4m路段

其他步骤及要求都同一般路段,并在此基础上在路床底增设一层土工格栅。

新旧路基衔接时由开挖路床内侧向外铺设土工格栅,土工格栅采用聚丙烯土工格栅,极限抗拉强度≥50kN/m,2%伸长率时的抗拉强度≥20kN/m,格栅搭接宽度不小于20cm,为防止格栅在压实时错动,采用直径10mm钢筋固定,间距为100cm。土工格室由边坡开挖的第一级台阶内侧向外铺设。高强土工格室的网带连接方式可采用焊接、铆接、插接、注塑等各种方式。

6 特殊路基设计

原京台高速公路路基已施工完成20余年,大部分路段老路基以下地基土固结度较高,在此次扩建工程中,新建的拼接路基在未进行地基处理的情况下必然会出现较大的工后沉降,如软土地基,这样就会造成新老路基出现较大的差异沉降,直接导致拼接后的路基将出现明显的纵向裂缝,丧失路基的完整性。由此可知,拼接路基的关键在于如何解决新老路基的差异沉降问题。

(1)一般路基段:当路基填方高度小于3m时,路基长度大于100m,路基正常压实后,两侧拼宽路基采用冲击碾压补强;当路基长度小于100m时,路基正常压实后,采用高速液压夯实补强,压实度达到要求后,进行路基的填筑;个别填方高度介于2.1~3m的路段,因沉降差异较大采用管桩预制混凝土管桩处理。当路基填方高度大于3m时,路基正常压实后,达到规定压实度,然后两侧拼宽路基采用预制混凝土管桩处理。

(2)软土路段:当路基填方高度小于2.04m时,路基长度大于100m,路基正常压实后,两侧拼宽路基采用冲击碾压处理;当路基长度小于100m时,路基正常压实后,采用高速液压夯实处理。压实度达到要求后,进行路基的填筑;当路基填方高度大于2.04m时,路基正常压实后,压实度达到要求后,两侧拼宽路基采用预制混凝土管桩、高压旋喷桩等处理。

7 特殊路基处理方案

为避免新老路基出现较大的差异沉降以及尽量减少拼接路基荷载对老路路基的影响,对地基存在软弱层的路段,两侧拼宽路基软基处理采用挖除换填、旋喷桩、预应力混凝土预制管桩等处理措施。对于一般路段、软土路段、桥头路段,采用预应力混凝土薄壁预制管桩进行处理。管桩的桩位布置从里向外在平面上呈正方形布设,桩中心间距$D3 = 2.3 \sim 2.9$m。本次预应力混凝土管桩型桩径400mm,壁厚60mm。预应力混凝土管桩的配筋参见《预应力混凝土管桩技术标准》。(JGJ/T 406—2017)。

管桩宜采用锤击打桩机施工、静力压装机施工。由于震动打桩机易对管桩造成损坏,不宜采用,若要采用震动打桩机,需采取必要保护措施并试验验证施工不会对管桩造成损伤后方可采用。施工现场应配有起吊设备,其起吊能力宜大于5t。桥头路基预应力混凝土管桩桩距2.3m,一般路段、特殊路基管桩间距2.9m,具体布桩时桩位可根据实际情况适当调整。

管桩的施工应符合下列规定:
(1)打桩过程中应严格控制桩身的垂直度。宜采用经纬仪进行垂直度控制,可在距桩机15~25m处成90°方向设置经纬仪各一台,测定导杆和桩身的垂直度。
(2)每根桩宜一次性连续沉至控制高程,沉桩过程中停歇时间不应过长。
(3)焊接接桩时,焊缝应连续饱满,满足三级焊缝的要求;因施工误差等因素造成的上下桩端头间隙应采用厚薄适当的模型铁片填实焊牢。接桩时上下节桩的中心线偏差不得大于

5mm,节点弯曲矢高不得大于桩段的0.1%。

(4)打桩过程中遇到较难穿透的土层时,接桩宜在桩尖穿过该土层后进行。预应力管桩施工的质量控制如下:

①施工前应进行成桩工艺试验,试桩数量不得少于5根。

②预应力混凝土薄壁管桩应按下列要求进行工程质量检验:

成桩后应进行载荷试验,检验单桩承载力,抽检频率应为总桩数的0.2%~0.5%,且不应少于5根。测定的单桩地基承载力不小于200kN。

当采用锤击法施工时,其基本施工流程图如图1所示。

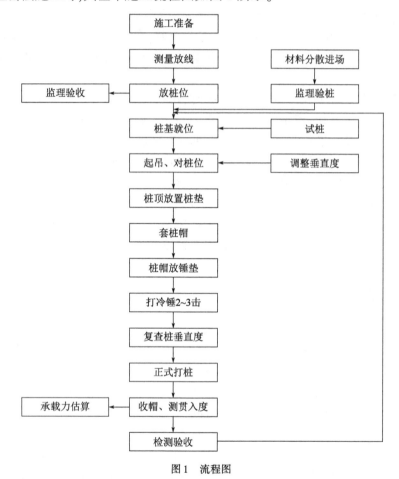

图1 流程图

8 施工监测

观测采用剖面沉降观测桩观测、沉降板观测、水平位移桩观测等方法。

沉降稳定观测点的布设原则:

(1)地表沉降观测断面在一般路段宜每100m布设一处,在预压施工高度达到极限高度的路段宜每50m布设一处,在跨度大于30m的结构物两端相邻路堤段应各布设一处,跨度小于30m时可仅在一端布设。

(2)沉降观测桩位于老路硬路肩边缘,每断面共设置2个;水平位移桩设置于施工便道外侧5m处。实际施工时,位移观测装置可根据实际情况进行调整。

9 施工管理

(1)路基填筑前,应对填料密度、含水量、最大干密度进行测定,压实过程中应对填料的含水量进行严格控制,压实后应检查填料的密实度是否符合设计要求。

(2)在雨季施工时,应注意加强施工管理,做好临时排水和防护措施(如设置路肩临时挡水堰等),避免路肩和边坡受雨水冲刷造成拉槽、坍塌。

(3)为保证路堤边缘的密实度,每侧填土应加宽≥30cm,在路基填筑结束后再行刷坡至路基宽度。

(4)原有耕地及人工填筑的场地,应清表回填,填筑前进行夯实,路基基底压实度(重型)不应小于91%。路基填土高度小于路面和路床总厚度时,应将地基表层土进行超挖并分层回填压实,其处理深度不应小于重型汽车荷载作用的工作区深度。

(5)施工过程中软基段路基应设置监测断面,加强对新筑路基的沉降观测和坡脚处侧向位移监测,发现异常情况应立即停止施工并及时反馈设计单位。

(6)防护、排水构造物周边回填土压实度应不小于91%,路面下排水构造回填土压实度按路堤相应部分压实度控制。

(7)挡土墙施工前应做好地面排水工作,基坑开挖后,若发现地基与设计情况有出入,应及时反馈设计单位;墙趾基础施工完工后应及时回填夯实,以免积水下渗影响墙身的稳定;墙砌筑时应错缝砌筑,填缝必须紧密。挡土墙施工前须对地基承载力进行复核,基底承载力能满足挡土墙要求时方可施工。

(8)路基施工时必须避免高堆填快速施工,采用薄层摊铺,分层充分碾压。对于填土较高的路基要控制新拼宽路基路堤沉降速度,避免沉降速度过快而导致影响旧路路基的稳定。

10 结语

高速公路改扩建是一项复杂的工程,涉及内容也很广。在公路改扩建过程中,对一般新旧路基进行搭接,更需要综合考虑加宽特殊路基下地基土的强度问题。路基改扩建拼宽施工需要注意的技术性问题较多,要做到精细化施工监测和管理,结合施工实际采取科学的方法和技术手段,避免不均匀施工造成的沉降问题,确保优良工程。

参 考 文 献

[1] 陈志.高速公路改扩建路基拼接技术[J].中国高新科技,2020(16):41-42.
[2] 王灏.高速公路改扩建路基路面拼宽施工技术[J].交通世界,2020(19):86-87.
[3] 王莹.高速公路改扩建路基路面拓宽设计方案探讨[J].北方交通,2020(7):67-69+74.

基于牛顿流体浆液桩侧注浆浆液上返高度模型

张 学[1] 姚里昂[1] 李兴刚[1] 林 强[1] 郭常乐[2]

(1. 四川路桥建设集团股份有限公司,四川成都 610000;2. 山东农业大学,山东泰安 271000)

摘 要:桩侧注浆浆液上返高度对后注浆桩承载特性的提高有重大的影响。本文基于牛顿型流体推导了桩侧注浆浆液上返高度的理论计算公式,并给出了参数的确定方法及成层土中浆液上返高度的迭代算法,并依托京台高速公路(冀鲁界)改扩建工程,对注浆加固效果进行评估,结果表明浆液上返高度的计算结果与实测值基本吻合。研究成果可为后压浆桩的设计和效果检测提供参考和指导。

关键词:牛顿型流体 桩侧后压浆 浆液上返高度

1 引言

钻孔灌注桩具有承载力高、沉降小、适用范围广等特点,被广泛应用于高层建筑、桥梁等工程。由于灌注桩施工工艺的影响,桩底残留沉渣和桩侧形成泥皮,将严重削弱灌注桩承载力。通过高压注浆,可有效降低桩底沉渣和桩侧泥皮带来的负面影响,大幅度提高灌注桩的承载性能,减小桩顶沉降。浆液扩散与被注浆地层渗透性、强度、浆液类型、注浆压力等相关。张忠苗等研究了幂律型桩端后注浆的浆液上返高度的影响因素,戴国亮和房凯分别推导了幂律型流体桩端和宾汉流体桩端后注浆浆液上返高度的计算公式,均未考虑牛顿型流体浆液对桩基承载力的影响。

因此,本文基于牛顿流体,建立桩侧注浆浆液上返的理论模型,进而给出成层土中浆液上返高度的迭代算法,以期为后压浆桩的设计与检测提供依据。

2 浆液上返高度理论推导

2.1 浆液流型及基本假定

浆液存在不同的流型,而不同的浆液流型对桩基加固范围有显著的影响,因此,建立浆液上返模型的基本前提是选择合理的浆液流型。已有的研究表明:纯水泥浆有3种不同的流型,而不是某种单一流型。水灰比在 0.5~0.7 之间的水泥浆液为幂律流体,水灰比在 0.8~1.0 之间的水泥浆液为宾汉流体,而水灰比大于 1.0 的水泥浆液为牛顿流体,水泥浆液由幂律流体向宾汉流体转化的临界水灰比为 0.7,由宾汉流体向牛顿流体转化的临界水灰比为 1.0。本文在高压扰动阶段选取的水泥浆液水灰比较大通常大于 2.0。因此,本文桩侧浆液上返理论模型基于牛顿型流体建立,模型如下假定:土体为各向同性的均质体;牛顿流体为不可压缩、均质且各向同性的流体,在压浆过程中其流型保持不变;流速较小,流体除在注浆孔周围局部的很小区域流态呈紊流状态外其余皆为层流;忽略桩侧壁的粗糙程度,假设桩身是规则的圆柱面,且浆液上返形成的环形水泥浆脉呈均匀分布;牛顿流体通过非完整孔或自上而下分段注浆注入被注介质或材料;牛顿流体的重力影响作用在注浆过程中忽略不计;被注介质或材料满足各向同性与均质。

2.2 考虑时变性的浆液流变方程

牛顿流体流变方程如公式(1)所示:

$$\tau = \eta\lambda \tag{1}$$

式中:τ——剪切应力(kPa);

η——动力黏度;

λ——剪切速率,$\lambda = -dv/dr$。

2.3 浆液上返高度公式推导

桩侧注浆浆液上返是影响桩基承载力的重要因素,因此为了能较好地计算桩侧浆注浆浆液上返高度(图1),取浆液上返段任意长度 dL,厚度为 $2r$ 的环状流体微元段进行分析。水泥浆液达到稳定时微元段在竖直方向的受力平衡关系如公式(2)所示:

$$\pi\left[\left(\frac{r_1+r_0}{2}+r\right)^2 - \left(\frac{r_1+r_0}{2}-r\right)^2\right]\left[(P+dp)+\gamma_g dL - P\right] + 2\pi\tau\left[\left(\frac{r_1+r_0}{2}+r\right)+\left(\frac{r_1+r_0}{2}-r\right)\right]dL = 0 \tag{2}$$

可化简为公式(3):

$$\tau = -\left(\frac{dp}{dL}+\gamma_g\right)r \tag{3}$$

式中:r——环状流体微元厚度(m);

r_0——桩半径(m);

r_1——桩体中心至环状浆液边缘距离(m);

P——微元段底端的压力(MPa);

dp——微元段上的压力差(MPa);

γ_g——浆液重度(kN/m³)。

把公式(1)代入公式(3)得到公式(4):

$$\gamma = -\frac{dv}{dr} = -\frac{1}{\eta}\left(\frac{dp}{dL}+r_g\right)r \tag{4}$$

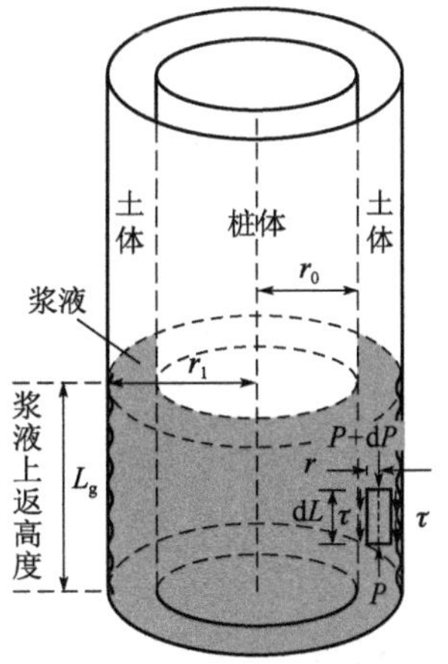

图1 桩侧压力浆液上返模型示意图

对公式(4)积分,并考虑边界条件 $r = r_1 - r_0/2, v = 0$,可求解,如公式(5)所示:

$$v = \frac{1}{2\eta}\left(\frac{dp}{dL}+\gamma_g\right)\times\left[r^2 - \left(\frac{r_1-r_0}{2}\right)^2\right] \tag{5}$$

由此可得水泥浆液在整个界面上单位时间流量 Q,如公式(6)所示:

$$Q = \int_{r_0}^{r_1} 2\pi rv dr = \int_{\frac{r_1-r_0}{2}}^{0} -2\pi\left(\frac{r_1+r_0}{2}-r\right)v dz + \int_{0}^{\frac{r_1-r_0}{2}} 2\pi\left(\frac{r_1+r_0}{2}+r\right)v dz \tag{6}$$

可简化为公式(7)：

$$Q = \frac{\pi(r_1+r_0)}{\eta}\left(\frac{dp}{dL}+\gamma_g\right)\times\left[-\frac{11(r_1-r_0)^3}{24}\right] \quad (7)$$

一般认为，桩土界面的劈裂压力 P_c 等于土体的水平侧向静止土压力，可按公式(8)计算：

$$P_c = K_0\gamma_m(L-L_g) \quad (8)$$

式中：K_0——桩周土体的静止侧压力系数；
　　　γ_m——浆液最大上返高度以上位置的土体平均重度(kN/m^3)；
　　　L——桩长(m)；
　　　L_g——浆液上返高度(m)。

通过变换公式(8)可求解得到桩侧注浆浆液上返高度，如公式(9)：

$$L_g = \frac{(P_c-P_b)\times dL}{dp} \quad (9)$$

式中：P_b——桩侧注浆时浆液压力(MPa)；
　　　P_c——桩土界面的劈裂压力(MPa)。

将公式(7)代入公式(9)可以求解浆液的理论上返高度，如公式(10)：

$$L_g = \frac{P_b-P_c}{\left[\dfrac{Q\eta}{\pi(r_0+r_1)}\right]\times\left[\dfrac{24}{11(r_1-r_0)^3}\right]+\gamma_g} \quad (10)$$

由公式(10)可以得出，桩侧注浆浆液上返高度由桩侧出浆口的浆液压力 P_b、桩土界面的劈裂压力 P_c、浆液流量 Q、流变参数 η 等因素共同决定。

3 模型参数的确定及成层土中浆液上返的迭代计算

3.1 参数的确定方法

计算公式对各个参数的确定方法如下：

(1)牛顿型流体的流变参数 η 可通过试验测定，无试验条件时可通过查询已有的经验得到。

(2)考虑到实际施工时的多种因素的不确定性，很难确定桩侧注浆压力的准确值，可以通过公式(11)计算：

$$P_c = k_1 k_d P_p \quad (11)$$

式中：P_c——桩侧注浆压力实际值(MPa)；
　　　k_1——在运输过程中压力损失的折减系数；
　　　k_d——桩侧浆液压力消散的折减系数；
　　　P_p——注浆泵实测压力值(MPa)。

参数 k_1 可以通过桩侧注浆压力与地面注浆压力比值得到，根据 Mullins 试验数据可知 k_1 的取值范围为 0.3~0.95。参数 k_d 与桩侧注浆位置土层有关，一般取 0~0.4。根据工程实测值得到的 k_d 的参考值见表1。

不同桩侧土层参数 k_d 的参考值　　　　表1

桩长	卵砾	砂土	粉土
<20m	0~0.1	0~0.1	0~0.2
20~60m	0~0.3	0.1~0.3	0.2~0.4
>60m	0.1~0.4	0.1~0.4	0.2~0.4

在实际工程中,考虑桩侧的粗糙系数,将浆液上返高度进行折减,则浆液上返高度为:

$$L'_g = k_r L_g \tag{12}$$

$$k_r = \frac{L_{bp}}{H} \tag{13}$$

式中:L_{bp}——钻孔孔径剖面线的总长度;

H——钻孔的高度。

(3)注浆量 Q 可由现场监测数据得出。

3.2 成层土中浆液上返的迭代计算

在实际施工中,桩基会穿过多层土,由于不同土层的参数各不相同,使得桩侧浆液沿着桩身上升挤压桩侧土体形成不同厚度的浆脉。因此,考虑桩侧不同土层对桩侧注浆浆液上返理论模型的影响,对桩侧土体进行分层研究。首先,将桩侧土体及相应的水泥浆液划分为 n 个分段,各分段长度可以相同也可以不同,可根据计算要求确定,但不同土层分界面需为分段单元的分界面。然后,按照上述浆液上返理论模型对第 n 分段单独分析,其中作用在第 n 分段底面的力即桩侧出浆口的浆液压力。最后,考虑每个分段交界处浆液压力的连续性,即可对各分段进行分析。

对第 i 段进行分析。桩土间水泥浆液的厚度 u_i($u_i = r_{li} - r_0$)可根据公式(14)得出:

$$u_i = \frac{\overline{P}_i - P_{0i}}{2G_i} r_0 \tag{14}$$

$$\overline{P}_i = \frac{P_i + P_{i-1}}{2} \tag{15}$$

式中:$\overline{P}_i$——第 i 段的平均浆液压力,MPa;

P_{0i}——第 i 段桩周土体的初始应力,MPa;

G_i——第 i 段桩周土体的剪切模量,MPa。

第 i 段 L_{gi} 可由公式(16)计算得出:

$$L_{gi} = \frac{P_i - P_{i-1}}{\left[\dfrac{Q\eta}{\pi(r_0 + r_{li})}\right] \times \left[\dfrac{24}{11(r_{li} - r_0)^3}\right] + \gamma_g} \tag{16}$$

土层桩侧压力扰动注浆上返高度的迭代可按以下步骤计算:

(1)桩周土体按照不同土层划分为 n 段,每段的长度为 L_{gi}。

(2)假定第 i 段顶面的浆液压力为 P_{i-1},而第 i 段底面的浆液压力 $P_i = P_b$,根据公式(14)和公式(15)可计算得到第 i 段桩间土间环状水泥浆脉的厚度 u_i。

(3)通常由公式(14)计算得到的 P'_{i-1} 与假定 P_{i-1} 不相等,因此需要将得到的 P'_{i-1} 作为 P_{i-1},重复步骤(2)并代入公式(16)计算得到新的 P''_{i-1},直至两者相等为止。

(4)按照上述步骤依次分别计算各段,若第 i 段顶面的浆液压力大于该段桩周土劈裂压力,则进入下一段土层计算,若第 i 段顶面的浆液压力小于该段桩周土劈裂压力,则将计算得到的桩周土体的劈裂压力作为 P_{i-1}，代入公式(16)可计算得出浆液在第 i 段的上返高度。

(5)由步骤(2)~(4)，可迭代求解计算得到浆液最大上返高度 L_g。

4 计算实例

为验证本文建立的桩侧注浆浆液上返模型的适用性，选取京台高速公路改扩建工程 K366 处新桩作为算例。该桩桩长 $H=22\text{m}$，桩径 $D=1.2\text{m}$，桩侧注浆处位于距桩端 2m 处，注浆扰动水泥浆液水灰比 $W/C=2.0$，注浆扰动压力为 19MPa，其桩侧土层分布见表 2。根据上文建立的浆液上返理论模型对其进行计算与分析，浆液流量 $Q=30\text{L/min}$，水泥浆液流变参数 $\eta=0.5$。采用本文提出的成层土中桩侧压力浆液上返高度的迭代算法，并利用上述给出的参数依据公式(16)，计算得到该桩的桩端浆液上返高度为 17.5m。与实测值 19m 很接近，证明本文研究成果具有一定的适用性。

各土层物理学参数　　　　表2

土层名称	层厚(m)	W(%)	γ(kN/m³)	e	I_p	I_L	E_s(MPa)	C(kPa)	φ(°)
①粉土	2	24.2	1.92	0.74	8.5	0.39	7.05	13	22.1
②粉质黏土	3.4	24.9	1.94	0.77	13	0.47	5.08	25	14.7
③黏土	6	31.9	1.9	0.91	10.8	0.38	4.44	34	16.4
④粉土	4.8	22.5	1.94	0.70	8.5	0.37	7.1	15	21.8
⑤粉质黏土	6	28.4	1.92	0.83	14.9	0.56	4.81	27	15.1
⑥粉土	4.3	21.8	1.94	0.69	9.1	0.32	7.27	15	23

5 结语

(1)以牛顿流体为基础，建立了桩侧注浆浆液上返的理论计算公式，并给出了参数取值的确定方法及成层土中浆液上返高度的迭代计算方法。其物理意义明确，对完善注浆加固桩基承载特性设计有着重要的意义。

(2)对现场桩侧注浆钻孔灌注桩进行计算，其理论上返高度 17.5m，与实测值 19m 左右很接近，证明本文建立公式的适用性。

(3)实际桩侧后压浆工程中，由于浆液上返高度与土层性质、压浆参数及地层的横向连通性等因素有关，使每根桩可能形成不同的浆液上返高度，因此，可以通过现场试压浆试验来探明场地地质的情况以及选择合适的压浆参数。

参 考 文 献

[1] 张忠苗，邹健，刘俊伟，等.桩端后注浆浆液上返高度的理论研究[J].岩土力学，2010，31(8)：2535-2540.

[2] 戴国亮，万志辉，竺明星，等.基于黏度时变性的桩端压力浆液上返高度模型及工程应用[J].岩土力学，2018，39(8)：2941-2950.

[3] 房凯.桩端后注浆过程中浆土相互作用及其对桩基性状影响研究[D].杭州：浙江大学，2014.

[4] ZENITR, KOCHDL, SANGANIAS. Measurement of the average properties of a suspension of bubble srising in avertical channel[J]. Journal of Fluid Mechanics, 2001, 429+307-342.
[5] 孔祥言. 高等渗流力学[M]. 北京:中国科学技术大学出版社, 1999.
[6] 阮文军. 注浆扩散与浆液若干基本性能研究[J]. 岩土工程学报, 2005(1):69-73.
[7] 王东亮,郝兵元,梁晓敏. 不同流型浆液在裂隙内扩散规律的理论与数值分析[J]. 中南大学学报(自然科学版), 2021, 52(10):3760-3770.
[8] 杨志全,侯克鹏,梁维,等. 牛顿流体柱-半球面渗透注浆形式扩散参数的研究[J]. 岩土力学, 2014, 35(S2):17-24.
[9] 张伟,陈文义. 流体力学[M]. 2版. 天津:天津大学出版社, 2009.
[10] 张忠苗. 灌注桩后注浆技术及工程应用[M]. 北京:中国建筑工业出版社, 2009.
[11] 阮文军. 基于浆液粘度时变性的岩体裂隙注浆扩散模型[J]. 岩石力学与报, 2005(15):2709-2714.
[12] 南敢. 基于Herschel-Bulkley模型的桩端后注浆浆液扩散机理研究[D]. 昆明:昆明理工大学, 2021.
[13] 李海涛. 考虑浆液黏度时变性的后注浆桩承载特性研究[D]. 济南:山东大学, 2021.

浅谈改扩建高速公路路基沉降病害及施工控制技术

高 扬 黄智荣 刘亚江

(中铁四局集团有限公司,安徽合肥 230023)

摘 要：在公路工程建设中,公路路基的沉降是一项重要的问题,造成路面平整度受损,导致车辆在行驶过程中出现颠簸甚至有倾覆的危险,因此控制公路路基的沉降极为重要。针对公路路基沉降产生原因、沉降的危害以及沉降控制技术进行分析,可为降低公路路基沉降的发生率提供借鉴。

关键词：公路工程 路基沉降 施工控制

1 引言

随着我国公路建设的发展,人们对道路质量提出了更高的要求。路面沉降问题影响着公路的整体质量。考虑到路基沉降发生的必然性及其带来的恶劣影响,实时的路基沉降监测显得尤为重要。而随着我国运营里程的增长,大范围的路基沉降监测给后期的运营维护带来了较大挑战。此外,由于技术、经济及观念原因,我国在高速铁路路基沉降实时监测的基础研究和开发相对比较落后,导致高速铁路运营的安全保障技术基础不够完善,沉降监测长期依赖简单周期性或不定期测量,集中典型工点和局部地段,效率低费用高,缺少可以及时判断轨道线下基础沉降变形的简便方法。因此,本文就道路沉降问题产生的原因进行分析,并提出对应的解决措施,希望可以对相关工作人员有所帮助。

2 公路路基沉降及施工控制技术应用优势

公路工程建设作为一项有利于国民经济发展的重要建设,在城市规范建设中具有重要意义。交通运输业为社会经济发展提供了便利的渠道,我国现代化的经济建设离不开交通运输业的支撑,而且对公路交通建设的需求量越来越大,对公路工程项目建设的质量要求也在不断提升。但现阶段我国公路交通建设中却存在诸多问题,公路路基的沉降病害问题严重,严重阻碍了公路交通建设进程,更给我国现代化经济建设带来不利影响。因此,为改善当前公路建设现状,应针对沉降原因展开探究,并由管理部门采取相应措施,加强对公路路基沉降施工控制技术的研究力度,以此来改善我国公路交通建设现状。在此之前,我国公路路基沉降病害问题是相关研究人员的重点工作,但由于某些研究人员的研究工作只流于表面形式,缺乏实践的操作,致使一些理论知识与实际情况脱轨,无法保障我国公路路基沉降病害问题得以解决。当前,只有深入研究公路路基沉降施工控制技术,找出相应的措施,才能够使我国公路建设更加稳定、安全。

3 公路路基沉降的施工控制技术

3.1 做好施工前的准备工作

在公路施工之前,技术人员一定要做好施工前的准备工作,首先要做的就是地质勘查工作。地质状况直接影响到施工的进度和方案,并对使用中的公路造成影响,技术人员应该对施工场地进行详细勘察,调研当地的地质地貌条件、水文条件、植被覆盖率以及气候状况,调查结束后结合实际施工环境制订合理的施工方案。针对路基的沉降控制,施工人员应该注意检测施工场地的土质稳定状况,试验区域土质的承载量,据此安排施工方案,同时要结合施工环境,选择合适的施工材料与施工技术,尽量破除地质状况对路基的影响。例如,针对土质稳定性不佳的黏性土质,施工人员可以将其改造,在里面掺杂一些颗粒直径较大的石质土,并结合一些其他的改良材料来稳固土质,确保路基的安全。

3.2 地质结构勘测

地质结构勘测是做好路基施工的关键,因此要消除路基沉降病害首先应从地质结构勘测入手,分清上述不同地质结构分布的广度和深度,进而采取相应措施进行处理。例如,对于软土层来说,必须勘测清楚公路路基修筑软土层分布的范围、深度。通过地质取样等,弄清软土层分布情况,并在施工图纸中注明其分布的深度和广度。如果分布范围较小,而且分布深度较浅,则用机械开挖的方法,将软土层全部移除,然后进行土方填筑,再进行路基碾压夯实。如果分布范围较广、深度较深,则先用大型涵管代替路基,保证路基不会发生沉降形变,再用钢筋混凝土桩加高架桥的方法修筑公路,这样就可以解决软土层问题,而且不用全部移除软土层,只需找点进行钢筋混凝土桩修筑即可。但是使用钢筋混凝土桩进行路基修筑,必须将钢筋混凝土桩修建在沙层或者岩石层,否则桩基无法起到支撑作用。所以在浇筑钢筋混凝土桩时越深越好。

3.3 控制公路路基施工质量

施工人员可以在公路工程施工期间通过控制公路路基的施工质量来控制路基沉降。在这个阶段中,施工人员可以采取以下两种方式:

(1)施工人员对路基土层回填进行严格控制,在这一过程中,可以采用沉降杆和新接管管钳作为沉降值的测定标准来开展工作,同时应该格外注意施工现场的土质状况,明确其类型特点以选择合适的填土材料。例如,施工现场的土质假如为含水量较高的土质,施工人员就要严格控制回填的速度,将其限定在 10mm/d。

(2)施工人员要对路基的预压时间严格把控,因为这项工作直接影响到公路路基的稳定性,这项工作通常是将公路的预压时间控制在 6 个月以内,保证预压时间与施工周期的协调性,从而确保路基的稳定性。

3.4 控制地下水位

地下水位对于路基沉降有着比较大的影响,因此,要对地下水位进行科学合理的控制。在碾压的时候,要按照施工的标准和流程进行操作,采用分层碾压的方法来提高各个土层的稳定性和坚固性,降低水的含量。每个层面的碾压强度要不断提高,避免沉降的发生。在路基施工中,要对地下水位的高度进行控制,防止地下水对其他土质的渗透甚至是浸泡,影响路基的承重能力。在控制水位的时候,可以采用开挖盲沟的方式,或者是采用深挖边沟的方式,这样可以使水位降低。沉降比较严重的时候还要进行挖沟,在土质松软的地方挖大约80cm,直到出现硬质土质。在填土的时候,要选择透水性比较好的材料,这样可以保证路面水更好地渗入和排出。填埋时要均匀,提高土质的密度,保证填土的速度和效率。

3.5 施工案例分析

某段公路设计总里程为60km,施工区域地形问题较复杂,施工区域环境条件较为恶劣,若在高填方施工中压实度控制不合理,施工区域将会产生严重的沉降问题,对路面通车安全性威胁较大。在施工活动开展之前准备对应的施工机械设备,如重锤夯机。在碾压施工过程中要对各个填筑层施工质量以及相关厚度参数进行分析,压实活动结束之后,要对各项参数进行分析,当压实度能适应设计方案各项要求之后采取重锤夯击施工。将机械设备安装在规定高度,通过水准仪进行高程测量,通过自由下落的方式进行夯击施工。在另外施工试验路段中,击实平均沉降不满足2cm进行重锤施工。上述夯击施工活动结束之后,对路基承载性能进行分析检测。从各项检测数据中能得出,通过重锤夯击,路基承载能力有效提升,路基地层固结能力有效优化。从最终施工成效中能得出,重锤夯击处理之后,路基基本承载能力能有效提升,沉降问题可以得到有效控制,路面平整度较好,路基稳定性提升。

4 施工注意事项

在公路沉降施工过程中,应注意保证桩孔的定位。在桩头施工过程中,应严控施工桩头质量。在距离地面以下至少1m的范围内工作。施工作业人员应明确加固粉料的桩底的作用需求,钻头没有达到要求深度时不能马上撤出,以确保粉料能够更多地留在桩底。注意对气压的管理和控制,避免出现气压过大造成的管路堵塞问题。若出现了堵塞问题,首先应进行停工查明,停止空压机作业,并找出堵塞原因,对其进行疏通,保障喷气喷粉工作顺利高效地进行。

5 结语

综上所述,路基沉降是一种常见的病害,一旦出现,会影响到公路的质量,影响人们的出行。随着科学技术的发展,通过对路基沉降原因的进一步分析,将这些原因进行整合与分类,可以有效地针对不同类别的原因采用不同措施进行处理,使得路基更加坚固、质量更好,提高道路的使用年限,为人们使用道路提供更好的体验。

参 考 文 献

[1] 宋治成.公路路基沉降及施工控制技术浅析[J].工程建设与设计,2018(17):216-217+220.

[2] 温亚娟.公路路基沉降病害及施工控制技术[J].科学技术创新,2019(8):111-112.

[3] 杨才宝,范燕来.高速公路路基沉降及施工控制技术[J].交通世界(工程技术),2016(2):50-51.

改扩建高速公路互通匝道拆除交通组织方案研究
——以京台高速公路为例

杜明鹤 黄智荣 黄 波

(中铁四局集团有限公司,安徽合肥 230023)

摘 要:随着车流量的不断增加,公路运输压力越来越大,同时,由于交通量急剧增加,原有的高速公路已不能满足目前的交通要求,因此高速公路改扩建项目逐渐增加。施工过程中交通组织方案尤为重要,对交通组织进行系统优化,将可以帮助公路工程加快施工进度。反之,若不能很好地处理,很容易对公路建设造成不利的影响。论文结合京台高速公路施工实例,总结了互通匝道拆除交通组织方法,为其他类似的交通组织提供技术和参考。

关键词:匝道拆除 交通导流 高速公路

1 工程概况

原齐河互通(中心桩号:K388+400)立交位于齐河县,为一A型单喇叭互通立交,现状收费站为3进7出,根据远期交通量预测,单喇叭互通已不满足远期交通需求,改建为双喇叭方案,施工拆迁规模和协调难度均很大。经山东高速与齐河县政府沟通协调后,齐河互通式立交采用选址新建的方案,原有齐河互通拆除废弃。

为适应齐河县城市规划发展的需要,同时适应交通量快速增长的需要,新建齐河互通(中心桩号:K384+211)选址在齐河市纯李庄村南侧,被交路为远期规划为一级路的晏黄路(迎宾北路)。

原计划在新建齐河互通完成后进行老互通的拆除,因征拆及总体工期提前的原因现需对老齐河互通进行提前拆除。为保证交警、路政救援车辆、巡查车辆以及特殊勤务紧急进出,计划在园区路分离立交(中心桩号 K387+544.192)大里程设置紧急驶离高速的通道,路基采用素土填筑,临时路面采用30cm的C30混凝土路面,宽度6.0m,路面坡度7%,设计时速40km/h,采用波形护栏进行防护。保留齐河-济南方向的匝道。

2 改扩建的优点

高速公路改扩建有以下优点:

(1)提高高速公路承载能力:通过对高速公路的改扩建,可以提高其承载能力,从而更好地满足日益增长的交通需求。

(2)延长收费期限:高速公路改扩建后,其使用年限可以大大延长,从而能够继续收取通行费用,为经营公司带来更多的现金流。

(3)减少拆迁量:由于改扩建工程是在原有的高速公路基础上进行,所以能够充分利用地形,减少拆迁量,降低了工程的成本。

(4)保留排水防护设施:在改扩建过程中,路基单侧的排水防护设施可以继续保留使用,从而减少了工程量。

(5)减小差异沉降:通过合理的设计和施工,可以减小新、老路基之间的差异沉降,提高路面的平整度。

(6)减小施工干扰:由于改扩建工程是在原路基础上进行,所以施工期间可以保持原路的交通流量,减少了对交通的影响。

(7)减少施工占地:由于改扩建工程对原路进行了充分利用,所以可以减少施工期间的临时工程和占地,降低了对周边环境的影响。

3 提前拆除的背景及意义

为减少改扩建施工对地方交通的不利影响,加快齐河交通发展,提升齐河交通的便捷性和承载力,京台高速公路德齐段改扩建工程拟提前完工,相应的施工节点均有不同程度的提前,需提前对老齐河互通进行拆除,以加快施工进度,确保京台高速公路德齐段改扩建工程能够顺利按计划节点完工。

(1)为缩短改扩建施工对齐河县交通影响时间,需提前拆除老互通及匝道,以加快转序进度。

京台高速公路德齐段改扩建第二次转序(转序至左幅四车道通行阶段)时间由原来的2021年11月30日提前至2020年12月31日,该互通占压600m长的区域无法施工,该区域内有路基填方50000m³,桥梁1座(拆除新建)、涵洞2座,不提前拆除齐河互通匝道,第二次转序将无法按提前的转序节点实现。

(2)老齐河互通位于架梁的关键线路上,不提前拆除无法完成桥梁的梁体架设。

老齐河互通位于主线K388+400处,K388+413(原齐河互通匝道桥)、K388+839(金石大街分离立交)及K389+502(韩庄公铁立交)三座桥梁架梁均需从此处通过,如不提前拆除,该三座桥梁均无法完成架设,将影响第二阶段保通,从而造成总体工期的延后。

(3)提前拆除后将加快京台高速公路的施工进度,为提前完工打下坚实的基础。

计划4月1日开始拆除齐河互通匝道,相应的占压工程量均可提前组织施工,箱梁架设也可正常按计划进行,第二次转序节点将能如期实现,为工程顺利进展提供有力的保障。

(4)加快新建齐河互通的建设进度。

新建齐河互通原计划2021年4月份开通,为缓解老互通拆除对交通带来的影响,服务齐河经济发展,计划加大新建齐河互通施工资源投入,通过合理组织、科学管理,加快新建互通的施工进度,力争将新互通开通时间提前至2020年10月底。

4 交通导流方案

根据齐河县人民政府2019年9月17日发布的《关于进一步加强中心城区货运车辆通行管理的通知》的相关要求。

西行主要绕行方案:G308←→华焦路←→济聊高速齐河西收费站←→济聊高速←→京台高速公路晏城枢纽←→京台高速公路。

东行主要绕行方案:G308←→济南绕城高速齐河东收费站←→济南绕城高速←→京台高速公路晏城枢纽←→京台高速公路。

4.1 上高速车辆导流方案

匝道封闭后在原收费站广场设置公示牌和指示牌,指引车辆至保通线路。为避免单一分流路径导致交通拥堵,拟根据车型分开导流,具体方案如下:

在时段22:00—次日6:00,大车可以沿G308国道西行至华焦路向南至齐河西收费站上济聊高速,由晏城枢纽行至京台高速公路通行(6:00—22:00,大车禁止通行),小车不受时段限制;或沿G308国道向东直行,至齐河东收费站上济南绕城高速,由晏城枢纽行至京台高速公路通行。

4.2 下高速车辆导流方案

拆除齐河收费站后,原到齐河县车辆采用以下方式进行导流:

(1)济南方向来车由齐河生态城收费站下高速,沿G309西行至华焦路北行至G308进齐河县城,或沿京台高速公路西行至晏城枢纽上济聊高速齐河西收费站下华焦路北行至G308进齐河县城。

(2)济阳方向来车由齐河东收费站下高速,沿G308国道向东直行进入齐河县城,或沿济南绕城高速向西直行至齐河西收费站下高速,通过华焦路进入齐河县城。

(3)德州方向来车前行至晏城枢纽左转至济阳方向在齐河东收费站下高速,沿G308西向进入齐河县城(6:00—22:00,大车禁止通行);或前行至晏城枢纽右转至聊城方向在齐河西收费站下高速,沿华焦路北向进入齐河县城。

(4)聊城方向来车齐河西收费站下高速,沿华焦路北向进入齐河县城。

5 交通保障措施

5.1 社会公告

通过在《齐鲁晚报》《德州晚报》、齐河电视台、齐河人民政府等进行社会告知,并利用相关媒体的微信进行推送消息,公布京台高速公路齐河收费站施工封闭的具体方案,包括具体路段起终点、施工作业时间、绕行路线。

5.2 封闭公告及提示牌设置

为保证封闭期间高速车辆有序通行,做好撤除收费站后匝道口的封闭措施以及远端预告、近端提醒的标识标牌,确保车辆行驶准确、顺畅。

结合禹城收费站和平原南收费站的施工公告,统一组织对相邻收费站封闭后的提示标牌的设置。

5.3 封闭区域安全警示标志设置

老齐河收费站匝道出口、入口长度均为200m,将采用临时护栏进行封闭。

为了更好地对过往车辆进行提示,将在出口处前方中分带及路侧500m处各设置"京台高速公路齐河收费站封闭请直行"提示牌,在出口处用F形护栏封闭加宽车道,并设置警示灯、电子导向灯。在封闭区域内设置2×2.5m的"京台高速公路齐河收费站封闭请直行"提示牌,同时安排保通人员值守,以便更好地提示过往车辆(图1)。

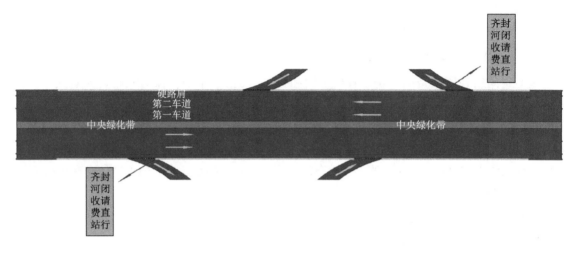

图1 齐河互通匝道示意图

6 结语

综上所述,随着社会发展不断完善,公路桥梁工程建设规模日益扩大。高速公路改扩建项目势在必行。本方案有效制订交通组织方案,并利用现场实际考察,进一步优化交通组织实施过程,确保缩短改扩建施工对交通影响时间,以加快转序进度;在公路施工建设中展现良好的价值作用。该标段互通匝道拆除施工已顺利完成,效果合格,所用交通组织方案合理可行,值得类似公路工程参考借鉴,保证施工进度。

参 考 文 献

[1] 朱文龙.改扩建工程互通立交设计研究[J].华东公路,2018(6):90-91.
[2] 李晟.已通车高速公路增设互通立交设计方案比选研究[J].福建交通科技,2018(4):146-149.
[3] 赵瑞静,弯迎彬.浅谈高速公路改建施工中的保通问题[C]//河南省土木建筑学会.土木建筑学术文库(第11卷).上海:同济大学出版社,2009:2.
[4] 中华人民共和国交通运输部.高速公路改扩建设计细则:JTG/T L11—2014[S].北京:人民交通出版社股份有限公司,2015.
[5] 刘越,丁园园,王娜.高速公路改扩建项目建设现状与趋势[J].工程建设,2015,47(5):53-57.

稳定剂对 SBS/REOB 复合改性再生沥青存储稳定性的改善效果评价

辛崇升[1]　闫晓洲[2]　黎德锋[1]　严钶[1]　卢忠梅[1]

(1. 济南金曰公路工程有限公司,山东济南 250013;2. 山东交通学院,山东济南 250357)

摘　要:沥青和 SBS 之间的不相容性会导致基础沥青和 SBS 的分离,这严重影响了改性沥青的质量和技术规格。为了深入了解和解决这一问题,本文采用添加稳定剂的方法,以单因素的控制条件,即在不同时间和温度条件下,对掺有稳定剂的 SBS 以及 SBS/REOB 在热存储过程中的性能变化规律进行研究。

关键词:SBS 改性沥青　废机油残留物　存储稳定性

1　引言

改性沥青在道路建设中扮演着至关重要的角色,它可以增强道路材料的性能和耐久性。其中,SBS 和 REOB(废机油残留物)复合改性已被广泛研究和应用,以提高沥青的抗老化、耐久性和变形能力。然而,沥青和 SBS 之间的不相容性一直是制约改性沥青质量和技术规格的一个关键因素。这种不相容性会导致基础沥青和 SBS 在储存和使用过程中发生分离,从而影响改性沥青的性能和长期稳定性。

为了解决这一问题,研究人员一直在探索不同方法来改善 SBS/REOB 复合改性再生沥青的存储稳定性。其中一种重要的方法是添加稳定剂,以减缓或抑制沥青和 SBS 之间的不相容性反应,从而提高改性沥青的性能和质量。本章将通过添加稳定剂的方式,通过单因素的控制条件,即在不同的时间和温度条件下,对掺有稳定剂的 SBS 及 SBS/REOB 在热存储过程中的性能变化规律进行详细分析。

在这个研究中,我们将首先介绍实验的试验方案,包括选取的时间和温度条件,以及实验的控制参数。然后,我们将重点关注不同存储时间对 SBS/REOB 复合改性再生沥青的存储稳定性的影响。通过对这些性能参数的分析,我们将评估稳定剂对复合改性再生沥青存储稳定性的改善效果,并深入了解其作用机制。

这项研究的结果将有助于更好地理解稳定剂在改性沥青中的应用,为道路建设和维护提供更高质量和更持久的道路材料,从而促进交通基础设施的可持续发展。

2 原材料的选择

2.1 沥青

本文选用山东淄博一拌和站生产的70号A级道路石油沥青作为制备SBS改性REOB再生沥青的原样沥青。按照《公路工程沥青及沥青混合料试验规程》(JTG E20—2011)的试验操作进行,技术指标试验结果见表1。

基质沥青试验结果　　表1

测试项目		试验结果	规范指标
针入度(100g,5s,25℃)/0.1mm		70.6	60~80
针入度指数PI		−1.1	−1.5~1.0
软化点(℃)		49.7	≥46
60℃动力黏度(Pa·s)		271	≥180
10℃延度(cm)		73.0	≥25
闪点(COC)(℃)		280	≥260
蜡含量(蒸馏法)(%)		0.8	≤2.2
密度(15℃)(g/cm³)		1.054	实测
TFOT后(163℃,5h)	质量变化(%)	−0.255	≤±0.8
	残留针入度比(25℃)(%)	68.3	≥61
	残留延度(10℃)(cm)	10.6	≥6

2.2 废机油残留物

本文选择了废机油残留物(REOB)作为研究对象,这些REOB来自山东省淄博一家有正式资格的废油液治理厂,其主要治理过程包括:废油液筛选、薄膜精馏、糠醛精制和白土技术。表2给出了REOB的基本物理和化学性质。

废机油残留物物理化学性质指标　　表2

检验项目		REOB	RA-1再生剂
颜色		黑褐色	—
密度(g/cm³)		0.911	实测
60℃黏度(Pa·s)		0.273	50~175
闪点(℃)		258	≥220
芳香分含量(%)		83.1	实测
饱和分含量(%)		4.6	≤30
沥青质含量(%)		3.6	—
胶质含量(%)		8.7	—
TFOT后	黏度比(%)	1.29	≤3
	质量变化比(%)	−1.89	−4~4

2.3 SBS线性改性剂

改性剂采用岳阳巴陵石化生产的热塑性聚苯乙烯-聚丁二烯-聚苯乙烯嵌段共聚物SBS1401(YH-792),如图1所示,可改善沥青低温下的发硬、发脆、龟裂,与高温下的软化流淌。材料具体性能指标见表3。

图1 SBS改性剂试样

SBS1401(YH-792)物理性质　　　　　表3

牌号	S/B比	结构	分子量（万）	充油率（%）	挥发分 ≤（%）	灰分 ≤（%）	300% 定伸 应力 ≥（MPa）	拉伸 强度 ≥（MPa）	扯断 伸长率 ≥（%）	扯断 永久 变形 ≤（%）	邵氏 硬度A （度）	熔体 流动 速率 （g/min）
SBS792	40/60	线型	9.5±1	0	0.70	0.20	3.5	15.0	730	0.10~5.00	≥85	0.10~5.00

2.4 稳定剂

选用的稳定剂呈灰褐色粉末状,具有多种功能和特点,形态如图2所示。

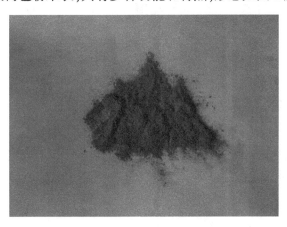

图2 稳定剂试样

该稳定剂是一种广泛用于SBS改性沥青生产的高性能稳定剂,它可以提高SBS沥青的相容性,有效防止离析形成,减少SBS的添加量,提高改性沥青本身的质量。一般来说,SBS改性沥青是一种高分子聚合物,SBS在物理上均匀地分散在沥青中形成体系,由于SBS与沥青存在部分吸附的相容性现象,该体系在热力学上不稳定,两相之间容易发生离析。通过改变聚合物和沥青之间的界面,该稳定剂可以显著提升改性沥青的稳定性,从而有效地解决运输和存储过程中的离析问题。稳定剂物理性质见表4。

稳定剂物理性质　　　　　表4

外观	表观密度（g/cm³）	熔点（℃）	80目筛余量（%）	水含量（%）
灰褐色	0.61	120	0.1	0.2

2.5 试验方案

为了探究掺有稳定剂的 SBS 改性沥青及 SBS/REOB 复合改性再生沥青在宏观性层面能的影响,分别通过单因素的控制条件下,即在分别控制在时间和温度不同的条件下,通过将 SBS+W 及 SBS/REOB+W 离析管上下部进行定性对比,且定量分析软化点、针入度及流变参数来评价 SBS+W 及 SBS/REOB+W 的性能变化规律。

严格遵守《公路工程沥青及沥青混合料试验规程》(JTG E20—2011),对离析实验实行精确控制,以确保质量。存储时间的选择根据试验得出的存储时间不宜多于3天,并结合聚合物改性沥青现场生产和运输过程中常见的存储时间,选定存储时间为24h、48h、72h。参考实际工程在运输、存储过程中的温度控制,选取存储温度为143℃、153℃、163℃、173℃、183℃。

3 结果与讨论

3.1 时间因素对 SBS/REOB 复合改性再生沥青存储稳定性的影响

将提前制备好的 SBS 改性沥青及 SBS/REOB 复合改性再生沥青放入烘箱中加热,温度为163℃,分别取离析后规定存储时间为24h、48h、72h的离析管的上下部为研究对象,探究其性能变化规律,主要以软化点、针入度、70℃单点复数模量及相位角的变化来表征。

3.1.1 不同存储时间对软化点的影响

在不同存储时间下测得 SBS+W 和 SBS/REOB+W 的上下部软化点及变化规律如图3所示。

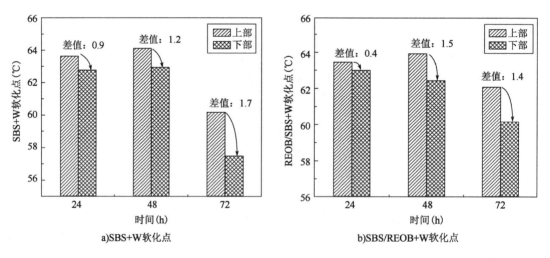

图3 不同存储时间下软化点变化图

由图分析可知,随着存储时间的增加,SBS+W 和 SBS/REOB+W 的软化点差异明显减小,其上下部软化点差均小于2.5℃,这表明稳定剂的添加可以有效地减小上下部的离析程度,而且与未添加稳定剂的 SBS 和 SBS/REOB 相比,这种变化更加明显。随着稳定性的提高,两者之间的相容性也在不断改善。

3.1.2 不同存储时间对针入度的影响

在不同存储时间下测得 SBS+W 和 SBS/REOB+W 的上下部针入度变化规律如图4所示。

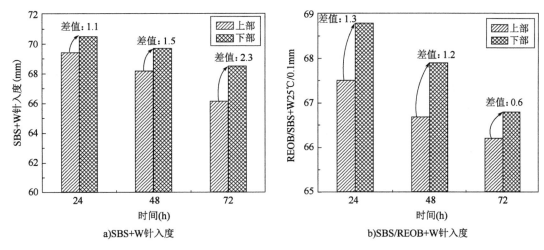

图 4 不同存储时间下针入度变化图

由图中可以看出,SBS+W 上下部针入度差值在 24h、48h 时几乎无差别,在 72h 时 SBS+W 上下部针入度差值比前者 48h 增加了 53%,但仍在规定范围之内;SBS/REOB+W 上下部针入度差值在 24h、48h 时同 SBS+W 一样,SBS+W 上下部针入度差值在 24h、48h 时几乎无差别几乎没有变化,在 72h 时 SBS/REOB+W 上下部针入度差值比前者 48h 降低了 50%,也仍符合规范。就针入度而言,较不加稳定剂的 SBS 改性沥青与 SBS/REOB 的针入度结果比,稳定剂的掺入,在存储时间不断增加的条件下,并没有使得 SBS/REOB+W 相容性变好,其离析程度越发严重,稳定性相对较差。

3.1.3 不同存储时间对流变性能的影响

随着存储时间的增加,SBS+W 和 SBS/REOB+W 的复数模量和相位角发生了显著变化,具体情况如图 5 所示。

从图 5 可以看出,随着时间的推移,SBS+W 和 SBS/REOB+W 在离析管上方的复数模量呈现出逐步增大的趋势,而 SBS/REOB+W 相对增长速度较慢,相位角也有一定程度的波动,但总体上仍然呈现出缓慢增长的趋势;而在离析管下部,复数模量则呈现出逐步减小的趋势,相位角也相应增大。经过分析,由于存储时间的增长,上部沥青逐渐硬化,弹力成分也相应减少;而下部沥青变得比较软,黏性成分也相应增多。

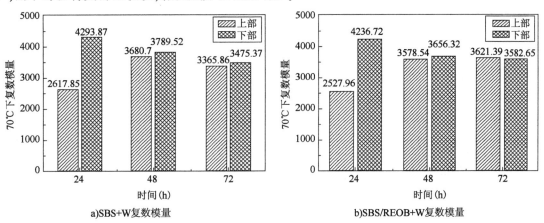

图 5

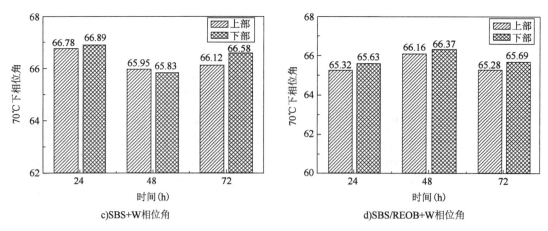

图5 不同存储时间下70℃流变参数变化图

随着时间的推移,SBS+W中沥青相和高分子相会自发分离,SBS/REOB+W的情况也不例外。在整个体系中,SBS颗粒会发生凝聚现象并逐渐聚集于沥青表面,导致改性沥青的使用性能迅速降低。从图5可以发现SBS和REOB在存储流程中都有所上升,导致沥青顶端出现了SBS相和REOB相,而底层则是沥青相占据了主导。由于稳定剂的加入,阻止了SBS+W和SBS/REOB+W中两体系中相分离的程度,并随着存储时间的不断延长,SBS+W和SBS/REOB+W的稳定性得到了明显改善。

3.2 温度因素对SBS/REOB复合改性再生沥青存储稳定性的影响

将提前制备好的SBS+W和SBS/REOB+W样品放入烘箱中加热,存储温度设定为163℃,存储时间设定为24h,探究不同温度下(143℃、153℃、163℃、173℃、183℃)SBS+W和SBS/REOB+W离析后上下部试样在热存储过程中性能变化规律,其表征手段主要从软化点、针入度、70℃单点复数模量及相位角的变化入手。

3.2.1 不同存储温度对软化点的影响

在不同存储温度下测得SBS+W和SBS/REOB+W的上下部软化点及变化规律,如图6所示。

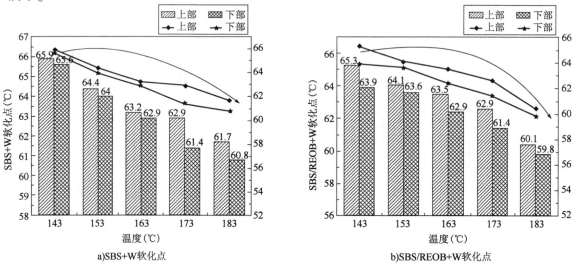

图6 不同存储温度下软化点变化图

随着存储温度的改变，SBS+W 和 SBS/REOB+W 软化点也会发生相应的改变，这种改变与长期高热存储具有紧密的关系。长期高温作用会严重影响沥青相与 SBS 相之间的稳定性，从而影响整个体系的变化。存储时间仍为 24h，在不同存储温度 143℃、153℃、163℃、173℃及 183℃下，SBS+W 和 SBS/REOB+W 离析管试样上下部软化点变化规律为随着存储温度的不断升高，SBS+W 和 SBS/REOB+W 在 143℃及 153℃时上下部软化点差变化差异不明显，只是略微浮动；而温度达到 163℃时，SBS+W 上下部软化点差是低温时的 2 倍左右，SBS/REOB+W 此时变化仍不明显，与低温时大致相同；温度继续升高，达到 173℃时，SBS+W 上下部软化点差与前一温度时的变化接近，而 SBS/REOB+W 上下部软化点差增加到前一温度时的 2 倍左右。最后，在温度 183℃时，SBS+W 与 SBS/REOB+W 上下部软化点差都出现减小趋势。

持续高温会加速 SBS 聚合物分子在 SBS+W 和 SBS/REOB+W 之间的运动，使得 SBS+W 和 SBS/REOB+W 各试样离析管上下部的软化点差逐渐增加，从而加快了 SBS+W 中沥青相与 SBS 相两相和 SBS/REOB+W 中沥青相、REOB 相及 SBS 相之间相与相的分离变化，最终造成离析管上部的 SBS 聚合物含量明显增加，REOB 也会逐渐上浮，而下部的 SBS 聚合物含量明显下降。纵观整个过程而言，稳定剂的掺入，并没有使这种趋势削弱，表明 SBS+W 和 SBS/REOB+W 中相的分离随存储温度的升高而逐渐加剧，SBS+W 和 SBS/REOB+W 的稳定性较差。

3.2.2 不同存储温度对针入度的影响

在不同存储温度下测得 SBS+W 和 SBS/REOB+W 的上下部针入度及变化规律，如图 7 所示。

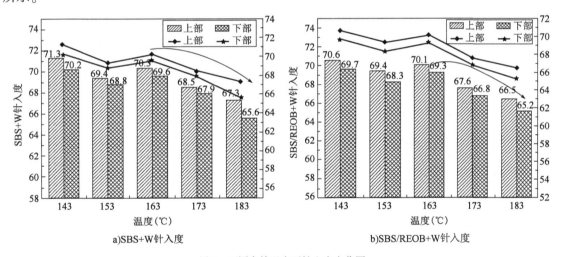

图 7 不同存储温度下针入度变化图

SBS+W 与 SBS/REOB+W 在长期高温存储过程中，其离析管上下部的针入度变化不定，在 143℃与 153℃时局部波动，相对不稳定，当温度达到 163℃时，呈局部下降的趋势，表明针入度的条件特性虽对试验结果产生了一定的影响，也仍能在一定程度上反应反映其老化程度，但不同存储温度下 SBS+W 和 SBS/REOB+W 上下部针入度的衰减变化率差别不明显，这就表明针入度对 SBS+W 和 SBS/REOB+W 存储温度敏感性较差。

在整个高温存储过程中，随着温度的不断升高，SBS+W 和 SBS/REOB+W 中沥青相与聚合物相会自发地产生分离现象，SBS 颗粒出现凝聚现象并逐渐聚集于沥青表面，导致其使用性能渐渐降低。由图 7 可以看出，在温度 143℃ 153℃及 163℃，两者的针入度都波动，相对不稳定，而上下部差值都接近 1 左右，均符合规范，当温度达到 173℃及 183℃时，两者的针入度都逐渐下降,但其上下部差值仍在规定范围内,可见稳定剂可以在一定程度上改善了其分离程度,但并没有使其本身性能得到提高,可见SBS+W和SBS/REOB+W的稳定性相对较差。

3.2.3 不同存储温度对流变性能的影响

在不同存储温度下,SBS+W和SBS/REOB+W的主要流变参数变化。进一步取SBS+W和SBS/REOB+W上下部的复数模量和相位角分析,如图8、图9所示。

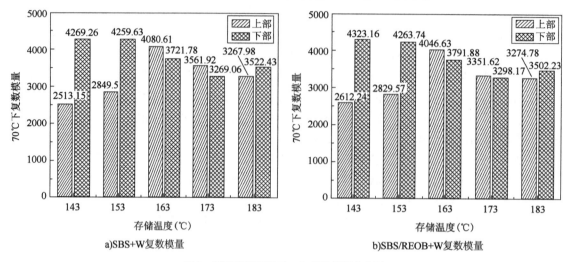

图8 不同存储温度下70℃复数模量变化图

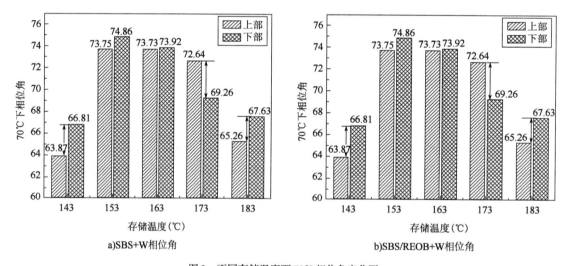

图9 不同存储温度下70℃相位角变化图

由图8及图9分析,发现SBS+W和SBS/REOB+W都随着温度的不断升高,其离析管上下部试样的复数模量逐渐变大,其中SBS/REOB+W上部要比SBS+W上部增长速度快一些,而两者上下部相位角变化规律都不过于明显,但都有略微增长的趋势,相位角越大,说明其黏性成分变多,弹性成分变少;就总体而言,由于环境温度的提高,沥青的弹性成分会减少,导致其上部变得越来越软,高温也会加速沥青的老化,这是因为轻质组分的挥发和与其他成分产生氧化物和聚合物化学反应,导致沥青料变硬。在高温条件下,稳定剂的作用并不明显。

4 结语

通过分别控制单一时间因素和温度因素分析 SBS+W 和 SBS/REOB+W 在不同存储时间、不同存储温度下离析后上下部性能参数变化规律,并对其进行定量分析,得出以下结论:

(1)在三天的存储时间内,SBS+W 离析管的软化点差值显著增大,最大值达到 1.7℃,而 SBS/REOB+W 离析管的软化点差值则相对较小,最大值只有 1.5℃,针入度差值也随之减小;此外,SBS+W 和 SBS/REOB+W 离析管上部的复数模量也呈现逐渐增加的趋势,表明存储时效的延长会对其性能产生积极影响。结果显示,稳定剂的加入,随存储时间的不断增加,SBS 聚合物上浮于沥青体系上部的现象减缓,SBS 相与沥青相及 REOB 相的分离有所缓和,在一定程度上降低了 SBS+W 和 SBS/REOB+W 的性能衰减。

(2)当存储温度升高时,SBS 聚合物分子间的布朗运动会显得更加强烈,使得 SBS 高分子聚集在沥青系统的上层,使得相与相之间的分离程度更加严重。即使加入了稳定剂,SBS+W 和 SBS/REOB+W 的性能仍然会出现衰减的趋势。

(3)随着存储时间和温度的增加,针入度的变化率变得不明显,这表明 SBS 和 SBS/REOB 的存储环境变化对针入度的影响较小,无法真实反映 SBS+W 和 SBS/REOB+W 本身性能的变化。因此,存储温度的条件特性对试验结果有一定的影响,但不能完全反映 SBS+W 和 SBS/REOB+W 的老化程度。

(4)SBS+W 和 SBS/REOB+W 中相与相之间分离的本质是彼此间界面逐渐弱化。由于在长时间存储和高温作用下,SBS 颗粒以机械分散的状态自发聚集成大分子颗粒移于沥青体系上部,继而导致相与相之间分离程度加大,最终导致 SBS+W 和 SBS/REOB+W 的性能发生衰减。为此,SBS+W 和 SBS/REOB+W 的热存储尽量选择在短时间、低温度的条件下进行。

参 考 文 献

[1] 何长轩,蒋玲玲,雷登丽,等.废机油再生技术进展[J].广州化工,2020,48(15):45-47.

[2] 马云飞,刘大学,许玮珑,等.交通运输业废机油再生现状与关键技术研究[J].中国资源综合利用,2010,28(11):25-29.

[3] 孙思敖,冯振刚,粟培龙,等.UV326 对不同结构 SBS 改性沥青性能的影响[J].中国科技论文,2019,14(2):140-144+187.

[4] 夏泽沛.废油在沥青路面材料中的应用研究进展[J].石油沥青,2016,30(2):67-72.

[5] Hamad B S, Rteil A A, El-Fadel M. Effect of used engine oil on properties of fresh and hardened concrete[J]. Construction & Building Materials,2003,17(5):311-318.

[6] 中国石油沥青调研组.沥青生产技术调研报告[R].2010.

[7] 陈军,于新,孟令国.SBS 改性沥青热存储性能衰减规律研究[J].中外公路,2017,37(1):204-208.

排水高黏改性沥青及其混合料性能评价

张 建[1] 王金龙[2] 吕 晨[3] 王士辉[4] 任运超[4]

(1. 济南城市建设集团有限公司,山东济南250014;2. 山东交通学院,山东济南250357;
3. 济南先行投资集团有限责任公司,山东济南250000;4. 济南金日公路工程有限公司,山东济南250013)

摘 要:为了探究低成本高黏度改性沥青应用于海绵城市的建设效果,提升城市道路的服务品质,依托实际工程项目,采用HVA和威沥士RSB两类高黏剂对70号基质沥青、SBS改性沥青进行改性。基于高黏改性沥青及混合料性能试验,对其高低温流变性能、微观改性机理以及路用性能进行分析。试验结果表明:HVA高黏剂掺入SBS改性沥青中能够极大提高沥青的高温抗变形能力和低温抗裂性能;在高速剪切的作用下,HVA高黏剂与SBS改性沥青发生物理溶胀,其相容性和稳定性明显优于RSB高黏剂制备的改性沥青;SBS改性沥青中掺加高黏剂,HVA高黏改性沥青混合料的各项路用性能指标均优于RSB高黏改性沥青混合料。通过试验得出HVA高黏改性剂和SBS改性沥青为最优组配,其掺量为8%时综合性能表现最佳,有利于排水沥青路面的长期稳定服役,研究结果对排水沥青混合料设计和海绵城市建设具有重要的指导意义。

关键词:高黏改性沥青 海绵城市 HVA高黏剂 RSB高黏剂 高低温流变 路用性能

1 引言

随着我国城镇化快速发展,城市基础设施建设已相对滞后,受城市内涝影响的城市数量呈逐年上升的趋势,因此,海绵城市被列入重要议事日程在我国得到推广建设。海绵城市建设中排水沥青路面的广泛应用使得城市防洪问题得到了有效解决。然而,由于排水沥青路面的空隙率和渗透性较高,极易出现耐久性差、堵塞及渗透性衰减等问题,对城市道路的交通条件和服务品质造成了极大的影响。近年来,一种新型改性沥青即高黏改性沥青技术被提出,并在众多工程项目中得到实施应用。高黏改性沥青对于提升路面使用质量、推动排水沥青路面的普及、促进海绵城市的建设具有重要意义。

高黏剂也是提高沥青温度稳定性和耐久性能的重要方式之一,其通过吸收沥青中的轻质组分同时产生溶胀反应来改变沥青中的重组分含量,从而改变沥青中轻重组分,使得沥青的路用性能得到提高。同时提高了沥青的复数剪切模量,减小了相位角,对提升沥青胶结料的黏弹性非常有益。但减小相位角在宏观表现为沥青材料黏性的减小,这就会造成路面结构层间抗剪能力的削弱,不利于路面结构整体性能的保持。另外,在车辆荷载的反复碾压作用下,会使黏结能力薄弱的路面结构产生开裂等损坏。高黏改性剂的加入使得沥青性能以及沥青混合料路用性能均有所增强。而实际上,高黏沥青的高温性能和黏结性能相比普通沥青有较大提升,然而,在低温性能、施工和易性方面则有所减弱。因此,在对沥青混合料进行综合性能评价时,存在一定的片面性和局限性。

因此,现开发一种兼具高温稳定和低温柔韧性能的低成本复合高黏度改性沥青材料,在考虑高黏沥青流变性能和微观改性机理的基础上,对沥青混合料配合比进行设计并分析其路用性能,以期对改善城市道路沿线居民生活品质、提高排水沥青路面服役质量及寿命产生一定工程意义。

2 原材料

2.1 沥青

本研究选用70号A级道路石油沥青。基质沥青性能见表1。SBS改性沥青采用南通通沙沥青科技有限公司生产的SBS改性沥青,SBS改性沥青各项指标见表2。

70号基质沥青性能指标 表1

测试项目		试验结果	规范指标
针入度(100g,5s,25℃)(0.1mm)		73.2	60~80
软化点(℃)		49.7	≥46
10℃延度(cm)		73.0	≥25
针入度指数PI		-1.1	-1.5~1.0
60℃动力黏度(Pa·s)		271	≥180
闪点(COC)(℃)		280	≥260
蜡含量(蒸馏法)(%)		0.8	≤2.2
密度(15℃)(g/cm³)		1.054	实测
TFOT后 (163℃,5h)	质量变化(%)	-0.255	≤±0.8
	残留针入度比(25℃)(%)	68.3	≥61
	残留延度(10℃)(cm)	10.6	≥6

SBS改性沥青技术指标 表2

指标	单位	检测值	技术要求	试验方法
针入度(25℃,100g,5s)	0.1mm	53	⩾50	T 0604-2011
软化点	℃	76.0	⩾75	T 0606-2011
5℃延度	cm	25	⩾20	T 0605-2011
溶解度	%	99.8	⩾99	T 0607-2011
弹性恢复(25℃)	%	92	⩾90	T 0662-2000
布氏旋转黏度(135℃)	Pa·s	2.355	2.2~3.0	T 0625-2011
密度(25℃)	g/cm³	1.004	实测记录	T 0603-2011
TFOT后残留物				
质量变化	%	-0.018	±1.0	T 0609-2011
针入度比(25℃,100g,5s)	%	68.2	⩾65	T 0604-2011
延度(5℃,5cm/min)	cm	17	⩾15	T 0605-2011

2.2 高黏改性剂

本文采用两种高分子聚合物改性剂：一种是国路高科（北京）公司生产的 HVA 高黏改性剂，简称 A 类高黏剂；另一种是济南三和力鼎新材料有限公司生产的威沥士 RSB 高黏剂，简称 B 类高黏剂。两种高黏剂的外观如图 1 所示。

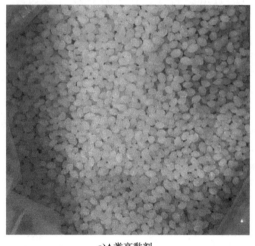

a) A 类高黏剂　　　　　　　　b) B 类高黏剂

图 1　高黏改性剂

3 高黏沥青流变性能评价

3.1 高温流变性能评价

根据 SHRP 方案，利用 DSR 扫描中的温度扫描，通过测定不同温度下沥青混合料的复数剪切模量 G^*、相位角 δ、车辙因子 $G^*/\sin\delta$ 等参数，分析其在不同温度下的高温流变性能。

3.1.1 复数模量和相位角

图 2a) 与 b) 给出了在基质沥青和 SBS 改性沥青中分别加入两种高黏改性剂和聚酯纤维的 G^* 和 δ 随温度变化的规律。图中的 A 指 A 类高黏剂，B 指 B 类高黏剂。

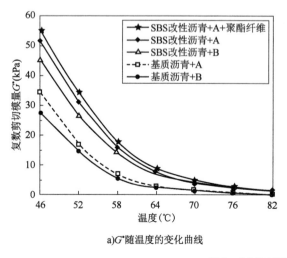
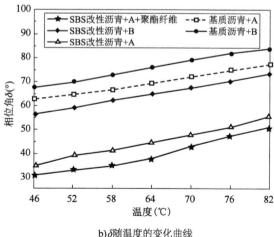

a) G^* 随温度的变化曲线　　　　　　　　b) δ 随温度的变化曲线

图 2　G^* 与 δ 随温度的变化曲线

从图2a)可以看出,随着温度的增加,各高黏改性沥青的G^*值有所降低,其降低速度也呈下降趋势。原因在于温度升高的情况下,沥青中的分子运动更为剧烈,导致沥青体积膨胀,从而形成较多的空隙,使得沥青在外力作用下产生较大的变形,削弱了沥青的高温抗变形能力。

从图2b)可以看出,高黏沥青的相位角δ值随着温度的升高而增大,说明随着温度的升高,高黏改性沥青中的黏性成分逐渐增加,其永久变形比例也逐渐增大,并且与黏性体性质越来越接近。

3.1.2 蠕变恢复

SBS改性沥青的PG值通常高于64℃。故本文对64℃下的沥青分别进行了应力等级为0.1kPa、3.2kPa的MSCR试验,测试结果如图3和图4所示。

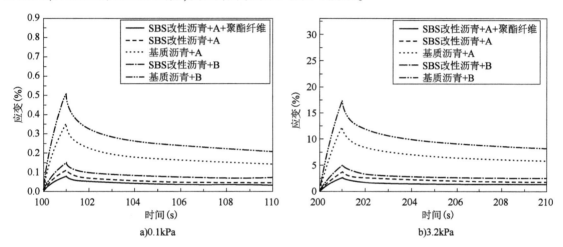

图3 第1个蠕变恢复周期MSCR试验结果

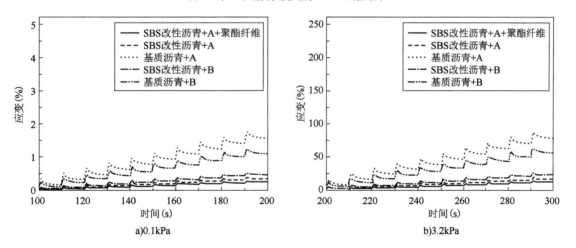

图4 全周期MSCR试验结果

从MSCR在64℃下不同的应力结果来看,无论掺加何种高黏改性剂,均可改善沥青的高温性能,同时能够降低其应变值。结果表明,高黏改性剂掺入到SBS改性沥青中改性效果表现更优,其中A类高黏剂掺入SBS改性沥青中能够大幅度提高沥青的高温抗变形能力。

3.2 低温流变性能评价

采用弯曲梁流变仪(BBR)来测试沥青的低温性能,将PAV老化后的沥青作为研究对象,通过测试其蠕变劲度模量 S 与蠕变速率 m 来评估沥青的低温流变性能。以对比性原则为基础,分别对原样沥青和 PAV 老化沥青展开测试,以便更全面地对比不同状态下(老化与未老化)沥青的低温性能,将不同温度下 PAV 老化后的高黏沥青 BBR 结果绘制成图 5。

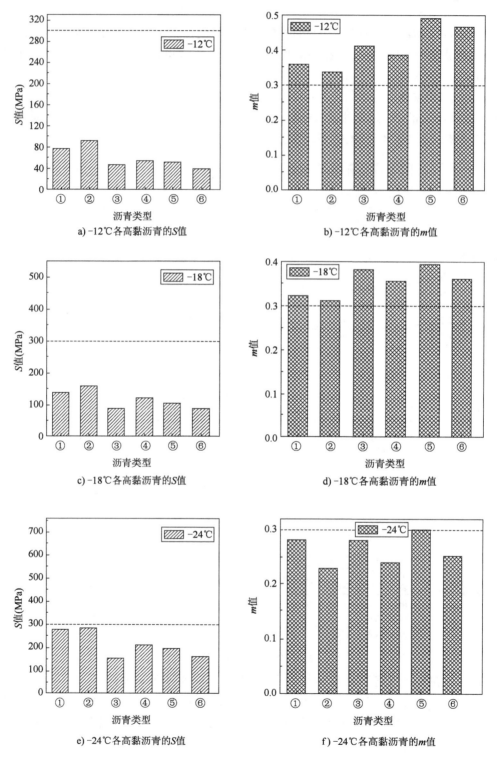

图 5 不同温度下各 PAV 老化后的高黏沥青 BBR 试验结果

从图 5a)~f)的 S 值与 m 值变化规律来看,随着温度的降低 S 值逐渐增加,同时 m 值呈现递减趋势,说明高黏沥青在低温下的抗裂性随温度的下降而降低。这是由于高黏沥青在老化后,沥青中的组分比例发生变化,高黏沥青中轻质组分减少导致沥青硬化。此外,在一定的范围区间,高黏沥青的黏性组分与其低温力学性能有较好的相关性。当温度逐渐下降时,沥青中弹性成分会逐渐占据主导地位,黏性成分所占的比重会逐渐减小,进而造成沥青的硬化变脆,因此更容易出现裂缝。

4 排水高黏沥青混合料路用性能

4.1 高温稳定性能

选取室内确定好的级配和油石比制备排水沥青混合料。本研究为更好地评价排水沥青混合料的路用性能,选用 SBS 改性沥青分别掺加 A、B 两类高黏剂,并在拌和两种排水沥青混合料时利用干法掺入 0.2%的聚酯纤维,随后进行对比试验,车辙试验结果见表 3。

车辙试验结果　　　　表3

沥青混合料类型	60min 变形量（mm）	动稳定度（次/mm）	技术指标
SBS 改性沥青 +8% A	1.655	7683	≥5000（次/mm）
SBS 改性沥青 +8% B	1.967	5895	
SBS 改性沥青 +8% A +0.2%聚酯纤维	1.436	8056	
SBS 改性沥青 +8% B +0.2%聚酯纤维	1.526	7855	

由表中数据可知,4 种排水沥青混合料动稳定度均超过 5000 次/mm,符合技术指标规定。从车辙试验结果发现,无论在混合料中是否掺入纤维,采用 A 类高黏剂制备的排水沥青混合料均比采用 B 类高黏剂制备的排水沥青混合料的动稳定度高,说明 A 类高黏剂提高混合料的抗车辙性能的能力优于 B 类高黏剂。

4.2 低温抗裂性能

依据规范对小梁进行低温弯曲试验。首先,成型车辙板常温下静置两天,然后将板切成长 250mm、宽 30mm、高 35mm 的小梁,进行温度为 -10℃、加载速率为 50mm/min 的低温弯曲小梁试验,试验结果见表 4。

低温小梁弯曲试验结果　　　　表4

沥青混合料类型	抗弯拉强度（MPa）	最大弯拉应变（με）	弯曲劲度模量（MPa）
SBS 改性沥青 +8% A	5.8	3452	1680
SBS 改性沥青 +8% B	6.1	3788	1610
SBS 改性沥青 +8% A +0.2%聚酯纤维	6.4	4125	1511
SBS 改性沥青 +8% B +0.2%聚酯纤维	6.7	4352	1539

从表 4 中低温小梁试验结果可以看出,A、B 两类高黏剂分别添加到 SBS 改性沥青中均可显著改善其低温抗裂性能,其最大弯拉应变超过 2800με,符合排水沥青路面设计中的最大破坏应变要求,表明采用两种高黏剂制备的高黏改性沥青具有良好的低温黏结性,并且能够有效预防低温收缩引起的裂缝。

4.3 水稳定性能

本文从多方面评价排水沥青混合料的水稳定性,采用浸水马歇尔试验、冻融劈裂试验及浸水飞散试验等方法,检验了排水沥青混合料水稳定性,并对试验结果(表5~表7)进行比较分析。

浸水马歇尔试验结果　　　　　表5

沥青混合料类型	稳定度 MS (kN)	稳定度 MS1 (kN)	残留稳定度 MS0 (%)
SBS改性沥青+8%A	7.2	6.7	93.1
SBS改性沥青+8%B	6.1	5.5	90.2
规范要求	—	—	≥85

冻融劈裂试验结果　　　　　表6

沥青混合料类型	未冻融劈裂强度 (MPa)	冻融劈裂强度 (MPa)	冻融劈裂强度比 (%)
SBS改性沥青+8%A	0.96	0.90	93.8
SBS改性沥青+8%B	0.85	0.73	85.9
规范要求	—	—	≥80

浸水飞散试验结果　　　　　表7

沥青混合料类型	标准飞散试验损失 (%)	浸水飞散试验损失 (%)
SBS改性沥青+8%A	7.4	12.5
SBS改性沥青+8%B	8.4	13.6
规范要求	≤15	≤20

4.3.1 浸水马歇尔试验

根据表5中浸水马歇尔试验的结果可知,SBS改性沥青中分别掺加两种高黏剂后制备的沥青混合料在浸水和未浸水时测得的稳定度均大于5kN,满足规范要求,并且采用A类高黏剂制备的混合料的稳定度大于利用B类高黏剂制备的混合料。另外,SBS改性沥青掺加A类高黏剂所制备的混合料残留稳定度可达93.1%,而SBS改性沥青与B类高黏剂制备的混合料残留稳定度达到90.2%。故A类高黏剂的改性效果相较于B类高黏剂更为优异。

4.3.2 冻融劈裂试验

从表6中的试验数据可以看出,两种高黏改性沥青混合料在冻融条件下的劈裂强度均比未冻融时的劈裂强度要低,表明冻融循环会对其劈裂强度产生较大影响。SBS改性沥青+8%A组的冻融劈裂强度比为93.8%,而SBS改性沥青+8%B组的冻融劈裂强度比为85.9%,说明SBS改性沥青+8%A组制备的沥青混合料的水稳定性更佳。

4.3.3 浸水飞散试验

由表7中的飞散试验结果可知,两种高黏改性沥青混合料浸水飞散损失和标准飞散损失均小于20%,满足规范要求,但采用B类高黏剂制备的高黏沥青混合料的抗剥落能力相比掺加A类高黏剂的表现稍差。

5 结语

通过宏观流变性能以及路用性能对高黏改性沥青材料及其混合料进行评价,得出如下结论:

(1)通过 DSR 的温度扫描试验及 G^*/δ 值可以看出,制备高黏改性沥青使用 SBS 改性沥青效果更佳。从 MSCR 试验在 64℃下不同应力等级的结果来看,A 类高黏剂掺入到 SBS 改性沥青中的效果更优,能够大幅提高沥青的高温抗变形能力。

(2)通过高温车辙试验,发现无论混合料中是否掺加纤维,掺加 A 类高黏剂均比掺加 B 类高黏剂所制备的排水沥青混合料的动稳定度高,说明 A 类高黏剂提高混合料的抗车辙性能的能力优于 B 类高黏剂。从浸水马歇尔试验、浸水飞散试验、冻融劈裂试验的结果可知,SBS 改性沥青经高黏改性剂处理后,其高低温性能得到显著提升,同时抗冻性和水稳定性也得到明显改善。

(3)通过低温小梁弯曲试验,发现 SBS 改性沥青中掺入 A、B 两种高黏剂后能够满足规范要求,并且两种高黏改性沥青混合料在掺入纤维后,弯曲劲度模量分别仅降低了 7.7% 和 4.4%。由于聚酯纤维的均匀性较差容易出现结团现象,考虑成本和实际应用,建议 HVA 高黏改性剂和 SBS 改性沥青为最优组配,其中高黏改性剂掺量为 8% 时综合性能表现最佳。

参 考 文 献

[1] 段宝东,李俊,李明亮,等.基于堵塞物性质的排水沥青路面空隙堵塞规律研究[J].公路,2021,66(9):94-99.
[2] 邢明亮,张心攀,赵曦,等.高黏改性沥青研究进展[J/OL].应用化工,1-9[2023-04-19].
[3] 贺玉莹.高性能高黏改性沥青性能研究[D].石家庄:河北工程大学,2022.
[4] 邓文广.高黏高弹改性沥青的研究与应用现状[J].石化技术,2019,26(11):281+286.
[5] Wang H,Huang Y,Jin K,et al. Properties and mechanism of SBS/crumb rubber composite high viscosity modified asphalt[J]. Journal of Cleaner Production,2022,378:134534.
[6] Zhao Q,Jing S,Lu X,et al. The Properties of Micro Carbon Fiber Composite Modified High-Viscosity Asphalts and Mixtures[J]. Polymers,2022,14(13):2718.
[7] Kandhal P S,Mallick R B. Open graded friction course:state of the practice[M]. Washington,DC,USA:Transportation Research Board,National Research Council,1998.
[8] Yu H,Jin Y,Liang X,et al. Preparation of Waste-LDPE/SBS Composite High-Viscosity Modifier and Its Effect on the Rheological Properties and Microstructure of Asphalt[J]. Polymers,2022,14(18):3848.

基于加速加载试验的排水沥青混合料渗透性衰减机理研究

袁 凯[1] 李 贺[2] 左浩宇[3] 李 东[1] 蔡志远[1]

(1.济南金曰公路工程有限公司,山东济南250013;2.济南城市建设集团有限公司,山东济南250014;
3.山东交通学院,山东济南250357)

摘 要:为提高排水沥青混合料的抗阻塞性能,研究排水沥青路面的渗透性衰减规律及路面长期服役条件下内部空隙养护的可行性。采用自主开发的小型回转式加速加载设备,对排水沥青混合料的堵塞、渗透规律进行分析:在相同空隙率、相同堵塞颗粒下,粒径最大的PAC-16比PAC-13和PAC-10的渗水系数分别高20%、31%。经过堵塞加载后,渗水系数的衰减率分别为16%、25%和32%;在排水沥青混合料的中部,更容易形成稳定、致密的内部嵌挤结构;公称粒径大的集料所形成的嵌挤结构明显优于公称粒径小的混合料,具有较好的抗堵塞能力。较小粒径的集料黏结间隙更小,更易堵塞,且在车辆轮载作用下更易因为小幅度滑动造成空隙闭合或减小,从而造成排水沥青路面渗透性的大幅度衰减。该研究为排水沥青混合料路面内部空隙的养护、清理提供了重要的理论依据。

关键词:排水沥青路面 加速加载 沥青混合料 渗透性

1 引言

在《透水沥青路面技术规程》(CJJ/T 190—2012)中,排水沥青路面包括面层排水、基层排水和路基排水三种类型。面层排水沥青混合料的空隙率一般在15%~25%之间,积水通过其内部连通的多孔结构有效地排出路面结构层,从而快速排除路表积水,提供良好的行车条件。在对混合料级配与空隙率进行合理控制的前提下,排水沥青混合料可有效提高材料内部筋络总表面积,有利于声能吸收,从而提供优异的降噪功能,改善公路沿线居民的生活品质。

马涛等比较了硬质砂岩与玄武岩PAC-16混合料在荷载下空隙率的衰变特性与级配细化特性;证实了硬质砂岩集料在排水沥青混合料PAC-16中应用的可行性。Kandhal等对大量排水沥青路面的使用情况进行调研,分析发现排水沥青路面的诸多病害都是由下面层的水损害造成,通过在下面层与磨耗层间设置一层隔水层,可有效减少病害发生。Mallick等发现OGFC的空隙率与透水性能未呈线性关系,但是当空隙率超过17%时,其透水系数随空隙率的增加而迅速增大,认为OGFC空隙率在17%~20%范围内时,路面的透水性和路用性能最好。

常见的排水沥青路面,由于空隙较大,容易阻塞和出现松散病害,从而丧失排水和降噪功能,本文通过加速加载试验模拟在车辆荷载、水、温度、泥沙等因素共同耦合作用下排水沥青路面的渗透和堵塞情况;进行力—流—质耦合作用下排水沥青混合料渗透性衰减的规律研究,对不同试验条件下的排水沥青混合料开展了一系列的堵塞模拟试验,并分析了不同因素对排水沥青混合料渗透性能的影响;通过改变排水沥青混合料的空隙率、最大公称粒径以及堵塞颗粒的级配和种类,得到排水沥青混合料渗水系数随各因素的变化情况,研究了排水沥青路面渗透性衰减机理,为排水沥青混合料路面内部空隙的养护、清理提供理论依据。

2 基于加速加载试验的排水沥青混合料渗透与变形规律分析

2.1 基于加速加载试验的排水沥青混合料空隙堵塞影响因素

高渗透性是排水沥青混合料的基本要求之一,但在排水沥青路面的运营过程中,空隙堵塞会导致其渗透性降低。通过小型路面加速加载试验系统对排水沥青混合料试件进行加载碾压试验,对经历不同工况的排水沥青混合料进行渗透性测试并记录渗水系数的变化规律,可有效分析不同因素对排水沥青混合料渗水系数的影响。

2.1.1 堵塞介质及外界条件的影响

排水沥青混合料空隙堵塞的外在原因有堵塞介质性质与数量、降雨、车辆荷载等。对添加不同数量堵塞介质后的排水沥青混合料试件进行渗透性试验,结果表明,在加入堵塞介质的初始阶段,渗透率下降很快,然后逐渐降低。堵塞物质的粒径和级配对堵塞也有一定的影响,大空隙更易堵塞,而级配好的堵塞物质更易对空隙造成堵塞(图1)。

利用加速加载系统多角度评价堵塞过程中排水沥青混合料渗透性能的变化规律。由图1a)中不同堵塞颗粒下的渗水系数,可以看出,PAC和空隙率均保持相同,加入粗砂堵塞颗粒对排水沥青混合料试件的堵塞不明显,渗水系数仅仅衰减为堵塞前的93%,这是因为粗粒很可能会只堵塞在靠近试样上表面的空隙中,而很难进入到下部空隙中,因此对试件的渗水系数影响不明显。而全级配堵塞颗粒对排水沥青混合料试件的渗透性能影响最显著,造成渗水系数降低的最明显,则是因为全级配堵塞颗粒中的粗颗粒填满了试样的上半部分空隙,而剩余的细颗粒堵在了其他空隙,堵塞的空隙数量多,导致渗水系数下降多。图中还能看出,由细砂堵塞颗粒引起的堵塞程度低于全级配堵塞颗粒引起的堵塞程度,这也是由于细颗粒进入空隙内部,卡在一些空隙的"咽喉"位置,堵塞空隙的数量少于全级配堵塞颗粒。由以上讨论可以确定采用全级配堵塞颗粒进行堵塞,排水沥青混合料的渗透性能衰减最大。

从图1b)中可以看出,使用相同堵塞颗粒的PAC-13处于不同堵塞工况下时,在含水堵塞并经过加载后所测得的渗水系数最低,衰减最大。这是由于堵塞颗粒中细颗粒在水流和荷载的共同作用下,能更快更容易地进入排水沥青混合料的空隙,而粗颗粒也在水流的作用下紧紧堵在较大的空隙处。

图1c)和图1d)是外界条件对排水沥青混合料空隙堵塞的影响,从图1c)可得,在试件空隙率及堵塞颗粒均保证一致的条件下,加速加载系统加载的速度越快,渗水系数越大,说明其空隙堵塞的程度越小,这是因为速度越快,轮胎对排水沥青混合料空隙的泵吸作用越强,空隙中的堵塞颗粒会在轮胎的泵吸作用下被带出空隙,因此加载速度快的渗水系数大。

由图1d)可知,相同的加载速度下,加速加载系统加载的荷载越大,渗水系数越低,空隙堵塞越严重,这是由于轮胎的荷载越大,对堵塞颗粒施加的力越大,堵塞颗粒更容易进入空隙形成堵塞。

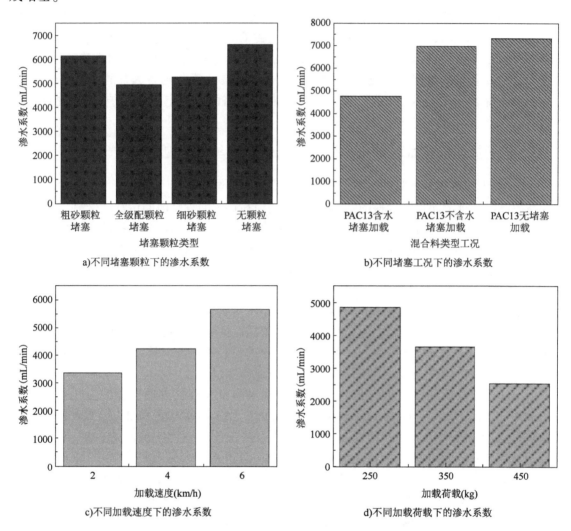

图1 不同堵塞颗粒和不同堵塞工况下的排水沥青混合料渗水系数

2.1.2 排水沥青混合料的级配及空隙率的影响

根据以往的研究,不同级配的排水沥青混合料在渗透试验中堵塞程度不同(图2),矿料级配与渗透性有较强的相关性。在排水沥青混合料的设计中,不能过分追求高空隙率,而要尽可能地改善其内部的空隙分布,以减少其堵塞。

从图2a)可以看出,不同PAC的渗水系数有着显著差异,在相同空隙率、相同堵塞颗粒下,粒径最大的PAC-16比PAC-13和PAC-10的渗水系数分别高20%、31%。PAC-16、PAC-13和PAC-10三种排水沥青混合料在经过堵塞加载后,渗水系数的衰减率分别为16%、25%和32%。结果表明:公称粒径大的集料所形成的嵌挤结构明显优于公称粒径小的混合料,因而具有较好的抗堵塞能力,更容易形成排水的通路,堵塞颗粒容易被冲走,所以公称最大粒径越大,相对越不容易堵塞,因此渗水系数越高。

从图2b)中可以看出,不同空隙率的排水沥青混合料在经过堵塞并加载后,空隙率为

17%、20%、23%的渗水系数衰减率分别为20%、31%、37%。空隙率越大,排水沥青混合料越容易堵塞,渗水系数越低。这是由于在高空隙率下,空隙的尺寸和渗流流速也会增大,并且有更多的微粒会随渗流进入试样的空隙,使堵塞颗粒堵塞空隙的概率增大。同时,空隙率越大,细颗粒在试样中的通过时间越短,这是因为随着空隙率的增大,排水沥青混合料连通的弯曲度减小,通道有效直径变大,因而阻力降低。

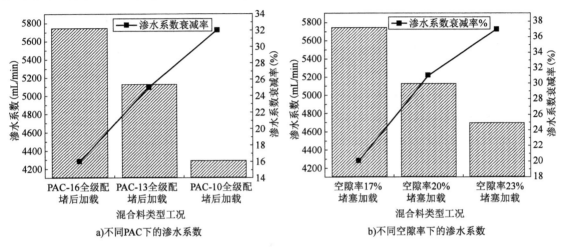

图2 不同PAC和不同空隙率下堵塞后的渗水系数

2.2 基于加速加载试验的排水沥青混合料渗透规律

排水沥青混合料渗透耐久性研究采用不同空隙率和不同PAC的排水沥青混合料试件进行加载,堵塞颗粒用全级配堵塞颗粒,渗水系数随加载次数的变化规律如图3、图4所示。

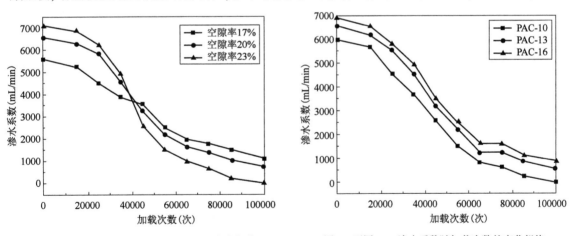

图3 不同空隙率渗水系数随加载次数的变化规律　　图4 不同PAC渗水系数随加载次数的变化规律

如图3、图4所示,排水沥青混合料在荷载与堵塞颗粒共同作用下,渗水系数随加载次数的增加而降低,渗水系数在整个下降过程中,先是快速降低,而后缓慢下降,最终趋于稳定至空隙完全堵塞。两组试验试件加载15000次到55000次是快速堵塞阶段,55000次后属于渐进堵塞阶段,堵塞进程大大减缓,这是由于刚开始加载时,堵塞颗粒在车轮的冲击和碾压下,大部分细颗粒被压到混合料的空隙内部形成堵塞,而一些粗颗粒被压在空隙开口表面,在后续车轮的不断碾压下,粗颗粒也阻挡了部分细颗粒的进入,随着加载次数的不断增加,进入空隙的颗粒逐渐稳定,堵塞过程也趋于稳定。

随着加载次数逐渐增多,不同空隙率和不同 PAC 的沥青混合料试件的渗水系数与前期试验结果比较相符。不同空隙率的排水沥青混合料试件,空隙率大的试件更易堵塞,空隙率 23% 的试件在经过堵塞和加载后,其渗水系数的衰减率明显高于空隙率 20% 和 17% 的试件。不同 PAC 的沥青混合料试件,则是公称粒径较大的 PAC 试样抗堵塞性能更优。经历近 100000 次的加载,排水沥青混合料的渗水系数衰减率均在 90% 以上。

3 基于 X-ray CT 扫描的排水沥青混合料渗透及堵塞机理分析

将经过加速加载试验系统加载过的不同 PAC 以及施加不同堵塞颗粒的沥青混合料试件取芯进行 CT 扫描,通过 CT 扫描和 Avizo 三维可视化软件分析混合料空隙中颗粒堵塞的变化规律,研究排水沥青混合料渗透及堵塞机理。

3.1 X-ray CT 扫描及图像处理技术

CT 扫描系统主要包括 X-ray 射线源、探测器及影像的显示与存储系统(图 5),利用 X-ray 射线对不透光的物体进行扫描,X-ray 射线通过物体时,可以精确地反映出被测物体的内部构造和材料成分。

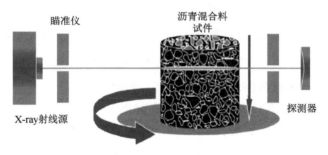

图 5 沥青混合料试件 CT 扫描示意图

Avizo 是由 VSG 开发的三维数据可视化、分析与建模系统,该软件能够对三维数据进行探索、分析、比较、量化,以及可以进行各种格式的文档输入,运用具有创新性、高效率的图像数字化操作原理,通过对 CT 扫描得到的沥青混合料切片进行处理,然后按照顺序输入,实现准确的三维体重构(图 6、图 7)。

图 6 排水沥青混合料三维重构骨架

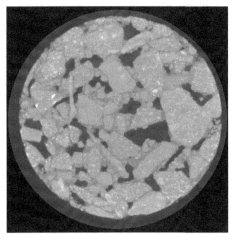

图7 排水沥青混合料 Avizo 三维重构模型及 CT 切片图像

3.2 排水沥青混合料渗透机理及空隙细观分布特征

3.2.1 排水沥青混合料空隙结构

排水沥青混合料由于其空隙率大,可以迅速排出道路表面的水分,从而大大改善其抗滑能力。排水沥青路面的空隙结构可划分为闭合空隙、连通空隙和半连通空隙(图8)。连通空隙也被称作"有效排水空隙",它能在一定的时间里把少量的自由水存储起来,或者从集料之间的缝隙中排出水分;半连通空隙也被称作"半有效空隙",与连通空隙相比,"半连通空隙"只能在较短的时间内将渗入路面的水分储存起来,而不能将其输送到路面外,因此"半连通空隙"不具备排水功能;闭合空隙既不能储存渗入道路内部的水分也不能将水分排出。

3.2.2 排水沥青混合料空隙细观分布特征

由于沥青混合料的成型方式、集料的级配、集料的均匀性、粗细集料的不同比例和成型温度等各种因素的影响,混合料的内部产生了各种尺寸和形状的空隙(图9)。可以从空隙的分布和形状上分析其空隙结构,从而为进一步研究其渗透规律及机理提供理论依据。

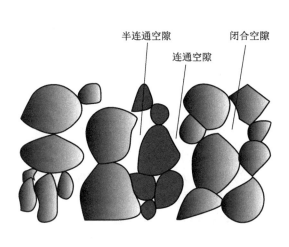
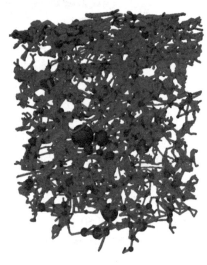

图8 不同空隙在混合料内部示意图　　　图9 排水沥青混合料空隙分布及空隙球棍模型

(1)空隙率

CT 图像中的空隙率,由 CT 图像中的空隙面积除以断面面积,得出的总空隙率为 CT 扫描断面的平均空隙率,计算公式如下:

$$n = \frac{\sum_{i=1}^{N} \frac{(A_V)_i}{A_T}}{N} \tag{1}$$

式中:A_V——单张图像空隙面积;

A_T——单张图像总面积。

(2)连通空隙率

空隙连通性是沥青混合料的三维特征,它需要跟踪从上到下的连通空隙,排除所有不连通的空隙。连通空隙率 VV_e 用来表示排水沥青混合料中空隙结构的纵向连通状态,其计算公式如下:

$$VV_e = \frac{\sum_{j=1}^{n_e} V_{\text{zep}(j)}}{V_{\text{range}}} \times 100\% \tag{2}$$

在上述公式中,n_e 是在某一空间尺度上,在混合料空隙(图10)构造的3D图像上被确定的连通空隙的数量;$V_{\text{zep}(j)}$ 是在一个给定的空间范围中,通过 Avizo 软件 Axis Connectivity 模组对混合料空隙结构的立体影像中识别出的第 j 个纵向连通空隙体积;V_{range} 是指在一定的空间范围内的容积,也就是混合料的外形轮廓体积。

为探讨排水沥青混合料三维尺度上的空隙连通状况及横向分布,对不同 PAC 以及施加不同堵塞颗粒的沥青混合料试件取芯进行 CT 扫描,扫描间距为 0.05mm,在样品高度方向选取中段的原始影像,并利用 Avizo 三维可视化软件对其进行阈值处理和空隙特征提取。(图11、图12)

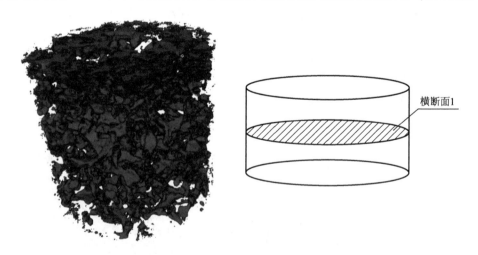

图10 排水沥青混合料空隙　　　图11 横向扫描位置示意图

在 Aviso 中按照 CT 纵向切片位置提取每层的空隙率,作图如图13、图14 所示:

由图13可知,三种 PAC 的混合料随试件高度的空隙率大部分在8%～18%之间波动。在0～50、750～850 的位置区间内,三种混合料的空隙率波动都比较大,这是因为排水沥青混合料的集料棱角、纹理深度、开口空隙等因素对排水沥青混合料空隙率的影响较大,并且在成形过程中由于插捣、离析等因素,造成了内部的非均匀性,从而使空隙率在沥青混合料中的空间分布呈现出不规则的特征。这也表明,在排水沥青混合料的中部,更容易形成稳定、致密的内部嵌挤结构。PAC-13 整体的空隙率波动范围最广,在7%～20%之间。

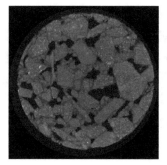 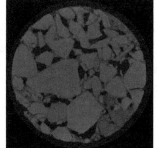 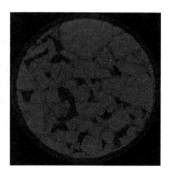

图 12 CT 扫描原始图像

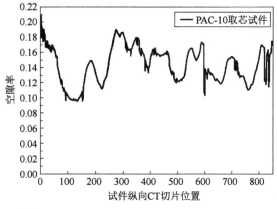
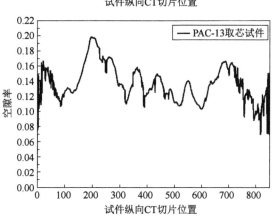
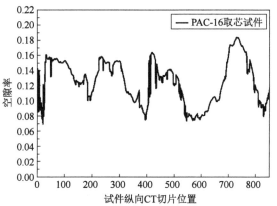

图 13 不同 PAC 空隙率随排水沥青混合料试件高度的变化

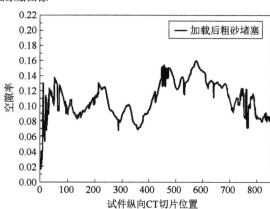
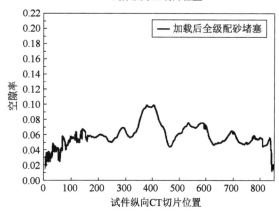
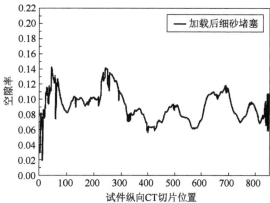

图 14 不同堵塞颗粒下空隙率随排水沥青混合料试件高度的变化

由图14可知,空隙率相同的PAC-13的排水沥青混合料试件,经过三种不同的堵塞颗粒堵塞后,CT扫描的各层空隙率均有不同程度的下降,其中全级配砂堵塞后下降最明显,整体空隙率下降了近10%,全级配砂堵塞后的空隙率范围在2%~10%之间。三种堵塞颗粒下,粗砂堵塞后的空隙率最高,细砂次之。在施加堵塞颗粒后均呈现为顶部空隙率降低得很明显,说明堵塞主要还是集中在上部位置。相同空隙率的不同PAC试样,其细观空隙参数在堵塞前后均有不同程度的变化,这表明细观空隙参数也会受到级配、成形方法等因素的影响。

4 结语

(1)较小粒径的集料黏结间隙更小,更易堵塞,且在车辆轮载作用下更易因为小幅度滑动造成空隙闭合或减小,从而造成排水沥青路面渗透性的大幅度衰减。

(2)大级配排水沥青混合料在投入使用后也会受到灰尘堵塞和车辆的轮载作用,表面的开口孔隙被挤密,但由于嵌挤集料间隙相对较大,排水沥青路面的渗透性衰减较慢。

(3)小粒径多孔沥青路面渗水系数衰减幅度大于大粒径多孔沥青路面,增大排水沥青路面粒径尺寸,可使路面渗水系数具备更好的抗衰减能力。

(4)堵塞颗粒中细颗粒在水流和荷载的共同作用下,能更快更容易地进入排水沥青混合料的空隙内部,而粗颗粒也在水流的作用下紧紧堵在较大的空隙处。

(5)当空隙率及堵塞颗粒均一致的条件下,加速加载系统加载的速度越快,渗水系数越大,说明其空隙堵塞的程度越小,这是因为速度越快,轮胎对排水沥青混合料空隙的泵吸作用越强,空隙中的堵塞颗粒会在轮胎的泵吸作用下被带出空隙。

(6)CT扫描的图像结果与前期做的堵塞试验结果基本一致,说明通过CT扫描获得的空隙分布特征来揭示排水沥青混合料的渗透机理是十分有效的。对排水沥青混合料的空隙结构特性进行全面评估,并根据空隙的变化程度对排水沥青路面的服役状态进行量化,可以更好地对排水沥青路面空隙进行养护、清理。

参 考 文 献

[1] 中华人民共和国住房和城乡建设部.透水沥青路面技术规程:CJJ/T 190—2012[S].北京:中国建筑工业出版社,2012.

[2] YU T,ZHANG H,WANG Y. Interaction of asphalt and water between porous asphalt pavement voids with different aging stage and its significance to drainage[J]. Construction and Building Materials,2020,252(2):119085.1-119085.13.

[3] TANG T,ANUPAM K,KASBERGEN C,et al. A finite element study of rain intensity on skid resistance for permeable asphalt concrete mixes[J]. Construction and Building Materials,2019,220(Sep.30):464-475.

[4] CHU L,FWA T,TAN K. Evaluation of wearing course mix designs on sound absorption improvement of porous asphalt pavement[J]. Construction and Building Materials,2017,141(Jun.15):402-409.

[5] 吴昱林,吴鑫.高黏改性排水沥青混合料路用性能研究[J].交通科技与经济,2019,21(2):76-80.

[6] 马涛,范剑伟,朱雅婧.硬质砂岩排水沥青混合料力学性能与空隙率衰变[J].交通科技与

经济,2023(3):1-7+39.

[7] Kandhal P S,Mallick R B. Open graded friction course:state of the practice[M]. Washington, Transportation Research Board,National Research Council,1998.

[8] MALLICK R B,KANDHAL P S,JR L C,et al. Design,construction,and performance of new-generation open-graded friction courses [J]. Association of Asphalt Paving Technologists Proc, 2000,69(s1-2):287-298.

[9] 崔新壮,张炯,黄丹,等.暴雨作用下透水混凝土路面快速堵塞试验模拟[J].中国公路学报,2016,29(10):1-11+19.

[10] 王勋.基于加速加载试验的高寒地区沥青路面疲劳性能研究[D].济南:山东交通学院,2021.

[11] 骆辉.透水沥青路面堵塞行为研究[D].南京:南京林业大学,2018.

[12] 魏定邦.基于细观结构的排水沥青路面空隙堵塞规律及其机理研究[D].兰州:兰州交通大学,2021.

[13] 房建果,郭忠印,王松根.大粒径透水性沥青混合料水稳定性能对比研究[J].建筑材料学报,2009,12(4):493-496.

[14] 严军,叶奋,王小生,等.排水面层沥青混合料组成设计的研究[J].同济大学学报(自然科学版),2003,(3):300-303.

[15] 邢明亮.透水性沥青混合料组成设计及性能研究[D].西安:长安大学,2010.

[16] 关彦斌.大孔隙沥青路面的透水机理及结构设计研究[D].北京:北京交通大学,2008.

[17] 朱天明.基于加速加载试验的沥青路面车辙发展规律研究与数值模拟[D].哈尔滨:哈尔滨工业大学,2014.

建筑工程篇

房建工程施工中建筑屋面防水技术

马 磊 袁 军 高红磊

(山东省路桥集团有限公司,山东济南 250014)

摘 要:随着经济的发展和社会的发展,以及人们的生活水平和城市化速度的提高,城市中的建筑物越来越多,越来越多的房屋开始采用屋面结构,以提高城市的美感和实用性。但在施工的时候,由于气候和建筑材料的原因,会造成屋面漏水和裂缝,从而降低建筑的防水效果,影响到人们的日常生活。传统的排水方式存在诸多弊端,对建筑防水性能和使用寿命产生了较大的影响。

关键词:房屋建筑 工程施工 屋面防水

1 引言

近年来,随着建筑业的发展、社会和经济的发展,人们对房屋的质量提出了更高的要求。为了更好地提高房屋的防水性能,就必须通过各种技术措施,防止漏水和不稳定情况,延长建筑物的使用寿命和增强建筑物居住的安全性,减少给业主生活工作造成的不稳定状况。做好屋面的防水,不但可以提高建筑的整体性能,而且可以有效地控制室内的温度、湿度,从而提高人们的日常生活质量。而目前的屋面防水工作量很大,在进行有关技术选择时必须灵活选择,同时只有加强施工的监管,做好屋面防水的整体效果,才能达到更高的要求。

2 房屋建筑屋面防水概述

在房屋建筑中,防水工程是建筑防水的关键。屋面防水是一项综合性工程,其防渗措施主要有两个方面:首先是房屋建筑物外部水源的渗入,其次是建筑物内部水源对防水层的渗透。屋面防水工程涉及的范围非常广,在可行性勘查、设计、防水材料的选取、施工阶段的质量监控、后期的维护等各个阶段都要进行严格的监控,以保证防水工程的质量和安全性,从而使建筑达到最大利用价值。屋面防水技术是目前我国房屋建设中较为常见的一种技术。屋面防水工程位于房屋的外墙,由于受到各种自然条件和外力的影响,很可能会发生漏水。屋面防水层的损坏将直接影响到房屋的屋面甚至整个房屋的使用寿命,从而对人们的生产和生活造成很大的影响。房屋屋面的防水性能长期受损,很可能会对其内部的钢筋结构产生一定的影响,从而引起有关房屋的内部结构安全问题。如果雨水渗入,将会对建筑物内的线路造成一定的影响,从而对用户的生命和生产造成威胁。对房屋建筑而言,由于雨水渗漏造成房屋结构线路老化,需要进行翻修和维护,不但增加了经济负担,而且最大的问题是无处不在。所以,高质量的屋面防水工程是房屋建设工程质量管理中的一项重要内容,要求我们对其所涉及的各个环节进行严格的控制,并制定更加严格的技术规范。

3 房建工程施工现场管理存在的主要问题

3.1 材料管理问题

材料的采购成本、质量、性能和利用率直接关系到建筑工程的进度和质量。由于材料消耗量大,在材料管理中,一些人为了牟取私利,会选用性能不合格、质量不合格的材料,从中牟取巨额利润,从而对建筑施工的整体质量产生不良影响。因此,在建筑的施工中,做好材料的管理是十分重要的。因此,在建筑工程施工现场管理中,要确保工程建设的质量,必须对材料采购、运输、检验、验收、储存、出库、利用、回收工作流程采取全程监督工作机制,做到材料采购工作的透明化,解决材料管理方面的相关问题,提高工程建设质量。

3.2 施工准备工作不到位

在建筑施工前期,施工单位要做好施工现场勘察、施工设计,建立制度规范,严格执行各种施工规范,确保施工进度,提高施工质量。但在实践中,由于资金短缺等原因,一些施工单位很难根据现场的具体情况对工程的组织、设计和进度进行改进。由于缺乏对工程现场的环境和资源的合理分配,导致工程设计难以有效实施,工程设计效果难以实现。

4 房建工程施工中建筑屋面防水性能提升的措施

4.1 提高从业人员专业性

在建筑工程项目的建设过程中,管理者的职业道德、专业能力和个人素质都会对项目的管理工作产生很大的影响。在建筑施工中,若缺乏安全意识和施工管理能力,会导致施工安全风险的发生。此外,施工人员往往是凭经验来进行施工管理,以至于对工程设计方案、施工组织实施计划、施工质量标准等方面缺乏足够的认识。在这样的环境下,施工现场的管理很困难,这对工程质量的管理和控制有很大的影响。因此,在房屋建筑项目的施工中,建筑企业应建立起一支专业的施工队伍,并培养一批专业的工地管理人才,严格地贯彻施工技术和质量标准,以提高房屋建筑工程的整体施工质量和安全系数。

4.2 合理选择防水材料

建筑工程防水材料的选择对房建工程屋面防水性能的提高有很大的影响,所以建筑设计单位应更加注重防水材料的选用。根据工程合同规定,严格审查防水材料的规格、型号,并对其整体使用情况进行检验,如有不合格,应立即进行替换。同时,结合建筑工程的实际,对屋面的防水材料进行科学、合理的选用。

4.3 合理设置排水坡度

屋面漏水问题与屋面排水系统的设计不合理有关,因此,建筑单位应针对屋面防水工程的具体要求,合理设置排水系统,并对其进行优化。一般采用以确定坡面为基准的排水坡度来进行找坡施工,坡度应控制在2%以内,以防止坡度不合理。在找坡完毕后,应按实际情况采用水泥砂浆等材料进行表面抹灰,并持续监测找坡层的实际状况,以改善找坡质量。同时,技术人员也可以采用流动的方法来检测坡度是否合理,如有不合理的坡度,则需要做相应的调整,以确保雨水能够及时排出。另外,建筑工人要合理布置汇水区域,合理布置分水线,隐蔽防水施工指标,使建筑屋面的排水效果最大化,提高建筑整体防水性能。

4.4 优化分格缝的设计及施工

在房屋建筑工程中,需要使用分隔缝来进行防水,因此,要想达到更好的防水效果,必须事先对房屋建筑进行实地勘察和分析,以便了解其结构参数,并在此基础上进行分格缝的优化和改进,以防止屋面开裂,改善漏水状况。在分格缝的设计中,设计者还要考虑到混凝土中可能产生的裂缝,以达到最大程度的防水效果。在分格缝设计中,设计者还要掌握分格缝的间距,以改善分格缝的结构性能,并降低开裂的可能性,从而全面地改善整体的防水效果和质量。一般分格缝的设计要合理,分格缝应小于6m,间隔不得大于6m。

4.5 优化隔离层的设计及施工

在房屋建筑施工中,建筑工人应根据工程的实际情况和施工计划的需要,对隔离层的施工进行优化与完善,并对隔离层的施工工艺进行优化,以减少隔离层施工中的问题。在进行隔离层施工时,施工单位要加强对隔离层施工材料的质量审查,不得采用劣质材料。同时,对施工人员的工作行为进行规范,确保隔离层的施工能够顺利进行,减少隔离层施工中发生的问题。另外,在屋面结构中,不同部位间的隔板设计存在一定的差异,这就要求建筑工人在实践中做出正确的判断,不断地改进隔板的质量,以降低发生绝缘层老化的可能性。

4.6 加强养护管理

在建筑工程的屋面施工中,建筑工人要对混凝土按照屋面防水施工的特点,规范进行全方位的养护。在混凝土养护期间,应明确混凝土养护的时限,并按混凝土养护管理的标准进行。同时,在混凝土养护过程中,应按实际情况合理设置隔离层,及时清理隔离层杂物,加强养护工作的科学性,重视混凝土的整体质量。

5 结语

综上所述,房屋建筑的防水工程在建设工程中占有举足轻重的地位,而屋面防水工程是其中的一个关键环节,必须选用高品质的建材、合理的房屋建筑屋面防水设计,并做好质量控制,同时对各方面的因素进行严格的监督,以保证房屋的屋面防水工程质量。这既能提升施工企业的经济和社会效益,也为居住者提供良好的生产及生活环境。

参 考 文 献

[1] 卢滔.建筑屋面防水技术在土木工程施工中的运用探析[J].四川水泥,2019(8):258.
[2] 吴嘉嘉.土木工程施工中建筑屋面防水技术简述[J].门窗,2019(14):47.
[3] 蒋金谷.土木工程施工中建筑屋面防水技术的应用[J].建材与装饰,2019(20):30-31.
[4] 任建江.浅析房建工程中关于屋面防水施工通病的预防[J].建筑工程技术与设计,2015,(7):1681.

京台高速公路德州(鲁冀界)至齐河段改扩建工程项目主体工程参建单位一览表

序号	标段名称	单位名称	主要参建人员	备注
1	总监办	山东高速工程项目管理有限公司	高庆水	
2	一驻地办	山东恒建工程监理咨询有限公司	窦木亭	
3	二驻地办	山东方正公路工程监理咨询有限公司	李国中	
4	三驻地办	山东高速工程项目管理有限公司	张江峰	
5	四驻地办	山东省德州市交通工程监理公司	陶冠涛	
6	房建驻地办	山东省三益工程建设监理有限公司	冯志刚、于纪猛	
7	第一标段	中交路桥建设有限公司	唐刚祥、马晓兵	
8	第二标段	山东省路桥集团有限公司	段同军、郑帅	
9	第三标段	山东省公路桥梁集团有限公司、四川公路桥梁建设集团有限公司	周高军、邵坤厚	
10	第四标段	中铁四局集团有限公司、南昌市华鑫道路设施工程有限公司	邵志、王好明	
11	房建一标	山东省路桥集团有限公司	张成亮	
12	房建二标	山东高速鸿林工程技术有限公司	殷秀强	